Was die Seele krank macht und was sie heilt

Wenn der Körper Signale gibt

THOMAS SCHÄFER

Was die Seele krank macht und was sie heilt

Wenn der Körper Signale gibt

Die psychotherapeutische Arbeit Bert Hellingers

– Doppelband –

Weltbild

Der vorliegende Doppelband beruht auf den Einzeltiteln »Was die Seele krank macht und was sie heilt. Die psychotherapeutische Arbeit Bert Hellingers« und »Wenn der Körper Signale gibt. Wege aus der Krankheit durch Systemische Aufstellungen«, beide Titel erschienen erstmals bei Knaur, München.

Genehmigte Lizenzausgabe der Verlagsgruppe Weltbild GmbH,
Steinerne Furt, D-86167 Augsburg

Umschlaggestaltung: Studio Höpfner-Thoma, Gräfelfing
Umschlagmotive: Corbis, München
Gesamtherstellung: Clausen & Bosse GmbH,
Birkstraße 10, 25917 Leck
Printed in Germany
ISBN 3-8289-4933-9

2007 2006 2005
Die letzte Jahreszahl gibt die aktuelle Lizenzausgabe an.

THOMAS SCHÄFER

Was die Seele krank macht und was sie heilt

Weltbild

Inhalt

Verwendeter Abkürzungsschlüssel von Bert Hellingers Literatur

Anerkennen, was ist - Gespräche über Verstrickung und Lösung. Mit Gabriele ten Hövel. München 1996: AWI

Familienstellen mit Kranken - Dokumentation eines Kurses für Kranke, begleitende Psychotherapeuten und Ärzte. Heidelberg 1995. FS

Finden, was wirkt - Therapeutische Briefe. München 1993: FWW

Die Mitte fühlt sich leicht an - Vorträge und Geschichten. München 1996: MFL

Ordnungen der Liebe - Ein Kurs-Buch. Heidelberg 1994: OL

Schicksalsbindungen bei Krebs - Ein Buch für Betroffene, Angehörige und Therapeuten. Heidelberg 1997: SBK.

Verdichtetes - Sinnsprüche, kleine Geschichten, Sätze der Kraft. Heidelberg 1996: VS.

Zweierlei Glück - Die Systemische Psychotherapie Bert Hellingers. Herausgegeben von Gunthard Weber, Heidelberg 1993: ZG.

Eine aktualisierte Literaturliste befindet sich im Anhang.

Lieber Thomas Schäfer,

das Manuskript Ihres neuen Buches habe ich mit Interesse und Bewunderung gelesen. Sie haben sich intensiv mit den Ordnungen der Liebe in menschlichen Beziehungen befasst, und Sie haben die besondere Gabe, vielschichtige Zusammenhänge übersichtlich und einfach darzustellen. Aus Ihrer eigenen reichen Erfahrung haben Sie wesentliche Einsichten auch inhaltlich weitergeführt und vertieft. So ist es ein reiches und schönes Buch geworden, und ich bin sicher, dass es vielen Leserinnen und Lesern eine wertvolle Hilfe sein wird, in ihren eigenen Beziehungen versöhnliche Lösungen zu finden.
Ich gratuliere Ihnen dazu

Ihr

Bert Hellinger

Dank

Mein besonderer Dank gilt Bert Hellinger. Ohne seine Ermunterung wäre dieses Buch nie entstanden. Er stellte mir Material zur Verfügung und hat für meine Fragen immer ein geduldiges Ohr gehabt.
Herzlich bedanken möchte ich mich auch für Anregungen und Kritik bei meiner Frau Elisabeth, Werner Baumgartl und Wolfgang Kasper.

Vorwort

Bert Hellinger hat eine ganze Reihe von Büchern, Videos und CDs über die von ihm entwickelte Systemische Psychotherapie veröffentlicht. Ohne Zweifel ist niemand kompetenter, über Bert Hellinger zu schreiben, als er selbst. Warum wird hier ein weiteres Werk über seine Arbeit vorgelegt?
Als Therapeut habe ich die Erfahrung gemacht, dass sich viele Klienten und Interessierte mit Hellingers Veröffentlichungen schwer taten. Meiner Ansicht nach liegt es daran, dass seine Bücher sich vorwiegend an Ärzte, Psychotherapeuten und Menschen aus psychosozialen Berufen wenden. Vieles, was von Bert Hellinger veröffentlicht wurde, besteht zudem aus Mitschnitten von Seminaren, die sich nicht immer unmittelbar erschließen.
Auf den folgenden Seiten habe ich es mir zur Aufgabe gemacht, Bert Hellingers Gedanken zu bestimmten Themen zusammenzufassen und sie einem größeren Leserkreis näher zu bringen. Vielleicht ist es ein glücklicher Umstand, dass hier jemand schreibt, der einer anderen Generation angehört: Ich könnte Bert Hellingers Sohn sein.

In diesem Buch wird nicht nur Hellingers Sichtweise erläutert, sondern auch meine eigene Erfahrung mit Klienten eingebracht. Es ist aber ganz im Sinne des Autors, wenn viele Leser sich später mit Hellingers Originalveröffentlichungen auseinander setzen. Wenn man sich einlässt, kann die Begegnung mit Hellingers Gedanken zu Familie, Ehe, Partnerschaft, Krankheit und Tod tief berühren und einen positiven Einfluss auf die eigene Lebensgestaltung haben. Ich selbst habe diese Erfahrung gemacht und kenne eine Reihe von Menschen, denen es ähnlich ergangen ist.

Weinheim-Steinklingen, im März 1997

Seit dem Verfassen des ersten Vorwortes sind mehrere Jahre vergangen. Zu meinem eigenen Erstaunen ist dieses Buch zu einem Bestseller geworden. Eine Fülle von Büchern zum Familien-Stellen sind seitdem erschienen. Auch ich selber habe vier weitere Werke zu diesem Thema verfasst. Dennoch hat »Was die Seele krank macht und was sie heilt« den Stellenwert als Einführungsbuch behalten. Es ist besonders für all jene geeignet, die sich zum ersten Mal mit Bert Hellingers Arbeit vertraut machen möchten.
Bei manchen Themen hat es seit der Erstveröffentlichung neue Erkenntnisse gegeben, zum Beispiel über Psychosen. In dieser neuesten Auflage wurde dies, soweit es den Textrahmen nicht sprengt, berücksichtigt. Nicht behandelt wurden in diesem Buch die von Bert Hellinger entwickelten »Bewegungen der Seele«, auf die ich in anderen meiner Bücher eingegangen bin.
Wegen der Weiterentwicklung auf dem Gebiet »Gesundheit und Krankheit« habe ich diesem Thema nun ein eigenes Buch gewidmet: »Wenn der Körper Signale gibt. Wege aus der Krankheit durch Systemische Aufstellungen«.

Stockach-Wahlwies, im Frühjahr 2004

I
Einführung

Schuld und Unschuld, Gewissen, Ordnung, Bindung, Demut und das Ehren der Eltern – so lauten einige zentrale Begriffe der *Systemischen Psychotherapie* Bert Hellingers. In der gegenwärtigen Psychotherapie hört man diese Ausdrücke eher selten, und manchem erscheinen sie gar anrüchig und verstaubt. So verwundert es nicht, dass sich an Bert Hellinger die Geister scheiden.

Für die einen ist er derjenige, der bestimmten Werten zu einer Renaissance verhilft. Wir leben in einer Zeit, in der sich alles schnell relativiert. Nichts scheint lange Bestand zu haben, obwohl wir uns doch sehr nach Sicherheit und Verlässlichkeit sehnen. Und nun kommt jemand, der endlich Orientierung gibt und in all den persönlichen Tragödien und Schicksalen Ursachen und Sinn erkennt. Zusammenhänge zu verstehen, die wir jenseits des Begreifens wähnten: Das muss eine tiefe Sehnsucht wecken, mit dem eigenen Schicksal in Einklang zu kommen.

Für die anderen ist Hellinger ein konservativer, patriarchalischer Heilsverkünder, dessen »Lehre« in den orientierungslosen Köpfen vieler leichtes Spiel hat. In diesen Zusammenhang passt natürlich der Umstand, dass Hellinger lange Zeit in Afrika Missionar gewesen ist. Nachdem er den Orden verlassen hatte, entdeckte er die Psychotherapie als neues Aufgabenfeld. Um »biblische Psychotherapie« handele es sich, lesen wir in der Überschrift des Editorials der Zeitschrift »Psychologie heute« (6/95). Dort ist auch die Rede von einem »Guru«, der »weiße Magie« betreibt, wenn er in großen Gruppen einen Klienten seine Familie aufstellen lässt.[1]

[1] Die Technik der Aufstellungen wird später beschrieben. Durch solche Aufstellungen kann man herausfinden, wie der Klient mit den Schicksalen anderer Familienmitglieder verbunden ist und welche Haltungen für seine Seele hilfreich sind.

Viele Therapeuten, die nach Hellingers Methode Familien stellen und seine Einsichten in ihrer täglichen Arbeit berücksichtigen, und viele, die heute mit Sympathie über ihn reden und schreiben, bekennen, dass sie bei der ersten Begegnung mit diesen ungewohnten Einsichten schockiert waren. Mir selbst erging es anders. Ich war tief ergriffen von dem, was ich las (»Zweierlei Glück«) und was ich kurz darauf in Hellingers Seminaren erlebte. Nachdem ich meine Familie aufgestellt hatte, wurde mir nicht nur meine persönliche Geschichte klarer, ich sah auch die Probleme meiner Klienten in einem neuen, ungewohnten Licht. Betroffen und verunsichert ließ mich damals nur eine Sache zurück: Hellingers Umgang mit dem Thema Inzest. Doch mittlerweile habe ich meine Meinung revidiert. Hellingers Sichtweise dieses äußerst heiklen Themas widerspricht zwar dem Zeitgeist, doch kann sie meiner Erfahrung nach den Opfern tatsächlich Heilung bringen (siehe das Kapitel »Eltern und Kinder«).

Unterschiede zu anderen psychotherapeutischen Ansätzen

In der systemischen Sichtweise der Familientherapie wie auch in den meisten Richtungen der humanistischen Psychologie (Gestalttherapie, Gesprächspsychotherapie nach Rogers, Primärtherapie, Bioenergetik u. a.) spielt die Theorie des Konstruktivismus eine wichtige Rolle:[2] Es existiert keine feststehende Wahrheit, es gibt nichts objektiv zu Erkennendes; unsere Gefühle hängen weitgehend von unseren inneren Vorstellungen ab. In vielen Therapierichtungen geht man davon aus, dass der Klient über einen zielgerichteten Umgang mit sinnvollen Bildern und Vorstellungen die meisten seiner Ziele erreichen kann. Besonders beim NLP (Neurolinguistisches Programmieren), von dem ich als Therapeut viel profitiert habe, findet man recht naive Ansichten darüber, was alles »programmierbar« sei: Reichtum, Heilung von Krankheiten, das Finden des richtigen Partners usw. Die Vorstellung, dass man mit einer kraftvollen »Ressourcen-Mobilisierung« (NLP-Jargon) die meisten seiner Wünsche realisieren könne, ist natürlich nicht auf das NLP begrenzt. Das Credo einer großen Zahl von Therapeuten, zu denen auch ich gehört habe, lautet: »Jeder Mensch ist völlig frei und hat die Möglichkeit, sich selbst zu verwirklichen, wie er das möchte. Dazu muss er nur die verinnerlichten, hemmenden

[2] Theoretiker wie Heinz von Foerster, Bateson, Glaserfeld und später der Biologe Maturana haben den Weg für ein konstruktivistisches Denken geebnet.

Vorstellungen (›Glaubenssätze‹) durch neue und bessere ersetzen.«
Je radikaler man konstruktivistisch denkt, desto dringlicher stellt sich die Frage nach der Ethik: Wenn jeder frei ist, zu tun und zu lassen, was er will, welche Folgen hat das dann für die anderen?
Hellinger zufolge sind wir nicht so frei, wie wir gerne glauben. Wenn wir ohne die Anerkennung unserer Bindungen handeln, ist das kein freies, sondern ein blindes Handeln. Ein Handeln in Freiheit ergibt sich erst durch die Zugehörigkeit zu einem System (Familie). Ein System definiert sich durch eine Menge von Elementen, zwischen denen bestimmte Beziehungen bestehen. Jede Veränderung eines Elements hat automatisch auch eine Wirkung auf die anderen Elemente. Jeder Mensch ist Teil eines Familiensystems und damit eines Beziehungszusammenhanges. Dadurch hat er Anteil an den Problemen der anderen Familienmitglieder, gleichgültig, ob ihm das bewusst ist oder nicht.
Ein Beispiel: Wenn ein Ehemann seine Frau und seine Kinder mit der Begründung »Ihr seid mir zu langweilig! Ich verlasse euch, weil ich mich erst einmal verwirklichen will« verlässt, mag er von der Richtigkeit seiner Ansicht überzeugt sein. Die Vorstellung, dass Frau und Kinder ihn binden, kann er als »altmodische und hemmende Vorstellung« aus seinem Kopf verbannen und durch Vorstellungen von absoluter Freiheit ersetzen. Doch die Bindung des Mannes an die Familie existiert objektiv weiter, was man als neutraler Beobachter ohne weiteres feststellen kann: Wenn sich jemand leichtfertig von der Familie trennt und nicht mehr für sie sorgt, stirbt nicht selten ein Kind an einer schweren Krankheit, bringt sich um oder entwickelt ein chronisches Leiden. Außerdem wird der Mann wahrscheinlich keine langfristige befriedigende Part-

nerschaft mehr eingehen können. Eine solch leichtfertige Trennung wird im System als Verbrechen erlebt und hat entsprechende Konsequenzen.

Das von vielen Therapeuten vertretene Credo der Selbstverwirklichung hat Hellinger wegen seiner Auswirkungen auf die anderen energisch kritisiert. Er erwähnt als Beispiel das »Gestaltgebet« des Gestalttherapeuten Fritz Perls, eines Vertreters der humanistischen Psychologie. Sinngemäß lautet es: »Ich mache meine Sache, du machst deine Sache. Wie es dir dann geht, ist nicht mehr meine Sache. Ich gehe meinen Weg.« Hellingers Kommentar dazu: »Hier werden Bindungen verleugnet, und anderen werden die Kosten aufgebürdet. Ich nenne diese Selbstverwirklicher Psychokapitalisten übelster Sorte.« (AWI: 129) Im Gegensatz zu der »Konstruktion der Wirklichkeit«, die jenem verhängnisvollen Credo Vorschub leistet, vertritt Hellinger die »Wahrnehmung der Ordnung«. Was »Ordnung« ist, wird uns in diesem Buch noch häufig beschäftigen. Schon jetzt sei gesagt, dass sie nicht mit landläufigen Vorstellungen verwechselt werden darf.

Anders als die meisten psychotherapeutischen Richtungen kümmert sich Hellinger nicht um die theoretische Begründung seiner Arbeit. Immer wieder betont er, dass er keine »Lehre« oder Theorie geschaffen habe, sondern dass er Phänomenologe sei. Er schaut auf das, was ist, statt sich mit den Vorstellungen und Interpretationen des Klienten zu beschäftigen oder selbst Theorien zu entwickeln. Das, was ist, stellt aber keine objektive Wahrheit oder ein unumstößliches Gesetz dar, sagt Hellinger, sondern lebendige Wirklichkeit; es ist etwas Schöpferisches.

Hellinger unterscheidet auch Beobachten und Wahrnehmen. Beobachtungen führen zu Teilkenntnissen unter Verlust der Gesamtschau. Wenn man das Verhalten eines Menschen beobachtet, sieht man nur Einzelheiten. Wenn ich mich dagegen der Wahrnehmung aussetze, entgehen mir Details, doch ich erfasse sofort das Wesentliche, den Kern, und zwar im Dienste des anderen. Vielleicht kann das ein Beispiel erläutern. Als Kind war ich davon fasziniert, was geschieht, wenn man sich im Dunkeln auf ein winziges Licht konzentriert. Was passiert? Man sieht es nicht! Erst wenn man sich ein wenig entspannt und erweitert schaut, können die Augen es deutlich wahrnehmen.

Die von Hellinger beschriebene Form von Wahrnehmung ist nur möglich, wenn man sich dem Klienten absichtslos und mit der Bereitschaft zur Beziehung zuwendet. Dann entsteht eine innige Verbindung, die mit höchster Achtung, aber auch mit Distanz verbunden ist. Wer Bert Hellinger bei der Aufstellung von Gegenwarts- oder Herkunftsfamilien zuschaut, wird eingestehen müssen, dass Liebe, Achtung, aber auch Distanz bei ihm immer zugegen sind.

Wenn Hellinger bestimmte Zusammenhänge erklärt, wird ihm oft Dogmatismus vorgeworfen. Doch wenn man ihm genau zuhört, wird deutlich, dass es ihm nicht um das Festzurren von einengenden Regeln geht. Wenn in einem Seminar die Frage gestellt wird: »Ist die Dynamik bei dieser Krankheit immer so, wie Sie es hier schildern?«, antwortet er oft: »Ob das in allen Fällen so ist, weiß ich nicht, doch bislang habe ich diesen Zusammenhang immer wieder feststellen können. Wenn Sie oder ich neue Wahrnehmungen machen, wird man erneut darüber nachdenken müssen.«

In der Vergangenheit war Hellinger der Umgang mit Theorien durchaus nicht fremd, denn er wurde nach seiner Ordenstätigkeit Psychoanalytiker. Geblieben ist ihm aus dieser Zeit der Blick auf die Familie. Doch wonach er schaut, nämlich nach den Ordnungen, in die wir eingebettet sind, und auch wie er schaut, unterscheidet sich völlig von der klassischen Psychoanalyse, in der viel mit Traumdeutung und Assoziation gearbeitet wird.

Wenn Hellinger auf die Familie blickt, vollzieht er das mit einer bestimmten Grundeinstellung, die sich deutlich von der vieler Psychoanalytiker unterscheidet. Der Mensch kommt aus der Familie. Ihr verdankt er das Leben mit allen Möglichkeiten und Grenzen, und durch sie wird er in bestimmte Schicksale hineingezogen. Aus diesen Gründen gibt es für Hellinger nichts Stärkeres als die Familie, und deshalb darf der Therapeut nicht wichtiger als ein Familienmitglied werden, indem er zum Beispiel Ersatzvater oder Ersatzmutter für den Klienten wird.

Hellingers Umgang mit der Familie ist von tiefer Achtung geprägt. Insbesondere achtet er die Eltern. Elternschaft ist für Hellinger etwas so Wesentliches, dass er sich nie gegen die Eltern stellen würde. Eine solche Haltung muss erstaunen, da wir es doch gewohnt sind, die Eltern für alles Übel verantwortlich zu machen. Auch in der Therapie verbündet sich der Therapeut häufig mit dem Klienten gegen die Eltern oder einen Elternteil. Die oft zu hörende Ansicht »Du musst dich von deinen Eltern befreien« lehnt Hellinger ab. Es ist für ihn absurd, denn: »Wie kann man sich von seinen Eltern befreien? Er oder sie ist ja seine Eltern.« (AWI: 98) Ich *bin* meine Eltern? Das klingt für viele nach Mittelalter. Was damit tatsächlich gemeint ist, wird im Kapitel »Eltern und Kinder« ausführlich gezeigt werden.

Hellinger leugnet allerdings nicht, dass für den Einzelnen aus der Bindung an die Familie sehr großes Leid entstehen kann. Nur die Schlussfolgerung daraus unterscheidet ihn von den meisten anderen Therapeuten. Statt den Klienten zu bestärken, die Wut gegen die Eltern herauszuschreien, wofür er sich hinterher nur bestrafen würde, bringt er ihn wieder mit der ursprünglichen Eltern-Kind-Liebe in Kontakt, die vor der Wut einmal existiert hat.[3] Wenn aus der Bindung an die Familie großes Leid entsteht und jemanden krank macht, geschieht das nicht, weil irgendjemand böse ist, sondern weil in der Familie Schicksale wirken, die auf alle Einfluss haben.

In Hellingers Arbeit wird die Familie als ein System gesehen, aus dem man sich nicht einfach ausklinken kann. Unsere Eltern haben wiederum Eltern und kommen aus Familien mit bestimmten Schicksalen. All das wirkt sich in der jetzigen Familie aus. Wenn in der Vergangenheit etwas Schlimmes passiert ist, hat das über Generationen hinweg Folgen. Diese unbewussten Verstrickungen bewusst zu machen und die ursprüngliche Liebe wieder zum Fließen zu bringen ist die Aufgabe von Hellingers Form der Familienaufstellungen.

[3] Siehe »Unterbrochene Hinbewegung« im Kapitel »Eltern und Kinder«.

Was ist gute Psychotherapie?

Auch der Rahmen ist bei Hellinger anders als in den meisten klassischen Therapien: Das Familienstellen ist eine gruppentherapeutische Form der Kurzzeittherapie. Hellinger sieht den Klienten meist nur ein einziges Mal.[4] Eine Psychoanalyse dagegen ist eine sich nicht selten über Jahre erstreckende Einzeltherapie. Dem Faktor Zeit in der Therapie misst Hellinger große Bedeutung zu. In seinem Buch »Verdichtetes« findet sich folgende Geschichte (VS: 73):

Die Dauer

Eine Angestellte sagte zu ihrem Chef: »Mir geht es schlecht. Ich habe eine Psychotherapie begonnen, und der Therapeut hat gesagt, die Psychotherapie brauche fünf Jahre.«
Darauf der Chef: »Er hat gesagt, erst in fünf Jahren kann es Ihnen besser gehen. Kein Wunder, wenn es Ihnen schlecht geht.«
Gute und effektive Psychotherapie besteht für Hellinger darin, dass der Psychotherapeut sich möglichst rasch überflüssig macht.

4 Einige Klienten allerdings befinden sich in Psychotherapie und können anschließend mit ihrem Therapeuten über die Aufstellung reden.

Die Aufstellungen

Ähnlich wie Träume das persönliche Unbewusste des Träumers widerspiegeln, so spiegelt eine Familienaufstellung das Unbewusste eines Familiensystems. In den Gruppenseminaren von Bert Hellinger sitzen die Klienten, und oft auch begleitende Psychotherapeuten, in einem Kreis. Bert Hellinger fragt den, der aufstehen will, zunächst nach seinem Anliegen. Dann wird entschieden, ob die Herkunftsfamilie oder die Gegenwartsfamilie aufgestellt wird. Daraufhin tritt der Klient in die Mitte des Kreises und bittet den Teilnehmer aus der Gruppe, stellvertretend die Rolle eines Familienmitgliedes zu übernehmen. Auf diese Weise werden Vater, Mutter, Geschwister und ein Stellvertreter für den Aufstellenden ausgewählt. Der Therapeut achtet darauf, dass missliebige oder totgeschwiegene Familienmitglieder, wie uneheliche Kinder, tot Geborene, Psychiatrieinsassen oder frühere Verlobte, nicht übergangen werden. Bei alldem braucht der Therapeut nur wenige Informationen. Charakterisierungen, wie »mein Vater war immer sehr dominant«, sind dabei unwichtig. Allein schicksalsschwere Ereignisse im System sind von Belang, zum Beispiel der Tod einer Mutter im Kindbett oder ein Selbstmord.

Wenn alle Familienmitglieder benannt und ausgesucht sind, nimmt der Klient in gesammelter Haltung die Stellvertreter am Arm und stellt sie nach seinem inneren Bild im Raum auf. Dadurch treten die Stellvertreter untereinander in Beziehung. Anschließend kann sich der Klient wieder auf seinen Platz setzen. Schon allein das äußere Bild der Familienaufstellungen kann in manchen Fällen Aufschlüsse geben. Wenn zum Beispiel Vater und Mutter so aufgestellt wurden, dass sie sich gegenüberstehen, stammt der Betreffende häufig aus einer Familie, bei der die Eltern sich scheiden ließen. Manchmal allerdings ist eine Ehe nur innerlich geschieden, ohne dass es zu einer äußerlich sichtbaren Trennung gekommen wäre.

Wenn alle zueinander in Beziehung stehen, fragt der Therapeut die Stellvertreter, wie sie sich körperlich und emotional fühlen und was sie den anderen Familienmitgliedern gegenüber empfinden. Obwohl es sich bei den Stellvertretern um völlig fremde Menschen handelt, ist es immer wieder verblüffend, wie detailliert diese die Geschichte der Familie darstellen können. Die Stellvertreter fühlen wie die wirklichen Familienmitglieder. Ich erinnere mich zum Beispiel an eine Aufstellung, bei der ich als Stellvertreter das Gefühl hatte, mir wären beide Beine abgeschnitten. Auf Befragen stellte sich heraus, dass der Mann, den ich vertrat, an beiden Beinen amputiert war. In einer solchen Stellvertreterposition kann man die unterschiedlichsten körperlichen Beschwerden wahrnehmen, die der Betreffende hatte oder hat, zum Beispiel einen chronischen Magendruck oder ein Herzrasen. Man spürt auch sofort, wer zu wem Antipathie oder Sympathie empfindet.

Bei einem Seminar hatte eine Klientin ihren Vater aufgestellt, den sie nahezu zwei Jahrzehnte nicht gesehen hatte. Die Art, wie sich in der Aufstellung sein Charakter darstellte, stimmte kaum noch mit dem überein, was ihr die Mutter über ihn erzählt hatte. Schon bald nach dem Seminar fasste sich die Klientin ein Herz und besuchte ihren Vater. Wie sie mir berichtete, war sie ziemlich verblüfft, dass der Vater sich exakt so verhielt wie sein Stellvertreter in der Aufstellung. Es ging sogar so weit, dass der Vater nicht nur inhaltlich das-

selbe sagte wie sein Stellvertreter in der Gruppe, sondern dass er sich zum Teil identischer Worte bediente!
Wenn bei einer Aufstellung in der Gruppe jemand vergessen worden ist, zeigt sich das oft daran, dass alle Stellvertreter wie hypnotisiert auf eine leere Stelle schauen. Hier fehlt jemand! Sobald der Betreffende, beispielsweise ein vergessener Selbstmörder, durch einen ausgewählten Stellvertreter auf diesen vakanten Platz gestellt wird, atmen die anderen sichtbar auf.
Nachdem alle Familienmitglieder bzw. Stellvertreter gesagt haben, wie sie sich fühlen, verändert der Therapeut die Positionen der Familienmitglieder, bis eine Ordnung gefunden wird, bei der jeder sich wohl fühlt. Die Suche nach der Lösung dient nicht nur dem Klienten, sondern der ganzen Familie. Der Therapeut orientiert sich dabei an der verbalen wie nonverbalen Resonanz der Aufgestellten: Wie reagiert der Körper? Was teilen Gestik und Mimik mit? Es ist immer wieder erstaunlich, wie schnell Hellinger sich an Körpersignalen orientieren kann. Wenn für alle die Lösung gefunden ist, erkennt man das an einem Leuchten in den Gesichtern und der entspannten Körperhaltung.
So bleibt zum Beispiel in einer Schlussaufstellung der von allen verachtete homosexuelle Onkel, der Selbstmord begangen hat, nicht länger mit dem Rücken zur Familie stehen, sondern erhält einen würdigen Platz, wo ihn alle deutlich sehen können. Auf diese Weise braucht ein später geborener Junge das Schicksal dieses Onkels nicht nachzuahmen. Dieses unbewusste Aufnehmen eines Schicksals von Frühergeborenen nennt Hellinger »Verstrickung«. Wenn solche ausgeschlossenen Personen wieder gewürdigt werden, braucht sich niemand mehr mit ihnen unbewusst zu identifizieren, ja sie werden sogar zum Segen. Hat der Klient sich mit einem auf

diese Weise Verachteten bereits identifiziert, kommt er meist am Schluss der Aufstellung an den Platz seines bisherigen Stellvertreters und kann spüren, wie er sich in der Familie fühlt. Je nach Situation kann er zu dem toten Onkel sagen: »Ich gebe dir die Ehre. In meinem Herzen hast du einen Platz. Bitte segne mich, auch wenn ich bleibe.«

Manch einer tut sich schwer, solche Sätze nicht nur mit der Zunge, sondern auch mit dem Herzen zu sagen. Darauf zu achten und den Ernst der Situation zu wahren ist Aufgabe des Therapeuten. Wenn ein solcher Satz bei dem Empfänger nicht richtig ankommt, sagt dieser Stellvertreter das häufig auch. Und wenn der Therapeut merkt, dass der Klient das Ganze nur als Spiel auffasst, bricht er sofort ab. Ohne den nötigen Ernst aller Beteiligten muss die Aufstellung beendet werden, denn bei dieser Arbeit geht es nicht nur um Gesundheit und Krankheit, sondern oft buchstäblich um Leben und Tod, wie zum Beispiel bei Krebskranken. Trotzdem – oder gerade deswegen! – wird in Hellinger-Seminaren sehr viel gelacht. Der tiefe Ernst und die oft unerträgliche Spannung müssen sich von Zeit zu Zeit entladen. Bert Hellinger versteht es prächtig, in den Pausen zwischen zwei Aufstellungen die Situation durch einen Witz zu entspannen. Es ist fast wie in den Dramen von Shakespeare, in denen das Ernste und Schwere plötzlich durch etwas Heiteres abgelöst wird.

Wenn in der Aufstellung die Lösung gelingt, wird sie jenseits aller therapeutischen Einflussnahmen als Geschenk erlebt – Hellinger spricht hier von »Gnade«. Der Therapeut »verhilft« dabei nur der verborgenen Liebe ans Licht. Wie sich der Klient an dieser Weggabelung entscheidet, ist nicht seine Sache. Dafür trägt allein der Klient die Verantwortung. Der Therapeut weiß letztlich nicht, was für den Klienten besser oder schlechter ist.

Bert Hellinger hat sich die Aufgabe gestellt, den Klienten mit den heilenden Kräften aus seiner Familie in Berührung zu bringen. Für ihn ist das nicht nur Therapie, sondern letztlich ein Dienst an der Versöhnung. In diesem Sinne sieht er sich auch als Seelsorger. Ein Therapeut dagegen ist jemand, der glaubt, er habe die Dinge im Griff. Hellingers Verständnis von Schicksal lässt ihn sich angesichts der in Familien wirkenden Kräfte als sehr klein erleben. Zu »machen« und zu entscheiden findet er anmaßend.

Leiden ist leichter als Handeln

Vielen Klienten, die oft lebensbedrohlich erkrankt sind, fällt es schwer, die innere Haltung einzunehmen und die Lösungssätze zu sagen, die der Therapeut vorgibt. Aus Hellingers Sicht ist Leiden leichter als Handeln. In der Seele existiert nämlich ein magisches Denken, das eine bestimmte Vorstellung von Liebe hat: »Liebe heißt, ich werde wie« oder »ich mache es wie meine Eltern«. Ihrem Schicksal folgen, das ist meine Liebe als Kind. Und es gibt die »geheime Vorstellung, dass durch Leiden und Sterben der andere gerettet wird, dass es ihm besser geht, selbst wenn er tot ist«. Das ist magisches Denken, aber auch naives Denken, denn man braucht nicht zu handeln. Man überlässt sich einfach dem Schicksal, und alles Heil erwächst aus dem Unglück. Die Lösung dagegen verlangt Kraft und Handeln: »Ich bleibe, und ich traue euch zu, dass ihr mich segnet, auch wenn ich bleibe.« Im Vergleich zum magischen Denken ist dies ein religiöses Tun im tiefsten Sinne: Man verzichtet auf die Vorstellung, dass das eigene Leiden irgendeine Art von erlösender Macht hätte, und gibt sich der Welt mit ihren Grenzen hin, wie sie ist. (FS: 81)

Wenn ich an das Glück denke, das Leiden verursacht, fällt mir eine junge Frau ein, die zu einem Gespräch kam. »Ich habe so gut wie kein Geld und werde ein zweites Mal wohl nicht zu Ihnen kommen können«, begrüßte sie mich. Sie hatte mehrere Selbstmordversuche hinter sich, und während sie davon erzählte, strahlte sie über das ganze Gesicht. Wenn man sie anschaute, konnte man denken, sie spreche von einem Lottogewinn oder von einem Traumprinzen, der in ihr

Leben getreten ist. Doch tatsächlich redete sie davon, dass sie völlig depressiv sei, keine Lust zu leben besäße, zehn Jahre Psychotherapie und Aufenthalte in psychosomatischen Kliniken hinter sich habe und alles »zum Kotzen« fände – doch es war unübersehbar, wie sie dabei strahlte!
Ich fragte sie, was passieren würde, wenn morgen ein Wunder geschehen würde und alle Probleme gelöst wären. Zunächst wurden ihre Augen traurig. Sie war sprachlos. Mit kraftloser Stimme sagte sie nach einigem Zögern: »Ich müsste meine Frühverrentung rückgängig machen und arbeiten gehen. Ich müsste mir vielleicht auch um das Thema Partnerschaft Gedanken machen.« Dann wurde sie wütend auf mich: »Das ist alles Unsinn, was Sie sagen! Nie wird es ein solches Wunder geben! Was zehn Jahre kein Arzt und Therapeut zustande gebracht haben, werden auch Sie nicht erreichen! Das wäre ja noch schöner! Mir kann keiner helfen, keiner!«, schrie sie. Es war offensichtlich, dass sie nur zu mir gekommen war, um sich die Hoffnungslosigkeit ihres Falles bestätigen zu lassen. Diese Vorstellung hatte für sie etwas Versöhnliches. Wer so reagiert wie diese junge Frau, ist, um es in Hellingers Sprache zu sagen, meist »systemisch verstrickt«. Die »Kinderseele« dieser Frau war offensichtlich glücklich, sich mit einem schlimmen Familienschicksal solidarisch fühlen zu können. Welche Ereignisse dazu führten, weiß ich nicht, denn sie war nicht bereit, auf das Thema Familie einzugehen, und kam auch nicht wieder. Selbst ein stark ermäßigtes Honorar war ihr noch zu teuer. Doch es hätte sie mehr als das Geld gekostet ...
Die Erfahrung zeigt, dass Menschen, die beim Erzählen ihres Unglücks und ihrer Schmerzen stolz sind und dabei strahlen, sich unbewusst mit einem fremden Leid in der Familie solidarisieren. Wer sich für das Glück entscheidet, muss mit dem Abschied von seiner Kinderseele bezahlen.

Die Wirkung des Lösungsbildes

Das bei Familienaufstellungen gefundene Lösungsbild wirkt auf die tatsächliche Familie, auch wenn diese davon keine Kenntnis erlangt. Dazu ein Beispiel:

»Eine junge Frau hatte einen Selbstmordversuch überlebt. Bei der Familienaufstellung zeigte sich, dass es eigentlich die Mutter war, die gehen wollte, und die Tochter es nur für die Mutter übernommen hatte. Die Mutter wiederum sehnte sich nach ihrem Vater, der sich ertränkt hatte. In der Aufstellung wurde der verstorbene Vater hereingenommen und neben die Mutter gestellt. Die Lösung bestand darin, dass sich die Mutter an ihren Vater gelehnt hat und der Tochter kraftvoll gesagt hat: Ich bleibe. Auf diese Weise braucht die Tochter es nicht zu übernehmen.

Der Vater der Klientin hatte die Tochter zu dem Seminar begleitet und war im Saal anwesend. Die Mutter war zu Hause in Deutschland, während die Aufstellung an einem Sonntagmorgen in der Schweiz stattfand. An diesem Sonntag, zeitgleich zur Aufstellung, ist die Mutter zu Hause über eine Brücke spazieren gegangen. Diese Brücke führte über jenen Fluss, in dem sich ihr Vater ertränkt hatte. Jedes Mal, wenn sie zur Brücke kam, hat sie sich an das linke Brückengeländer gestellt, flussaufwärts geschaut zu der Stelle, wo es geschehen war, und für den Vater kurz gebetet. An diesem Morgen wollte sie wie immer auf der Brücke ihr Gebet sprechen. In diesem Moment jedoch fühlte sie sich an der Schulter genommen und auf die andere Seite der Brücke geführt. Dort erlebte sie ein intensives Glücksgefühl, das sie sich nicht erklären konnte. Ihr Kopf wurde flussabwärts gedreht, und sie hatte plötzlich das Gefühl: Jetzt darf ich mit dem Strom des Lebens schwimmen. Früher hatte sie in der Familie oft damit gedroht, sie werde sich umbringen. Mit einem Mal war das verschwunden. Über die räumliche Entfernung hat da etwas gewirkt, ohne dass die Mutter etwas von der Aufstellung wusste.« (AWI: 83/84)

Ein anderes Beispiel: Bei einer Aufstellung mit Symbolen stellte sich heraus, dass ein neunjähriger Junge mit dem Bruder des Vaters identifiziert war. Der Onkel hatte sich mit Gift umgebracht, und das Kind wollte sein Schicksal teilen. Wie mir der Vater erzählte, war der Sohn ein nervöses und hyperaktives Kind. Gleichzeitig stellte er sich immer außerhalb. Auch in der Schule gab es viele Probleme mit ihm.

Das Kind hatte nicht gewusst, dass es einen selbstmörderischen Onkel in der Familie gab, doch nach der Aufstellung erzählte der Mann seinem Sohn in knappen Worten davon. Der Junge war sofort interessiert und stellte viele Fragen. Vor allem wollte er ein Foto von seinem Onkel sehen. Der Vater kramte eines hervor und zeigte es. Der Sohn bestand darauf, dass man ihm dieses Bild überließ. Es fand einen zentralen Platz im Kinderzimmer. Wie mir der Mann später berichtete, wurde das Kind in der Folge viel ruhiger und ausgeglichener.

Der Therapeut Albrecht Mahr hat darauf hingewiesen, wie wichtig es ist, dass sich der Klient nicht auf das einmalige Erlebnis des Aufstellungsbildes verlässt, sondern sich von diesem Bild durch den Alltag begleiten lässt. Es wäre naiv, anzunehmen, dass die Aufstellung einer Familie im Nu alle Probleme löst. Der Klient ist aufgefordert, bei jedem Kontakt mit den Familienmitgliedern, ihnen aus jener Perspektive zu begegnen, die er in der Aufstellung als heilend wahrgenommen hat. Auch in der Familie entstehende Fragen können am

besten gelöst werden, wenn man sich innerlich an jenen guten Platz aus der Aufstellung begibt.
Wenn hier von »Kontakt« mit der Familie gesprochen wird, ist damit auch der innere Kontakt gemeint, zum Beispiel wenn man gerade an ein Familienmitglied denkt. Man darf nicht vergessen, dass der Klient zumeist Jahrzehnte hindurch ein falsches Bild seiner Familie gehabt hat. Es kann zuweilen Jahre dauern, bis das erlebte heilende Bild tief im Klienten verankert ist. So betrachtet, stimmt es gar nicht, die Systemische Psychotherapie als »Kurzzeittherapie« zu bezeichnen. Es handelt sich im Gegenteil um eine Langzeittherapie, die jedoch der Klient eigenverantwortlich durchführt.

Wodurch kommt die Wirkung einer Aufstellung zustande?

Häufig wird gefragt, wie diese Wirkungen von Aufstellungen überhaupt möglich sind und wodurch fremde Menschen in einer Aufstellung wie die tatsächlichen Familienmitglieder fühlen können. Hellingers Antwort ist pragmatisch. Theorien kümmern ihn nicht, er arbeite mit dem, was funktioniert. Unsere Familie ist ein so machtvolles System, dass seine Darstellung in der Dimension des Raumes es auch anderen Menschen gestattet, sich in die Dynamik dieser Familie einzufühlen. Dennoch bleibt die Frage: »Wie ist es möglich?« Im Gespräch mit der Journalistin Gabriele ten Hövel erläuterte Hellinger:

»Es gibt eine Tiefe, in der alles zusammenfließt. Sie liegt außerhalb der Zeit. Ich sehe das Leben wie eine Pyramide. Oben auf der ganz kleinen Spitze läuft das ab, was wir Fortschritt nennen. In der Tiefe sind Zukunft und Vergangenheit identisch. Dort gibt es nur Raum, ohne Zeit. Manchmal gibt es Situationen, in denen man mit dieser Tiefe in Verbindung kommt. Dann erkennt man zum Beispiel Ordnungen, verborgene Ordnungen, und kann in der Seele an Größeres rühren.« (AWI: 82)

Beeinflusst der Therapeut, was bei der Aufstellung dargestellt wird?

Zwei Fragen plagen oft: Ist das Ergebnis einer Aufstellung von der Persönlichkeit des Therapeuten abhängig, und wie »wahr« ist sie?
Grundsätzlich kann man davon ausgehen, dass bei jeder Aufstellung nicht *die* Wirklichkeit sichtbar wird, sondern *ein Ausschnitt* davon. Es wird immer das sichtbar, was der Klient benötigt, um handeln zu können. Bert Hellinger interessiert bei seiner therapeutischen Arbeit nicht so sehr die übergeordnete Wahrheit, von der wir ohnehin nichts wissen, sondern die Wirklichkeit, also das, was wirkt. In der Aufstellung werden die Dinge so genommen, wie sie sich darstellen – mit allem Ernst, als gäbe es nichts anderes. Bei der nächsten Aufstellung mag sich die Wirklichkeit leicht verändert darstellen, und auch diese Version wird ernst genommen, als gäbe es nichts anderes. Denn Wirklichkeit ist nicht statisch, sondern ständig im Fluss und wird daher nur im Augenblick erfahrbar. Wer glaubt, er könne die Wirklichkeit festhalten, muss im nächsten Moment bemerken, dass sie durch den Ablauf der Zeit schon wieder eine andere geworden ist.
Die Persönlichkeit des Therapeuten beeinflusst ohne Zweifel das Ergebnis einer Aufstellung. Im Gespräch äußerte Bert Hellinger, das Wichtigste, was der Therapeut für diese Arbeit mitbringen muss, sei: Furchtlosigkeit. Er braucht Mut, der Wirklichkeit ins Gesicht zu schauen, auch wenn sie die schrecklichsten Dinge beinhaltet. Fehlt dieser Mut, spüren die Stellvertreter in einer Aufstellung unbewusst, dass der The-

rapeut der Wirklichkeit nicht gewachsen ist, und sind in der Wahrnehmung eingeschränkt. Ich habe es sowohl als Stellvertreter wie als Beobachter erlebt, dass sich eine Gruppe mit dem blinden Fleck des Therapeuten solidarisiert hat und bestimmte Dinge in den Aufstellungen nicht wahrgenommen wurden. Dies habe ich allerdings erst mit einem gewissen Abstand realisieren können.

Für diese Form der Arbeit muss der Therapeut noch eine weitere Voraussetzung mitbringen: Er sollte seine eigenen Eltern lieben und achten. Wie kann er sonst seinen Klienten helfen, Mutter und Vater in Liebe und Achtung zu begegnen?

Trotz der Grenzen des Therapeuten ist das Ergebnis einer Aufstellung nie willkürlich. Bei einem furchtsamen Therapeuten kommt zwar nicht die ganze Wirklichkeit ans Licht, aber auch Teile davon rufen den Klienten zum Handeln auf. Ein Beispiel dafür möchte ich aus meiner einzeltherapeutischen Arbeit mit Symbolen geben.[5]

[5] Da ich meinen Klienten nicht jederzeit eine Gruppe anbieten kann, arbeite ich in meiner Praxis auch mit Symbolen. Dazu benutze ich bei Familienaufstellungen bunte Papierscheiben, die mit Pfeilen für die Blickrichtung versehen sind und auf die sich der Klient stellen kann. Sowohl der Klient als auch der Therapeut stellen sich zunächst abwechselnd auf eine solche Scheibe, um körperlich wahrzunehmen, wie sich das Familienmitglied fühlt. Sicherlich hat diese Form des Familienstellens nicht dieselbe Intensität wie mit Gruppenteilnehmern, doch lässt sich auch auf diese Weise Ordnung in das Familiensystem bringen, und es können Lösungen gefunden werden. Voraussetzung ist jedoch, dass man sämtliche Vorbehalte fahren lässt. Mit dem nötigen Ernst kann man sehr schnell eine wirklichkeitsgetreue Körperwahrnehmung erleben.

Ein Mann war verheiratet und Vater. Vorher hatte er mit einer Freundin zusammengelebt. Diese hatte einen geistig behinderten Sohn geboren, der angeblich einem Seitensprung mit einem anderen Mann entstammte. Der Klient hatte die heftigsten Träume von diesem Sohn der Freundin, und so ließ ich ihn dieses Kind probeweise aufstellen. Der Mann vermochte auf den Symbolen nichts wahrzunehmen und war innerlich nicht offen. Doch konnte man auf den Scheiben sogleich eine intensive Verbindung zwischen dem Mann und dem Kind fühlen. Innerlich hörte ich auf der Position des Kindes den an den Mann gerichteten Ausruf: »Hallo, Papa!« Der Mann jedoch lehnte die Möglichkeit, das Kind könne von ihm sein, völlig ab. Er war auch nicht bereit, Hintergründe um die Vaterschaft zu erhellen.

Ein Jahr später nahm der Mann bei einer Kollegin an einer Aufstellungsgruppe teil. Auch hier kam dasselbe Ergebnis zustande: Der Stellvertreter des Sohnes sagte spontan zum Stellvertreter des Mannes: »Hallo, Papa!« Der Therapeutin war das Ergebnis des früheren Aufstellens bei mir nicht bekannt. Sie hatte ihrer Intuition vertraut und den angeblich nicht mit ihm verwandten Sohn aufstellen lassen. In so einem Fall wäre ein Vaterschaftstest angezeigt, doch der Mann war nicht dazu bereit.

In einer anderen Aufstellung einer Kollegin kam ans Licht, dass ein Mann noch ein Geschwister haben könnte. In der Realität sprach nichts dafür, und die toten Eltern konnten nicht mehr befragt werden. Einige Monate nach der Aufstellung fand die Frau des Klienten im Keller, in alten Kisten der Schwiegereltern, die Geburtsurkunde eines früh verstorbenen Bruders von ihm.

Der konkrete Ablauf solcher Familienaufstellungen ist im Anhang dieses Buches dokumentiert.

II
Wie menschliche Beziehungen gelingen

Bindung, Ordnung und Ausgleich

Die Beziehungen zu anderen Menschen können leidvoll und von Glück erfüllt sein. Einerseits dienen Beziehungen unserer persönlichen Entwicklung, andererseits werden wir durch sie in Anspruch genommen für Ziele, die jenseits unserer Wünsche liegen. Oft sind wir in Zusammenhänge eingebunden, die wir nicht durchschauen. Den stärksten Einfluss auf unsere Beziehungen hat dabei die Familie, erst die Herkunftsfamilie und später die Familie, die wir mit einem Partner gründen. Nach Hellinger sind uns die Bedingungen für das Gelingen von Beziehungen vorgegeben: die Bindung, die Ordnung und der Ausgleich zwischen Geben und Nehmen.

Die Bindung

Durch unser Gewissen sind wir an die Gruppe von Menschen gebunden, in die wir hineingeboren wurden. Diese Aussage mag zunächst befremdlich erscheinen. Doch wenn wir das Band, das uns mit den Familienmitgliedern verbindet, nicht oder nur selten spüren, heißt das noch lange nicht, dass es nicht existiert. Selbst zu Menschen, deren Existenz uns völlig unbekannt ist, kann eine tiefe Bindung bestehen.
Ein Beispiel: In einer Aufstellung ging es um zwei Geschwister, die in einem Konzentrationslager umgekommen waren. Die Spätergeborenen haben davon nie etwas erfahren, doch ihre intensive Bindung an die verschwiegenen Familienmit-

glieder war unübersehbar. Alle schauten wie hypnotisiert auf die Toten, alles andere war belanglos.

Die Bindung an Familienmitglieder muss also nicht immer bewusst sein. Jemand kann sagen: »Meine Mutter ist mir unwichtig, mit der habe ich keinerlei innere Beziehung! Nur zum Vater habe ich immer Nähe gespürt.« Die Realität in der Aufstellung zeigt jedoch etwas anderes. Die Bindung eines Kindes an seine Eltern wird selbst dann deutlich sichtbar, wenn jemand seine Eltern kaum erlebt hat und an einem anderen Ort aufgewachsen ist. Die Elternschaft als biologisches Faktum reicht für die Entstehung der Bindung völlig aus. Einwänden kann man mit der Frage begegnen: Gibt es etwas Größeres, als einem Wesen das Leben zu schenken?

Eltern sind mit ihren Kindern verbunden und umgekehrt. Zwar ist es besonders für das Kind wichtig, die Bindung an Vater und Mutter zu achten, doch müssen auch die Eltern sich diese Bindung bewusst machen. Hier ein extremes Beispiel:

Der Umgang mit Klienten hat gezeigt, dass das vorgetragene Problem nicht immer jenes ist, was die Seele gerne auf die Tagesordnung setzen möchte. Ein Mann kam in meine Praxis, um ein Berufsproblem zu lösen. Das schon beschriebene Stellen mit Symbolen wende ich des Öfteren auch bei anderen Problemen an. Ich bat den Klienten daher, sich und seine Berufsmöglichkeiten im Raum zu platzieren. Es ergab sich folgendes Bild:

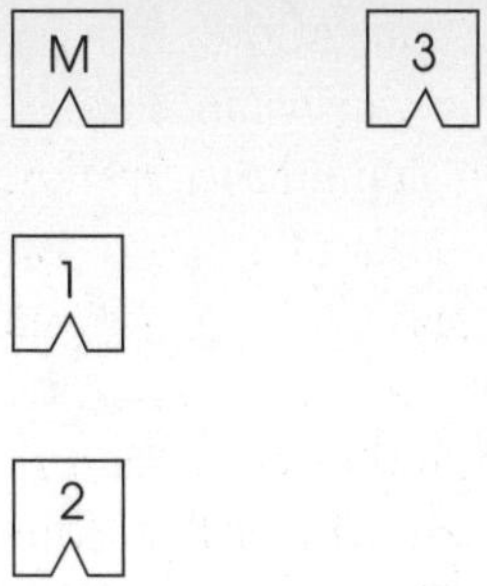

M: Mann, 1: Berufsmöglichkeit 1, 2: Berufsmöglichkeit 2, 3: Berufsmöglichkeit 3. Die Einkerbung der Symbole zeigt die Blickrichtung an.

Zunächst stellte sich der Mann auf das Symbol für die eigene Person, anschließend nahm ich diesen Platz ein. Auf dieser Position wurde man sofort unsagbar traurig und spürte einen deutlichen Stich im Herzen. Das Herz krampfte sich förmlich zusammen. Ich teilte das dem Mann mit und sagte: »Merkwürdig! Für eine Berufsaufstellung verstehe ich all das nicht. Hier handelt es sich um etwas ganz anderes.« Diese Vermutung hatte ich zum einen wegen der starken Trauer und der Herzschmerzen, zum anderen wegen der identischen Blickrichtung aller Symbole: Alles schaute in eine Richtung! Da fehlte etwas!

Nach meiner Schilderung von dem Stich in der linken Brustseite erzählte der Klient, dass er tatsächlich mit dem Herzen zu tun habe. Eine Vermutung darüber, was ihm denn »auf dem Herzen liegt«, hatte er nicht. Er war sichtlich ratlos. Im zweiten Schritt nahm ich ein Papier mit Fragezeichen und legte es der Vierergruppe gegenüber, so dass das Fragezeichen die vier anderen anblickte:

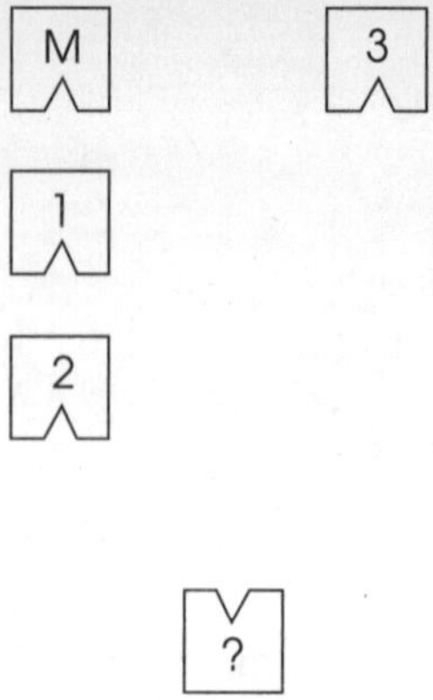

Auf dem Fragezeichen nahm ich wieder eine große Traurigkeit wahr, und eine Sekunde lang war mir, als sehe ich ein Kind, das zu ihm wollte. Doch ich traute meiner Wahrnehmung nicht und schwieg. Nach einer Weile sagte der Mann unvermittelt: »Das mit dem Fragezeichen könnte vielleicht mein unehelicher Sohn sein.« Es stellte sich heraus, dass er vor 30 Jahren einen Sohn gezeugt hatte, den er noch nie in seinem Leben gesehen hatte. Auch wenn sein Bewusstsein diesen Sohn fast vergessen hatte, die Seele erinnerte sich. Ich habe den Klienten ermutigt, über Ämter oder eine Detektei den Sohn ausfindig zu machen. Denn in seelischer Hinsicht ist es für beide von Bedeutung, dass sie Kontakt miteinander haben. Besonders für die Identitätsfindung des jungen Mannes ist es wichtig, seinen Vater kennen zu lernen.
Erst nachdem wir über all das gesprochen hatten, konnte ich ihm in der Berufsfrage einen Rat geben. Das Beispiel zeigt, dass selbst dann, wenn man überhaupt nicht an familiäre Probleme denkt, sie sich in den Vordergrund schieben können. Sie sind um vieles wichtiger als manch anderes Problem, das uns beschäftigt.

Wie immer nun die Gruppe (Familie), in die wir hineingeboren wurden, beschaffen sein mag: Wir fühlen uns eng mit ihr verbunden. Das Kind erlebt diese Bindung als Liebe und Glück, unabhängig davon, wie es sich in der Gruppe entfalten kann oder auch verkümmert. Diese Liebe kann als Urliebe oder primäre Liebe bezeichnet werden.

Mit unserem Gewissen reagieren wir auf alles, was die Bindung fördert oder sie in Frage stellt. Wir haben ein gutes Gewissen, wenn unser Verhalten die Gruppenzugehörigkeit bestätigt. Ein schlechtes Gewissen dagegen entsteht, wenn wir uns durch unser Verhalten von der Gruppe absetzen.

In einer Mafiafamilie beispielsweise wird das Gewissen auf bestimmte Umstände völlig anders reagieren und andere Dinge für richtig halten als in einer Beamtenfamilie. Vom Standpunkt des Kindes gibt es kein Gut oder Böse. Für das Kind ist immer das gut, was seine Bezugsgruppe gut findet. In welche Richtung das Pendel des Gewissens auch ausschlägt, sein Ziel bleibt, die Bindung an die Ursprungsgruppe zu sichern.

Nicht nur in der Familie dient das Gewissen dazu, die Bindung an die Gruppe aufrechtzuerhalten. Am Arbeitsplatz, im Fußballverein oder in unserem Freundeskreis sieht das Gewissen, das uns dazugehören lässt, jeweils anders aus. Doch die wichtigste Bindung des Menschen ist die an seine Familie. Erst danach folgen die Bindungen an größere Gruppen.

Folgendes Beispiel kann die Intensität der Kind-Eltern-Beziehung verdeutlichen: Kinder stellen sich Eltern oft in den Weg, wenn diese keine Lust mehr am Leben haben und aus der Familie tendieren. Dieses »In-den-Weg-Stellen« kann durchaus wörtlich verstanden werden. Eine Klientin stellte sich in einer Symbolaufstellung genau vor den Vater. Als sie auf dem Symbol für ihre Person stand, sagte sie: »Ich muss meinen Vater stabilisieren, damit er bleibt.« Der Vater war des Lebens müde gewesen. Ihn zog es in der Aufstellung mit aller Kraft zu seiner Mutter (der Großmutter der Klientin), die er in seinem sechsten Lebensjahr plötzlich verloren hatte.

Wie intensiv Kinder an der Situation ihrer Eltern Anteil nehmen, zeigt auch ein anderes Beispiel: Ein verheirateter Mann, Vater von zwei Kindern, war überrascht, dass er nach dem Ergebnis einer Familienaufstellung mit Symbolen selbstmordgefährdet war. Der Mann fühlte sich weder krank noch lebensmüde. Doch in der Aufstellung war er auf mehrere Mitglieder der Herkunftsfamilie ausgerichtet, die sich umgebracht hatten oder früh gestorben waren. Seine Söhne standen ihm gegenüber und wollten den Vater daran hindern, dass er geht.

Wochen nach der Aufstellung erzählte mir der Mann, dass er eines Morgens den Jüngsten aus dem Bett holen wollte. Als der Vater ins Kinderzimmer trat, erwachte das Kind gerade und sagte: »Papa, du darfst noch nicht sterben. Papa, geh nicht weg.« In der Folge kam dem Klienten dann zum Bewusstsein, dass er tatsächlich seit vielen Jahren selbstmordgefährdet war. Doch hatte er es nicht wahrhaben wollen.

Die Bindungsliebe eines Kindes an die Eltern geht nicht selten bis zum Äußersten: Ein Vater bestrafte seinen Sohn, weil dieser trotzig war, und in der darauf folgenden Nacht erhängte sich das Kind. Noch im Alter trug der Mann schwer an seiner Schuld. Im Gespräch mit einem Freund erinnerte er sich, dass dieses Kind nur wenige Tage vor seinem Selbstmord bei einer bedeutenden Szene zugegen war und darauf reagiert hatte. Bei Tisch hatte die Mutter erzählt, dass sie wieder schwanger war. Das Kind hatte wie außer sich gerufen: »Um Gottes willen, wir haben doch keinen Platz!« Und der schon alte Vater begriff: Das Kind hatte sich geopfert, um den

Eltern ihre Sorgen abzunehmen. Der Sohn hatte für sein neues Geschwister Platz gemacht. (MFL: 82)

Die Ordnung

Allein der Klang des Wortes »Ordnung« mag bei manchem unangenehme Erinnerungen wecken. Man denkt vielleicht an Aufräumen, Disziplin in der Schule oder am Arbeitsplatz, Unterwerfung, starre Regeln. Bei den Zahlen sichert die natürliche Ordnung, dass die Eins nicht nach, sondern vor der Zwei kommt, so wie diese wiederum vor der Drei steht. Wenn man diese Ordnung durcheinander bringt, entsteht Chaos. Auch in Familiensystemen gibt es eine Ordnung. Unabhängig davon, ob wir die Ordnung kennen oder nicht, ist sie vorhanden und wirkt. Zur Ordnung gehört die Rangordnung – wieder ein scheinbar »schlimmes Wort«. In der Familie ist die Ordnung durch die Zeit begründet, dadurch, ob jemand früher oder später kam. Eltern haben auf diese Weise Vorrang vor den Kindern. Wenn man diese natürliche Ordnung umkehrt, entsteht, genau wie bei den Zahlen oder dem Alphabet, ein heilloses Durcheinander.
In unserem Alltag können wir die Bedeutung des Früher oder Später ständig erleben. Wenn wir an einem Arbeitsplatz oder in einem Verein Neuling sind, werden wir zunächst zurückhaltend sein. Denen, die schon länger dabei sind, fällt es unangenehm auf, wenn ein Neuling sich sofort die gleichen Rechte herausnimmt.
Die Ordnung verlangt auch, dass ein totgeschwiegenes uneheliches Geschwister oder ein tot geborenes Kind *offen* dazugehören dürfen. Ein Beispiel: Ein junger Mann aus dem arabischen Kulturraum war permanent krank und fühlte sich

schlecht, doch kein Arzt konnte helfen. Es stellte sich heraus, dass in seinem Familiensystem ein Bruder nicht offen dazugehören durfte. Er wurde vom Klienten vertreten. Der Bruder war geistig behindert gewesen und verstarb im Alter von drei Jahren. Das nächste Kind war der Klient. Er erhielt den Namen und die Personalpapiere des toten Bruders. Immer fühlte er sich älter, und die Wirklichkeit bestätigte ihm das auch. Er wurde zu früh eingeschult und erhielt auch den Führerschein vor dem Mindestalter. Die Lösung verlangt hier, dass der Tote offen zum System dazugehören darf und als eigenständiges Wesen betrachtet wird. In der Aufstellung sagte der Klient zu seinem Bruder: »Lieber Mustafa, du bist mein drei Jahre älterer Bruder. In meinem Herzen hast du einen Platz. Bitte schau freundlich auf mich, wenn ich bleibe.« Die Zugehörigkeit zum Familiensystem verspielt dagegen ein Mörder; allerdings gibt es auch Ausnahmen.

Ein anderer Verstoß gegen die natürliche Ordnung liegt beispielsweise vor, wenn eine zweite Ehefrau auf die Kinder des Mannes aus erster Ehe eifersüchtig ist. Für den Mann werden diese Kinder immer vor der neuen Frau rangieren. Nur wenn sich die Frau mit ihrem zweiten Rang zufrieden gibt, kann die Ehe gut gehen, denn ein Recht auf Eifersucht hat sie nicht.

Die richtige Ordnung ist nicht beliebig veränderbar, sondern als Tatsache vorhanden und kann im Familienstellen erfahren werden. Denn auch Stellvertreter, die zum ersten Mal an einer Familienkonstellation mitwirken und noch nie eine Zeile von Hellinger gelesen haben, können diese Ordnung klar und deutlich abbilden. Wenn man sich in der eigenen Familie der Ordnung fügt, stellt sich ein Gefühl der Erleichterung ein. Das ist auch der tiefere Sinn des Ausdrucks »Es kommt in Ordnung«.

Anders als Eltern und Kinder sind in der Paarbeziehung Mann und Frau gleichberechtigt. Zur Ordnung zählt, dass ein früherer Partner Vorrang vor einem späteren hat. Wenn der frühere Partner nicht gewürdigt wird, hat dies auf die spätere Partnerschaft und die daraus resultierenden Kinder Auswirkungen. Bei den Systemen allerdings gilt: Das spätere System hat Vorrang vor dem früheren System.

Der Ausgleich zwischen Geben und Nehmen

»Geben und Nehmen« – klingt das nicht nach »Monopoly« oder Kapitalismus? Was hat dies mit menschlichen Beziehungen zu schaffen? Wir wissen, dass es Beziehungen gibt, in der der eine Partner mehr »investiert« als der andere und dass es dadurch zu Spannungen kommt.

In manchen Kreisen von Selbstverwirklichern herrscht die Meinung, man müsse »selbstlos und bedingungslos lieben«, und wer einem anderen etwas gibt, soll sich völlig frei davon machen, etwas zurückzuerwarten. Des Weiteren wird davon ausgegangen, man könne jeden Menschen so lieben wie seinen Partner oder seine Eltern. Solche Vorstellungen sind nicht nur wirklichkeitsfremd, sondern zerstören jede Form von Beziehung.

Erst das Bedürfnis nach dem Ausgleich zwischen Geben und Nehmen macht einen Austausch zwischen Menschen möglich. Wenn zum Beispiel der eine fortwährend gibt, gerät der Nehmer unter Druck, ebenfalls etwas zu geben. Verhindert der Geber dies, weil er nichts annehmen will, ist die Beziehung gefährdet. Wer verweigert, dass man ihm gibt, will der Mächtigere sein, und auf Dauer verträgt dies keine Beziehung. Nur zwischen Eltern und Kindern gilt ein anderes Verhältnis, da Eltern in erster Linie geben und Kinder nehmen. Kinder können ausgleichen, indem sie das von den Eltern Empfangene später einmal weitergeben.

In einer guten Partnerschaft kommt es nicht nur zum Ausgleich des Gebens und Nehmens, sondern der Nehmer gibt häufig dem Geber etwas mehr zurück. Daraufhin gibt der Erstere wieder etwas mehr, und auf diese Weise kann eine Ehe oder Partnerschaft wachsen und gedeihen. Je größer der Umsatz von Geben und Nehmen, desto größer ist das Glück. Doch der erhöhte Umsatz hat eine Wirkung, die von manch einem gefürchtet wird: Er vertieft die Bindung.

Wer dagegen »Freiheit« will, der darf sich nur wenig und mit geringem Einsatz am Geben und Nehmen beteiligen. Wer der Ansicht ist, er bräuchte nicht zu nehmen, sondern nur zu geben, hält sich für besser und wird schnell einsam. Eine Partnerschaft oder Ehe hält ein solches Ungleichgewicht nicht lange aus. Es kommt zum Bruch. Das Erlebnis einer Klientin verdeutlicht dies.

Eine Frau zog mit ihrem Freund zusammen, der noch in der Ausbildung war. Sie hatte einen guten Beruf und übernahm nicht nur seinen Mietanteil an der Wohnung, sondern auch die Kosten seiner Ausbildung. Als die Ausbildung beendet war, so erzählte sie mir erbost, zog der Mann, als sie gerade nicht zu Hause war, mit Sack und Pack aus der Wohnung aus. Die Partnerschaft war beendet.

»Dieser undankbare Kerl!«, wird mancher denken. Doch der Mann konnte gar nicht anders, denn das Gleichgewicht zwischen Geben und Nehmen war unrettbar gestört. Es gab keine Ebenbürtigkeit der Partner. Eine Lösung wäre vorstellbar, wenn der Mann sich das Geld für Miete und Ausbildung nebenbei verdient oder es sich bei seinen Eltern oder einer Bank geliehen hätte. Er hätte das Geld auch am Schluss der

Ausbildung der Partnerin zurückzahlen können bzw. sich dazu in einem bestimmten Zeitrahmen verpflichten können. Auf diese Weise wäre der Mann aus seiner bedürftigen Position wieder in die des Gleichberechtigten gelangt. Umgekehrt hätte die Frau dem Mann das Geld nie schenken dürfen, weil sie dadurch die ihm Überlegene wurde.

Auch im umgekehrten Fall der Geschlechter gilt, dass jeder Partner die *eigenen* Angelegenheiten, wie zum Beispiel die Berufsausbildung, selbst bestreiten muss.

Heiratet eine wohlhabende Frau einen armen Mann, steht eine solche Verbindung meist auf wackligem Fundament. Die Frau ist ständig die Gebende und der Mann der Nehmende. Der Gatte, der den Ausgleich nicht erreichen kann, reagiert mit der Zeit böse. Auch wenn ein alter Mann eine junge Frau heiratet, kommt es häufig zu Komplikationen. Eine feste Regel für den Altersabstand kann man sicherlich nicht aufstellen, doch Hellinger hat eine treffende Formulierung dafür gefunden. Er erkundet, ob der eine Partner »die Zukunft schon hinter sich hat«, während der andere sie noch »vor sich« hat. Die junge Frau wird sich zum Beispiel an dem alten Mann dafür rächen, dass sie auf bestimmte Dinge verzichtet, die sie mit einem jüngeren hätte haben können, beispielsweise Kinder. Diese Prozesse laufen oft auf der unbewussten Ebene ab.

In Partnerschaften, aber auch in anderen Bereichen, trifft man immer wieder auf die großzügigen Geber. Diese Haltung ist als »Helferideal« recht angesehen. Unausgesprochen sagt der Helfer jedoch: »Lieber sollst du dich verpflichten als ich.« Insbesondere bei Angehörigen der psychosozialen Berufe ist diese Auffassung zu finden. Wer sich weigert zu nehmen, will oft seine Überlegenheit bewahren und zu nichts verpflichtet sein. Doch innerlich fühlt er sich leer und unausgeglichen.

Immer wieder gibt es im Leben Situationen, in denen der Nehmer nicht zurückgeben kann, zum Beispiel weil er schwer behindert oder krank ist. Das Danken ist dann die einzige Möglichkeit eines Ausgleichs. Wenn es mit Achtung und Liebe geschieht, fühlt sich auch der Geber reich beschenkt.

Schuld und Unschuld

Mit dem Geben und Nehmen beginnen unsere Erfahrungen von Unschuld und Schuld. Das Gefühl, »ich bin dem Geber jetzt verpflichtet«, das beim Beschenkten entsteht, wird als eine Art Schuld erlebt. Sie äußert sich als Unbehagen oder Druck, und wohl jeder kennt dieses Gefühl. Unschuld dagegen empfinden wir, wenn wir gegeben haben: Wir fühlen uns leicht und frei von jeder Verpflichtung. Unschuld als Anspruch und Schuld als Verpflichtung fördern in ihrem Zusammenspiel den menschlichen Austausch.

Beim Nehmen und Geben gibt es aber auch eine böse Schuld und eine böse Unschuld, wenn der Empfänger beispielsweise ein Täter und der Geber ein Opfer ist. Beide unterliegen dem Bedürfnis nach Ausgleich. Das Opfer hat darauf Anspruch, und der Täter fühlt sich dazu verpflichtet. Nach der Tat will das Opfer dem Schuldigen schaden und ihm ein Leid antun. Erst wenn beide, Täter und Opfer, gleichermaßen böse waren und gleich viel verloren und gelitten haben, sind sie sich wieder ebenbürtig, denn mit der Wiederherstellung des Schadens allein ist es nicht getan. Unserem christlichen Weltbild entspricht das ganz und gar nicht. »Von der anderen Wange«, die man auch noch hinhalten soll, ist bei dem ehemaligen Missionar Hellinger jedenfalls nicht die Rede.

Versöhnung ist seiner Meinung nach erst möglich, wenn auch der Unschuldige böse wird und Sühne fordert. Damit Beziehungen aber fortgesetzt werden können, ist es notwendig, dass das Opfer dem Täter ein bisschen weniger antut, als es erlitten hat, ansonsten ist die Beziehung zu Ende. Im Folgenden ein Beispiel, wie wichtig in einer Ehe der Ausgleich im Bösen ist.

Der Ausweg

Eine Frau trug seit 20 Jahren ihrem Mann nach, dass er nur wenige Tage nach der Hochzeit mit seinen Eltern sechs Wochen in Urlaub fuhr und sie allein zurückließ, weil seine Eltern für ihr Auto einen Fahrer brauchten. Bislang hatten alle Entschuldigungen von Seiten des Mannes nichts gefruchtet.
Der Mann erzählte diese Geschichte einem Freund, worauf dieser entgegnete: »Am besten sagst du ihr, sie darf sich etwas wünschen oder etwas für sich tun, das dich genauso viel kostet, wie es sie damals gekostet hat.«
Da strahlte der Mann und begriff. Jetzt hatte er die Lösung. (ZG: 24/MFL: 26)

Der Ausgleich in der Erziehung

Nicht nur in Ehe und Partnerschaft, auch in anderen Lebensbereichen muss es den Ausgleich im Guten wie im Bösen geben, wie das nächste Beispiel zeigt. In Südafrika war Bert Hellinger Rektor und Pfarrer an einer Schule gewesen. Am Gründonnerstag sagten die Schüler, sie würden gern in die Stadt gehen, da sie frei hätten. Er erlaubte es ihnen, doch bat er sie, bis zum Gottesdienst zurück zu sein, da er sie zum Singen brauchte. Doch die Schüler kamen erst am Abend zurück. Damit hatten sie dem Leiter etwas angetan, und um die Ordnung wiederherzustellen, war ein Ausgleich fällig.
Die Schule hatte eine Art von Selbstverwaltung, und am Abend wurden die Schüler zusammengerufen. Als Erstes hat

der Rektor sie eine Viertelstunde sitzen lassen und sich nicht geäußert. Als Zweites sagte er dann: »Die Disziplin ist zusammengebrochen. Ihr wollt ja etwas von mir und der Schule. Wenn ich euch das nicht mehr geben will, was macht ihr dann? Ihr müsst mich wieder gewinnen. Ich mache euch daher einen Vorschlag. Ihr ruft morgen früh alle Schüler zusammen und besprecht mit ihnen, wie ihr die Disziplin wiederherstellt.«

Am nächsten Morgen berieten die Schüler vier Stunden und machten einen Vorschlag. Doch dieser hätte ihnen zum Ausgleich nicht genug abverlangt. Hellinger sagte: »Nein, das ist lächerlich, beratet noch einmal!« Sie berieten wieder vier Stunden und schlugen vor: »In den Ferien arbeiten wir einen ganzen Tag auf dem Fußballplatz und bringen ihn in Ordnung.« Das genügte, denn es war ein angemessener Ausgleich. Als es dann so weit war und die Schüler einen halben Tag auf dem Fußballfeld gearbeitet hatten, wurde ihnen der Rest der Arbeit erlassen. Nie mehr hat es an der Schule Disziplinschwierigkeiten gegeben. (AWI: 55)

Das Entgegenkommen auf halber Strecke ist pädagogisch wichtig. Wenn eine Mutter zu konsequent ist, verliert sie die Liebe. Sie muss nachgeben, damit die Liebe gegen die Prinzipien erhalten bleibt. Doch wenn eine Mutter keine Prinzipien hat, schadet dies den Kindern auch.

Die Übernahme fremder Schuld

Nicht selten kommt es dazu, dass in einer Familie ein Mitglied aus Liebe Schuld für einen anderen übernimmt. Ein Beispiel:

Der Rächer

Ein etwa 40-jähriger Mann fühlte Angst, erwürgt zu werden oder selber jemanden zu erwürgen, obwohl sich aus seinem Charakter und seinem Verhalten keine Anzeichen dafür ergaben. In der Familie jedoch hatte Gewalt stattgefunden. Ein Onkel, der Bruder seiner Mutter, war ein Mörder. In seinem Betrieb hatte er eine Angestellte, die auch seine Geliebte war. Eines Tages zeigte er ihr das Foto einer anderen Frau und bat sie, sich genauso zu frisieren. Nachdem die Frau längere Zeit mit dieser Frisur gesehen worden war, fuhr er mit ihr ins Ausland und brachte sie um. Dann reiste er mit der auf dem Foto abgebildeten Frau in sein Heimatland, wo sie seine Angestellte und Geliebte wurde. Doch die Tat wurde aufgedeckt, und er erhielt lebenslange Haft.

Der Psychotherapeut des oben erwähnten Klienten wollte noch mehr von der Familie wissen. Nach einigen Nachforschungen stellte sich heraus, dass die Großmutter, die Mutter des Mörders, eine angesehene fromme Frau war. Diese Großmutter hatte aber ihren Mann, den Großvater, in der Nazizeit als homosexuell angezeigt, worauf der Mann ins KZ gebracht und ermordet worden war.

Der eigentliche Mörder im Familiensystem war also die fromme Großmutter. Der Sohn dagegen trat als Rächer seines Vaters auf. In diesem Beispiel liegt etwas vor, das Hellinger eine »doppelte Verschiebung« nennt. Der Sohn übernahm die Rache anstelle des Vaters – das ist die Verschiebung im Subjekt. Doch anstatt die Mutter umzubringen, ermordete er die geliebte Frau – die Verschiebung im Objekt. Dadurch übernahm er die Folgen nicht nur für die eigene Tat, sondern auch für die der Mutter. Kinder in ihrer Urliebe wollen beiden Eltern ähnlich werden: Durch die Tat wurde er der Mutter ähnlich und durch die Haft dem Vater. (ZG: 149 f.)

Ein anderes Beispiel dafür, wie wichtig es ist, dass der Schuldige zu seiner Schuld steht. Ein Mann hatte seine alte Mutter erwürgt. Die Frau des Mörders fragte Bert Hellinger, ob er ihrem Mann helfen könne. Er sagte Ja, doch er fügte hinzu: »Unter Würdigung des Opfers.«
Der Mann schrieb einen Brief und erbat von Hellinger ein psychologisches Gutachten, in dem stehen sollte, dass er zum Tatzeitpunkt nicht zurechnungsfähig gewesen sei. Der Mann führte ein Unternehmen und war geistig völlig normal. Hellinger verweigerte deshalb das Gutachten. Dennoch wurde der Mörder vom Gericht als unzurechnungsfähig freigesprochen. In der Folgezeit ist eines der beiden Adoptivkinder des Mörders tödlich verunglückt. Das Kind hatte die Schuld übernommen.
Eines Tages kam der Unternehmer zu Bert Hellinger. Hellinger sagte zu ihm: »Eigentlich gehörst du ins Gefängnis.« Der Mann machte Hellinger Vorwürfe, er hätte erkennen müssen, wie aggressiv er sei. Hellinger ging nicht darauf ein und entgegnete: »Auch wenn du jetzt frei bist, musst du so leben, als seiest du im Gefängnis.« Anschließend hat der Mann für das umgekommene Kind eine Stiftung errichtet. Seine Mutter aber hatte er völlig vergessen. (Aus einer Podiumsdiskussion mit Bert Hellinger und Tilman Moser 1996.)

Das Kind übernimmt oft die Schuld bei einer Mussheirat

Ein Beispiel: Ein Mann und eine Frau zeugen ein Kind, und es kommt zu einer Mussheirat. Wenn die Eltern in der Ehe unglücklich sind, nimmt das Kind die Schuld auf sich. Es leidet als Ausgleich für das Unglück der Eltern. Hellinger sagt solchen Kindern: »Du bist kein Vertragspartner, das sind deine Eltern. Sie haben sich auf den sexuellen Vollzug eingelassen mit allen Folgen, und du nimmst die Eltern zu dem Preis, den es sie kostet.« Eine solche Haltung einzunehmen ist sehr viel schwerer, als sich schuldig zu fühlen.

Das Verzeihen als falscher Umgang mit Schuld

Nicht nur das Verzeihen hat oft üble Folgen, sondern auch das Bitten um Verzeihung ist schlimm. Ein Mensch hat nicht das Recht zu verzeihen. Wenn mich einer um Verzeihung bittet, dann schiebt er dem anderen die Verantwortung für seine Schuld zu.

Wenn ich früher jemandem verziehen habe, ging es mir hinterher zuweilen schlecht damit. Jetzt verstehe ich, warum: Durch mein »großmütiges Verzeihen« habe ich dem anderen die Gelegenheit genommen, mit mir wieder eine Ebene einzunehmen. Ähnlich ist es, wenn einer beichtet. Er schiebt dem anderen die Folgen seines Verhaltens zu. Außerdem verhindert das Verzeihen die Ebenbürtigkeit in der Beziehung, es schafft ein Gefälle von oben nach unten. Sagt man »es tut mir Leid«, kann der andere viel eher auf einen zugehen, als wenn man ihn um Verzeihung bittet.

Verzeihen dient nicht selten dem Ausweichen vor einem Konflikt, statt ihn zu lösen. Wenn ein Opfer dem Täter die Schuld

erlässt, das nämlich bedeutet Verzeihen meist, wirkt sich das immer schlimm aus. Versöhnung ist nur möglich, wenn der Unschuldige Wiedergutmachung und Sühne fordert, er hat sogar im Dienste der natürlichen Ordnung die Pflicht dazu. Umgekehrt hat der Schuldige nicht nur die Pflicht, sondern auch das Recht, die Folgen seiner Tat zu tragen. Er hat auch das Recht, mit dem Groll des anderen konfrontiert zu werden. All das sind ziemlich ungewohnte Gedanken. In vielen Büchern mit dem Thema »Praktische Lebenshilfe« lesen wir Tipps, deren Befolgung leider nicht das bewirken, was sie verheißen. Ich greife einmal ein Beispiel heraus.
Ein spiritueller Lehrer rät in einem seiner Bücher: »In unserem Leben müssen wir lernen, Menschen bedingungslos zu lieben. (...) wir dürfen uns nicht verletzt fühlen oder Groll hegen, wir müssen nur lieben. Das ist die Macht der Liebe, wie ich sie verstehe.«
Wenn uns jemand tief verletzt hat, ist es unsinnig, so zu tun, als seien wir nicht verletzt. Der andere hat ein Recht darauf, damit konfrontiert zu werden, und auch wir sind es uns schuldig, die Verletzung auszudrücken.
Vor kurzem kam ein Mann zu mir, der sehr zerknirscht über das war, was er seiner Frau angetan hatte. Er hatte während der Ehe eine Freundin und hielt das längere Zeit geheim. Während dieser Zeit übte jene Freundin anonymen Telefonterror auf die Frau aus. Der Mann wusste nichts davon. Es kam zur Trennung, und er lebte mit der Freundin zusammen. Die Nähe jedoch, die früher vorhanden war, löste sich schnell auf. Glück auf Kosten von anderen, sagt Hellinger, ist meist nur ein kurz währendes Glück. Der Mann wollte jetzt wieder zu seiner Frau zurück. Er traf sich öfter mit ihr, und zu seinem Erstaunen war sie ihm gar nicht böse: »Sie sagte zu mir: ›Ich habe dir schon alles verziehen‹«, erzählte er.

Bei all dem, was an Verletzungen geschehen ist, ging das natürlich viel zu schnell. Ich riet ihm, sich damit nicht zufrieden zu geben. Wenn die beiden wieder zusammenleben und alles so bleibt, wie es jetzt ist, wird er sich ihr gegenüber immer klein fühlen. Ein Austausch von Gleichberechtigten findet nicht statt. Wenn er sie aber, wie in der bereits vorgestellten Geschichte »Der Ausweg«, bittet, dass sie sich von ihm etwas wünscht, das ihn fast so viel kostet wie damals die Frau, dann kann die Waage wieder ins Gleichgewicht kommen.
Im Dienste der Beziehung ist es allerdings förderlich, wenn der Unschuldige in seiner Forderung nach Ausgleich nicht bis an die Grenze geht und dass er die Wiedergutmachung und die Sühne auch wirklich annimmt. Ohne diese Bemühungen gibt es keine Versöhnung. In der Praxis kann man bei Ehe- und Partnerschaftskrisen häufig beobachten, dass die Versöhnung nicht an dem Schuldigen scheitert, sondern am Unschuldigen. Er ist böse und fühlt sich dem Schuldigen überlegen. Der Unschuldige weist häufig den Schuldigen zurück, als bräuchte er ihn nicht. Gegen solche Unschuld hat ein Schuldiger keine Chance!

Schicksal und Schuld

Es kommt auch vor, dass sich jemand durch Schicksalsumstände schuldig fühlt. Ein drogensüchtiger Jugendlicher hatte bei seiner Geburt die Mutter verloren. Selbstverständlich ist er unschuldig am Tod der Mutter, doch fühlte er sich trotzdem schuldig. Die unbewusste Dynamik bei ihm lautete: »Weil es für dich so schrecklich war, liebe Mama, geht es auch mit mir schlecht weiter. Es darf mir nicht gut gehen.« Es ist

eine magische Form von Liebe, wenn das Kind glaubt, es könne durch eigenes Leid für ein früheres Leid bezahlen.
In der Familienaufstellung ließ die Therapeutin den Sohn zur Mutter sagen: »Ich nehme das Leben zu dem Preis, den es dich gekostet hat, und ich mache dir zum Andenken etwas Gutes daraus. Bitte segne mich, wenn ich bleibe.« Der Jugendliche gab die Drogen auf, machte noch seinen Schulabschluss und konnte später eine Partnerschaft eingehen.
Ein anderes, diesmal konstruiertes Beispiel. Im Motor eines Hubschraubers kommt es zu einer Explosion, obwohl der Helikopter regelmäßig gewartet worden war. Vier Insassen werden getötet, nur der Pilot überlebt. Trotz der Unschuld des Piloten wird dieser sein Überleben mit dem Tod der anderen in Verbindung bringen. Er fühlt sich schuldig, wenn er glücklich weiterleben würde. Auch in diesem Fall gibt es ein Bedürfnis nach Ausgleich. Wer vom Schicksal »bekommen« hat, indem er überlebte, meint, »geben« zu müssen von seinem Glück. Doch dem Schicksal ist es völlig gleichgültig, ob wir glauben, wir seien ihm etwas schuldig.
In solcher schicksalhafter Schuld und Unschuld erfahren wir uns als machtlos. Deswegen können wir nur schwer damit umgehen. Die Lösung wäre hier, sich in einen undurchschaubaren Zusammenhang zu fügen. Das ist mit Demut verbunden. Ein Begriff, der alles andere als populär ist, den wir aber bei Hellinger häufig antreffen. Die Demut macht es möglich, mein Leben und mein Glück so zu nehmen, wie es mir zufällt, unabhängig davon, was andere dafür bezahlt haben. Wenn ich ein schwereres Los als andere gezogen habe, lässt mich die Demut dem Schicksal zustimmen. Nicht ich bestimme das Schicksal, sondern das Schicksal bestimmt mich.
Ein Beispiel, das Bert Hellinger erzählt hat, mag dies erläutern: An einem Seminar nahm ein sympathischer Mann teil,

der meist wie leblos dasaß. In einer Altersrückführung stellte sich heraus, dass er als Fünfjähriger in seiner Schulter einen Tumor hatte. Mit besorgter Miene standen die Ärzte um das Bett herum, und in diesem Augenblick ist er innerlich gestorben. Er wurde operiert, und es zeigte sich, dass der Tumor glücklicherweise gutartig war. Trotzdem lebte er mit dem Gefühl, abgestorben zu sein, weiter. In solchen Fällen ist das Danken für die Errettung von Bedeutung. Man kann anschließend das Geschenk des Lebens annehmen und etwas daraus machen. Auch wenn jemand beim Schwimmen schon das Bewusstsein verloren hatte und fast ertrunken wäre, ist die Dynamik ähnlich wie in dem geschilderten Fall.

Das Gewissen

Alles Handeln, das andere Menschen betrifft, wird begleitet von einem Gefühl der Schuld oder Unschuld. Dieses Gefühl, ob unser Handeln der Beziehung nutzt oder schadet, übermittelt uns unser Gewissen. Es funktioniert ähnlich wie der Gleichgewichtssinn, der uns immer wieder in die Balance bringt. Das Gewissen ist unserem Wollen überlegen und reagiert reflexartig, wenn wir zu weit von unserem Kurs abgekommen sind und unsere Zugehörigkeit zu einer Gruppe oder die Bindung an einen Menschen gefährdet ist.

Zu den Voraussetzungen für menschliche Beziehungen gehören die Bindung, der Ausgleich und die Ordnung. Das Zusammenspiel dieses Dreigestirns bildet unser Gewissen. Diese drei Bedingungen werden auch gegen unseren bewussten Willen als Trieb, Bedürfnis und Reflex erfüllt und beziehen die Familie mit ein.

Etwas ganz anderes verstand Sigmund Freud unter Gewissen. Für ihn war es die Wirkung des Über-Ichs auf das Ich; es war eine Instanz innerhalb der Person, die durch ihre zuweilen überhöhten Ansprüche viel Druck ausübt. Für Hellinger dagegen ist das Gewissen ein der Willkür überlegener gleichgewichtsartiger Sinn, der im Dienste der Beziehung steht.

Obwohl die Bedürfnisse nach Bindung, Ausgleich und Ordnung im Dienste der Beziehung zusammenwirken, wird jeder Bereich mit einem eigenen Gefühl der Schuld und Unschuld erlebt.

- Bei der Bindung erleben wir Unschuld als Gefühl von Zugehörigkeit zur Gruppe und Schuld als Ausgeschlossensein. Die Bindungsschuld wird als eine schwere Schuld erfahren.
- Im Ausgleich von Geben und Nehmen wird die Unschuld als Freiheit von Verpflichtung und Leichtigkeit wahrgenommen, die Schuld als Verpflichtung erlebt.
- In Fragen der Ordnung wird Schuld und Unschuld unterschiedlich erlebt, je nachdem, worauf sie bezogen sind (s. S. 49). Wo die Ordnung geltende Regeln meint, wird die Unschuld als Treue und Gewissenhaftigkeit wahrgenommen, die Schuld als Übertretung und Furcht vor Strafe.

Jedem dieser drei Ziele dient das Gewissen auch dann, wenn sie sich widersprechen. So entstehen Gewissenskonflikte. Betrachten wir ein Beispiel, bei dem das Bedürfnis nach Ordnung mit dem nach Bindung und Liebe kollidiert. Ein Vater bestraft seinen aufmüpfigen Sohn, indem er ihn zwei Stunden im Keller bestimmte Aufräumarbeiten machen lässt. Wenn der Vater den Sohn zwei Stunden im Keller arbeiten lässt, ist der Ordnung zwar Genüge getan, nicht aber der Liebe (Bindung). Deshalb ist es gut, wenn er schon etwas eher in den Keller geht und dem Sohn den Rest der Strafe erlässt. Beim folgenden Beispiel stehen Bindung und Ausgleich zwischen Geben und Nehmen im Widerspruch. Wenn der eine Partner dem anderen etwas angetan hat und es im selben Maß zurückgegeben wird, ist es mit der Bindung zwischen den beiden schlecht bestellt. Derjenige, dem geschadet wurde, sollte dem anderen etwas weniger des Schlimmen antun. Auf diese Weise kommt es zwar nicht ganz zum Ausgleich, aber die Liebe kann wieder ihr Recht erfahren.

Doch nicht nur unsere Bedürfnisse nach den drei Grundbedingungen gegenüber einem einzelnen Menschen widersprechen sich, sondern auch unsere Beziehungen zu verschiedenen Menschen können unterschiedlichen Interessen dienen und in Konflikt miteinander geraten. Wenn wir etwas Gutes für die eine Beziehung tun, kann es einer anderen Beziehung schaden. Wir machen uns gleichzeitig in bestimmten Zusammenhängen schuldig und in anderen unschuldig.

Schuld und Unschuld treten immer gemeinsam auf. Wie man seinem Gewissen auch folgt, es spricht uns sowohl schuldig als auch frei. Wer einseitig auf die Unschuld baut, kann sich nicht entwickeln, denn Schuld und Unschuld dienen demselben Ziel. Durch ihre Wechselwirkung fördern sie unsere Beziehungen. Bert Hellinger vergleicht Schuld und Unschuld mit Pferden, die vor *einen* Wagen gespannt werden. Derjenige, der die Zügel in die Hand genommen hat, ist jedoch nicht unser Ich mit seinem Wünschen und Wollen, sondern unser Gewissen.

Das Gewissen dient einer höheren Ordnung

Zuweilen wird das Gewissen isoliert erlebt. Meist aber ähnelt es einer Gruppe, in der unterschiedliche Ziele von unterschiedlichen Stimmen mit unterschiedlichen Gefühlen der Schuld und Unschuld verwirklicht werden wollen. Das mag konfliktträchtig erscheinen, doch dienen diese Klärungsprozesse einer höheren Ordnung. Unschuldig können wir aus alldem nicht hervorgehen. Zudem können sich Schuld und Unschuld zum Verwechseln ähnlich sein, je nach der Perspektive, die gerade eingenommen wird. Erst die Wirkung zeigt später, wo Schuld und Unschuld lag.

Die Grenzen des Gewissens

Das Gewissen bindet uns nicht nur, es grenzt auch ein und aus. Um das Gefühl der Zugehörigkeit zu erhalten, sprechen wir es anderen oft ab, nur weil sie anders sind. Dieses Verhalten, das uns unser Gewissen zur Bindung an die Gruppe auferlegt, kann schlimme Folgen haben. Die Kreuzzüge im Mittelalter sind ein anschauliches Beispiel dafür, genauso wie in unseren Tagen die Auseinandersetzungen im früheren Jugoslawien. Die Geschichte zeigt immer wieder, wie wir uns gegenseitig für das Gute eine Grenze setzen und für das Böse diese Grenzen im Namen des Gewissens aufheben.

Schuld und Unschuld dürfen deswegen nicht mit Gut und Böse verwechselt werden. Die schlimmsten Taten werden oft mit dem besten Gewissen durchgeführt und die besten Taten nicht selten mit einem schlechten Gewissen. Das Gute, das Frieden stiftet und versöhnt, muss die Grenzen überwinden, die uns das Gewissen durch die Bindung an die Gruppe auferlegt. Es folgt einem verborgenen, in den Dingen liegenden Gesetz, und die Gegenwart dieses Guten ist nur an der Wirkung erkennbar.

Das Sippen- oder Gruppengewissen

Jene Gruppe, aus deren Mitte wir hervorgegangen sind, ist unausweichlich und schicksalhaft mit uns verbunden. Was andere in der Gruppe erlitten oder verschuldet haben, wird durch ein besonderes Gewissen, das Sippen- oder Gruppengewissen, für uns als Anspruch oder Verpflichtung spürbar, wenn auch meist unbewusst. Somit ist das unmittelbar erfahrbare persönliche Gewissen vom meist unbewusst wirkenden Grup-

pengewissen zu unterscheiden. Das persönliche Gewissen wird direkt als Lust und Unbehagen spürbar, wenn zum Beispiel eine fremdgehende Frau ihrem Mann in die Augen schaut und ihn belügt. Das Sippengewissen dagegen wird *nicht gefühlt.*
Das individuelle Gewissen bezieht sich auf die mit uns direkt verbundenen Personen wie Partner, Kinder, Eltern, Geschwister, Freunde und könnte auch als vordergründiges Gewissen bezeichnet werden. Es wird zwar unmittelbar von uns gefühlt, ist aber dem Gruppengewissen untergeordnet, und oft verstoßen wir sogar gegen das Gruppengewissen, indem wir dem persönlichen Gewissen folgen.
Das Gruppengewissen ist ein verborgenes, ein hintergründiges Gewissen. Es ist der Ordnungs- und Gleichgewichtssinn für *alle* Mitglieder einer Sippe, der jedes Unrecht an früher oder später Geborenen ahndet und ausgleicht, selbst dann, wenn diese voneinander nichts wissen und unschuldig sind. Dieses Gewissen nimmt sich der Ausgeschlossenen an, bis auch sie in unserem Herzen einen Platz finden. Wenn die Früheren selber ein Unrecht getan haben, wollen Spätere die Folgen auf sich nehmen und anstelle der Früheren ausgleichen. Somit werden sie durch das Gruppengewissen in fremde Schuld und Unschuld und auch in fremdes Denken und Fühlen verstrickt. Alle Ausgestoßenen, Verkannten, Vergessenen und unter schlimmen Umständen Verstorbenen sind auf diese Weise mit uns verbunden.
Eine Frau, die schon einmal in der Psychiatrie war, berichtete mir, sie fühle sich von Zeit zu Zeit, »als ob mich etwas in den Abgrund ziehe«. In ihrer Familie gab es mehrere Selbstmörder. Schon mit normalen Gedankengängen lässt sich nachvollziehen, dass Selbstmorde – auch wenn sie schon einige Zeit zurückliegen – eine Wirkung auf die Familie ausüben. Doch in der *Systemischen Psychotherapie* Bert Hellingers

geht die Bedeutung solcher Ereignisse über eine allgemeine psychologische Einschätzung hinaus. Die liebende Erinnerung und Würdigung der Toten kann in besonderen Fällen das Leben eines psychisch Kranken vollkommen zum Guten verändern.

Wer gehört zur Sippe?

Das Sippengewissen gibt allen das gleiche Recht auf Zugehörigkeit, und es nimmt wahr, wenn ein Angehöriger ausgeschlossen wird. Es wacht in einem viel umfassenderen Sinn über die Bindung als das persönliche Gewissen. Folgende Personen gehören zum Familiensystem:

- das Kind und seine Geschwister und Halbgeschwister, auch tote und tot geborene Geschwister,
- Eltern,
- Geschwister der Eltern, auch tote und tot geborene, sowie unehelich geborene und Halbgeschwister,
- Großeltern,
- manchmal der eine oder andere der Urgroßeltern, wenn es sich um ein außergewöhnlich schweres Schicksal gehandelt hat, zum Beispiel Mord,
- alle Personen, die für einen der Erwähnten Platz gemacht haben, wie frühere Ehepartner oder eheähnliche Partner von einem selber, von Eltern und Großeltern,
- alle, deren Weggang oder Unglück anderen Personen den Zugang zu dieser Gruppe ermöglicht haben oder ihnen sonst einen Vorteil verschafften.

Eine verheiratete Frau lernt beispielsweise einen Mann kennen und sagt dem Ehemann: »Ich will nichts mehr von dir wissen. Ich verlasse dich.« In der Folge bekommt die Frau von dem neuen Mann einen Sohn. Dieser Sohn vertritt den verlassenen ersten Mann. Er entwickelt seiner Mutter gegenüber jene bösen Gefühle, die der Verlassene gegenüber der Frau hat, oder er wird sich mit der gleichen Wehmut von der Mutter zurückziehen, wie dieser sich von ihr zurückgezogen hat. Dies geschieht auch dann, wenn das Kind nichts von der Existenz des früheren Mannes weiß. Selbst die Eltern durchschauen in der Regel diesen Zusammenhang nicht.

Der schlimme Ausgleich

Die früher Geborenen sind den Späteren vorgeordnet, weshalb es einem Späteren nicht zusteht, die Schuld eines Früheren zu sühnen oder dessen Recht nachträglich durchzusetzen. Dennoch geschieht dies allenthalben. Wenn sich in einer Gruppe jemand durch sein Handeln selbst zerstört, ist es meist ein Späterer, der durch seinen Untergang wie erleichtert einen Früheren nachahmt. Hellinger würde sagen, dass er dem vor ihm Geborenen (unbewusst) »die Ehre erweist«, und gibt ein Beispiel:
»Vor einiger Zeit kam ein Rechtsanwalt zu mir. Er war ganz aufgelöst. Er hat in seinem Familiensystem nachgeforscht: Die Urgroßmutter war verheiratet und hatte einen anderen Mann kennen gelernt, von dem sie schwanger wurde. Dieser Mann starb, und der Verdacht kam auf, dass er ermordet wurde. Er war 27 Jahre alt und starb am 31. Dezember. Später hat diese Frau den Hof, den sie von diesem Mann (geerbt) hatte, nicht dem gemeinsamen Kind gegeben, sondern dem Kind aus der nächsten Ehe. Das war ein sehr großes Unrecht.

In der Zwischenzeit haben sich in der Familie drei Männer im Alter von 27 Jahren jeweils am 31. Dezember oder am 27. Januar, dem Hochzeitstag der Urgroßmutter, umgebracht. Einer davon wurde verrückt am 31. Dezember und erhängte sich am 27. Januar. Seine Frau war schwanger, so wie es die Urgroßmutter damals gewesen war. Und als der Klient das sah, fiel ihm ein, dass ein Cousin von ihm gerade 27 Jahre ist und der 31. Dezember nahte. Da ist er dort hingefahren. Der Cousin hatte schon eine Pistole gekauft, um sich zu erschießen. So wirken Verstrickungen.

Später kam der Klient noch einmal zu mir und war in extremer Selbstmordgefahr. Ich habe mit ihm gearbeitet und ihn gebeten, sich mit dem Rücken gegen die Wand zu stellen. Ich bat ihn, sich den toten Mann vorzustellen und ihm zu sagen: Ich gebe dir die Ehre. In meinem Herzen hast du einen Platz. Und ich werde das Unrecht, das dir geschehen ist, beim Namen nennen, so dass es gut werden kann. Daraufhin war er befreit.« (Aus einer Radiosendung mit Bert Hellinger im S-2-Forum.)

Mord ist immer ein einschneidendes Ereignis in der Sippe. In dem geschilderten Beispiel sind die Nachwirkungen noch 130 Jahre später sichtbar gewesen. Es bleibt nachzutragen, dass Bert Hellinger den Klienten zu der Urgroßmutter und ihrem zweiten Mann (dem Urgroßvater des Klienten) sagen ließ: »Was immer eure Schuld war, ich lasse sie bei euch. Ich bin nur ein Kind.« Überdies sollte der Klient sich vorstellen, er ziehe vorsichtig seinen Kopf aus einer Schlinge, gehe langsam rückwärts und lasse sie hängen. Danach fühlte er sich von den Selbstmordgedanken befreit. Der erste Mann der Urgroßmutter ist ihm seitdem ein schützender Freund geworden.

Was Schicksalsverstrickungen löst

Das vorgestellte Beispiel zeigt, dass die Forderungen des Gruppengewissens auch anders erfüllt werden können als durch blindes Nachfolgen und Sühnen. Die Ausgeschlossenen erhalten von uns den Platz und die Bedeutung, die ihnen zustehen, indem wir ihnen unsere Liebe entgegenbringen und sie würdigen. Die Schuld lassen wir bei dem, dem sie gehört. Dieser Rückzug aus der Verstrickung gelingt allerdings nur, wenn er in Demut und Liebe geschieht.

III
Eltern und Kinder

Grundsätzliches

Im vierten Gebot der Bibel werden wir aufgerufen, Vater und Mutter zu ehren. In der *Systemischen Psychotherapie* ist das Achten und Ehren der Eltern von zentraler Bedeutung. Doch reicht dieser Umstand nicht aus, um Hellingers Ansatz »Biblische Psychotherapie« zu nennen. Zuweilen vertritt Hellinger sehr kritische Ansichten in religiösen Dingen.
Ob jemand seine Eltern achtet oder nicht, hat immer eine Rückwirkung auf ihn. Ein Beispiel: Ein Mann schimpfte mit den unflätigsten Ausdrücken auf seine Mutter. Es tat weh, ihm zuzuhören. Außerdem war er stolz darauf, dass er seine Mutter, die er nicht Mutter nannte, sondern mit einem Schimpfwort belegte, fast 20 Jahre nicht mehr gesehen hatte.
Wer seine Eltern verachtet, lehnt gleichzeitig auch sich selbst ab, denn jeder Mensch *ist* sein Vater, *ist* seine Mutter, und darüber hinaus bringt er etwas Eigenes mit. Dieses Eigene hat jedoch nur dann eine Chance, zur Blüte zu gelangen, wenn man seine Eltern so nimmt, wie sie sind.
Wer seine Eltern auf massive Weise verachtet, dem fehlt etwas Entscheidendes. Er fühlt sich unverwirklicht und leer, und je heftiger die Ablehnung der Eltern ist, desto stärker bestraft er sich unbewusst. Der erwähnte Mann fühlte sich schwer depressiv und stand nach eigener Aussage kurz davor, in die Psychiatrie zu kommen. Bei Depressiven, so sagt Bert Hellinger, wird häufig ein Elternteil massiv abgelehnt. Bei meinen bisherigen Erfahrungen mit depressiven Klienten konnte ich diesen Zusammenhang oft erkennen, obwohl natürlich auch eine andere Dynamik dahinter stehen kann.

Über die natürlichen Ordnungen der Liebe zwischen Eltern und Kindern hat Bert Hellinger einige grundsätzliche Dinge gesagt.

1. Eltern geben, und Kinder nehmen. Dieser Satz liest sich einfach, und doch steckt so viel in ihm. Hier geht es nämlich nicht um ein beliebiges Geben und Nehmen, sondern um das Geben und Nehmen des Lebens. Wenn die Eltern den Kindern das Leben geben, ist dies ein Gut, das keinem gehört. Die Eltern geben dem Kind, was sie von ihren Eltern genommen haben und was sie als Paar, der eine vom anderen, genommen haben und weiterhin nehmen.
Die Kinder nehmen die Eltern vor allem als Eltern und erst danach empfangen sie Dinge wie z. B. materielles Erbe. Das Gefälle in der Eltern-Kind-Beziehung kann nie ausgeglichen werden, doch können die Kinder später das Erhaltene an eigene Kinder und andere Menschen weitergeben.
Eltern geben sich den Kindern, wie sie sind, und dementsprechend können die Kinder die Eltern nur so nehmen. Das Kind kann weder etwas hinzufügen noch zurückweisen. Auf diese Weise haben Kinder nicht nur Eltern, sie *sind* ihre Eltern. Ob es uns gefällt oder nicht: Die Eltern sind der Ursprung unseres Lebens.
Ein kleineres Gefälle entsteht zwischen den Geschwistern. Der Erstgeborene gibt dem Zweitgeborenen, wie umgekehrt dieser vom Ersteren nimmt. Dies wird zum Beispiel deutlich, wenn ältere Geschwister ihre jüngeren Brüder oder Schwestern ständig vom Kindergarten abholen müssen und auch anderweitig Verantwortung für die Jüngeren übernehmen und dafür ihre freie Zeit einschränken müssen. So wie die Kinder den Eltern nachgeordnet sind, so stehen den älteren Geschwistern mehr Rechte zu als den jüngeren. Wenn diese

Ordnung auf den Kopf gestellt wird, indem ein jüngeres Geschwister den ersten Platz in der Geschwisterreihe einnimmt, entsteht unweigerlich Streit.

2. Zu den Ordnungen der Liebe zwischen Eltern und Kindern und zwischen den Geschwistern gehört auch, dass der Empfänger die erhaltene Gabe zu schätzen und dem Geber gegenüber zu würdigen weiß. Dieses Ehren des Gebers kann nur gelingen, wenn es ohne Bedingungen und Vorbehalte geschieht. Das Kind steht in Einklang mit der natürlichen Ordnung, wenn es sein Leben nimmt, wie die Eltern es geben, als Ganzes, und dass es den Eltern so zustimmt, wie sie sind. Ein solches Nehmen nennt Bert Hellinger ein »demütiges Nehmen«. Diese schlichten Lebensweisheiten sind in so genannten »primitiven Kulturen« meist selbstverständlich. Auch bei uns waren sie vor nicht allzu langer Zeit Allgemeingut.

3. Gemäß dem Früher oder Später gibt es in der Familie eine Rangordnung, die, wie beim Geben und Nehmen, von oben nach unten verläuft. Eltern rangieren somit vor den Kindern, und das erste Kind hat Vorrang vor dem zweiten Kind. Solche Gedanken mögen vielen »undemokratisch« erscheinen, doch wenn man diese Ordnung in der Familie nicht berücksichtigt, stehen permanent Streit und Missverständnisse auf der Tagesordnung.

Das Nehmen der Eltern

Die Eltern zu nehmen setzt vor allem Demut voraus, Demut vor der Größe des Lebensgeschenks, das ich durch die Eltern erhalten habe. Das demütige Ehren der Eltern bedeutet auch die Zustimmung zum Leben und zum Schicksal, wie es die Eltern mir vorgeben. Dazu gehören die Grenzen und die Möglichkeiten meines Lebens und auch die Verstrickungen der Familie, in die ich hineingeboren wurde. Dadurch erkenne ich an, dass das Leben mit seinen Ordnungen größer ist als meine Person.

Die Wirkung des hier Geschilderten kann man erfahren, wenn man sich vorstellt, vor den Eltern zu knien, sich tief zu verneigen und mit ausgestreckten Armen und nach oben gewandten Handflächen zu sprechen: »Ich gebe dir die Ehre.« Danach stehen wir auf, sehen den Eltern in die Augen und danken der Mutter wie dem Vater für das Geschenk des Lebens. Die folgenden Danksagungen stammen von Bert Hellinger. Wählen Sie bitte in der Anrede die Form, die Sie als Kind benutzt haben.

Dank am Morgen des Lebens

Liebe Mama/liebe Mutti,
ich nehme es von dir,
alles, das Ganze,
mit allem Drum und Dran,
und zum vollen Preis, den es dich gekostet hat
und den es mich kostet.

Ich mache was daraus, dir zur Freude
(und zum Andenken).
Es soll nicht umsonst gewesen sein.

Ich halte es fest und in Ehren,
und wenn ich darf, gebe ich es weiter, so wie du.

Ich nehme dich als meine Mutter,
und du darfst mich haben als dein Kind.

Du bist für mich die Richtige,
und ich bin dein richtiges Kind.

Du bist die Große, ich der (die) Kleine.
Du gibst, ich nehme – liebe Mama.

Ich freue mich, dass du den Papa genommen hast.
Ihr beiden seid die Richtigen für mich.
Nur ihr!

Lieber Papa/lieber Vati,
ich nehme es auch von dir,
alles, das Ganze,

mit allem Drum und Dran,
und zum vollen Preis, den es dich gekostet hat
und den es mich kostet.

Ich mache was daraus, dir zur Freude
(und zum Andenken).
Es soll nicht umsonst gewesen sein.

Ich halte es fest und in Ehren,
und wenn ich darf, gebe ich es weiter, so wie du.

Ich nehme dich als meinen Vater,
und du darfst mich haben als dein Kind.

Du bist für mich der Richtige,
und ich bin dein richtiges Kind.

Du bist der Große, ich der (die) Kleine.
Du gibst, ich nehme – lieber Papa.

Ich freue mich, dass du die Mama genommen hast.
Ihr beiden seid die Richtigen für mich.
Nur ihr!

Mit dem Herzen gesprochen, kann diese Ehrung eine tiefe Wirkung entfalten. In einem Psychotherapieseminar ließ die Therapeutin diese beiden Texte jeweils in Zweiergruppen lesen. Jeder sollte nacheinander diese beiden Texte dem Gegenüber vortragen. Mit einem solchen Zeugen nimmt man die Übung ernster, als wenn man sie für sich allein durchführt. Es war bewegend, welche tiefen Prozesse das Sprechen dieser Sätze bei einigen Teilnehmern auslöste. Wenn man diese Sätze bewusst spricht, kann man auch deutlich spüren, bei welchem Elternteil noch »etwas zu tun ist«.

Man merkt selbst und erhält auch von dem »Zeugen« die Resonanz, ob man mit dem Inhalt in Einklang steht. Stolpert man bei bestimmten Stellen, ist es lohnenswert, sich intensiver damit auseinander zu setzen.

Manche meinen, dass das uneingeschränkte Nehmen der Eltern für sie bedrohlich sein könnte, wegen eines problematischen Charakterzuges, einer Schuld oder einer Behinderung. Wer hier einen Einwand vorbringt, verpasst die Chance, die Eltern als Ganzes zu nehmen.

Gerade eine verstärkte Abgrenzung, etwa nach dem Motto »So wie mein Vater will ich nie werden«, führt regelmäßig dazu, dass man tatsächlich dem Vater ähnlich wird. Auch die Entwicklung zum Gegenteil des Abgelehnten lässt sich als ein Ähnlichwerden verstehen. Eine Beurteilung der Eltern steht uns nicht zu. Denn das Ergebnis des Zusammenkommens der Eltern, nämlich das Kind, stellt sich unabhängig vom Gut- oder Bösesein der Eltern ein und begründet eine Bindung jenseits der Moral. Wer seine Eltern wie einen Gemischtwarenladen behandelt, in dem man sich aussuchen kann, was man haben möchte, dem bleibt die Möglichkeit verwehrt, sein Ureigenes voll zu entwickeln. Nehmen mit Einwänden und Vorbehalten heißt, sich eine Beurteilung anzumaßen und sich über die Eltern zu stellen, und ist deswegen kein Nehmen. Das Nehmen der Eltern kann nur mit Demut geschehen.

Hier ein Beispiel für das, was ich im Umgang mit den Eltern als »Gemischtwarenladen-Mentalität« bezeichne. Ein Klient, erfolgreicher Akademiker, sagte zu mir: »Mein Vater ist leider nur ein Bauer. Geistig ist er ziemlich einfach strukturiert. Dafür habe ich mich schon immer geschämt. Ich hätte mir gewünscht, dass er mich als Kind geistig mehr gefördert hätte.«

Es folgt ein Beispiel, das zeigt, was die zwanghafte Abgrenzung von den Eltern bewirken kann. Eine Frau in den Vierzigern berichtete, sie habe viele Jahre ihres Lebens versucht, sich von der Mutter abzugrenzen und auf gar keinen Fall so zu werden wie sie. Jetzt habe sie schockiert feststellen müssen, dass sie genauso geworden ist. Nachdem sie das endlich erkannt hatte, konnte sie sich der Mutter nähern. Wer seine Eltern so nimmt, wie sie sind, wird gerade das Problematische der Eltern nicht übernehmen, aber umso mehr das Gute.

Eine besondere Form der Ablehnung ist das Stellen von Ansprüchen. Wer Ansprüche stellt, verweigert das Nehmen und fühlt sich groß. Wenn er das nehmen würde, was ihm die Eltern geben, müsste er die Ansprüche aufgeben. Viele halten lieber den Anspruch aufrecht, und deshalb kann ihnen die Trennung von den Eltern nur schwer gelingen. Wenn man trotzig glaubt, man müsse dieses oder jenes noch im Nachhinein von den Eltern erhalten, bleibt man fest an sie gebunden, ohne sie jedoch genommen zu haben. Dieses nachträgliche Stellen von Ansprüchen wird leider von vielen Therapeuten gefördert, so zum Beispiel von der bekannten Psychoanalytikerin Alice Miller.[6] Wer sich jedoch ausmalt, wie die Eltern in der Vergangenheit hätten besser sein sollen oder was sie für ihn noch hätten tun können, verpasst die Gelegenheit, das Wesentliche zu nehmen.

Das Nehmen besitzt die erstaunliche Eigenschaft, dass es trennt. Wer nimmt, sagt damit auch: »Es ist viel, was ihr mir geschenkt habt, und es reicht. Das Übrige mache ich selbst, und jetzt lasse ich euch in Frieden.« Eine solche Haltung macht den Menschen selbstständig.

[6] Alice Miller: »Am Anfang war Erziehung«, Frankfurt 1980, und »Das Drama des begabten Kindes«, Frankfurt 1979

Nehmen, so wie Bert Hellinger es versteht, ist ein demütiges Tun. Deswegen grenzt er es scharf vom Annehmen ab. Das Annehmen ist gnädig, Nehmen aber heißt, dass ich es genauso bejahe, wie es ist. Ein solches Nehmen ist jenseits aller Moral, weder gut noch böse.

Wenn jemand eine Prostituierte zur Mutter hat und er sagt innerlich zu ihr, auch wenn du eine Prostituierte bist, ich nehme dich als meine Mutter, dann kann er seine Mutter nicht mehr nehmen. Das Gleiche gilt, wenn er sagt: »Du hast viele Erziehungsfehler gemacht, und dennoch nehme ich dich als meine Mutter.« Das Nehmen der Mutter gelingt erst, wenn das Kind in Liebe zur Mutter sagt: »Ich nehme dich, so wie du bist, als meine Mutter. Du bist genau die Richtige für mich.« Solange er den Schmerz über den Beruf der Mutter fühlt, hat er sich den Weg zu ihr verstellt. Er muss den Schmerz überwinden, damit er seine Mutter nehmen kann.

In der Psychotherapie wird häufig in der Eltern-Kind-Beziehung nur das Vordergründige gesehen. Oft ist es üblich, die Wut auf die Eltern zu kultivieren, statt nach der Urliebe zwischen Eltern und Kindern zu schauen, die sich dahinter verbirgt. Oft lautet das Motto: »Schrei die Wut auf deinen Vater heraus!« – »Hau auf den Sack und zeig's deinen Eltern!«

Subjektiv glaubt der Klient zwar eine Entlastung bei solchem Tun zu spüren, auf lange Sicht jedoch bestraft er sich dafür. Wie schon zu Anfang beschrieben, kann er schnell depressiv werden. Wenn er bereits vor dem Beginn der Psychotherapie depressiv war und in der Therapie seine Wut auf die Eltern herauslässt, dann drückt er dadurch die Eltern nochmals von sich weg, und sein Zustand kann sich verschlimmern.

Nicht selten kommt es in der Therapie auch vor, dass ein Klient sagt: »Ach, hätten mich meine Eltern doch nur nicht geboren! Warum haben die sich das nicht besser überlegt?

Jetzt muss ich die Suppe auslöffeln. Besser wäre es, es gäbe mich gar nicht.« Mir kommen solche Worte wie ein verbaler Selbstmord vor, denn damit sagt man Nein zu den Chancen, die man erhalten hat.

Das Nehmen der Eltern hat auf die Beziehung zwischen Kindern und Eltern eine segensreiche Wirkung. Ein junger Mann hatte in einer Sitzung seinen Vater genommen. Monate später erzählte mir seine Ehefrau, dass die Zusammenkünfte mit den Schwiegereltern seit neuestem nicht mehr spannungsgeladen, sondern sogar harmonisch seien. Die Eltern würden ganz anders mit dem Sohn umgehen, obwohl doch das Nehmen in aller Stille geschah. Die meisten Eltern würden wohl befremdet reagieren, wenn man die hier beschriebenen Sätze ihnen gegenüber aussprechen würde. Dass aber ihre Seele dem zustimmt, kann man in Familienaufstellungen erleben. Es gibt jedoch Fälle, in denen man den Eltern wirklich etwas sagen muss.

Dagegen hat das Recht auf die Liebe der Eltern derjenige verspielt, der ihnen ein schlimmes Unrecht angetan hat oder sie tief verachtet. Er kann nicht mehr zu Vater oder Mutter hingehen. In solchen Fällen kann man nur noch sagen »Es tut mir Leid« oder vielleicht auch »Ich gebe dir die Ehre«. Wenn der Betreffende eine tiefe Reue spürt, kann sie sehr heilsam für ihn sein. Dazu ein Beispiel:

Zu mir kam ein Mann, der drogen- und sexsüchtig war. Da er die Drogensucht einigermaßen unter Kontrolle hatte, war sein Hauptanliegen die Behandlung der Sexsucht. Er schilderte mir, dass in seinem beruflichen und privaten Leben eine Katastrophe die nächste jage, auch vor Gericht habe er sich für mancherlei zu verantworten. Alles sei am Zusammenbrechen. Er beteuerte, er wolle ein neues Leben anfangen. In der Vergangenheit, so schilderte er, war er auch Mitglied einer terroristischen Vereinigung gewesen. Auf meine Nachfragen hin versicherte er, dass er an Mordanschlägen nie beteiligt gewesen sei. Er habe nur an Aktionen mit Sachbeschädigungen mitgewirkt – und auch da nicht unmittelbar als Ausübender, sondern nur im Vorfeld.

In der Zeit seiner terroristischen Aktivitäten hatte er seinen Vater nicht nur aufs Heftigste verachtet, sondern ihn auch öffentlich durch den Schmutz gezogen. In der Aufstellung kam er in Kontakt mit seinem Vater. Er spürte in seinem ganzen Körper, wie tief er seinen Vater verletzt hatte. Ich forderte den Klienten auf, sich vor seinem Vater zu verneigen und ihm in seiner asiatischen Muttersprache[7] zu sagen: »Es tut mir so Leid, was ich dir alles angetan habe.« Er sagte den Satz nicht, aber es dauerte nicht lange, da schluchzte der Mann hemmungslos. »Nie hätte ich gedacht, wie furchtbar weh ihm meine Verletzungen getan haben müssen. Ich kann es überhaupt nicht aussprechen, wie schlimm es gewesen ist.« Der Mann wälzte sich auf dem Boden vor Schmerz. Ich bat ihn, dem Vater in die Augen zu schauen und ihm jetzt mit Kraft den Satz zu sagen. Er sagte den Satz aber auf Deutsch.

Als Therapeut muss man darauf achten, dass die zentralen Sätze in der Muttersprache des Klienten gesprochen werden. Als ich den Mann darauf hinwies, erwiderte er: »Auf Deutsch ist es viel leichter!« Doch in der Muttersprache ist die seelische Wirkung meist stärker – es schmerzt intensiver. In der Arbeit mit Ausländern habe ich immer wieder die Erfahrung gemacht, dass die Betreffenden lieber Deutsch wählen, weil sie auf diese Weise auf Distanz gehen können.

[7] Der Mann hatte schon vor vielen Jahren seine asiatische Heimat verlassen und lebte in Deutschland.

Wie dieser Klient mir erzählte, war auch sein Vater sexsüchtig. Der Sohn verachtete ihn auch aus diesem Grund. Hinter dem Hass und der Verachtung wird die tiefe Bindung an den Vater deutlich. Indem der Vater fanatisch abgelehnt wird, entwickelt man sich so wie er. Stimmt man ihm aber zu, wie er ist, muss man problematische Seiten nicht übernehmen. Als der Mann seinem Vater in seiner Muttersprache sagte: »Lieber Vater, ich bin genau so wie du«, konnte er deutlich spüren, wie stimmig und wie heilend dieser Satz für ihn war. Einige Zeit später sah ich den Klienten erneut. Er sagte, dass er nie geglaubt hätte, dass sich sein Leben in derart kurzer Zeit ändern könnte. Er habe jetzt ein vollkommen neues Lebensgefühl, und zum ersten Mal spürte er Zuversicht, dass er seine Probleme bewältigen könne. Betroffen und voller Scham fühlte er sich allerdings, wenn er an den Vater dachte. Nach 20 Jahren des unterbrochenen Kontakts nahm er sich vor, die Adresse des im Ausland lebenden Vaters herauszubekommen. Er spürte, wie dringend ihm das Anliegen war, dem Vater nicht nur innerlich, sondern auch auf der realen Ebene zu sagen, wie Leid es ihm tue. »Allein der Gedanke, dass er meine Zeilen liest, tut mir so gut«, gestand er.

Schlimme Folgen hat es auch, wenn ein Kind seine Eltern anzeigt oder wegen Studiengeldern oder anderer Forderungen verklagt. Das Kind wird für diese Anmaßung sühnen. So muss beispielsweise auch ein misshandeltes Kind seine Eltern nehmen, wie sie sind, um dann in Frieden seinen eigenen Weg gehen zu können. Hass und Rache haben eine stark bindende Wirkung, doch wen wir lieben, der gibt uns frei. Umgekehrt können aber auch Eltern ihr Recht auf die Liebe des Kindes verspielen, zum Beispiel wenn sie ein Kind leichtfertig weggeben.

In einem Fall hatte die Mutter einer jungen Frau den Vater ermordet, als die Tochter noch ein kleines Kind war. In der Aufstellung wurde deutlich, dass die Mutter ihr Recht auf das Kind verloren hatte. In der Realität bestand auch kein Kontakt zwischen Mutter und Tochter. In der Aufstellung sagte die Tochter zu ihrer Mutter: »Ich lasse dich ziehen. Aus meinem Herzen entlasse ich dich in Liebe.« Nachdem die Mutter damals ins Gefängnis gekommen war, wuchs das Mädchen bei der Schwester des ermordeten Vaters auf. Dort hatte sie einen guten Platz, den sie bei den Angehörigen der Mutter nicht hätte finden können.

Wenn Kinder zu Eltern oder Partnern der Eltern werden

Wenn ein Späterer einem Früheren geben will, statt dass er vom Früheren nimmt, wird die Ordnung des Gebens und Nehmens in der Familie gestört. Wenn zum Beispiel in einer schlechten Ehe die Mutter vom Kind nimmt, was sie von ihrem Mann nicht bekommt, dann hat das für das Kind weitreichende Auswirkungen.

Eine solche Umkehrung der natürlichen Ordnung führt dazu, dass das Kind »groß« und die Eltern »klein« werden. Ein Sicherheitsgefühl kann in einem Kind aber nur entstehen, wenn es zu den Eltern aufschauen und sie als stark erleben kann. Das Lebensgefühl eines solchen Kindes kann auch als Erwachsener noch deutlich von Unsicherheit geprägt sein.

Wenn ein Kind in die Rolle gerät, Tröster für die Eltern zu spielen, weil es diese als bedürftig erlebt, belastet dies die Seele des Kindes. Gegen diese Umkehrung der natürlichen Verhältnisse ist ein Kind machtlos. Es gerät schuldlos in diese Situation hinein und muss dennoch die Folgen tragen. Diese überzogene Position den Eltern gegenüber kann jedoch später, wenn das Kind älter und einsichtig geworden ist, rückgängig gemacht werden.

Die Umkehrung der natürlichen Situation tritt oft ein, wenn ein Vater oder eine Mutter von ihren Eltern etwas nicht genommen haben und dieses dann von ihrem Kind fordern. Wenn der Vater zum Beispiel seinen eigenen Vater ablehnt, überträgt er diese Gefühle auf das eigene Kind. Das Kind

kann dann nicht mehr Kind sein, sondern es gerät in die Rolle eines Elternteils.
Wenn Eltern ein Kind ins Vertrauen ziehen, ihm gar Intimes erzählen, ist das Kind daran zwar schuldlos, aber es bestraft sich für dieses ihm nicht zustehende Wissen. Das gilt auch für die Beziehung zwischen Enkeln und Großeltern. Eine Klientin erzählte mir beispielsweise, dass sie als kleines Mädchen von der Großmutter intime Details aus dem Leben der Großeltern erfahren hatte. Noch heute fühlt sie sich deswegen schlecht. Auch Abtreibungen gehen die Späteren nichts an. Ein abgetriebenes Kind gehört in der Regel nicht in die Geschwisterreihe, sondern es ist eine Angelegenheit des Paares.
Wenn ein Kind zu viel erfahren hat, kann es später das tun, was Hellinger »spirituelles Vergessen« nennt. In einem Seminar erzählte eine Frau, dass ihre Mutter von dem Fremdgehen des Vaters berichtet hatte und dass sie gerne mit den Kindern das Haus verlassen hätte. Die Frau fragte nun Bert Hellinger, ob all dies sie nicht behindere, sich vor ihren Eltern zu verneigen.
Er antwortete: »Das Kind darf sich nicht einmischen in das, was Sache der Eltern ist. Was immer dort das Glück ist oder das Unglück, das darf das Kind nicht wissen. Die Eltern dürfen es dem Kind auch nicht sagen. Wenn deine Mutter dir das gesagt hat, dann musst du es vergessen. Und man kann es vergessen.«
Die Frau: »Ach ja?«
Hellinger: »Das ist eine spirituelle Disziplin. *Das Vergessen kann man üben,* indem man sich innerlich zurückzieht. Auf einmal ist es weg. Dann lässt du die Eltern in diesem Konflikt, schaust lieb auf beide und nimmst von beiden, was sie dir gegeben haben.« (OL: 243)

Auch als Erwachsener kann man sich seinen Eltern gegenüber noch in einer solchen Position befinden. Wenn Eltern einem erwachsenen Kind Dinge erzählen, die es nichts angehen, kann das Kind zu dem betreffenden Elternteil liebevoll sagen: »Bitte rede nicht weiter darüber. Das sind Dinge, die zu wissen mir als Kind nicht zustehen.« Dadurch wird der Elternteil wieder groß und das Kind klein. Hier gilt es zu bedenken, dass auch der Erwachsene sich seinen alten Eltern gegenüber psychisch noch als Kind fühlt. Auch der Erwachsene bleibt das Kind seiner Eltern. Es wäre also falsch zu sagen: »Jetzt, wo ich erwachsen bin, stehe ich mit meinen Eltern auf einer Stufe.«
Heute kommt es sehr oft vor, dass Eltern zu Kumpanen ihrer Kinder werden. Freunde und Kameraden kann das Kind viele kennen lernen, Eltern aber hat es nur einmal. Sie sind nicht austauschbar wie Spielkameraden. Eine besondere Situation ergibt sich nicht selten bei allein erziehenden Eltern. Wenn zum Beispiel ein Sohn in die Position kommt, der Mutter den fehlenden Mann zu ersetzen, bestraft er sich dafür, denn er ist auch seinem Vater treu.

In Familienaufstellungen kann man die Erfahrung machen, dass ein solches Kind nur ungern den Sockel wieder verlässt, auf den es gehievt worden ist. Ein Beispiel: Eine junge Frau, die die Beraterin ihrer geschiedenen Mutter war, erlebte sich (in einer Symbolaufstellung) in der eigenen Position der Mutter gegenüber »so hoch wie ein Wolkenkratzer«. Auf der Scheibe der Mutter konnte sie erleben, wie die Mutter zu ihr aufschaute. In einer solchen Situation helfen das spirituelle Vergessen und die Sätze »Liebe Mutter, bitte sieh in mir dein Kind« und »Ich achte dich als meine Mutter, ich bin nur das Kind«.

Die Klientin sagte die Sätze jedoch nur halbherzig. Auf den Positionen von Mutter und Tochter konnte sie danach deutlich spüren, dass der Höhenunterschied nicht verändert war. Erst wenn man es mit Demut und Liebe ausspricht, kommt man in die dem Kind gemäße Position. Die große Macht, die ein solches Kind hat, gibt es nur ungern wieder ab.

Noch ein anderes, besonders krasses Beispiel: Der Klient, ein junger Mann, hatte seinem allein lebenden Vater die Freundin ausgespannt. Als das Verhältnis nach kurzer Zeit zu Ende war, brach eine das Gesicht entstellende Akne aus, und es stellten sich verschiedene Zwänge ein, u. a. ein Waschzwang. Der Waschzwang lässt sich als Versuch betrachten, die Schuld von sich abzuwaschen, und die Akne erschwert es ihm nun, anderen Frauen attraktiv zu erscheinen. Hier hilft es, sich der Schuld zu stellen, statt vor ihr wegzulaufen.

Doch in Fällen wie dem hier beschriebenen lauert meist noch eine besondere Dynamik im Hintergrund. Das Kind spannt einem Elternteil den neuen Partner aus, weil er dem anderen Elternteil gegenüber treu und solidarisch ist. So betrachtet, wird er unschuldig schuldig.

Der Umgang mit dem Persönlichen der Eltern

Was die Eltern als Verdienst erworben oder als Verlust erlitten haben, gehört ihnen persönlich und ist nicht auf die Kinder bezogen. Dazu zählen beispielsweise eine wissenschaftliche Entdeckung, eine offizielle Auszeichnung, eine Schuld, eine Verstrickung, eine Krankheit oder eine Behinderung. An alldem haben die Kinder nur mittelbar teil, und die Eltern dürfen und können es den Kindern nicht geben. Umgekehrt dürfen auch die Kinder solches von den Eltern nicht nehmen. Die Folgen dieses Persönlichen gehören allein zum Schicksal der Eltern und bleiben in ihrer Verantwortung.

Wenn ein Kind sich das persönliche Gute und den persönlichen Anspruch von Vater oder Mutter ohne eigenes erlittenes Schicksal und ohne eigene Anstrengung »anzieht«, erhebt es Anspruch auf etwas, ohne den Preis dafür bezahlt zu haben.

Das natürliche Geben und Nehmen in der Familie wird in sein Gegenteil verkehrt, wenn ein Späterer für einen Früheren etwas Schlimmes übernimmt, zum Beispiel wenn ein Kind eine Krankheit der Eltern auf sich nimmt. Der Frühere hat es nämlich nicht als gute Gabe genommen, um es an Spätere weiterzugeben, sondern es gehört zu seinem Schicksal, unterliegt seiner persönlichen Verantwortung und betrifft auch seine Würde. Wenn er zu dem Eigenen steht und die Kinder es ihm lassen, kann sich eine gute Kraft entfalten.

Zu dem Persönlichen der Eltern gehört auch das Erbe, das sie den Kindern vermachen können, aber nicht müssen. Unge-

achtet der juristischen Praxis, die bestimmte Regelungen gefunden hat, steht den Kindern – von der natürlichen Ordnung her gesehen – ein Erbe nicht zu. Das bedeutet, dass sie darauf keinen Anspruch haben. Wer von seinen Eltern ein Erbe zugesprochen erhält, der darf sich darüber freuen und es als Geschenk annehmen. Zum Thema Erbschaft schrieb Bert Hellinger einer Klientin folgenden Brief:
»Streitigkeiten um das Erbe verdecken, dass keines der Kinder einen Anspruch darauf hat. Die Lösung für dich wäre, dass du innerlich anerkennst, dass du so viel bekommen hast, dass es genügt, und dass du deinen Eltern zugestehst, dass sie mit dem, was sie haben, nach Belieben walten dürfen.
Du brauchst es aber den Geschwistern, die mehr bekommen haben, nicht zu sagen, denn du bist nicht dazu da, das Gewissen der anderen vordergründig zu erleichtern, wenn sie ihr Verhalten als ungerecht und unfair empfinden. So bleibt deine Seele in doppelter Hinsicht frei und rein. Zudem hat, wer weniger auf das Erbe sieht, mehr Energie für eigenes Handeln und oft auch, wie immer man sich das erklären will, eine glücklichere Hand in der Verwaltung oder Mehrung dessen, was er hat.« (FWW: 106)

In einem Seminar erzählte Hellinger, dass ein Kind, das alles erbt, dem zweiten Kind, das übergangen worden ist, später die Hälfte der Erbschaft übertragen soll. Eine Teilnehmerin, Gloria, die bei der Erbfolge nicht berücksichtigt worden war, hakte nach und bat um seine Meinung.
Hellinger sagte ihr: »Das macht nichts.« Gloria: »Mir macht das schon was.« Hellinger: »Du musst sagen: Denen geschieht es recht.«
Gloria: »Wo gehe ich aber jetzt mit meinem Groll hin und mit meiner Enttäuschung? Der Groll ist ja da.«

Hellinger: »Du kannst ihn festhalten, wenn du willst. Aber wenn du gelassen dem Lauf der Dinge zusiehst, wirst du merken, dass du den besten Teil bekommen hast.«
Gloria: »Meine Sorge geht mehr dahin, wie ich das meiner Tochter erkläre.«
Hellinger: »Überhaupt nicht. Du sagst ihr: Für mich ist das in Ordnung. – Mit leichtem Gepäck wandert's sich leichter.« (OL: 306)

Sorge für die Eltern im Alter

Eltern lassen ihre Kinder besser ziehen, wenn die Kinder ihnen versichern, dass sie sich in Not und Alter um sie kümmern werden. Häufig ist es das jüngste Kind, das sich um die alten Eltern kümmert, denn es hat nicht nur von den Eltern, sondern auch von den älteren Geschwistern genommen. Wenn sich ein Kind um die alten Eltern kümmert, gibt es, und die Eltern nehmen. Damit wird das Gefälle zwischen Geben und Nehmen ein wenig verringert, doch nie kann ein Kind ganz zurückgeben, was es bekommen hat. Für viele Kinder ist die Vorstellung, sie müssten sich um die alten Eltern kümmern, sehr schwer. Wenn nämlich erwachsene Kinder ihre Eltern sehen, fühlen sie sich ihnen gegenüber sehr schnell wieder fünf bis sieben Jahre alt, und umgekehrt sehen die Eltern das Kind auch im gleichen Alter. Die Lösung besteht darin, den Eltern zu sagen: »Wenn ihr mich braucht, werde ich für euch sorgen, *wie es richtig ist.*«
Durch diesen Satz begeben sich die Kinder auf die erwachsene Ebene. Dort können sie ihre Eltern als Kind achten und dennoch tun, was richtig ist. Das Kind, das erwachsen geworden ist, kann nicht nur für die Eltern da sein. Deswegen können Kinder nicht immer das tun, was die Eltern von ihnen verlangen, aber was »richtig« ist, d. h. in der konkreten Situation angebracht, lässt sich meistens durchführen.
In früheren Jahrhunderten war es selbstverständlich, dass die alten Eltern ihren Platz in der Großfamilie hatten. In den Industriegesellschaften des 20. Jahrhunderts jedoch gibt es fast nur noch Kleinfamilien oder unvollständige Familien.

Die Möglichkeit, Eltern in die bestehende Familie einzugliedern, ist meist nicht vorhanden, und so muss nach anderen Lösungen Ausschau gehalten werden. Wenn Kinder ihren Eltern die eingangs erwähnte Zusicherung geben, sind sie frei.

Hellinger erzählte in diesem Zusammenhang die Geschichte einer Frau, die die Möglichkeit gehabt hätte, ihre alte Mutter zu sich zu nehmen, doch sie weigerte sich. Die Mutter kam in ein Altenheim. Noch in derselben Woche wurde eine der Töchter jener Frau magersüchtig, zog schwarze Kleider an und ging fortan zweimal in der Woche zum Pflegedienst in ein Altenheim. Doch niemand hat diesen Zusammenhang durchschaut, auch das Mädchen nicht.[8] Dieses Beispiel zeigt auch wieder deutlich, wie sich Kinder um die unerledigten Geschäfte ihrer Eltern kümmern.

Ausführlicher bin ich auf die Magersucht in meinem Buch »Wenn Liebe allein den Kindern nicht hilft – Heilende Wege in Bert Hellingers Psychotherapie« eingegangen. Hier finden sich auch Kapitel über Bettnässen, Asthma, Allergien, Stottern, Hyperaktivität, Schulprobleme, Angstzustände und vieles mehr.

[8] Bert Hellinger: »Ordnung und Krankheit«, Videokassette, Heidelberg 1994

Besondere Fragen der Eltern-Kind-Beziehung

Außereheliche Kinder – der Vorrang der neuen Familie

Wenn während der Ehe ein Mann mit einer anderen Frau ein Kind zeugt, dann muss er die Ehe verlassen und zu dieser Frau ziehen. Das neue System hat immer Vorrang vor dem alten. Handelt der Mann nicht entsprechend, ist es schlimm für alle Beteiligten. Selbst wenn er in seiner Familie viele Kinder hat, muss er zu der neuen Frau und dem jüngsten Kind. Er bleibt natürlich als Vater verantwortlich für seine älteren Kinder, doch eine Partnerschaft kann es nur mit der neuen Frau geben. Für eine Ehefrau ist das natürlich eine sehr schwere Belastung, doch alles andere ist nach Bert Hellingers Erfahrung noch schlimmer.

Wenn eine Frau von einem anderen Mann während der Ehe ein Kind bekommt, dann muss das Kind immer zu dem anderen Mann, zum Vater. In der Regel ist das Kind in einem solchen Fall nirgends so sicher wie bei seinem Vater. Dies lässt sich zwar nicht erklären, aber man kann beobachten, dass alles andere schlimmer ist. Das geringere Übel stellt sich später oft als Glück heraus. Natürlich ist die Ehe der Frau zu Ende, selbst wenn sie äußerlich weiter besteht. Ob sie zu dem anderen Mann kann, lässt sich bei einer Familienaufstellung erkennen.

In einem Seminar fragte ein Teilnehmer nach der Beurteilung im folgenden Fall: Während einer Ehe wird die Frau von einem anderen Mann schwanger. Das Kind ist jetzt 26 Jahre alt, und seine Existenz wurde von der Familie totgeschwiegen. Muss das auf den Tisch oder nicht? Hellinger antwortete: »Es gehört zu den Grundrechten des Menschen, dass er weiß, wer sein Vater und wer seine Mutter ist.«

Kinder aus geschiedenen Ehen

Einem Mann schrieb Bert Hellinger den folgenden Brief: »Scheidung bedeutet, dass die Partnerbeziehung aufgelöst wird, aber nicht die Elternbeziehung. Wenn deine Frau die Scheidung will, ist es am besten, du willigst ein. Rette dann wenigstens die Elternbeziehung.« (FWW: 67)

Im Idealfall besprechen die Eltern nach einer Scheidung regelmäßig alle wichtigen Erziehungsfragen. Sie bleiben in der Pflicht als Eltern. Stiefeltern haben kein Recht, sich in die Erziehung von Kindern einzumischen, die nicht ihre eigenen sind.

In der Praxis ist das Verhältnis der geschiedenen Eltern oft nicht das beste, und es kommt sogar zu Streitigkeiten darüber, bei wem das Kind aufwachsen soll. In der Regel muss das Kind zu dem Elternteil, der in den Kindern den anderen Elternteil am meisten achtet. Nach Hellingers Erfahrung ist das oft der Mann, doch die Frau kann es sich seiner Ansicht nach »verdienen«, dass sie das Kind behalten darf, indem sie im Kind den Mann achtet. In einem Seminar kam dazu die Frage, was ist, wenn beide Eltern sich gleich achten. Dazu Hellinger: »Wenn die Achtung gleich ist, gibt es keine Scheidung!«

Die Aussage, dass der Mann die Frau häufiger achtet als umgekehrt, erscheint ungewöhnlich. Zeigt sich hier der viel zitierte »Frauenfeind«, der Patriarch? Auf diese Frage werden wir noch im Kapitel »Mann und Frau« zurückkommen.

Besonders wichtig erscheint mir Hellingers Hinweis, dass allein die Eltern entscheiden sollen, bei wem die Kinder aufwachsen. Ein Kind, das gefragt wird, zu wem es will, kommt in eine zu machtvolle Position. Die Scheidung mit all ihren Folgen ist eine Angelegenheit des Paares. Sich dabei einzumischen ist nicht kindgemäß.

Auf die Ordnungen der Liebe nimmt unser Rechtswesen nicht immer Rücksicht, sonst würde es nicht zulassen, dass man vor Gericht ein Kind fragen kann, zu welchem Elternteil es will. Sich zwischen den Eltern entscheiden zu müssen ist für das Kind eine große seelische Belastung und ihm nicht zumutbar, denn es liebt beide Eltern. Unabhängig von dem, was gerichtlich im Einzelnen beschlossen werden mag, muss dem Kind versichert werden, dass ihm beide Eltern als Eltern erhalten bleiben. Ein Kind sollte nicht nur bei der Sorgerechtsfrage, sondern auch bei der Wahl eines neuen Partners ungefragt bleiben. Eine junge Klientin empörte sich mir gegenüber einmal, als ich sie auf Letzteres hinwies: »Ich musste doch als Kind mit entscheiden, wen meine (geschiedene) Mutter zum Freund nimmt. Schließlich musste ich es doch mit den Männern aushalten.« Die Mutter hatte sich tatsächlich in ihrer Partnerwahl von der Tochter beraten und auch beeinflussen lassen. Ich sagte der Klientin: »Du bist bestimmt sehr böse auf deine Mutter gewesen.«Verwundert hat sie das bejaht. Immer wenn Eltern es zulassen oder provozieren, von den Kindern dominiert zu werden, nehmen die Kinder ihnen das übel, denn Kinder wollen starke Eltern.

Ein Kind hat die Partnerwahl seiner getrennten Eltern hinzunehmen, allerdings braucht es den neuen Partner nicht zu lieben. Die hier geschilderten Vorgänge geschehen unbewusst. Auf der bewussten Ebene fühlt sich das Kind nämlich sehr geschmeichelt, dass es um Rat gefragt wird und so mächtig ist. Doch diese Macht bekommt ihm keineswegs.

Adoption

Adoptionen gelten als altruistische Taten. Die Praxis zeigt jedoch, dass Adoptionen in vielen Fällen gefährliche Unternehmungen sind, bei denen teuer bezahlt wird.
Falls ein Kind von seinen Eltern nicht aufgezogen werden kann, ist die Reihe an den nächsten Verwandten. Zunächst sollen die Großeltern und dann die Onkel und Tanten gefragt werden. Dort ist das Kind gut aufgehoben, und von diesen Verwandten kann es noch am ehesten wieder zu den Eltern zurück, wenn sich in deren Lebenssituation etwas ändern sollte. Falls auch das nicht geht, können Pflege- oder Adoptiveltern gesucht werden. Dann werden diese tatsächlich gebraucht und können Gutes bewirken, doch als Stellvertreter steht ihnen nur der zweite Platz zu – unabhängig davon, wie die leiblichen Eltern gewesen sein mögen. Wird diese Ordnung respektiert, kann das Kind seine Adoptiveltern achten und nehmen, was es von ihnen bekommt. Nicht selten fühlen sich die Adoptiveltern als die besseren Eltern, zum Beispiel weil die leiblichen Eltern ein dunkles Leben führen. Das Kind solidarisiert sich dann immer mit den abgewerteten Eltern und ist den Adoptiveltern böse. Wird ein Kind zur Adoption freigegeben, ist es oft wütend auf seine Eltern. Wenn sich die Adoptiveltern als die besseren Eltern fühlen, entlädt sich das böse Gefühl des Kindes ihnen gegenüber. Begnügen sie sich jedoch mit dem zweiten Platz, dann richtet sich die Wut auf die Eltern, und das gute Gefühl gelangt zu den Adoptiveltern.

Adoptionen können immer dann gelingen, wenn die leiblichen Eltern von den ersten Adoptionsanstrengungen an geachtet werden. Dazu zählt, dass das adoptionswillige Paar sich gründlich darum bemüht, die Situation der Eltern und deren Verwandten abzuklären. Dabei ist es gut, sich nicht auf Behördenauskünfte allein zu verlassen.
Leichtfertige Adoptionen haben Folgen. Wenn beispielsweise ein Kind den Eltern vorenthalten wird, wird häufig auf Seiten der Adoptiveltern für das entstandene Unrecht ein Partner oder ein Kind geopfert. Das ist der Preis, den man zu zahlen hat. Es kommt auch vor, dass bei einer leichtfertigen Adoption die Adoptivmutter schwanger wird und das Kind abtreibt. Somit ist es notwendig, sich über die eigenen Adoptionsmotive klar zu werden.
Statt ein Kind sofort zu adoptieren, kann es sinnvoll sein, es in Pflege zu nehmen. Die Pflege hat nämlich etwas Vorläufiges. Die Angst des Paares, das Kind dann eher verlieren zu können, ist gering, denn wenn es gut gepflegt wird, haben sie es sicher.
In Aufstellungen sieht man des Öfteren, dass Adoptierte Schweres für ihre Eltern tragen, obwohl sie sie gar nicht kennen. Der sichere Platz für das Kind ist dann oft bei den Adoptiveltern. Hierbei ist auch zu berücksichtigen, dass auf die Seele eine Adoption ähnlich wie eine Abtreibung wirkt und nicht einfach rückgängig gemacht werden kann.

Sexueller Missbrauch

Die Einsichten Bert Hellingers zu diesem Thema widersprechen völlig dem traditionellen Schema von Gut und Böse. Hellingers Ansichten werden sogar zuweilen als »skandalös«

bezeichnet, denn er besitzt die Unverfrorenheit, auf die Liebe zu verweisen, die hinter dem Missbrauch zu Tage tritt, und auf die Aufgabe, die der Missbrauch in einem System übernommen hat. Selbstverständlich geht es bei Inzest um Gewalt und Machtmissbrauch, doch die Erfahrung von Familienaufstellungen zeigt, dass auch eine verzweifelte Liebe der Beteiligten eine Rolle spielt.

Inzest ereignet sich häufig, wenn das Geben und Nehmen in einer Paarbeziehung dauerhaft unausgeglichen ist. Eine oft anzutreffende Konstellation zeigt das folgende Beispiel: Eine geschiedene Frau bringt in eine zweite Ehe eine Tochter aus erster Ehe mit. Im Rhythmus des Alltags wird von dem neuen Mann einiges an Rücksicht und Mitwirkung gefordert, obwohl es sich nicht um sein Kind handelt. Daher gibt er der Frau mehr als umgekehrt sie ihm. Wenn die Frau dies auch noch lautstark verlangt, wird die Balance des Gebens und Nehmens noch mehr gestört. Allmählich entsteht im Familiensystem ein unwiderstehliches Bedürfnis nach Ausgleich. In dieser Situation gerät das Kind häufig in die Lage, für die Mutter den Ausgleich gegenüber dem Mann herbeizuführen.

In einem zweiten Beispiel, das die Psychotherapeutin Ilse Maly berichtet hat, ist das mangelnde Gleichgewicht zwischen Geben und Nehmen der Ausgangspunkt gewesen. Eine Klientin wurde sechs Jahre lang gemeinsam mit ihrer Schwester vom Vater sexuell missbraucht. Die Frau hatte schon mehrere Therapien und Selbsterfahrungsgruppen hinter sich, doch die erhoffte innere Befreiung trat nicht ein. Der Vater wurde nach wie vor gehasst, während die Mutter idealisiert wurde.

Bei der Aufstellung kam heraus, dass die Mutter ihren ersten Mann im Krieg verloren hatte. Den zweiten Mann heiratete sie nur, um selbst versorgt zu sein und doch noch eine Familie gründen zu können. Auf eine Sexualität mit dem zweiten Mann ließ sich die Mutter kaum ein, denn sie blieb mit dem ersten Mann tief verbunden. Als Ausgleich hat sie nun unbewusst ihre Töchter dem Vater angeboten. Aus Liebe zu beiden Eltern haben sich die Töchter darauf eingelassen.

Bei der Aufstellung konnte die Klientin dem Vater sagen: »Es war sehr schwer für mich. Ich nehme dich jetzt als meinen Vater. Was immer ich getan habe, habe ich aus Liebe getan, und deswegen ist an mir auch kein Makel. Die Folgen des Missbrauchs lasse ich aber bei dir.«[9]

Bei Familienaufstellungen kann man erleben, dass auch dann, wenn der Missbrauch angeblich jahrelang vor der Mutter geheim gehalten ablief, die Seele der Mutter davon wusste. Oft ist es hilfreich, wenn ein solches Kind in einer Aufstellung der Mutter den Satz sagt: »Liebe Mutter, für dich tue ich es gerne.« Dadurch kommt für das Kind die wahre Dynamik ans Licht. Kinder haben eine so starke Bindung an die Eltern, dass sie zu größten Opfern bereit sind, um bei den Eltern bleiben und sich zugehörig fühlen zu können.

Zu Inzest kann es auch kommen, wenn in einer Ehe der Mann oder die Frau die Familie verlassen will, um zum Beispiel einem verstorbenen Geschwister nachzufolgen. Da aus dem Wunsch, wegzugehen, ein Schuldgefühl entsteht, wird das Kind unbewusst als eine Art Ablöse an den anderen übergeben. So kann beispielsweise die Tochter an die Stelle der Mutter treten, weil sich die Mutter – wie im vorhergehenden Beispiel – dem Vater verweigert und aus dem System tendiert. In der Aufstellung kann man sehen, dass es ein geheimes Einverständnis zwischen Mutter und Tochter gibt.

9 Gespräch von Paula Elisabeth Mölk mit der Psychotherapeutin Ilse Maly in der Illustrierten »Die Tirolerin«, 1996

Auch wenn es bei Inzest immer zwei Täter gibt, einen vordergründigen und einen im Hintergrund, trägt die Schuld in erster Linie der, der das Kind direkt missbraucht hat. Ohne seine Verstrickungen zu erkennen, weiß der Elternteil genau, was er macht.

Als Psychotherapeut tut man gut daran, nicht auf die Entrüstung der Gesellschaft und juristische Regelungen zu schauen, sondern allein darauf, was der verletzten Seele des Kindes hilft. Angesichts des Zeitgeistes bedarf es dazu Mut. Für den Therapeuten ist ein Angriff auf den Täter zwar billig, doch er hat schlimme Folgen für das Opfer. Kinder nehmen in ihrer Urliebe zu den Eltern nur zu gern die Schuld der Eltern auf sich. Wenn der Täter bestraft wird und – noch schlimmer – das Kind öffentlich die entsprechenden Beweise dazu beigesteuert hat, wird sich das Kind in umso innigerer Treue mit dem Täter verbunden fühlen. Durch die Verurteilung des Täters fühlt sich das Kind, obwohl es unschuldig ist, zutiefst schuldig.

Ein Erzieher hat mir in diesem Zusammenhang erzählt, dass Kinder in der Regel alles tun, um den Täter zu decken. Wann immer etwas ans Licht kommt, versucht das Kind, mit der Familie solidarisch zu sein. Es ist nicht einfach nachzuvollziehen, was sich in solchen Fällen bei dem Kind abspielt.

Die Lösung besteht darin, dass das Kind in Liebe beiden Eltern die Schuld lässt. Darüber hinaus kann es in einer Aufstellung dem Täter sagen: »Es war schlimm, ich lasse die Folgen bei dir, und ich mache jetzt etwas Gutes aus meinem Leben« und »Ich ziehe mich jetzt von dir zurück.« Ohne eine solche Haltung kommt es in späteren Beziehungen zum anderen Geschlecht oft zum Scheitern, zu Depressionen, Selbstmordneigungen, dem Gang in die Prostitution oder kriminelle Szene.

Wenn der Inzest noch aktuell ist und der Therapeut direkt mit den Beteiligten zu tun hat, kann er der Mutter im Beisein des Kindes sagen: »Daniela (oder wie immer das Kind heißt) tut es für die Mama.« Das Kind sagt anschließend zur Mutter: »Für dich tue ich es gerne.« Mit dem Inzest ist es dann in der Regel vorbei, weil die Hintergründe offenbar geworden sind. Wenn der Mann anwesend ist, wird das Kind aufgefordert, ihm zu sagen: »Ich tue es für die Mama, zum Ausgleich.« Nun kann sich keiner mehr verhalten wie vorher, und das Kind kann sich wieder gut und unschuldig fühlen. Zusätzlich kann man dem Kind durch eine passende Geschichte vermitteln, dass auch nach solch einem schlimmen Erlebnis das Leben gut weitergehen kann.

Die Öffentlichkeit tabuisiert nicht nur den »Täter im Hintergrund«, sondern auch die Tatsache, dass der Missbrauch manchmal vom Kind als lustvoll erlebt wird. Dieser Wahrnehmung traut das Kind in der Regel nicht, denn es wird ihm von allen Seiten gesagt, dass etwas Böses und Schlimmes passiert ist. In der Folge wird das Sexuelle verteufelt. Hilfreich dagegen ist, wenn das Kind ermutigt wird, sich einzugestehen, dass es auch lustvolle Momente gab, *sofern sie tatsächlich so empfunden wurden.* Das Kind benötigt dabei die Zusicherung: »Auch wenn es für dich lustvoll war, bist du unschuldig.« Die Entrüstung und die Dramatisierung jedoch wirken verschlimmernd.

In einem Seminar erzählte eine Teilnehmerin, die als Psychotherapeutin mit sexuell misshandelten Kindern arbeitete, dass Kinder, für die der Missbrauch lustvoll war, häufig in »frivoler« Weise an andere Erwachsene herantreten. Daraufhin ergießt sich eine Lawine von »das darf nicht sein« und »das ist schlimm« über das Kind. Hellinger ergänzte hier:

»Wenn das Kind auf diese Weise an andere Erwachsene herantritt, sagt es damit den Eltern: ›Ich bin eine Hure und selber schuld am Missbrauch; ihr braucht kein schlechtes Gewissen zu haben.‹ Es ist noch einmal die Liebe des Kindes, wenn es das macht. Wenn ich das dem Kind so sage, weiß es sich auch in diesem Zusammenhang gut. *Man muss immer nach der Liebe suchen.* Dort findet man dann auch die Lösung.« (OL: 280)

Als Erwachsener ist es für das missbrauchte Kind wichtig, dass es seinen ersten Partner, d. h. den Elternteil, würdigt, denn durch die Sexualität entsteht eine Bindung über die Eltern-Kind-Beziehung hinaus. Wenn es die Bindung verleugnet und die Eltern verteufelt, wird es kaum eine befriedigende Partnerschaft erleben können. Partnerschaften können nur gelingen, wenn der frühere Partner geachtet wird. Wenn der Elternteil gehasst und abgewertet wird, bindet sich der oder die Missbrauchte umso intensiver an ihn, und ein Mann oder eine Frau, die ihm oder ihr begegnen, sind auf längere Sicht chancenlos.

Allerdings darf, und hier zeigt sich, wie vielschichtig das Thema ist, das Kind auf den Täter böse sein und ihm die Schuld geben. Dazu braucht es sehr viel Mut, weswegen Hellinger vom »Zumuten der Schuld« spricht. Das Kind kann sagen: »Du hast mir Unrecht getan, und ich lasse die Schuld bei dir. Es steht mir nicht zu, das zu verzeihen.« Verzeihen würde bedeuten, freiwillig die Schuld vom Täter zu übernehmen, die doch dieser tragen soll. All das kann ruhig und abgeklärt geschehen – ohne Hass, Racheabsichten und Vorwürfe. Die Lösung kommt somit nicht durch den Kampf, der keine (Los-)Lösung bewirken kann, weil Kampf immer verbindet.

Die meisten Therapien bei sexuellem Missbrauch sehen völlig anders aus als das, was auf diesen Seiten vorgestellt wurde. Bekannte Familientherapeuten wie Jay Haley und Cloé Madanes lassen den Täter vor dem Opfer knien, damit er seine Reue ausdrückt und sich entschuldigt. Das Opfer kann ihm vergeben, wenn es das möchte. Auch die anderen Familienmitglieder knien vor dem Opfer nieder. Sie sollen ihren Schmerz und ihre Reue darüber ausdrücken, dass sie dieses Familienmitglied nicht besser beschützt haben.

In der Arbeit mit dem Täter diskutiert Madanes mit beiden Eltern, welches die zukünftigen Konsequenzen sein werden, falls der Täter rückfällig wird. Des Weiteren stellt sie mit dem Täter einen detaillierten Plan auf, was er tun soll, wenn der falsche sexuelle Impuls wieder auftritt: ins Kino gehen, essen gehen, die Therapeutin anrufen usw.

Man mag darüber denken, wie man will, eine Therapie an der Wurzel des Problems ist dies wohl nicht. Auch dass alle Familienmitglieder vor dem Opfer knien, hat auf seine Seele keineswegs eine gute Wirkung – selbst wenn das Bewusstsein des Opfers das anders erlebt.

Madanes berichtet über einen großen Erfolg ihrer Therapie: In 96% der Fälle kommt es zu keinem Rückfall – keinem registrierten (!!) Rückfall.[10] Wenn man Erfolg so definiert, ist dies sicherlich eine gute Therapie. Man kann aber an »Erfolg« auch andere Fragen knüpfen: Wie entwickelt sich später die Fähigkeit, Partnerschaften einzugehen? Wie ist die Gemütsverfassung des Opfers über einen längeren Zeitraum hinweg? Gibt es Depressionen oder Drogenmissbrauch? Wie entwickelt sich der Umgang mit den Eltern und der Familie? Kann das Opfer später im Leben Sexualität als etwas Freudvolles erleben?

[10] Charlotte Wirl: »Workshop mit Cloé Madanes: Sex, Love and Violence«, in: M.E.G.a.Phon – Informationsblatt der Milton Erickson Gesellschaft, Nr. 22/1995, S. 11 ff.

Für Bert Hellingers Arbeit gibt es übrigens keine Statistik, wie sie nach sexuellem Missbrauch oder auch bei Schwerkranken gewirkt hat. In seiner Arbeit mit kranken Menschen geht er davon aus, dass man die Wirkung der Aufstellungsarbeit während der Therapie erkennt, wenn ein Klient anfängt zu strahlen und sich erleichtert zeigt. Diese Wirkung genügt ihm, den Rest überlässt er dem Klienten. Eine wissenschaftliche Überprüfbarkeit der Familienaufstellung verbietet sich seiner Ansicht nach von selbst, da der Klient noch unzähligen anderen Einflüssen ausgesetzt ist, wie der Behandlung von Ärzten, der Begegnung mit Freunden und Sozialarbeitern. Wer und was hat gewirkt, und wie hoch ist der prozentuale Anteil, wenn es jemandem nach einem Jahr gut geht? Dieses Argument Hellingers ist so umfassend, dass man es in der Tat auf jegliche Therapie anwenden kann.

Erziehungsgrundsätze

Wer kennt sie nicht, jene Szenen, in denen Kinder ihre Eltern bis zur Weißglut reizen. Ein kleiner Junge verspritzt mit dem Löffel den Tee im Wohnzimmer und zieht seine Mutter immer wieder kräftig an ihren langen Haaren.

»Wenn du jetzt nicht aufhörst, Christian, dann geschieht was!«, schreit die Mutter.

Das Kind ist eine halbe Minute still und brav, dann lächelt es und beginnt das Spielchen von vorne.

»Christian! Bitte! Ich sag's dir!«

Wieder ist das Kind ruhig, um nach einer halben Minute die Mutter erneut zu ärgern.

»Wie oft soll ich dir noch sagen, dass du mich nervst!« Die Stimme der Mutter überschlägt sich, wird kindlich, sie ist den

Tränen nahe. »Du bringst mich um, wenn du jetzt nicht aufhörst. Ich flehe dich an!«
Das herzerbarmende Flehen der Mutter scheint das Kind nicht zu rühren – im Gegenteil. Es wird noch böser und steigert seine Neckereien. Warum sind Kinder so »grausam«? Als stiller Beobachter der Szene verkrampft sich etwas in mir. Es tut mir fast körperlich weh, das mit ansehen zu müssen. Endlich, nach einer Viertelstunde, kommt – wenn auch viel zu spät – eine Erleuchtung über die Mutter: »Das ist die letzte Warnung! Noch einmal, und du musst in dein Zimmer!«
Wie nicht anders zu erwarten, macht Christian seine »Psychospielchen« weiter. Ohne weitere Erklärung schnappt sich die Mutter energisch ihren wild protestierenden Sprössling und bringt ihn ins Kinderzimmer. Das Gespräch zwischen den Erwachsenen kann nun endlich fortgesetzt werden. Nach einer halben Stunde schaut die Mutter wieder ins Kinderzimmer. Christian strahlt über das ganze Gesicht und umarmt seine Mutter heftig. Anschließend ist er das liebste Kind, das man sich vorstellen kann. Alles, nach was seine Seele wirklich schrie, war das Bedürfnis, eine starke Mutter zu erleben, eine Mutter, die fähig ist, klare Grenzen zu setzen. Erst wenn das Kind »große«, starke Eltern erlebt, fühlt es sich geborgen und sicher. Um dieses Ziel zu erreichen, lohnt für ein Kind auch ein »größerer Aufwand«.
Weil Eltern zunehmend zu den Freunden ihrer Kinder werden, statt Eltern zu sein, werden die Kinder immer mächtiger. So darf man sich nicht wundern, dass sie diese tyrannisieren und ihnen böse sind, denn die Störaktionen sind nur ein Hilferuf: »Wann werdet ihr endlich begreifen, was ich wirklich will?« Eltern tun gut daran, ihren Kindern klar zu vermitteln, wer das Heft in der Hand hat. Die Mutter in unserem Beispiel hatte sich von ihrem Sohn viel zu lange auf dem Kopf herumtanzen

lassen. Es ist ratsam, die Kinder rechtzeitig klare Einstellungen erkennen zu lassen, damit diese wissen, woran sie sind.
Ein anderes Beispiel: Eine allein erziehende Mutter hatte ihren 16-jährigen Sohn in die Rolle des Ersatzmannes schlüpfen lassen. Durch diesen Umstand hatte der Junge extrem viel Macht, und die Frau hatte zuweilen sogar Furcht vor ihm. Alle wichtigen Entscheidungen wurden von ihm getroffen. Das wurde beispielsweise an einem Autokauf deutlich. Obwohl die finanzielle Situation der kleinen Familie keineswegs rosig war, bestimmte der Sohn, welches Auto es sein sollte. Es war ein recht teures Auto, und die Mutter gehorchte. Doch finanzielle Nöte ließen die Frau bereuen, dass sie ihren Sohn die Entscheidung hatte treffen lassen. Sie schmiedete den Plan, seinen Urlaub mit einer Jugendgruppe zu nutzen, um das Auto wieder zu verkaufen und ein preiswerteres zu beschaffen. Doch sie hatte fürchterliche Angst: »Was wird mein Sohn mit mir anstellen? Er wird toben und schreien, und alles wird noch schlimmer. Wie soll ich ihm das nur erklären?«
»Gar nicht!«, gab ich ihr zur Antwort. »Du machst, was du für richtig hältst, und stellst ihn vor vollendete Tatsachen. Wenn er Erklärungen von dir will, erwiderst du mit ruhiger, freundlicher Stimme: ›Ich tue, was ich für richtig halte.‹ Dann kannst du sogleich das Thema wechseln.«
»Aber das ist ja Revolution! Wie soll er verstehen, dass ich plötzlich die Zügel in die Hand nehme. Die ganzen Jahre war doch er der Boss und nicht ich. Ich kann mir nicht vorstellen, dass das funktioniert!«, rief sie aus.
»Mach's einfach!«, riet ich ihr. »Wir werden darüber reden, wie es war.«
Sie tat es tatsächlich und war über die Reaktion ziemlich erstaunt. Der Sohn protestierte zwar ein wenig, doch er lachte

und insistierte nicht weiter. Von Wut konnte keine Rede sein. Die Mutter konnte in seiner Mimik sogar erkennen, dass er über ihre plötzliche Stärke erleichtert war! Diese Erfahrung wird ihr helfen, in Zukunft zwar liebevoll, aber doch als Elternteil und nicht in der Kindrolle gegenüber ihrem Sohn aufzutreten. Die Seele des Jungen wird dadurch jedenfalls sehr entlastet. Zur normalen Entwicklung eines Kindes gehört es natürlich, dass es zuweilen Verbote übertritt und damit schuldig wird. Wenn beispielsweise ein Kind die Familie verlässt und einen Partner oder einen Beruf wählt, den die Eltern ablehnen, kann es nur heiraten oder diesen Beruf erlernen, wenn es gegen die Normen der Eltern verstößt. Wie schon gesagt, »sind« Kinder nicht nur ihre Eltern, sondern sie haben auch etwas Eigenes, für das sie Verantwortung tragen. Eine gesunde Ich-Stärke entwickelt ein Kind, wenn es Verbote der Eltern auch übertritt. Oft müssen die Eltern heimlich hoffen, dass ihr Kind ein Verbot missachtet. Wenn das Kind dies auf Dauer nicht tut, ist es für Eltern und Kinder schlimm. Erlauben die Eltern dagegen alles, wie in der antiautoritären Erziehung, kann das Kind keine seelische Kraft entwickeln und fühlt sich orientierungslos.

Ein solches Kind kann natürlich sehr selbstsüchtig sein, doch ist es das nur auf einer vordergründigen Ebene. Man darf ein solches Verhalten nicht mit Ich-Stärke verwechseln. Was ein Kind sagt und wie es sich verhält, ist die eine Seite, und was es tatsächlich will, eine andere.

Wenn Kinder in einer Familie ständig den Frieden stören, kann man sicher sein, dass es eine andere Ebene gibt, auf der sie aus Liebe handeln. Bert Hellinger hat einmal in einem Heim für schwer erziehbare Mädchen einen Kurs für die Mädchen und deren Eltern abgehalten. Bei allen Familienaufstellungen zeigte sich dieselbe Dynamik: »Lieber verschwinde ich als du, liebe Mama/lieber Papa.« Keiner, weder die Erzieher noch die Eltern, hatte vorher bemerkt, wie sehr die Kinder ihre Eltern liebten und was sie bereit waren, für diese zu tun. Als das zu Tage trat, verstanden plötzlich Erzieher, Therapeuten und Eltern, warum die Mädchen Probleme hatten.

Eines der Mädchen war drogensüchtig und hatte sich vom Dach gestürzt. Bei der Aufstellung wurde deutlich, dass es ihr Vater war, der sterben wollte. Der Vater wiederum wollte seinem bereits verstorbenen Vater folgen. Innerlich sagte das Kind zum Vater: »Lieber sterbe ich als du.« Die Lösung besteht darin, der Tochter zu zeigen, dass es mit seinem Leiden nicht die Macht hat, das Leiden des Vaters aufzulösen. Das Leiden des Kindes macht alles nur schlimmer. Die Tochter kann sagen: »Lieber Papa, bitte bleibe und segne mich, wenn auch ich bleibe.«

Für die Kindererziehung ist es wichtig, noch andere grundsätzliche Dinge zu berücksichtigen. In jeder Familie bringen sowohl der Mann als auch die Frau die Wertvorstellungen der Herkunftsfamilie ein. Diese Wertvorstellungen sind naturgemäß unterschiedlich. Das Kind befolgt und anerkennt als richtig, was Vater *und* Mutter in ihrer eigenen Familie entweder gefehlt hat oder was ihnen wichtig war.

Wenn sich beispielsweise die Mutter mit ihren Wertvorstellungen in der Erziehung der Kinder durchsetzt, folgt das Kind zwar vordergründig der Mutter, aber hintergründig ist es mit dem Vater solidarisch. Das Kind folgt auf einer Ebene dem, der sich durchsetzt, verwirklicht dann jedoch das Hintergründige, das nicht sein darf. Kinder wollen es in ihrer Liebe immer *beiden* Eltern recht machen. Dies geschieht unbewusst. Man kann dies auch als ein Sich-Verbünden mit dem unterlegenen Elternteil betrachten. Wenn zum Beispiel eine geschiedene Mutter zu ihrer Tochter sagt: »Werde ja nicht wie dein Vater! Der ist ein Versager, der ist der Allerschlimmste!«, solidarisiert sich das Kind mit dem Vater. Es kann gar nicht mehr anders werden als er. Wenn die Mutter sagt: »Du darfst werden wie ich, und du darfst auch werden wie dein Vater«, braucht das Kind die problematischen Seiten des Vaters nicht zu übernehmen. Wenn Eltern ihre Kinder aufmerksam anschauen, können sie erkennen, wo und wie sie von ihnen geliebt werden.

Was den Eltern in ihrer Beziehung »an Achtung und Liebe gegenüber dem Partner gelingt, das gelingt ihnen auch gegenüber dem Kind«. Was ihnen dem Partner gegenüber misslingt, muss ihnen auch gegenüber dem Kind missraten. Was die Partner aneinander stört, wird sie auch am Kind stören. (MFL: 150 f.)

Bei Erziehungsproblemen ergibt sich aus alldem folgende Lösung: Indem die Eltern sich achten, werden sie auch das Kind achten. Überdies können sich die Eltern auf ein neues Wertesystem einigen, bei dem die Werte beider zu ihrem Recht kommen. Dadurch entsteht ein neues Wertesystem. Wenn Eltern sich einig sind, weiß das Kind immer, woran es ist, wird sich sicher fühlen und den Eltern gerne folgen. Erwartet die Mutter von dem Kind jedoch immer etwas anderes als der Vater, muss das Kind unsicher und verwirrt werden.

Ein anderer Erziehungsratschlag betrifft das Verhalten der Eltern, wenn sie einmal Fehler gemacht haben. Damit die Eltern weiterhin groß und die Kinder klein bleiben können, sollten Eltern ihre Kinder nie um Verzeihung bitten. Die Kinder werden den Eltern böse, denn ein Verzeihung gewährendes Kind kommt automatisch in die Position des Stärkeren. Doch können Eltern, wenn sie ein Unrecht getan haben, dem Kind sagen: »Es tut mir Leid.«

Weil Eltern vor ihren Kindern nicht klein werden sollen, nimmt Hellinger in der Regel Eltern nicht für eine Beratung an, wenn sie ihre Kinder dabeihaben. In der klassischen Familientherapie hingegen ist es üblich, dass Eltern und Kinder gemeinsam mit dem Therapeuten reden. Dabei kann es natürlich auch vorkommen, dass die Kinder ihre Eltern als schwach erleben. Manch einem mag es übertrieben erscheinen, doch allein die Tatsache, dass Eltern einen Therapeuten in Anspruch nehmen und die Kinder davon erfahren, findet Hellinger problematisch. Diese Grundsätze gelten auch dann, wenn die Kinder erwachsen sind.

Die unterbrochene Hinbewegung

Wenn ein Kind ein starkes Gefühl von Verlust und Trennung erlebt, etwa durch einen frühen Krankenhausaufenthalt, führt das zu einer Störung. Eine solch unterbrochene Hinbewegung entsteht häufig im ersten Lebensjahr, und sie bezieht sich meist auf die Mutter.

Wann immer das Kind später als Erwachsener auf andere zugeht (Hinbewegung), kommt unbewusst die Erinnerung an diese Unterbrechung hoch, und die damaligen Gefühle und Symptome, wie Wut, Hass, Trauer, Verzweiflung und Resignation, treten hervor. Auch Kopfdruck, Magenschmerzen oder Verspannung können die Symptome sein. Nicht selten zeigt sich die damalige Entscheidung als problematisch: »Ich werde nie mehr im Leben um etwas bitten« oder »Ich werde mich nie mehr schwach zeigen«. Statt die Hinbewegung weiterzuführen, bis sie endlich ans Ziel kommt, so Hellinger, »weicht der Erwachsene zurück, oder er beginnt eine Kreisbewegung, bis er zum gleichen Punkt zurückkommt, und das ist das ganze Geheimnis der Neurose«. (ZG: 215)

Eine unterbrochene Hinbewegung erkennt man in der Praxis nicht nur an den oben beschriebenen Symptomen, sondern auch am Umgang mit den Eltern. Meist wollen die Betroffenen mit jenem Elternteil, zu dem die Hinbewegung unterbrochen ist, möglichst wenig zu tun haben. Nicht selten sprechen sie auch abwertend über diesen Elternteil, brechen die Beziehung zu ihm ab und behaupten, dass sie gegenüber Vater oder Mutter »nichts empfinden«. Dieses »Nichtempfinden« schützt den Klienten vor der Wahrnehmung des Schmerzes. Doch der Schmerz ist nur verdrängt.
Auch bei Angststörungen handelt es sich häufig um einen verdrängten Schmerz infolge einer unterbrochenen Hinbewegung. Wenn ein Kind den Vater oder die Mutter durch Tod oder Trennung verloren hat, wird es böse auf diesen Elternteil. Da das Kind jedoch in Urliebe an die Eltern gebunden ist, lässt es diese Wut kaum zu: Die Wut verschiebt sich zu Angst. Das Kind fürchtet sich vor der Wut und deren Folgen und sucht lieber Zuflucht bei der Angst. Schon Sigmund Freud hat auf diesen Zusammenhang hingewiesen: »Die gewöhnlichste Ursache der Angstneurose ist die frustrane Erregung. Es wird eine libidinöse Erregung hervorgerufen, aber nicht befriedigt, nicht verwendet; an Stelle von dieser von ihrer Verwendung abgelenkten Libido tritt dann Ängstlichkeit auf. Ich glaube mich sogar berechtigt zu sagen, diese unbefriedigte Libido verwandelt sich direkt in Angst. [...] Die Einsamkeit sowie das fremde Gesicht [einer anderen Person] erwecken die Sehnsucht nach der vertrauten Mutter; das Kind [und auch der spätere Erwachsene] kann diese libidinöse Erregung nicht beherrschen, [...] sondern verwandelt sie in Angst.«[11]

[11] Sigmund Freud: »Angst und Triebleben«, zitiert nach: Ursula Franke: »Systemische Familienaufstellung«, Wien 1996, S. 97

Bert Hellinger lässt in seiner Arbeit den Klienten regredieren, bis er in der Kindheit wieder an das Ereignis gelangt, das die Auslösung für die Unterbrechung der Hinbewegung war. Hellinger vertritt dann den betreffenden Elternteil und hält den Klienten fest, bis die ursprüngliche Liebe, die in Wut und andere Gefühle umgeschlagen ist, wieder offen als Liebe und Sehnsucht zur Mutter oder zum Vater fließen kann.
In einem Kurs erzählte Hellinger, wie die Mutter einem Kind helfen kann, die unterbrochene Hinbewegung zum Ziel zu bringen. Eine Mutter sorgte sich um ihre Tochter, die sie mied und nur selten nach Hause kam. Hellinger sagte ihr, sie müsse die Tochter noch einmal halten, wie eine Mutter ihr trauriges Kind hält. Doch sie solle in ihrer Seele nur das gute Bild wirken lassen, bis die Lösung sich von selber anbahne. Nach einem Jahr, so berichtete die Mutter, sei die Tochter nach Hause gekommen, habe sich still und innig an sie geschmiegt, und sie habe sie lange gehalten. Dann erhob sich die Tochter und ging. Weder die Mutter noch die Tochter hatten etwas gesagt. Das ist ein schönes Beispiel dafür, wie gute Bilder wirken können.
In einem anderen Fall schrieb Bert Hellinger einer Frau: »Die Gefühle, die du schilderst, sind, so scheint es mir, das Ergebnis einer unterbrochenen Hinbewegung, vielleicht zur Mutter. Wenn sie wiederkommen, hilft es, das Kind in dir sanft bei der Hand zu nehmen und es dorthin zu führen, wohin sein Herz sich sehnt. Ein Satz, der dabei helfen kann, lautet: ›Mama, ich gebe dir die Ehre.‹«
Ungefähr ein Jahr später antwortete die Frau: »Ich weine in den Armen meiner Mutter. So kommt Heilung. Dafür hast du mir den Weg geebnet. Ich danke dir.« (FWW: 86)

IV
Mann und Frau

Der »richtige Mann« und die »richtige Frau«

Darüber, wie man den »richtigen Mann« und die »richtige Frau« findet, ist schon viel geschrieben worden. Einem Paar, das sich nicht so recht füreinander entscheiden konnte, erzählte Hellinger die Geschichte von einem jungen Mann. Dieser konnte sich nie so recht für den Kauf eines Autos entscheiden, obwohl er doch so gerne damit durch die Gegend gefahren wäre. Er beschloss, ein weiteres Jahr abzuwarten, ob die Modelle der neuen Saison vielleicht besser sein könnten. Doch er fand gewisse Mängel und wartete wiederum ein Jahr.

Dass diese Geschichte kein gutes Ende hat, kann man sich denken. Den Mann befiel am Ende die Torschlusspanik. Von einem Augenblick zum anderen wollte er nun ein Auto kaufen, gleichgültig was für eines. In seiner Eile wurde er von einem Lkw überfahren. Hellinger riet dem Paar schließlich: »Der richtige Mann und die richtige Frau sind selten zu finden. Der gute Mann und die gute Frau sind gewöhnlich genug.« (FWW: 16)

Wo bleiben da die berauschenden Gefühle der Liebe und die Leidenschaft? Ist die Geschichte nicht etwas zu drastisch? Sicherlich kann man Hellinger nicht vorwerfen, dass er Dinge verharmlost. Nicht nur in seinen Geschichten, die er oft und gerne erzählt, sondern auch in der Therapie unterstreicht er nachdrücklich, was die Wirkungen bestimmter Haltungen sind.

Bestraft das Leben die Zögernden nun wirklich so hart? Der

Leser möge die Probe aufs Exempel machen und sich in seinem Bekanntenkreis umschauen. Wie ist es denen ergangen, die an Aussehen, Charakter, Bildungsgrad des Partners die höchsten Ansprüche stellten? Nach meiner Erfahrung haben sie meist nur kurze, unbefriedigende Beziehungen und bleiben oft allein.

Manchmal gelingt eine Ehe oder Partnerschaft trotz größter Liebe nicht. Den »Richtigen« zu finden genügt eben nicht. Liebe muss nicht nur Leidenschaft, sondern auch »Köpfchen« haben. Liebe ohne den Kopf, so Hellinger, geht immer schief. Haben das nicht schon unsere Großeltern gesagt? Für Romantik und Leidenschaft, so scheint es, hat Hellinger tatsächlich nichts übrig.

In der Praxis allerdings kann man feststellen, dass die leidenschaftliche Liebe nicht ohne die Achtung der Ordnung gelingen kann. Schon an früherer Stelle erwähnte ich das Beispiel der Frau, die einen Mann heiratete, der aus erster Ehe mehrere Kinder mitbrachte. Nach der natürlichen Ordnung kommen für den Mann an erster Stelle seine Kinder und dann erst die zweite Frau. Die Liebe kann nur gelingen, wenn sich die Frau mit dem zweiten Platz zufrieden gibt und den Vorrang der Kinder achtet. Damit ist ein Opfer verbunden.

Oft scheitert eine Paarbeziehung daran, dass einer nicht wahrhaben will, was diese Ordnung fordert. Selbst die romantischste Liebe kann dies nicht ausgleichen. Wenn Liebe auf die Kosten anderer im System geht, hat sie es immer sehr schwer, und je nach der Höhe dieser Kosten muss sie scheitern. Genau aus diesem Stoff sind die großen Romane der Weltliteratur gemacht. Mann und Frau leben in dem süßen Wahn, dass es nur sie allein auf der Welt gibt. Sie haben keinen Blick dafür, wie sich ihr Handeln auf andere Mitglieder im Familiensystem auswirkt.

Ein Beispiel: Eine Klientin lernte einen verheirateten Mann kennen, der mehrere Kinder hatte. Der Mann ließ sich wegen ihr scheiden, zog zu der neuen Frau und heiratete sie. Die Kinder blieben bei ihrer Mutter. Doch die Leidenschaft der neuen Liebe hatte sich bald aufgebraucht. Schon nach drei Monaten stellte sich bei der Frau ein Gefühl ein, das sie mir gegenüber so formulierte: »Guten Gewissens habe ich nicht geheiratet.«
Heute würde mich ein solcher Satz sofort hellhörig machen, doch damals hatte ich mich nicht mit Bert Hellingers Einsichten auseinander gesetzt. Das Paar stritt sich von morgens bis abends, angeblich wegen der unterschiedlichsten Dinge wie Unordentlichkeit im Bad und Ähnliches mehr. Doch wenn die »Hölle« daraus wird und sich »zwischen mir und dem anderen eine Wand aufbaut«, stehen diese alltäglichen Kleinigkeiten für etwas anderes: In diesem Beispiel stehen sie für die Schuld, die beide in Bezug auf die erste Frau und die Kinder auf sich geladen hatten. Wenn es der Frau überhaupt gelingen kann, mit dem Mann glücklich zu werden, dann nur, indem sie der Schuld bewusst ins Auge blickt und die Bindung des Mannes an die erste Frau würdigt. In den Imaginationen, die ich mit der Klientin damals durchführte, lief der Mann immer von ihr weg! Es ist klar, wo er letztlich hinlief ...
Die »Wand«, die sich zum Partner aufbaut, kann allerdings auch auf eine Verstrickung mit der Herkunftsfamilie zurückzuführen sein. Die unbewussten Verstrickungen mit dem Ursprungssystem haben oft die Folge, dass man sich besonders schwierige Konstellationen in der Paarbeziehung »aussucht«. Die Frau aus dem obigen Beispiel ist ohne Vater aufgewachsen, und außerdem waren beide Großväter ermordet worden. Eine Reihe von Halbgeschwistern väterlicherseits

kannte sie nur vom Hörensagen. Dass sich all das auch auf den Beziehungsbereich auswirkt, kann man wohl nachvollziehen.
Die Sehnsucht nach dem fehlenden Vater kann ein späterer Partner nicht stillen. Zudem band sie die Solidarität mit den Ermordeten an die Ursprungsfamilie.

Was macht den Mann zum Mann und die Frau zur Frau?

Nach Hellinger wird der Mann erst ein Mann, indem er eine Frau hat, und umgekehrt eine Frau eine Frau, indem sie einen Mann hat. Zur Liebe gehört, dass sie sich beide als Mann und Frau wollen. Entscheiden sie sich aus anderen Gründen füreinander, wird die Paarbeziehung scheitern. Solche Gründe sind finanzielle Versorgung, vom anderen regelmäßig bekocht zu werden, Bequemlichkeit, sich nicht mehr um die Wäsche kümmern zu müssen, intellektuelles Angesprochensein, Konfession oder weil man ihn oder sie gern als zukünftigen Vater oder Mutter seiner Kinder haben möchte.

Ich erinnere mich an einen Klienten, bei dem ebenfalls »andere« Gründe für eine Heirat vorlagen. Er war an die vierzig und lebte immer noch allein. Mit einer Frau, die er kennen lernte, verband ihn ein gutes Verständnis, nicht mehr und nicht weniger. Als seine Eltern und seine Freunde ihm immer wieder in den Ohren lagen, er solle diese Frau doch nun endlich heiraten, gab er schließlich nach. In dieser Ehe war von Anfang an der Wurm drin. Nach zehn quälenden Jahren verließ der Mann die Frau wieder und ließ sich scheiden.

Die richtige Heirat gelingt einem Mann in der Regel erst, wenn er seinem Vater im Herzen so zustimmen kann, wie er ist. Für die Frau gilt in Bezug auf die Mutter dasselbe. Wenn eine Frau einen Mann kennen lernt, der seinen Vater noch nicht genommen hat, dann sieht sie (unbewusst) keinen richtigen Mann in ihm. Denn das Männliche erhält der Mann von

seinem Vater; lehnt er den Vater ab, unterdrückt er das Männliche in sich selbst.
Robert Bly schreibt in seinem Buch »Der Eisenhans – ein Buch über Männer«, dass laut einer völkerpsychologischen Untersuchung ein Junge in den USA um 1940 nur eines tun musste, um ein »Mann« zu werden: den Vater ablehnen. Die Söhne stellten sich die Väter als einfältige Objekte vor, über die man sich lustig machen kann. Was dabei herauskommt, kann man sich denken: Machos! In der gleichen Studie wurde geschrieben, dass amerikanische Väter in der Tat erwarten, von ihren Söhnen abgelehnt zu werden.
Für Robert Bly steht fest, dass den jungen Männern heute der »väterliche Saft« fehlt. Die Art, wie er sich das Nehmen dieses Saftes vorstellt, hat gewisse Ähnlichkeiten mit Hellingers Vorstellungen: »Der Vater gibt, und der Körper des Sohnes – nicht sein Geist – empfängt diese Nahrung, auf einer Ebene, die tief im Unbewussten liegt. (...) Allmählich erfasst er das Lied, das die Zellen des erwachsenen Mannes singen (...)«[12]
Allerdings ist dieses Nehmen des väterlichen Saftes wohl nicht, wie Bly meint, auf das Körperliche beschränkt.
Welche Folgen das Fehlen des väterlichen und männlichen Saftes hat, beschreibt Bly in seinem Buch auf anschauliche Weise. Die jungen Männer hungern ihr ganzes Leben nach dem Vater, ohne es zu merken. Es fehlt ihnen etwas Entscheidendes. Auch das Unbewusste reagiert darauf. Bly erwähnt den Traum eines 20-jährigen Mannes, der von Frauen »initiiert« worden war. Seine Eltern ließen sich scheiden, als er zwölf Jahre alt war. Er wuchs bei der Mutter auf. Während seiner ganzen Jugend hatte er engeren Kontakt zu Frauen als

[12] Robert Bly: »Der Eisenhans – ein Buch über Männer«, München 1993, S. 136 f.

zu Männern, und das blieb auch während des Studiums so. Die engsten Freundschaften pflegte er mit Feministinnen, denn von ihnen war er besonders begeistert. Später wurde er politisch tätig und setzte sich für die Rechte der Frauen ein.

In dieser Zeit hatte er einen Traum: Ein Rudel Wölfinnen und er liefen durch einen Wald (Wölfe bedeuteten für ihn Unabhängigkeit). Gemeinsam kamen sie schließlich an das Ufer eines Flusses. Jede der Wölfinnen schaute in das Wasser und sah ihr Spiegelbild. Doch als der junge Mann ins Wasser blickte, sah er nichts.[13] Im Gegensatz zu den Frauen fehlte ihm die geschlechtliche Identität! Bei Frauen kann sie ein Mann nämlich nicht finden.

Ich erinnere mich an einen Klienten, der an die 40 Jahre alt war. Er wirkte in seinem Verhalten wie ein verschüchterter, verweiblichter Jugendlicher. Erst vor kurzem war er aus dem Haus seiner Mutter gezogen. Der Vater war schon vor zehn Jahren verstorben. Seine Mutter hasste er, und seinen Vater bezeichnete er als einen »Schwächling«, der einem kein Vorbild sein konnte. Doch ganz egal wie schwach sein Vater gewesen sein mag, den »männlichen Saft« kann ein Junge nur von seinem Vater bekommen.

Das Anliegen des Klienten war: »Ich will meine Depression los sein, brauche mehr Selbstbewusstsein, und ich will endlich ein Mann werden.« Als er begann, mir die negativen Seiten seines Vaters zu schildern, unterbrach ich ihn. Ich bat ihn, mir aus seiner Kindheit einige positive Erinnerungen mit dem Vater zu schildern. Der Mann beugte seinen Kopf und erzählte tatsächlich eine Episode, in der er sich mit seinem Vater gut verstanden hatte. Plötzlich fing er an zu weinen. Es

[13] Robert Bly, ebenda, S. 34

war ihm sehr peinlich, zu spüren, dass er seinen Vater liebte. »Das verstehe ich nicht«, sagte er. »Ich lehne ihn doch ab, wie kommt das?«

Statt mit ihm zu diskutieren, wollte ich ihn mit Hilfe einer Übung tiefer in die Liebe zum Vater führen, doch er wollte die Liebe und den Schmerz nicht mehr auf diese Weise spüren. Den nächsten Termin sagte er ab, und so bleibt ihm der Vatersaft weiterhin »erspart«.

Übrigens hat dieser Mann trotz seiner 40 Jahre noch nie eine Partnerschaft oder eine sexuelle Begegnung mit einer Frau erlebt. Das war auch sein Anliegen mit der Formulierung »Ich will endlich ein Mann werden«. Je weniger Vatersaft einer getrunken hat, desto uninteressanter ist er für die Frauen. Mit solchen Männern haben Frauen nur Mitleid, sie sehen nichts Attraktives an ihnen.

Anima und Animus

In der Bewertung des gegengeschlechtlichen Anteils im Menschen unterscheidet sich Hellinger grundlegend von dem Tiefenpsychologen C. G. Jung. Für Jung stellt die Anima »die Eva im Manne« und der Animus das männliche Potenzial in der Frau dar. Der Mann entwickelt die Anima in der Beziehung zur Mutter und die Frau den Animus in der Beziehung zum Vater.

Für Jung geht es darum, das Gegengeschlechtliche bewusst zu machen. Indem man das Gegengeschlechtliche in sich »durchschaut«, bekommt man sich und seine Emotionen und Affekte weitgehend in den Griff. Dadurch wird Unabhängigkeit, aber auch Einsamkeit erlangt, »jene Einsamkeit des ›innerlich freien‹ Menschen, den keine Liebesbeziehung oder Partnerschaft mehr in Ketten zu schlagen vermag, für den das andere Geschlecht seine Unheimlichkeit verloren hat, weil er dessen Wesenszüge im eigenen Geschlecht kennen gelernt hat«.[14]

Ganz anders ist die Sichtweise bei Hellinger. Für ihn steht fest: Männer und Frauen unterscheiden sich in ihrem Fühlen und Denken derart fundamental, dass man das Gegengeschlechtliche in sich nie so weit wird erkunden können, wie C. G. Jung es vorschwebt. Für die Frau bleibt der Mann immer ein Mysterium, und umgekehrt gilt Gleiches. Hellinger lehnt das Kultivieren des Gegengeschlechtlichen ab, weil es

[14] Jolande Jacobi: »Die Psychologie von C. G. Jung – mit einem Vorwort von C. G. Jung«, Frankfurt 1989, S. 123

ihm um die Entwicklung des eigenen Geschlechts geht. Dies geschieht durch das Nehmen des gleichgeschlechtlichen Elternteiles (siehe Kapitel »Das Nehmen der Eltern«). Wer das Gegengeschlechtliche in sich fördert, schöpft die Chancen des eigenen Geschlechts nicht aus. Wenn ein Sohn im Bereich des Mütterlich-Weiblichen verbleibt, wird er nie zum Mann. Ein animabesessener Mann bringt nach Hellinger weniger Mitgefühl für Frauen auf und findet im Allgemeinen weder bei Männern noch bei Frauen Anklang. Für die Frau gilt umgekehrt Gleiches. Aus diesen Gründen empfiehlt Hellinger, dass Kinder frühzeitig in den Bannkreis des gleichgeschlechtlichen Elternteils gestellt werden.

Damit beabsichtigt er mehr als den Umstand, dass das menstruierende Mädchen von der Mutter und nicht vom Vater sexuell aufgeklärt wird. Der Vater gibt innerlich die Tochter in die Hände der Frau, damit sie mehr »Muttersaft« trinken kann, und umgekehrt ereignet sich das Gleiche mit den Söhnen und Vätern. Dennoch bleiben die Eltern für das gegengeschlechtliche Kind immer sorgende Eltern und stehen natürlich auch in liebevollem Kontakt mit ihm. Wenn Eltern sich so verhalten, tun sie dem Kind etwas Gutes, denn eine Tochter wird umso unfähiger für tiefe Beziehungen mit Männern sein, je länger sie im Bannkreis des Vaters steht, und sie wird umso bindungsfähiger werden, je früher sie an die Seite ihrer Mutter tritt.

Was den Jung'schen Begriff von Animus/Anima betrifft, kommt Hellinger zu folgendem Schluss: »Die Anima ist also das verinnerlichte Resultat des Nichtnehmens des Vaters durch den Sohn; und der Animus ist das Ergebnis des Nichtnehmens der Mutter durch die Tochter.« (ZG: 102) Hellinger gesteht selber ein, dass dieses harte Urteil dem Jung'schen Ansatz nicht gerecht wird, denn für Jung sind Animus und

Anima auch kosmische Prinzipien. In Animus und Anima sieht Jung unbewusste Seelenbilder, die man zum Beispiel durch Imaginationen oder Traumanalyse besser verstehen kann. Die Auseinandersetzung mit diesen beiden Prinzipien ist bei Jung eine Etappe im Individuationsprozess und somit nicht nur auf Mann und Frau bezogen. Mit Hilfe von Animus und Anima kann der Mensch Kontakt herstellen zwischen seinem individuellen Unbewussten und dem kollektiven Unbewussten.[15] Dieses Unterfangen ist laut Jung nicht ohne Risiko.

Zudem war sich Jung durchaus bewusst, dass eine starke Anima einen Mann verweiblichen lässt und für ihn sehr problematisch ist. So sagt er zum Beispiel: »Für den Sohn steckt in der Übermacht der Mutter die Anima, welche manchmal zeitlebens eine sentimentale Bindung hinterlässt und das Schicksal des Mannes aufs Schwerste beeinträchtigt (...)«[16]

Jung empfiehlt das Bewusstmachen dieser Bindung ans Weibliche, doch er kommt nicht auf den Gedanken, den Mann an seinen Vater zu verweisen. Darin lässt sich der entscheidende Punkt im Vergleich zu Hellinger erkennen. Dass Jung die Bedeutung des gleichgeschlechtlichen Elternteils nicht erfasst, hat mit seiner eigenen Geschichte zu tun: Er war sehr an seine Mutter gebunden. In seinem Vater sah er einen Mitleid erregenden Versager. Zwischen beiden, so Jung, war ein Abgrund, »und ich sah keine Möglichkeit, diese unendliche Kluft zu überbrücken«.[17] Doch die jahrelange

[15] Das ist bei Jung die Welt der Urbilder bzw. »Archetypen«, die in Märchen und Mythen anzutreffen sind.

[16] C. G. Jung: »Archetypen«, München 1990, S. 32

[17] »Erinnerungen, Träume, Gedanken von C. G. Jung«, herausgegeben von Aniela Jaffe, Olten 1990, S. 61

Auseinandersetzung und »Bewusstmachung« der Anima durch Traumanalyse ersetzt noch lange nicht das Nehmen des Vaters.[18]

[18] Viele heutigen Jungianer, wie Verena Kast, halten sich nicht mehr an Jungs strenge Definition von Animus und Anima. Für sie haben Frauen auch eine Anima und Männer einen Animus. Damit muss eine (moderne) Jung'sche Sichtweise Hellingers Systemischer Psychotherapie nicht unversöhnlich gegenüberstehen.

Der Mann dient dem Weiblichen, und die Frau folgt dem Mann

Den ersten Halbsatz dieser Überschrift liest man als Frau sicherlich gerne, den zweiten dafür mit umso mehr Unbehagen. Was bedeutet es, wenn Hellinger sagt, die Frau solle dem Mann folgen? Er meint das ganz wörtlich: Wenn zum Beispiel Mann und Frau sich kennen lernen und weit voneinander entfernt wohnen, geht die Beziehung meist schief, sobald der Mann zur Frau zieht, um in den Betrieb der Schwiegereltern einzusteigen. Zieht die Frau zum Mann, ist das zwar noch keine Garantie für ein Gelingen, doch ist die Chance zumindest höher. Ausnahmen mögen das bestätigen.

Wenn man das hier Gesagte ernst nimmt, hat das weitreichende Folgen bei Ehen zwischen Partnern verschiedener Nationalität, Kultur oder auch Konfession. In der Regel müssen die Frau und vor allem die Kinder in diesen Punkten dem Mann folgen. Eine deutsche Frau, die einen türkischen Mann heiratet, sollte wissen, dass die Kinder in ihrem Herzen Türken sind. Wenn man ihnen verbietet, sich mit dem Islam und der türkischen Kultur auseinander zu setzen, bringt man ihre Seele in einen Konflikt.

Für Hellinger hat das »nichts zu tun mit Patriarchat. Man sieht aber die Wirkung des einen und des anderen am Frieden, der auf einmal herrscht, und an der guten Kraft, die plötzlich in so eine Familie kommt. Die einzige Ausnahme, die ich kenne, ist die, wenn die Familie des Mannes sehr durch schwere Schicksale belastet ist.« (OL: 460) In letzterem Falle müssen die Kinder in den Bannkreis der Mutter und deren Familie.

Hellingers Kritiker sind sehr dankbar für solche Äußerungen, denn sie scheinen ihr Vorurteil über ihn zu bestätigen. Doch wer ihn vorschnell verurteilt, sollte einfach auf die Wirklichkeit schauen und prüfen, ob er Recht hat. »Wenn jemand Gegenbeispiele hat«, so räumt er ein, »lasse ich mich gern belehren.« (OL: 185)

Wenn die Frau dem Mann folgt, bedeutet dies natürlich auch, dass der beruflichen Situation des Mannes Priorität eingeräumt wird. Steht bei Hellinger die Frau nur am Herd und kümmert sich um die Kindererziehung?

Zunächst einmal scheint mir wichtig, dass Hellinger die »Nur-Hausfrau« und Mutter, im Gegensatz zur Gesellschaft und vor allem im Gegensatz zu vielen Frauen, nicht abwertet, sondern achtet. Dass heutzutage die Männer mehr an der Familien- und Hausarbeit beteiligt werden als früher und die Frauen weniger Kinder gebären und dafür beruflich engagierter sind, sieht er weder positiv noch negativ. Für den erfahrenen Therapeuten Hellinger ist dies eine gesellschaftliche Entwicklung, die er anerkennt, wie sie ist.

Doch die Einstellung, mit der eine Frau auf Schwangerschaft verzichtet, hat für Hellinger großes Gewicht. Wenn sich eine Frau gegen Familie und Kinder entscheidet, »aber so, dass sie Familie und Kinder und Mann verachtet oder herabsetzt, dann nimmt dieses Nicht dem, was sie gewählt hat, etwas weg. Es wird dadurch weniger. Umgekehrt, wenn sie das Nicht, das sie um ihrer Karriere willen lässt, dennoch als etwas Großes achtet, fügt dieses Nicht dem, was sie erwählt hat, etwas hinzu. Es wird dadurch größer und mehr.« (OL: 51)

Meines Erachtens wird durch solch differenzierte Überlegungen deutlich, dass man Hellinger unrecht tut, wenn man ihm Frauenfeindlichkeit unterstellt.

Kommen wir nun zu jenem Halbsatz, mit dem Frauen wesentlich weniger Probleme haben: Der Mann dient dem Weiblichen. Für Hellinger ist das keine Theorie, sondern seine Wahrnehmung. Die Frau ist das Zentrum der Familie. Sie hütet das Leben und gibt es weiter. Was der Mann in der Öffentlichkeit macht, steht in der Regel im Dienst der Familie. Er vertritt die Familie nach außen und sorgt für den Schutz und die Grundlagen der Familie. Deswegen hat er in äußeren Dingen einen gewissen Vorrang, während die Frau in der Familie Vorrang hat.

Hellinger verweist darauf, dass Frauen im Allgemeinen mehr Kompetenz in familiären Fragen eingeräumt wird. Bei Scheidungen werden die Kinder fast automatisch der Frau zugesprochen, obwohl sie zuweilen an der Seite des Vaters genauso gut oder besser aufgehoben wären. Bei unehelichen Kindern wird der Mann ohnehin kaum berücksichtigt. Er hat wenig Rechte, dafür aber umso mehr Pflichten. In diesen familiären Fragen, so Hellinger etwas provokativ, »herrscht also das Matriarchat« (AWI: 173). Die in letzter Zeit zu beobachtende Tendenz, dass die Kindererziehung immer mehr eine gemeinsame Sache wird, begrüßt er.

In der Praxis der Familienaufstellung lässt sich leicht feststellen, ob es für das Wohl aller am besten ist, wenn der Mann an erster Stelle steht oder die Frau. Fühlen sich alle am wohlsten, wenn die Frau links vom Mann steht, ist das gleichbedeutend mit einer Vorrangposition des Mannes. Steht der Mann links von der Frau, nimmt die Frau die erste Stelle ein. In 70 Prozent der Fälle geht es den Stellvertretern in einer Familienaufstellung am besten, wenn der Mann rechts steht, und in 30 Prozent der Fälle, wenn die Frau rechts steht.

Wenn Hellinger wirklich ein Anhänger des Patriarchats wäre, würde er sagen: »Männer müssen an die erste Stelle, weil sie

Männer sind.« Doch das liegt ihm völlig fern. Stattdessen fragt er, bei welcher Paarkonstellation fühlen sich *alle* in der Familie am wohlsten? In 70 Prozent der Fälle ist das nun einmal der Fall, wenn der Mann vor der Frau rangiert. Ob uns das gefällt oder nicht, ist eine völlig andere Frage. In den 30 Prozent der Fälle, in denen die Frau an die erste Stelle muss, findet man häufig eine oder mehrere ausgeklammerte Personen aus dem Herkunftssystem der Frau, die wieder ins Blickfeld gerückt werden müssen.

Wenn hier von Rangfolge die Rede ist, muss noch einmal daran erinnert werden, dass Mann und Frau, die ja nicht in einem Eltern-Kind-Verhältnis zueinander stehen, prinzipiell ebenbürtig sind. Die Rangfolge bezieht sich auf die *Funktion,* die Mann und Frau für die Familie ausüben. Derjenige, der die Sicherheit für die Familie Gewähr leistet, hat in der Regel den ersten Rang. Das ist meist der Mann.

Achtet die Frau den Mann weniger als der Mann die Frau?

Wie wir schon anhand der Kinderfrage bei Scheidungen gesehen haben, ist Hellinger der Ansicht, dass Frauen den Männern gegenüber oft weniger Achtung entgegenbringen als umgekehrt. Und schon wieder erhebt sich die Frage: Diskriminiert Hellinger Frauen?

Die Familiensoziologin Marianne Krüll schrieb über Hellinger in »Psychologie heute«: »Was Bert Hellinger über die Beziehung zwischen Frau und Mann äußert, ist für mich unreflektiertes patriarchales Denken aus dem 19. Jahrhundert.« Es spricht für die Fairness von Krüll, wenn sie gleichzeitig zugesteht: »Wie er mit Schwerkranken arbeitet, finde ich äußerst beeindruckend. Man sieht, wie diese Menschen an einen Kernpunkt ihrer Lebensproblematik geführt werden. Und ich bin sicher – von einigen weiß ich es auch –, dass sie durch die ja manchmal nur ganz kurze Arbeit mit Bert Hellinger einen wesentlichen positiven Impuls mitnehmen.«[19]

Auch mich hat die Feststellung Hellingers, als ich sie zum ersten Mal hörte, ziemlich skeptisch gemacht. Doch in all den Aufstellungen, die ich bislang durchgeführt oder als Stellvertreter und Beobachter miterlebt habe, hat sich tatsächlich eine solche Tendenz gezeigt. Man könnte dies natürlich damit erklären, dass die Stellvertreter das Weltbild des Therapeuten unbewusst aufnehmen und darstellen. Mit solchen

[19] »Unreflektiertes patriarchales Denken – ein Gespräch mit Familiensoziologin Marianne Krüll«, in Psychologie heute 6/95, S. 27

Argumenten würde man jedoch die Familienaufstellung als Methode völlig in Frage stellen. Die praktische Erfahrung zeigt, dass das Ergebnis von Aufstellungen nicht nur wahr,[20] sondern auch für alle Beteiligten oft höchst unerwartet ist – selbst für den Therapeuten. Eine Regel kann man aus der beobachtenden Tendenz im Verhalten der Frauen ohnehin nicht ableiten, und Hellinger will sich so auch gar nicht verstanden wissen. Ihm geht es darum, dass Frauen und Männer sich gegenseitig achten.

Hellinger erklärt sich die tendenziell geringere Achtung der Frauen gegenüber den Männern damit, dass Frauen durch ihre Erfahrungen mit Schwangerschaft und Geburt ihre besondere Bedeutung spüren. In biologischer Hinsicht haben sie die wichtigere Rolle erhalten. Der Mann macht all diese tiefen Erfahrungen nicht und muss sich seiner Männlichkeit auf andere Weise versichern. Männer müssen aktiv etwas tun, meist in der Gesellschaft mit anderen Männern, um ihr Mann-Sein zu spüren.

[20] Siehe in der Einführung das Unterkapitel: »Beeinflusst der Therapeut, was bei einer Aufstellung dargestellt wird?«

Ebenbürtigkeit

Im Gegensatz zum Eltern-Kind-Verhältnis stehen die Partner auf einer Stufe. Wenn jedoch einer der Partner in die Rolle des Kindes schlüpft und von dem anderen ein Elternverhalten erwartet, wird die Paarbeziehung gestört.
Sagt beispielsweise die Frau zu ihrem Mann: »Ohne dich kann ich nicht leben!« oder »Ich bringe mich um, wenn du mich verlässt!«, dann ist das ein Verhalten, das gegen die Ebenbürtigkeit der Partner verstößt, und der Mann muss die Frau verlassen. Der Anspruch, vom anderen permanent umsorgt zu werden, ist der Anspruch eines Kindes.
Zur Ebenbürtigkeit zählt auch die Frage, ob man den anderen so sein lassen kann, wie er ist. Wenn ich jemand kennen lerne und mit dem Vorsatz in die Partnerschaft oder Ehe gehe, »im Augenblick bin ich noch nicht mit ihr zufrieden, aber sie wird sich unter meiner Mithilfe noch dahin entwickeln, wo sie hin soll«, dann bin ich schon in die Elternrolle geschlüpft. Eine langfristige stabile Paarbeziehung wird so nicht zustande kommen können.
Auch das Muster von Geben und Nehmen muss in der Beziehung stimmen. Wenn der eine immer nur gibt und der andere immer nur nimmt, entspricht das der Kind-Eltern-Beziehung und nicht der eines Paares. In der Paarbeziehung ist es auch sinnvoll, darauf zu achten, dass man nicht mehr gibt, als der andere zurückgeben kann oder will. Zur Liebe zwischen Mann und Frau gehört nämlich, dass sie in gleicher Intensität beantwortet wird. Liebe soll also auf Gegenliebe stoßen, sonst zerbröckelt das Fundament der Partnerschaft. So gesehen,

stimmt das Gegenteil von dem, was Peter Lauster in seinem bekannten Ratgeber »Die Liebe« schreibt:

»Das Ausbleiben der Gegenliebe der anderen kann mich nicht frustrieren, wenn ich Gegenliebe nicht erwarte, wenn ich nichts erhoffe. Das Ego ist zur Ruhe gekommen, alles Streben nach Ich-Stärkung hat ein Ende. In diesem Moment bin ich erleuchtet und frei, die Lebensenergie kann strömen (...). In diesem Moment herrscht höchste Zufriedenheit und Weisheit.«[21]

Ob man mit dieser Einstellung »erleuchtet und frei« werden kann, erscheint mir zweifelhaft. Eine Bindung zwischen Mann und Frau wird jedoch sicherlich nicht zustande kommen. Was das Geben und Nehmen betrifft, sei noch einmal an das Beispiel erinnert, in dem die Frau dem Mann die Ausbildung finanzierte. Wenn der Mann das Erhaltene nicht auf Heller und Pfennig zurückzahlt, ist das Scheitern der Beziehung wahrscheinlich.

Zum Ausgleichsprinzip in der Partnerschaft und Ehe gehört auch der Ausgleich im Bösen. Wenn einer dem anderen etwas angetan hat, dann muss der Letztere dem Ersteren etwas abverlangen, das ihn ähnlich schmerzt, wenn auch nicht genauso viel (siehe Kapitel II »Schuld und Unschuld«).

[21] Peter Lauster: »Die Liebe«, Reinbek 1983, S. 186

Sexualität

Bert Hellinger nennt den sexuellen Akt den »größtmöglichen menschlichen Vollzug«. »Kein anderes menschliches Tun ist mehr im Einklang mit der Ordnung und Fülle des Lebens und nimmt uns umfassender für das Ganze der Welt in die Pflicht.« (MFL: 152) Kein anderes menschliches Tun hat so viel Leid und Freude im Gefolge und ist so risiko- und folgenreich. Durch nichts, so Hellinger, werden wir »so wissend und weise und menschlich und groß«, als wenn Mann und Frau sich »liebend umarmen und erkennen«.

Hellinger wertet die Sexualität nicht ab, wie das manche Kritiker wohl vermuten, die ihn als konservativ bezeichnen, sondern er räumt ihr den größtmöglichen Stellenwert im Menschsein ein. Sexualität geschieht auch im Angesicht des Todes, denn nur weil es den Tod gibt, existiert auch Sexualität. In früheren Zeiten war die Sexualität dem Tod näher, doch auch heute noch können Schwangerschaft und Geburt eine Frau das Leben kosten. Zudem macht uns die Geburt von Kindern deutlich, dass wir einmal durch unseren Tod Platz machen werden.

Durch den »Vollzug der Liebe«, wie Hellinger es nennt, entsteht zwischen Mann und Frau eine Bindung, die an Intensität sogar die Eltern-Kind-Bindung übertrifft. Sexualität rangiert für Hellinger noch vor der Liebe, denn Schwangerschaften treten unabhängig davon ein, ob die Sexualität mit Liebe oder nur aus Lust zustande kam. So ist eine Frau, die durch eine zufällige sexuelle Begegnung schwanger geworden ist, tief mit dem Mann verbunden (natürlich auch der

Mann mit ihr). Auch wenn die Frau abtreibt (siehe Unterkapitel »Abtreibung«) und den Mann völlig aus den Augen verliert, zeigt die Familienaufstellung doch sehr deutlich, wie tief die Bindung an den Mann ist.

Nicht bei jeder sexuellen Begegnung entsteht eine Bindung für das ganze Leben. Beim Familienaufstellen allerdings kann man sofort erkennen, ob der betreffende ehemalige Partner zum Gegenwartssystem gehört oder nicht. Wenn eine Frau einmal schwanger von ihm gewesen ist, besteht allerdings immer eine Bindung, auch wenn das Bewusstsein das nicht wahrhaben möchte.

Die Bedeutung der früheren Partner

Die Bindung zwischen Mann und Frau ist so tief, dass sie sich nicht einfach auflöst, wenn sich die beiden trennen und später eine neue Partnerschaft eingehen. In der zweiten Partnerschaft ist die Bindung nicht so tief wie in der ersten, obwohl die Liebe und das Glück durchaus größer sein können. Woran aber erkennt man die Tiefe einer ersten Bindung? Man kann sie im Nachhinein wahrnehmen. Kommt es zur Trennung, wird die Schuld und der Schmerz intensiver erlebt als bei einer späteren Trennung und bei einer zweiten intensiver als bei einer dritten.

Ist Hellinger also doch ein Moralist? Werden wir für das Scheitern einer ersten Ehe oder Partnerschaft »bestraft«? Hellinger geht immer von dem aus, was er wahrnimmt. Spätere Partnerschaften und Ehen können zwar durchaus glücklicher sein, doch der Trennungsschmerz hat nicht dasselbe Ausmaß. Das ist für ihn Tatsache.

Es ist eine Binsenweisheit, dass ein geschiedener oder getrennter Partner sich erst dann wieder Erfolg versprechend mit einer anderen Frau oder einem anderen Mann verbinden kann, wenn die erste Beziehung innerlich »verarbeitet« wurde. Wohl niemand würde dem widersprechen.

Viele meinen nun, dass der Faktor Zeit dieses »Verarbeiten« schon von selbst erledigt. Dem widerspricht aber die Erfahrung. Hellinger präzisiert, was bei Trennungen ansteht: Die Bindung an den ersten Partner muss voll geachtet werden, und die neuen Partner müssen wissen, dass sie den alten Partnern »nachgeordnet« sind und bei ihnen in einer Art von

Schuld stehen. Sie verdanken nämlich ihren jetzigen Partner dem Scheitern der früheren Beziehung und haben ihn somit auf Kosten des früheren Partners.

Eine Frau, die beispielsweise einen zweiten Mann nimmt, muss den früheren Partner würdigen. Sie muss voll und ganz nehmen, was der erste ihr geschenkt hat. Das Gute der ersten Bindung kann sie dann in die zweite Partnerschaft mitnehmen. Es muss auch jeder der beiden zu seinem Teil der Schuld stehen. Doch auch der zweite Mann der Frau kann etwas tun. Er kann innerlich zu dem ersten Mann sagen: »Ich habe die Frau auf deine Kosten und achte das. Du bist der Erste und ich bin der Zweite. Jetzt nehme ich sie als meine Frau.« Falls in der zweiten Ehe Kinder kommen, kann man den früheren Partner innerlich bitten, wohlwollend auf die Kinder zu schauen.

In der Regel geschieht all das nicht, da diese Zusammenhänge nicht bekannt sind. Die Folgen tragen auch die Kinder, denn sie vertreten in einem solchen Fall den nicht gewürdigten früheren Partner. Unbewusst übernehmen sie dessen Gefühle und können recht aufsässig werden, wenn der frühere Partner zum Beispiel noch Groll in sich trägt.

Üblicherweise wird ein früherer Mann von einem Sohn aus der zweiten Verbindung vertreten. Falls jedoch nur Mädchen geboren worden sind, wird es ein Mädchen tun. Dieses Mädchen wird deshalb große Schwierigkeiten haben, ganz Frau zu werden. Umgekehrt gilt: Eine frühere Partnerin wird von einem Mädchen vertreten, doch wenn nur Jungen vorhanden sind, wird es ein Junge übernehmen und entsprechende Probleme mit seiner Geschlechtsrolle haben. Homosexualität kann zuweilen diesen Hintergrund haben. Dazu ein Beispiel: Eine Frau war verheiratet und hatte zwei Söhne. Der Mann war vor der Ehe fast zwei Jahrzehnte mit einer anderen Frau zusammen und verließ sie. In einer Aufstellung mit Symbolen zeigte sich, dass der jüngste Sohn mit der ersten Frau des Vaters identifiziert war. Ich fragte die Mutter, ob sie schon einmal befürchtet habe, dass der Junge homosexuell werden könnte. Tatsächlich hatte sie diese Angst immer wieder gehabt.

Eine gegengeschlechtliche Identifizierung ist schwer auszuhalten. Wie sich weiter herausstellte, war das Kind schon seit längerer Zeit wegen Verhaltensstörungen in kinderpsychiatrischer Behandlung. In der Aufstellung würdigte die Mutter die erste Frau, auf deren Kosten sie den Mann bekommen hatte. Zu ihrem jüngsten Sohn sagte sie: »Mit der früheren Freundin deines Vaters hast du nichts zu tun, ich bin deine Mutter!« Ich hielt die Frau an, diesen Satz dem Kind *innerlich* immer wieder zu sagen. Nach einigen Wochen berichtete sie, dass es dem Kind immer besser gehe und die Verhaltensstörungen wie Krusten von ihm abfielen.

In einem anderen Fall hatte eine Klientin mehrere Töchter, wovon eine an Neurodermitis litt. In der Familienaufstellung war dieses Kind weder auf Vater noch Mutter, sondern ganz auf einen früheren Partner der Klientin ausgerichtet. Das Kind war solidarisch mit ihm, denn die Frau hatte vor vielen Jahren gegen den Willen des Mannes eine Abtreibung vorgenommen und ihn leichtfertig verlassen. Den Schmerz dieses Mannes hatte jetzt das Kind. Die Frau hatte bis zur Aufstellung gar nicht bemerkt, dass sie an dem Mann schuldig geworden war. Ich riet ihr, sich bei ihm zu melden und ihm zu sagen, dass sie ihm unrecht getan habe und dass es ihr Leid tue. Der Mann wohnte im fernen Ausland, und es gelang ihr nicht, seine Adresse herauszufinden. Innerlich aber setzte sie sich mit diesen schon lange zurückliegenden Ereignissen auseinander. Ein Jahr später berichtete die Mutter, dass die Neurodermitis des Kindes ausgeheilt sei.

Als Erwachsene könnte man das Mädchen in der Aufstellung zu ihrem Vater den Satz sagen lassen: »Mit dem Mann (auf den früheren Partner der Mutter zeigend) habe ich nichts zu tun, du bist mein Vater.« Dieser Satz bewirkt auch, dass der Vater wieder ein natürliches Verhältnis zur Tochter bekommen kann. Vertritt ein Sohn einen früheren Partner der Mutter, sieht der Vater in dem Sohn unbewusst einen Rivalen. Ohne diesen Satz bzw. die lösende Haltung wird es kaum zu einer entspannten Vater-Sohn-Beziehung kommen können. Zur Mutter käme in diesem Fall der Sohn in die Rolle eines Partners, was ihm ebenfalls nicht gut täte. In dem Beispiel des Mädchens würde ein zweiter Satz, an die Mutter gerichtet, lauten: »Mit ihm (auf den Mann zeigend) habe ich nichts zu tun, mein Vater steht dort (zum Vater schauend).« In der damaligen Aufstellung habe ich die Mutter zum Kind sagen lassen: »Ab jetzt mache ich es. Du hast damit nichts zu tun.« Frühere Partnerschaften der Eltern gehen ein Kind nämlich nichts an. Trotzdem übernehmen die Kinder aus Liebe solche unerledigten Aufgaben ihrer Eltern, auch wenn ihnen das selbstverständlich nicht bewusst ist.

Kinder, die ihr Leben auf Kosten von vielen Partnern der Eltern erhalten, haben es nach Hellinger um einiges schwerer als die meisten von uns: »In solch einer Situation sucht das Kind, um sie alle zu würdigen, den Ausgleich von Gewinn und Verlust, indem es selber verliert.« Dieses »Verlieren« kann die unterschiedlichsten Formen annehmen: Scheitern im Berufsleben, in der Partnerschaft oder es kann auch eine Krankheit bedeuten.

Ich erinnere mich an eine Klientin, die ihr Leben dem Scheitern der früheren Ehen von Vater und Mutter verdankte. Aus beiden Ehen gab es zwei Kinder, sodass sie ihr Leben auf Kosten von sechs anderen Menschen hatte. Ihre Stellvertreterin

stand in der Aufstellung an einem einsamen Platz und wagte kaum den Kopf zu heben. Sie fühlte eine große Trauer und sagte: »Ich fühle mich zutiefst schuldig. Eigentlich sollte es mich gar nicht geben.« Ich stellte die Klientin an den Platz ihrer Stellvertreterin und ließ sie zu den Früheren einzeln sagen: »Ich bin die zuletzt Geborene, und ich würdige, dass du vor mir da warst.« Daraufhin waren alle sechs früheren Familienmitglieder der Reihe nach bereit, ihr zu versichern: »Auch du darfst einen guten Platz haben.« Die Klientin war davon tief betroffen und mochte es kaum glauben. Die Tatsache, dass ihre Eltern ihre jeweiligen Familien verlassen und die Klientin als Wunschkind geplant hatten, veränderte an den hier dargestellten Zusammenhängen nicht das Geringste.
Anders liegt der Fall, wenn jemand das letzte Kind einer langen Geschwisterreihe ist und alle von *denselben* Eltern stammen; das hat eine ganz andere Qualität.
Was Hellinger in Bezug auf frühere Partner der Eltern und die Kinder aus späteren Verbindungen festgestellt hat, war auch in früheren Zeiten bekannt – zumindest in der Wirkung auf die Kinder. Die christliche Mystikerin Hildegard von Bingen war der Ansicht, dass Kinder aus späteren Verbindungen es schwer haben. In ihrer urtümlichen und bildreichen Sprache formulierte sie es so:
»Wenn ein Mann und eine Frau ihre rechtmäßige Verbindung vergessen und sich in brennender Leidenschaft einer anderen Verbindung zuwenden, sodass sie in einer nicht rechtmäßigen Verbindung mit einem anderen Partner verkehren, dann vermischt der Mann sein Blut, das das Blut seiner rechtmäßigen Ehefrau ist, mit einem anderen Weib, und auch auf ähnliche Weise das Weib sein Blut, das das Blut seines rechtmäßigen Ehemannes ist, mit einem fremden Mann. Daher werden die Kinder, die von solchen rechtmäßigen sowie

unrechtmäßigen Gatten oder von rechtmäßigen sowie unrechtmäßigen Gattinnen stammen, *sehr oft unglücklich sein*, weil sie väterlicherseits und mütterlicherseits einer Empfängnis entsprungen sind, wobei die Gesittung und das Blut verschieden waren. Daher heißen solche Eltern vor Gott Übertreter der rechten Ordnung.«[22]

Wie Hellinger spricht auch Hildegard von einer Ordnung, die verletzt worden ist. Doch bei Hildegard wird die Ordnung religiös begründet, während Hellinger sich nicht um Religion kümmert, sondern nach dem richtet, was die Familienaufstellungen zeigen. Hier erkennt man, dass die Seele der Kinder mit den früheren Partnern der Eltern solidarisch ist.

Das sich vermischende »Blut«, von dem Hildegard spricht, würde man aus heutiger Sicht mit »Seele« in Verbindung bringen. Genau davon ist bei Hellinger die Rede! Die Seele dessen, der sein Leben auf Kosten vieler anderer hat, tut sich angesichts der vor ihm Rangierenden schwer, das Leben unbeschwert zu nehmen. Im Gegensatz zu Hildegard bietet Hellinger eine irdische Lösung an. Der Klient kann im Angesicht all der anderen den Satz sagen: »Ich habe das Leben auf Kosten von euch allen. Ich achte das. Es soll nicht umsonst gewesen sein.« Leicht ist es allerdings nicht.

22 Thomas Schäfer: »Leben, Werk und Musik der Hildegard von Bingen«, mit der CD »A feather of the breath of God«, München 1996, S. 209, sowie Hildegard von Bingen: »Heilwissen«, herausgegeben von Manfred Pawlak, Freiburg 1994, S. 98

Die Kunst, sich richtig zu trennen

Wie schon erwähnt, ist es bei einer Trennung erstrebenswert, dass sich beide beim Abschied versichern, das gemeinsam erlebte Gute und Schöne mit in die Zukunft zu nehmen. Wenn man mit seinem Partner vor einem Scherbenhaufen steht, sieht man verständlicherweise nicht in erster Linie das Schöne, sondern die zermürbende Zeit, die zur Trennung geführt hat. Oft fragt man sich: »Hat es da überhaupt etwas Gutes gegeben? Wie konnte ich so blind sein?« Es ist heilsam, sich gerade beim Abschied an die Anfangszeit zu erinnern, in der meist die schönsten Erlebnisse zu finden sind.

Es gibt viele Paare, die das beim Abschied nicht tun. Wer jedoch im Hass auseinander geht, wird nicht offen sein können für eine neue Partnerschaft. Wenn sich die beiden aber versichern, dass sie das Schöne als Geschenk mit in die Zukunft nehmen, wird es noch einmal sehr wehtun. Gerade deswegen wird dies so wenig gesagt. Dieser Schmerz ist notwendig, und wer durch ihn geht, ist wieder reif für eine neue Bindung. Desgleichen ist es auch wichtig, dass beim Abschied jeder zu seinem Teil der Schuld steht.

Wird nach einer Trennung nach Schuldigen gesucht, dient dies meist nur zur Abwehr des Schmerzes. Besonders wenn eine Ehe mit kleinen Kindern scheitert, wird dies mit einem tiefen Schmerz verbunden. Auch die Kinder sind natürlich von der Trennung betroffen. In einer Untersuchung über Scheidungsfolgen für Kinder kam heraus, dass der erste Impuls der Kinder war: »Ich muss etwas falsch gemacht haben, und deswegen lassen sich meine Eltern scheiden.«

Kinder wollen lieber selbst schuld sein, als dass sie den Eltern die Schuld geben. Für Kinder ist es deswegen entlastend, wenn die Eltern ihnen sagen: »Wir als Paar haben uns entschieden, dass wir uns trennen. Doch wir bleiben eure Eltern, und ihr bleibt unsere Kinder.« (OL: 47 f.) Wenn das Paar sich dem Schmerz stellt, so Hellinger, kann es friedlich auseinander gehen und die Sorgerechtsfrage sowie alle anderen Regelungen in guter Weise lösen.

Hass aber stellt nur die andere Seite von Liebe und Schmerz dar und entsteht, wenn jemand in seiner Liebe verletzt worden ist. Wer den Hass kultiviert, verbaut sich den Zugang zur Liebe. Die Lösung hieße: »Ich habe dich sehr geliebt. Es tut jetzt sehr weh.« Nach einem solchen Satz verschwindet der Hass, und die Versöhnung wird möglich. Nach dem Hass jedoch ist kein Platz mehr für Versöhnung, denn durch ihn verliert man genau das, was man eigentlich erreichen möchte.

Hier stellt sich natürlich die Frage, wann eine Trennung die beste Lösung ist und unter welchen Umständen ein neuer Beginn mit dem alten Partner gewagt werden kann. Wenn zu Bert Hellinger ein Paar kommt und berichtet, sie könnten nicht mehr zusammenleben, schaut er, wie viel Engagement bei ihnen noch vorhanden ist. Wenn es ihnen beim Gedanken an die Trennung sehr wehtut, ist noch Bereitschaft da und eine Versöhnung möglich. Schmerzt es nicht mehr, herrscht Gleichgültigkeit. Dies ist der größte Feind der Liebe.

Wut auf den Partner

Wut auf den Partner kann viele Gründe haben, wie zum Beispiel ein Schmerz, den man nicht zulassen will. Die Wut, die den Partner trifft, hat aber seine Wurzeln oft in der eigenen Geschichte und trifft damit den Falschen. Ein Beispiel: Eine Frau war in ihrer Kleinkindzeit lange in einer Klinik isoliert gewesen. Das Kind wird in einer solchen Situation auf die abwesende Mutter böse, und die schon früher beschriebene »unterbrochene Hinbewegung« entsteht. Diese wird ins Erwachsenenleben mitgenommen. Die frühe Wut auf die Mutter bekommt dann der Ehemann ab, obwohl er völlig unschuldig ist. Die Lösung besteht darin, dass die unterbrochene Hinbewegung zur Mutter ans Ziel gebracht wird.

Dagegen würde es nicht helfen, wenn die Frau in einer Psychotherapie die Wut auf ihren Mann herausschreit, denn er ist ja gar nicht das Problem. Die Sache würde sogar nur verschlimmert. Wut zu kultivieren ist im Übrigen billig, denn dadurch braucht man nicht den Schmerz zu fühlen, der dahinter steht. Sagt man stattdessen: »Das tut sehr weh«, kommt man auf eine andere Ebene.

Wut kann aber auch in anderer Hinsicht ein Ersatz sein. Habe ich zum Beispiel jemandem etwas angetan, kann die Wut dazu dienen, von der eigenen Schuld abzulenken. Hat man versäumt, vom Partner etwas nehmen oder fordern zu müssen, wird mancher auf den Partner böse, anstatt sich an die eigene Nase zu fassen. Die Wut wird Ersatz für das richtige Handeln.

Natürlich gibt es auch eine gute Wut. Greift mich jemand zu Unrecht an, hilft mir die Wut, mich zu verteidigen oder durchzusetzen. Diese Wut dient dem Handeln und erlischt danach wieder.

Was bedeuten Kinder und Kinderlosigkeit für die Paarbeziehung?

Für Hellinger steht außer Frage, dass Mann und Frau auf ein Drittes ausgerichtet sind: auf Kinder. Ihr Männliches und Weibliches »vollendet sich erst im Kind«. Mann-Sein und Frau-Sein sind für ihn mit Vaterschaft und Mutterschaft verbunden. Die Paarbeziehung bleibt aber der Elternschaft vorgeordnet, denn sie war vorher da. Nur wenn die Eltern diese Reihenfolge einhalten, geht es allen Beteiligten gut. Steht das Kind, wie heute in vielen Familien üblich, im Zentrum der Familie, fühlen sich alle verunsichert, besonders das Kind. Auf diese Weise entstehen die »kleinen Tyrannen«, wie Irina Prekop, die Begründerin der Festhalte-Therapie, es beschrieben hat.

Noch eine andere Voraussetzung ist für das Gedeihen der Kinder nötig: Was den Eltern in ihrer Beziehung »an Achtung und Liebe gegenüber dem Partner gelingt, das gelingt ihnen auch gegenüber dem Kind«. Was ihnen dem Partner gegenüber misslingt, muss ihnen auch beim Kind misslingen. Was die Partner aneinander stört, das wird sie auch am Kind stören. (MFL: 150 f.)

Dass die Beziehung von Mann und Frau auf die Kinder ausgerichtet ist, klingt für viele Ohren wahrscheinlich hausbacken und konservativ. Dennoch richtet sich der Verlauf einer Paarbeziehung entscheidend danach, wie mit diesem Thema umgegangen wird.

Ein Mann, Anfang 40, klagte mir gegenüber, dass die Beziehung zu seiner gleichaltrigen Freundin, mit der er schon über

20 Jahre zusammenlebte, nicht mehr stimme. Sie waren sich gleichgültig geworden und lebten nur noch aus Gewohnheit zusammen. Dieses Paar hatte einige Dinge versäumt, als noch Zeit dazu war. Einen Trauring fürchten manche Menschen wie der Teufel das Weihwasser, doch ist er Ausdruck dafür, dass sich die Partner ihrer Zusammengehörigkeit bewusst sind und nach außen hin zu ihrer Verbindung stehen. Eine Ehe ist eine Initiation, durch sie wird eine Paarbeziehung verbindlich.

Partnerschaften sind nichts Statisches, und in bestimmten Rhythmen gelangt das Paar an Wendepunkte. Oft spürt das Paar, dass der Zeitpunkt für die Eheschließung oder Kinder gekommen ist, doch es weicht dem aus. Geht man an einer solchen wichtigen Station achtlos vorbei, kann dadurch der Tod der Beziehung besiegelt werden. Der verweigerten Eheschließung liegt meist eine mangelnde Abnabelung vom Elternhaus zugrunde. Er oder sie will den Kindstatus einfach noch nicht verlassen. Wer die Verbindlichkeit einer Ehe von vornherein ausschließt, sagt letztlich nicht Ja zur Paarbeziehung, denn er relativiert sie dadurch. Die Paarbeziehung erreicht nicht mehr den großen Stellenwert, der ihr in der menschlichen Entwicklung und Reifung zukommt.[23]

Ein anderer »Scheidepunkt«, an dem dieses Paar achtlos vorüberging, ist die Kinderfrage. »Eigentlich«, so sagte der Mann, »hätte ich mir Kinder durchaus vorstellen können. Doch in all der Zeit haben wir nie darüber geredet.« Jetzt war es zu spät. Das bewusste Ringen für oder gegen ein Kind war ihnen entgangen, und somit stagnierte ihre Beziehung. Die beiden hatten nicht verstanden, dass Liebe kein Zustand ist,

[23] Solche und andere Fragen hat Hans Jellouschek sehr differenziert dargestellt: »Die Kunst, als Paar zu leben«, Stuttgart 1992

sondern auf Wachstum angelegt ist. Werden das Wachstum und die damit verbundenen Schritte verweigert, gerät das Fundament der Partnerschaft ins Wanken.

Was aber ist angeraten, wenn medizinische Gründe bei Mann oder Frau eine Schwangerschaft verhindern und der Partner Kinder haben will? In einem solchen Fall, so Hellinger, hat der andere das Recht zu gehen. Bleibt er dennoch, muss der Partner den Verzicht auf Kinder würdigen. Kann beispielsweise ein Mann, wie Hellinger es nennt, »die Liebe nicht vollziehen«, darf die Frau ihn verlassen und sich einen anderen Mann suchen. Das alles mag hart erscheinen, doch ist diese Denkweise nur folgerichtig, wenn die Beziehung von Mann und Frau auf Kinder ausgerichtet sein soll. »Hart« und folgerichtig ist auch der Rat, den Hellinger einer Frau gab, bei der nicht medizinische Gründe Schwangerschaft verhinderten, sondern die Abneigung gegen ein eigenes Kind:

»Wenn dein Mann ein Kind will, du aber nicht, heißt das, dass die Beziehung zu Ende geht. Du musst das als die Konsequenz deines Entschlusses in Betracht ziehen, sonst täuschst du dich. Wenn dein Mann sich dennoch entscheiden würde, bei dir zu bleiben, musst du es eigens würdigen.« (OL: 52)

Früher war Mutterschaft die selbstverständlichste Sache der Welt. Frauen fanden ihre Erfüllung darin, viele Kinder zu haben, und sie waren als »Hausfrau« und »Nur-Mutter« geachtet. Heute verzichten viele Frauen zu Gunsten der Karriere auf die Mutterschaft und merken nicht einmal, dass ihnen damit ein entscheidendes Erlebnis in der weiblichen Entwicklung fehlt. Wenn eine Frau zu dem Schluss kommt, dass für sie eine erfüllte Mutterschaft nicht möglich ist, rät Hellinger ihr, um diesen Verlust zu trauern, »denn es macht ihr anderes Tun reich. Wenn sie mit diesem Wissen einen Beruf ausübt, ist sie in ihm anders erfüllt, als wenn sie verächtlich sagt: ›Ach, was sollen Kinder, Kirche, Küche.‹ Oder wenn sie als Fortschritt ansieht, was doch zugleich Verlust ist.« (AWI: 186)

Solche Sätze haben Hellinger in den Ruf des Konservativen gebracht. Doch es wäre nicht gerecht, ihm zu unterstellen, er wolle zurück in die »gute alte Zeit«. Seine Einstellung wird vom Schauen auf die Wirklichkeit bestimmt, die wir nicht ändern müssen oder können. Er ermuntert zum Blick auf das Verlorene, dem wir »im Herzen einen Platz geben« können. Indem wir uns daran erinnern und uns dem stellen, was möglich ist, kann Tiefe in unser Tun kommen. (AWI: 187)

Mein eigener Großvater hatte noch elf Geschwister gehabt. Das war damals in seinem Dorf kein Einzelfall. In der heutigen Gesellschaft mit ihren weitreichenden Anforderungen lässt sich das kaum noch verwirklichen. Die Fülle, die damit verloren gegangen ist, möchte uns Hellinger vor Augen führen.

Künstliche Befruchtung und Sterilisation

Unsere Zeit ist dem Wahn der absoluten Machbarkeit verfallen. Heute werden Dinge für selbstverständlich gehalten, die – zumindest für mich – in keiner Weise mehr nachvollziehbar sind.

Ein lesbisches Paar überlegte sich, ob die Jüngere von beiden sich per Samenbank anonym schwängern lassen sollte. Sie sind nämlich der Ansicht, sie sollten »eine richtige Familie« werden! Kommt es tatsächlich zur Schwangerschaft, wird das schlimme Folgen für Mutter und Kind haben. Man braucht sich nur vorzustellen, dass das Kind ein Junge wird. Wie wird es ihm gehen, wenn es keinen Vater hat?

Ob man das noch als Naivität bezeichnen kann, sei dahingestellt, auf jeden Fall ist es erschreckend, wie die medizinisch-technische Entwicklung dem Menschen immer häufiger Gelegenheit gibt, sich ins Unglück zu stürzen.

Auch eine Ehefrau, die sich, weil ihr Mann unfruchtbar ist, auf die Befruchtung mit fremdem Samen einlässt, beendet damit ihre Ehe. Diese Dinge sind nicht auf die leichte Schulter zu nehmen. Eine künstliche Befruchtung mit dem Samen des Ehemannes dagegen gefährdet die Ehe nicht.

Heikel sind auch die Folgen von Sterilisationen. In einem öffentlichen Vortrag sagte Hellinger zu diesem Thema: »Wenn Mann und Frau sich vor dem Eingehen einer Beziehung sterilisieren lassen, kann keine Bindung zustande kommen. Solche Beziehungen bleiben unverbindlich, und wenn es zur Trennung kommt, ist kaum Schmerz da.«

In der anschließenden Diskussionsrunde konnten Fragen gestellt werden. Einer der Zuhörer war über das Gehörte »sehr beunruhigt«, denn er war sterilisiert und geschieden. Hellinger sagte ihm:

»Es ist so, dass Taten Folgen haben. Das ist nicht rückgängig zu machen. Wenn aber jemand zu den Folgen steht,[24] kommt aus dem eine besondere Kraft. Mit dieser Kraft kann er etwas machen, was er vorher nicht gemacht hätte. Die Kraft kann nur wirken im Angesicht des Verlustes. Das aber, mit dem man angetreten ist, das ist vorbei.«

[24] Das beinhaltet auch, dass der Mann den Schmerz über den Verlust zulässt und nicht so tut, als wäre nichts geschehen.

Abtreibung

Da Mann und Frau auf ein Kind hingeordnet sind, kann eine Abtreibung auf das Paar nicht ohne Wirkung bleiben. Wenn eine Abtreibung erfolgt ist, geht die Beziehung in der Regel zu Ende. Wer mit offenen Augen durchs Leben geht, wird das immer wieder bestätigt finden.
Ein Beispiel von vielen, die ich erlebt habe: Eine Ehefrau beklagt, dass ihr Mann und sie sich gleichgültig geworden sind. Er schläft in einem Zimmer im Untergeschoss, während sie sich unterm Dach gemütlich eingerichtet hat. Das Paar sieht sich nur selten. Jeder lebt sein eigenes Leben. Obwohl die Ehe auf dem Papier noch existiert, ist sie innerlich schon längst tot. Ich fragte, was denn geschehen ist. »Nichts«, antwortete die Frau. Ich stellte noch einige Fragen, doch das führte nicht weiter.
Schließlich erkundigte ich mich, seit wann die Situation so trostlos ist. Sie erwiderte: »Seit ungefähr sieben Jahren.« Ich hakte nach und fand, dass die Frau vor sieben Jahren eine Abtreibung gehabt hatte. Auf meine ursprüngliche Frage, was denn geschehen sei, war ihr das nicht eingefallen. In ihrem Bewusstsein spielte die Abtreibung keine Rolle. Für viele Männer und Frauen sind Abtreibungen Kavaliersdelikte oder »nachträgliche Schwangerschaftsverhütungen«. Familienaufstellungen zeigen jedoch anderes.
In dem Beispiel war die Frau damals gegen die Abtreibung gewesen, doch ihr Mann zwang sie dazu. Der Bauch einer Frau gehört aber ihr – niemand sonst. Deswegen trägt in diesem Fall nicht nur der Mann, sondern auch die Frau Schuld.

Für Hellinger beendet eine Abtreibung in der Regel die Beziehung. Durch eine Abtreibung wird der Partner ebenfalls abgetrieben, denn das Kind ist ja auch die Frucht des anderen. Abtreibung heißt somit: »Wir sind jetzt als Paar getrennt.« In der Folge bestrafen sich Frauen oft mit Krankheiten, auch wenn das Bewusstsein voll und ganz zur Abtreibung stehen mag.

Eine andere Klientin war suizidal und hatte schwere Depressionen. Verschiedene Psychotherapien hatten ihr nicht geholfen. Eine Analyse des Gegenwartssystems ergab, dass sie – mit jeweils verschiedenen Männern – fünf Abtreibungen hinter sich hatte. Im letzten Fall handelte es sich bei näherer Betrachtung nicht um eine Abtreibung, sondern um Mord. Im siebten Monat der Schwangerschaft war die Frau zu einem Arzt gegangen und hatte ihn gebeten, das Kind zu beseitigen, weil sie es nicht wollte. Der Arzt tat ihr den Gefallen und tarnte das Ganze als missratene Frühgeburt. Wegen mehrerer ähnlicher Fälle musste er später ins Gefängnis. Die Frau hatte sich nie die Frage gestellt, ob ein schuldhaftes Verhalten von ihrer Seite vorlag. Ihre Seele jedoch hatte die abgetriebenen Kinder, und besonders das spät getötete, nicht vergessen. In einer Symbolaufstellung erlebte sie auf den Positionen der Kinder, wie schlecht es ihnen ging. »Ich habe sie immer gehasst! Ich habe den Gedanken an sie immer verdrängt«, sagte sie. Eine Therapie, die sich in einem solchen Fall nur symptomorientiert mit den Depressionen auseinander setzt, ist zum Scheitern verurteilt.

Doch glücklicherweise gibt es auch einen guten Umgang mit Abtreibungen. Eine meiner Klientinnen machte intuitiv das Richtige: In einer Symbolaufstellung ihres Gegenwartssystems war deutlich zu spüren, dass es dem abgetriebenen Kind in Bezug auf die Mutter gut ging. In Aufstellungen stehen abgetriebene Kinder häufig sehr wackelig auf ihrem Platz. Ich fragte die Frau, wie es damals für sie gewesen war. »Schlimm«, erwiderte sie. »Ich habe lange Zeit getrauert und mich intensiv mit dem Kind beschäftigt. Irgendwann habe ich mich dann verabschiedet.« Die Beziehung mit dem Mann allerdings war vorbei. Hätte er sich genauso verhalten wie die Frau, wäre ein Neuanfang möglich gewesen.

Diese Frau verhielt sich im Wesentlichen so, wie Hellinger es Frauen mit Abtreibungen rät. In einer Aufstellung lässt er die Frau beispielsweise sagen: »Mein liebes Kind! Ich gebe dir jetzt einen Platz in meinem Herzen« und »Es tut mir Leid. Ich achte dein Opfer« oder »Ich nehme es von dir als Geschenk.« Auf diese Weise fühlt sich das tote Kind geachtet. Sein Tod war nicht umsonst.

Bei einer Abtreibung in einer bestehenden Beziehung rät Hellinger dem Paar, es soll ›eine längere Zeit (ungefähr ein Jahr) dem Kind das Leben zeigen: Blumen, Vögel, die Geschwister, die Umgebung, in der es aufgewachsen wäre ... Wer dies mit Liebe macht, wird mit einem heilsamen Schmerz konfrontiert. Wenn die Zeit dann reif ist, verabschieden sich die Eltern vom Kind. Anschließend muss es vorbei sein dürfen. Das Kind ist nun versöhnt. Für das Paar ist damit zwar die erste Beziehung vorbei, doch mit demselben Partner kann nun eine zweite Partnerschaft beginnen. In einem von Hellingers Seminaren war einmal eine Frau, die schon mehrere Abtreibungen hinter sich hatte. Er sagte der Frau: »Mit einer Partnerschaft wird es nichts mehr. Das hast du verspielt.«

Hellinger kommentierte sich anschließend selber: Was ich mit ihr gemacht habe,

»das sind ja unmögliche Aussagen, im Grunde genommen. Wenn ich mich vorsichtig ausgedrückt hätte, könnte sie sich nicht orientieren. Jetzt muss sie sich damit auseinander setzen. Ich will darüber auch nicht mehr wissen. Das ist jetzt überhaupt nicht wichtig. Indem ich ein Gegenüber war, habe ich sie geachtet. Das Gegenüber ist eine Form der Achtung. *Ich halte das, was ich sage, für richtig, aber ich glaube nicht daran.* Das ist ein ganz großer Unterschied. Ich würde dafür nicht sterben wollen, aber im Augenblick ist das meine Wahrnehmung.« (ZG: 205)

Ich denke, durch dieses Zitat wird der Hintergrund der so genannten »autoritären Art« und »Härte« Hellingers deutlich. Hellinger gehört nicht zu jenen Therapeuten, die Unverbindliches von sich geben, um dem Klienten nicht auf die Füße zu treten. Er mutet ihnen viel zu – alles andere wäre nach seinem Verständnis eine Missachtung des Ratsuchenden. Die Kritiker Hellingers mögen auch bedenken, dass es den Klienten jederzeit freisteht zu sagen: »Der Hellinger ist ein Spinner! Ich mache meinen Stiefel wie bisher.« Die Verantwortung liegt in jedem Falle beim Klienten, nicht beim Therapeuten. Selbst wenn wir annehmen, dass Hellingers Hinweise schaden, trägt der Klient die Verantwortung für das eigene Handeln. Alles andere ist Entmündigung des Gegenübers. Wenn mir jemand vorschlägt, ich solle, um meine Kopfschmerzen zu heilen, mit Anlauf gegen eine Betonwand rennen, stellt sich die Frage: Wer trägt denn dann die Verantwortung? Der Ratgeber oder ich, der ich leichtfertig dem Rat folgte?

Bei häufigen Abtreibungen kann man beobachten, dass Männer und Frauen, die an ihnen beteiligt waren, in Partnerschaften das Glück verlässt. Ein Beispiel: Ich erinnere mich an eine Aufstellung mit Symbolen, in der sich ein heilloses Durcheinander präsentierte. Es standen dort mehrere Männer, von denen die Frau schwanger gewesen war, mehrere abgetriebene Kinder und dazu noch ehemalige Partner, die sie nicht geschwängert hatten. Als die Frau das Aufstellen beendet hatte und das Bild in sich aufgenommen hatte, rief sie spontan aus: »Wenn ich mir das alles anschaue, verstehe ich, warum das bei mir nichts mehr wird.« Sie lebte schon viele Jahre ohne Partner.

Zum Schluss sei noch auf die gesellschaftlich-kulturellen Umstände der Abtreibung hingewiesen. In China beispielsweise, wo Abtreibung fast eine Überlebensstrategie ist, hat diese Maßnahme vermutlich eine andere Bedeutung (vgl. AWI: 127).

Treue und Untreue

Wer erwartet, Hellinger würde in moralisierender Weise der Treue das Wort reden, muss sogleich enttäuscht werden. In einem Seminar sagte er einmal:

»Was ist denn so schlimm, wenn jemand mal eine andere Beziehung hat? Was wird eigentlich verletzt dabei? Der Unschuldige verhält sich, als hätte er ein Recht, den anderen immer für sich zu behalten. Das ist eine Anmaßung. Statt dass er versucht, den anderen für sich zu gewinnen durch Liebe, verfolgt er ihn. Und dann soll der andere noch mal zurückkommen? Das kann er dann nicht mehr. Wenn sich der Unschuldige über die Maßen gerächt hat, kann der Schuldige nicht mehr zu ihm zurück. Also ich plädiere für das Menschlichere und für das Maß.« (OL: 219)

Aus Treue kann Schlimmes und aus Untreue kann Gutes entstehen. Es kommt immer auf die Umstände an. Jedenfalls hat das Verlangen nach unbedingter Treue häufig etwas damit zu tun, dass der Fordernde sich wie Vater oder Mutter verhält. Damit wird die Ebenbürtigkeit der Partner in Frage gestellt. Der andere sucht deswegen häufig eine Geliebte oder einen Geliebten, um dort wieder die Beziehung von gleich zu gleich zu erfahren. Kann man ihn deswegen schuldig sprechen? Wenn umgekehrt einem Partner die Trennung von den Eltern noch nicht gelungen ist, sucht er zuweilen außerhalb der bestehenden Beziehung nach der vermissten Mutter oder dem vermissten Vater. Auch die Bindung an ein Geschwister kann manchmal den Ehesegen stark beeinträchtigen.

Ein Beispiel: Eine Frau schlief schon lange nicht mehr mit

ihrem Mann. Selbst zärtliche Berührungen waren ihr zuwider. Der Mann litt sehr darunter. Schließlich hielt er es nicht mehr aus und nahm sich eine Freundin, doch er blieb bei der Frau und den Kindern. In der Aufstellung zog es die Frau zu ihrem toten jüngeren Bruder, den sie fast wie eine Mutter erzogen hatte. Er war durch einen tragischen Unfall ums Leben gekommen. Ihr Mann interessierte sie kaum.
In der Aufstellung war sie unfähig, dem Bruder zu sagen: »Du bist tot. Ich lebe noch eine Weile, dann sterbe ich auch« oder »Es war sehr schlimm, aber im Andenken an dich wird es jetzt gut weitergehen. Bitte schau freundlich auf unsere Familie.« Sie wollte auch nicht den Platz neben ihrem Mann ausprobieren. »Das ist mir viel zu nah«, sagte sie. Sie wollte nur zum Bruder. Als sie vernahm, dass der Bruder über ihr Verhalten sehr traurig war, konnte auch das bei ihr nichts ändern.
Wenn diese Ehe auseinander bricht, mag der Außenstehende in dem sündigen Ehemann den Schuldigen sehen, doch von der Aufstellung her ist es gut nachvollziehbar, warum er sich eine Freundin suchte. Bei der Aufstellung wurde ebenfalls deutlich, dass die Kinder sich an der Seite des Vaters sicherer fühlten als bei der Mutter.
Bei Untreue verurteilt oft der eine den anderen lautstark. Wenn der Unschuldige seinen Freunden und Bekannten gegenüber den Partner anschwärzt, etwa nach dem Motto: »Ich bin der Gute, und er ist das Schwein«, wird er ihn verlieren. Die Lösung besteht darin, dass der Partner sein Gesicht wahren kann und die Chance erhält, seine Tat wieder gutzumachen.
Eine richtig verstandene Treue ergibt sich aus der Liebe, nicht aus einem Klammern. Für Hellinger heißt Treue: Achte mich und erweise dich als verlässlich für unser gemeinsames Tun.

Das gilt besonders, wenn Kinder vorhanden sind. Bei kinderlosen Paaren hat die Treue einen geringeren Stellenwert. Doch jenseits der hier erwähnten Zusammenhänge kann uns Amors Pfeil einmal treffen, wenn wir am wenigsten damit rechnen. Bleibt die grundsätzliche Treue und Verlässlichkeit zum Partner gewahrt, kann eine solche Außenbeziehung unter Umständen eine gute Wirkung haben. Dieser Tenor kommt auch in einem Brief Hellingers an einen Klienten zum Tragen. Hellingers Sichtweise ist so differenziert und voller Lebensweisheit, dass hier der ganze Brief vorgestellt werden soll:

»Das Erste ist, dass du nichts über deinen Fehltritt sagen darfst, sonst bürdest du anderen die Last auf, die du selber tragen musst. Das Zweite ist, dass so, wie du die beiden Beziehungen abwägst, die eine deutlich überwiegt. Die andere scheint nur schöner, weil du sie ohne die Verpflichtung und Belastung erlebst, die mit der vollen Sache verbunden sind. Drittens, die neue Beziehung war für dich wichtig. Nimm sie daher als ein Geschenk. Doch sie behält vielleicht ihren Wert nur, wenn du sie jetzt beschließt.« (FWW: 28)

V
Dynamiken, die krank machen

Die Bindung unter den Familienmitgliedern bewirkt, dass die Spätergeborenen die Frühergeborenen festhalten wollen, damit sie nicht gehen. Wenn sie schon gestorben sind, wollen die Späteren ihnen oft in den Tod folgen, besonders dann, wenn die Früheren ein schlimmes Schicksal zu tragen hatten. Wiederum ist es die tiefe Bindung, die gesunde Kinder sich schlecht fühlen lässt, wenn ihre Eltern leiden. Kinder wollen ihren Eltern ähnlich sein. Wenn Eltern krank sind oder Schuld auf sich geladen haben, wollen die Kinder dies unbewusst auch. Wo immer in der Familie Unglück, Schuld oder schlimme Krankheit sind, wollen die Kinder daran teilhaben. Für ihre Zugehörigkeit zum Familiensystem sind sie bereit, viele Opfer zu bringen.

Auf diese Weise verzichten Kinder häufig auf ihr Glück und ihre Gesundheit. Sie haben den Glauben, dass durch ihren Verzicht auf ein volles und erfülltes Leben das Leben, das Glück und die Gesundheit der anderen gerettet werden könnte. Zu alldem trägt nicht nur die Bindung bei, sondern auch das damit verbundene Bedürfnis nach Ausgleich zwischen Vorteilen, Glück, Gesundheit, Leben und Unschuld der einen und Nachteilen, Unglück, Krankheit, Tod und Schuld der anderen. Der Ausgleich erfolgt, indem diejenigen, denen es gut geht, es sich ebenfalls schlecht gehen lassen.

Manchmal können auf diese Weise sehr lange Familienskripte entstehen. In der Familie einer Klientin war es üblich, dass jeweils die älteste Tochter außerehelich schwanger wurde, um dann einen anderen Mann zu heiraten. Eine Stammbaumanalyse ergab, dass diese Tradition ohne eine einzige Unterbrechung seit dem 16. Jahrhundert bestand. Unbewusst tragen die Kinder den Satz in sich »Ich möchte werden wie ...«, zum Beispiel wie die schwer kranke Mutter oder der früh an Krebs verstorbene Vater. Krankheit und Tod werden so »magisch« von dem Kind herbeigesehnt. Aus diesem Grund ist es neben der medizinischen Hilfe oft sinnvoll, die seelische Dynamik des Kranken mit Hilfe von Familienaufstellungen aufzudecken.

Betrachten wir nun die Dynamiken im Einzelnen, die den Menschen psychisch und/oder körperlich krank machen können.

Lieber ich als du

Eine 50-jährige Patientin litt unter Brustkrebs im Endstadium. In ihrem Körper gab es überall Metastasen, und sie wusste, dass der Tod nahe war.
Aus ihrer Familiengeschichte erzählte sie, dass sie sich noch heute am Sterbebett ihrer Mutter sehe. Damals war sie 17 Jahre alt. Die Mutter hatte Krebs und musste starke Schmerzen aushalten. Das Kind hielt die Hand der Mutter und dachte immer wieder: »Ich könnte den Krebs besser aushalten als du! Warum nur du und nicht ich?« Sie erinnerte sich daran so gut, als sei es gestern gewesen.
Bert Hellinger nennt diese Dynamik »Lieber ich als du«. Über drei Jahrzehnte später ist der Kinderwunsch von damals in Erfüllung gegangen, doch das Leid der Mutter hat dies selbstverständlich nicht lindern können. Ganz im Gegenteil: In Familienaufstellungen kann man immer wieder erleben, dass der Stellvertreter des Toten sehr unglücklich darüber ist, wenn ein Spätergeborener seinem Leid noch ein weiteres hinzufügt. Der Satz des Klienten: »Du bist tot, ich lebe noch eine Weile, dann sterbe ich auch« hat dagegen etwas Versöhnliches. Je nach den Umständen wäre ein anderer Satz in den Aufstellungen möglich: »Bitte segne mich, auch wenn ich bleibe.« Wenn ein Lebender es schafft, solche Sätze zu sagen, reagiert der Stellvertreter des Toten üblicherweise erleichtert, denn er weiß nun, dass es in der Familie gut weitergeht. Paradoxerweise stärkt es die Lebenskraft, wenn man sich den Toten nähert und sie liebevoll anspricht.

Mancher tut sich schwer, die lösenden Worte zu sagen. Lässt man dann den Klienten in die Augen des Toten blicken und ihn sagen: »Aus Liebe zu dir folge ich dir nach« oder »Aus Liebe zu dir lasse ich es mir schlecht gehen«, kann etwas in Bewegung geraten, denn solche Sätze spiegeln die Wirklichkeit. Durch das Aussprechen der Wahrheit, das manch ein Zuschauer als Provokation empfindet, wird dem Kranken möglicherweise klar, dass sein Opfer weder ihm noch dem Toten Nutzen bringt.

Der Kranke kann erkennen, dass seine Liebe die Grenze zwischen sich und dem geliebten Toten nicht überwindet und er die Grenze sogar respektieren muss. Der Tote hat ein Recht, als eigenständige Person betrachtet zu werden. Er will nicht einfach von der Liebe des Zurückbleibenden vereinnahmt werden. Um den Toten als eigenständiges Wesen zu achten, lässt Bert Hellinger einen Satz wie »Ich übernehme das für dich« so oft wiederholen, bis der Kranke den Toten als eigenständige Person wahrnimmt.

Doch nicht immer führt das Sagen des »Lieber ich als du« oder »Ich übernehme das für dich« zum Ziel. Zuweilen kommt es vor, dass der Aufstellende es mit tiefer Sehnsucht sagt. Hellinger respektiert dies, denn seine Aufgabe besteht darin, die Liebe des Kindes offenbar werden zu lassen. Wer solch eine Szene in einem Seminar miterlebt, mag zwar erschüttert sein, doch bei manch einem Kranken findet nach Wochen oder Monaten doch noch eine heilsame Neuorientierung statt. Wenn die alte Form von Liebe, die krank machende Liebe, bewusst geworden ist, kann die gleiche Liebe auch heilend wirken.

Ich folge dir nach

In dem Beispiel von der Frau, die an Krebs starb, ist nach Hellingers Erfahrung meist noch eine zweite Dynamik mit im Spiel. Wenn Eltern beabsichtigen, in den Tod zu gehen, und ihre Kinder das mit »Lieber ich als du« verhindern wollen, steht auf Seiten der Eltern im Hintergrund oft ein anderer Satz: »Ich folge dir nach.« Die Eltern sagen ihn als erwachsene Kinder ihren Eltern oder Geschwistern, wenn diese früh verstorben sind oder schwer krank waren, und folgen ihnen in Krankheit oder Tod.

Wenn ein Kind sieht, dass seine Eltern einem Toten oder Kranken nachfolgen, kann es sagen: »Lieber Vater, liebe Mutter, auch wenn du gehst, ich bleibe« oder »Auch wenn du gehst, ich halte dich in Ehren, und du bleibst immer mein Vater, und du bleibst immer meine Mutter.« Hat einer der Eltern Selbstmord begangen: »Ich verneige mich vor deiner Entscheidung und vor deinem Schicksal. Du bleibst immer mein Vater, und du bleibst immer meine Mutter; und ich bleibe immer dein Kind.« (OL: 375/376)

Kann der christliche Glaube manchmal lebensfeindlich sein?

Sowohl das »Lieber ich als du« als auch das »Ich folge dir nach« werden mit bestem Gewissen gesagt, denn der Betreffende fühlt sich dadurch im Einklang mit seiner Familie. Es scheint mir bemerkenswert, dass es ein ehemaliger katholischer Missionar ist, der in diesem Zusammenhang auf die zuweilen krankheitsfördernde Wirkung des traditionellen christlichen Glaubens hinweist. Die beiden obigen Sätze entsprechen nämlich dem christlichen Vorbild. Hellinger führt die Worte aus dem Johannes-Evangelium an: »Eine größere Liebe hat niemand, als wer sein Leben hingibt für seine Freunde«, und weist auf Jesu Forderung an seine Jünger, ihm auf dem Leidensweg zu folgen bis in den Tod. Genau betrachtet, lautet die Botschaft Jesu: Liebe und Tod bringen Erlösung. Die Vita vieler Heiliger bestätigt dem gläubigen Christen, dass man stellvertretend für andere Menschen Krankheit und Tod auf sich nehmen kann. Im Jenseits ernten wir die Früchte dafür.

Die im Christentum verbreitete Vorstellung, man könne dem Toten im Jenseits wieder begegnen, fördert bei manchen die Tendenz, das Leben gering zu schätzen. Der Glaube an ein Weiterleben nach dem Tod oder, wie in Asien, an die Reinkarnation kann eine Unterbewertung des Hier und Jetzt zur Folge haben.

Ein Kapitel in Hellingers Buch »Ordnungen der Liebe« ist überschrieben mit »Vom Himmel, der krank macht, und der Erde, die heilt«. »Himmel« steht hier für den christlichen

Glauben und »Erde« für eine diesseits gerichtete Liebe, die das Leben vollständig bejaht – bis zum letzten Tag und mit allem, was dazugehört.
All dem könnte man entgegenhalten, dass auch Hellinger von einem Leben nach dem Tod ausgeht, denn er stellt die Toten bei Familienaufstellungen auf und orientiert sich an deren Reaktionen. Doch solch eine Entgegnung führt in die falsche Richtung. Die Existenz nach dem Tod ist nicht einfach ein »Weiterleben mit veränderten Bedingungen«.
Die Reaktionen der Stellvertreter zeigen, dass die Toten weiterwirken, doch anders als die Lebenden. Der Tote lebt zwar nicht und ist abwesend, doch er existiert noch. In den Worten »anwesend sein« und »abwesend sein« sind jeweils »wesen« enthalten. Hellinger zitiert in diesem Zusammenhang gern den Philosophen Martin Heidegger: »Aus dem Verborgenen kommt etwas ans Licht ins Unverborgene, und dann sinkt es wieder zurück ins Verborgene. Das Verborgene ist anwesend auf die Weise des Verborgenen. Aber es ist nicht weg. Es taucht auf und sinkt zurück.« (SBK: 159)
Auch das Leben entspringt dem Verborgenen, bis es am Ende wieder in dieses Reich eintaucht. Das eigentlich Bedeutsame ist nicht das, was vorübergehend im Licht aufleuchtet, sondern das große Reich des Nichterkennbaren.
Nach Hellinger wirken die Toten aus jenem verborgenen Reich in unsere Sphäre hinein. Gedenkt man der Toten freundlich, haben sie auf die Lebenden eine fördernde Wirkung. Spricht eine Familie einem Toten die Zugehörigkeit zum System jedoch ab, indem sie ihn zum Beispiel tabuisiert, hat dies eine problematische Wirkung auf die Lebenden. Bildlich sind diese Zusammenhänge in den Gespenster- und Geistergeschichten dargestellt. Geister sind nämlich Wesen, denen man die Zugehörigkeit verweigert hat. Sie klopfen an,

bis ihnen ein Platz eingeräumt wird. Sobald sie ihn bekommen, verhalten sie sich ruhig und haben sogar eine gute Wirkung auf die Lebenden.« (Vgl. AWI: 76)
Das freundliche Gedenken nach dem Weggang des Familienmitglieds wird möglich, wenn man sich dem tiefen Abschiedsschmerz gestellt hat. Viele weichen diesem Schmerz jedoch aus und trauern über einen langen Zeitraum hinweg. Sie versuchen sich mit der christlichen Vorstellung zu trösten, dass sie dem Toten nach ihrem eigenen Ableben wieder begegnen. Doch ein richtiger Abschied ist nur möglich, wenn wir uns eingestehen, dass wir nichts wissen über das, was danach kommt. Gedanken über ein mögliches Wiedersehen sind nur Vermutungen und verhindern einen guten Abschied.
Wenn der Abschied im Guten nicht gelingt, wird der Tote unnötig belastet. Diese Ansicht findet sich nicht nur bei vielen Dichtern, etwa bei Rainer Maria Rilke, sondern auch in den Weisheiten des Volksmärchens. Das folgende Märchen der Gebrüder Grimm verdeutlicht das.

Das Totenhemdchen

Es hatte eine Mutter ein Büblein von sieben Jahren, das war so schön und lieblich, dass es niemand ansehen konnte, ohne ihm gut zu sein, und sie hatte es auch lieber als alles auf der Welt. Nun geschah es, dass es plötzlich krank ward und der liebe Gott es zu sich nahm; darüber konnte sich die Mutter nicht trösten und weinte Tag und Nacht. Bald darauf aber, nachdem es begraben war, zeigte sich das Kind nachts an den Plätzen, wo es sonst im Leben gegessen und gespielt hatte; weinte die Mutter, so weinte es auch, und wenn der Morgen

kam, war es verschwunden. Als aber die Mutter gar nicht aufhören wollte zu weinen, kam es in einer Nacht, in dem Hemdchen, in welchem es in den Sarg gelegt war, und mit dem Kränzchen auf dem Kopf, setzte sich zu ihren Füßen auf das Bett und sprach: »Ach Mutter, höre doch auf zu weinen, sonst kann ich in meinem Sarge nicht einschlafen, denn mein Totenhemdchen wird nicht trocken von deinen Tränen, die alle darauf fallen.«
Da erschrak die Mutter, als sie das hörte, und weinte nicht mehr. Und in derselben Nacht kam das Kindchen wieder, hielt in der Hand ein Lichtchen und sagte: »Siehst du, nun ist mein Hemdchen bald trocken, und ich habe Ruhe in meinem Grab.« Da befahl die Mutter dem lieben Gott ihr Leid und ertrug es still und geduldig, und das Kind kam nicht wieder und schlief in seinem unterirdischen Bettchen.[25]

Beim Lesen dieses Märchens mag einem der Gedanke kommen, dass nicht nur die Toten in das Reich der Lebenden hineinwirken, sondern auch umgekehrt die Lebenden in das Reich der Toten.

[25] »Die Märchen der Brüder Grimm«, München 1989. Der Text folgt der Version 1857. Ausführlich dargestellt habe ich dieses Märchen in dem Buch »Der Mann, der tausend Jahre alt werden wollte – Märchen über Leben und Tod aus Sicht der Systemischen Psychotherapie Bert Hellingers«, München 1999 und 2002

Sühne für persönliche Schuld

Wenn ein Autofahrer mit stark überhöhter Geschwindigkeit an einem Spielplatz vorbeifährt und dadurch ein Kind zu Tode kommt, wird er sich in der Regel kaum noch des Lebens freuen können. Im Angesicht des toten Kindes scheint ein glückliches Leben nicht mehr möglich zu sein.

Doch es gibt eine Lösung. Sie besteht darin, sich dem ganzen Ausmaß der Schuld zu stellen und zu allen Folgen Ja zu sagen. Das schmerzt sehr. Wenn der Mann im Angesicht dieser Schuld etwas Gutes im Leben macht, dann war all das Schlimme nicht umsonst. Umsonst allerdings wäre der Tod des Kindes gewesen, wenn sich der Mann sagt: »Nach all dem Schrecklichen hat mein Leben keinen Sinn mehr.« Depression, Krankheit und Leid sind für ihn letztlich einfache Wege, mit dem Erlebnis umzugehen. Größe würde darin liegen, im Angesicht der schweren Schuld noch etwas Gutes im Leben zu tun. In einem solchen Fall geht es dem Stellvertreter eines toten Kindes in einer Aufstellung nicht gut, wenn er sieht, wie der Schuldige sein Leben ungenutzt lässt.

Im Umgang mit einer persönlichen Schuld, so Hellinger, ist der traditionelle christliche Glaube lebensfeindlich. Im Christentum herrscht nämlich die Vorstellung, man müsse seine Schuld abtragen. Wenn aber jemand zu seiner Schuld steht, kann sie auch zu einer Quelle der Kraft werden. Schuldgefühle haben nur jene, die sich weigern, Schuld zu bekennen. Sie stellen sich nur dann ein, wenn jemand die Schuld verdrängt und in irgendwelche Erklärungen flüchtet.

Während das Schuldeingeständnis den Betreffenden stärkt, können ihn Schuldgefühle nur schwächen. Jemand, der zu seiner Schuld steht, kann außerdem Dinge vollbringen, die er ohne eine solche Schuld nie tun könnte.

Sühne für fremde Schuld

Nur wenn der Täter in eigener Person zu seiner Schuld steht, kann das gute Folgen haben, wenn aber ein Spätergeborener die Schuld des Früheren übernimmt, schwächt dies und bringt Unheil. Erinnert sei zur Verdeutlichung an die Geschichte »Der Rächer« (S. 58).

Diese Dynamik findet man auch in Familien von Kriegsverbrechern. Spätergeborene übernehmen aus Liebe die Schuld eines Täters. In Familienaufstellungen ist es bewegend mitzuerleben, dass es den Täter zusätzlich beschwert, wenn sein Kind für ihn die Schuld trägt.

Unglück als Preis für Errettung aus einer Gefahr

Für uns ist nicht zu durchschauen, warum bei einer Flugzeugkatastrophe oder bei einem anderen großen Unglück der eine überlebt und der andere nicht. Diejenigen, die überleben, trauen sich anschließend oft nicht mehr glücklich zu sein. Sind zum Beispiel Bergarbeiter in einem Stollen eingeschlossen, wird sich der Überlebende im Angesicht seiner toten Kumpel fragen: »Womit habe gerade ich es verdient, dass mich das Schicksal verschont hat?« Die Lösung wäre, dass er das Leben vom Zeitpunkt seiner Errettung an als besonderes Geschenk, als ein »zweites Leben«, betrachtet und dafür dankt. So kann er wieder normal leben, doch gehört zu einer solchen Haltung auch die Demut vor dem Schicksal.

Ähnlich ist die Dynamik bei jemandem, der als Kind fast ertrunken oder anderweitig beinahe umgekommen wäre. Wenn die Eltern nach der Rettung versäumen, zusammen mit dem Kind für das neu geschenkte Leben zu danken, wird das Kind sein Leben oft nur auf antriebsschwache Weise fortsetzen. Es lebt auf eine seltsam unbeteiligte Art, selbst noch als Erwachsener. Statt des unbewussten »Ach, eigentlich hätte ich ja tot sein sollen, wie kann ich da noch gut leben?« könnte es auch sagen: »Ich danke dem Schicksal, dass ich noch eine Chance bekommen habe. Ich nutze sie.«

Hier wird deutlich, wie sehr es auf die eigene Haltung ankommt.

Ich komme mit

Im Angesicht eines sterbenden Menschen, insbesondere wenn ein Kind Vater oder Mutter sterben sieht, ist ein unbefangenes Weiterleben schwer. Viele möchten am liebsten mitkommen.

Die Mutter einer Heroinsüchtigen hatte schon lange Krebs und lag im Sterben. In der Aufstellung ließ Hellinger das Mädchen zur Mutter sagen »Ich komme mit«. Dieser Satz traf den Kern, denn das Kind hatte das »Ich komme mit« völlig überzeugend gesagt. An diesem Punkt wurde die Aufstellung abgebrochen. Obwohl man kaum damit rechnen konnte, machte das Mädchen nach dem Tod der Mutter eine erfolgreiche Entziehungskur. Die ans Licht gebrachte Wirklichkeit hat im Nachhinein noch etwas gewendet.

In einem anderen Beispiel heißt die Dynamik nicht »Ich komme mit«, sondern »Ich komme auch«. Eine an Brustkrebs erkrankte Frau sagte diesen Satz ihrem abgetriebenen Kind, das aus einer vorehelichen Verbindung stammte. In diesem Beispiel folgt nicht der Spätere dem Früheren, sondern umgekehrt der Frühere dem Späteren. Nicht nur bei Abtreibungen, sondern auch wenn ein Kind früh an einem Unfall oder einer schweren Krankheit stirbt, lässt sich diese Dynamik zuweilen bei den Eltern beobachten.

In diesem Beispiel stellte Hellinger die Frau neben den Stellvertreter für den ersten Partner. Vor ihnen auf dem Boden saß das abgetriebene Kind und lehnte sich an die Eltern. Aus der Art, wie die Frau schaute und emotional reagierte, konnte man wahrnehmen, wie tief die Frau mit dem Kind verbunden war und dass sie ihm folgen wollte. Hellinger ließ den Mann und die Frau jeweils eine Hand auf den Kopf des Kindes legen.

Dann sagte Hellinger zu der Frau: »Du musst es anschauen, das Kind. Sag ihm: ›Ich komme auch.‹«

Helen: »Ich komme auch.« *(Sie weint)*

Hellinger: »Hinschauen.«

Helen: »Ich komme auch.«

Hellinger: »Stimmt der Satz?«

Helen: »Ich möchte nicht.«

Hellinger: »Ich habe gefragt, ob er stimmt.«

Helen: »Ja.«

Hellinger *(nach einer Weile):* »Ich lasse es hier jetzt. Nimm das Gefühl ernst.«

(Helen nickt)

Hellinger: »Gut. Das war es dann.« (SBK: 47)

Auch hier sind wieder viele empört, dass der Therapeut nicht »mehr macht«. Dazu Hellinger zu den Teilnehmern dieses Seminars:

»Die Frage ist: Was ist es, das wirkt? Wirke ich? Oder was ist es, das wirkt?

Es wirkt die Wirklichkeit, wenn sie am Licht ist und angeschaut wird. Wenn jemand über die Wirklichkeit hinaus handelt, verachtet er die Wirklichkeit und stellt sich an ihre Stelle. Die Folgen davon sind schlimm.

Wirklichkeit, die angeschaut wird und geachtet wird, ist freundlich. Der Therapeut, der darüber hinaus noch etwas anderes machen will, der ist feindlich, dem Patienten und der Lösung feindlich. Er überhebt sich über die Wirklichkeit.« (SBK: 48)

Stellvertretendes Sterben in der Paarbeziehung

Zu dieser Dynamik erzählte Bert Hellinger ein Beispiel. Eine Frau litt unter vielen Tumoren und konnte kaum noch sprechen. Sie stellte ihre Gegenwartsfamilie auf und sagte: »Mein Mann hat sich vor 20 Jahren erschossen.« Der Mann war vorher verheiratet gewesen und hatte zwei Kinder aus der ersten Ehe. Auch diese Personen wurden aufgestellt. Die erste Frau und der Mann standen sich gegenüber. Der Stellvertreter des Mannes sagte: »Ich kann immer nur auf ihre Füße schauen.« Der Stellvertreterin der Frau war es, als wolle sie »fliegen«. Wenn jemand in einer Aufstellung abheben und fliegen will, so Hellingers Erfahrung, deutet das auf den Wunsch nach Selbstmord.

Hellinger bat nun den Mann, er solle sich vor die Füße der Frau knien. Daraufhin schüttelte es die Frau. Sie schluchzte laut auf und hielt sich die Hände vor das Gesicht. Hellinger ließ die Frau sagen: »Ich nehme es von dir als ein Geschenk.« Das traf den Nagel auf den Kopf, denn der Mann hatte sich anstelle der Frau umgebracht. Die Frau hatte sich das Leben nehmen wollen, und der Mann hatte es stellvertretend für sie getan.

Dieser Fall wirft viele Fragen auf. Wie kommt es dazu, dass ein Mann sich für seine erste Frau umbringt, obwohl er doch schon von ihr getrennt war und mit einer zweiten Frau zusammenlebte? Wie kommt es überhaupt dazu, dass sich ein Partner für den anderen opfert? Beantworten lassen sich diese Fragen nicht, doch wird an diesem Beispiel zweifelsohne deutlich, wie tief die Bindung an den ersten Partner ist. In einem anderen Beispiel geht es um stellvertretende Übernahme einer Krankheit. Ein Mann, Victor, erzählte in einer meiner Gruppen von seinem schweren Rheuma. Da sein Schwiegervater mit im Haus lebte und offensichtlich sehr bedeutsam war, wurde er bald in die Aufstellung hineingenommen. Auch eine Stellvertreterin für das Rheuma wurde aufgestellt, die Victor direkt neben sich stellte. Schon nach kurzer Zeit sagte der Stellvertreter des Schwiegervaters energisch: »Die da (Rheuma) gehört zu mir!« Das Rheuma wechselte von Victor zur Frau und zum Schwiegervater und stimmte zu: »Hier ist mein Platz, mit dem Mann (Victor) habe ich gar nichts zu tun!«

Auf nähere Fragen erzählte Victor nun, dass die Mutter seiner Frau früh an einer Lungenentzündung starb, als seine Frau zwei Jahre alt war. Der Witwer, Victors Schwiegervater, kam nicht über den Verlust seiner Frau hinweg und klammerte sich an seine Tochter. Als die Eltern der Frau bewegt Abschied voneinander nahmen und auch die Frau dies tat, sagte der Stellvertreter des Rheumas: »Jetzt bin ich überflüssig!« Bei dieser Dynamik ist es wichtig, dass der Partner, der das Schwere für den anderen trägt, ihm in die Augen schaut und sagt: »Ich achte dein Schweres, und ich lasse es bei dir.« Monate später kam Victor mit seiner Frau in meine Praxis. Das Rheuma hatte sich nach eigener Aussage um 50% gebessert. Auf meine Frage, was den mit den anderen 50% sei, antwortete Victor: »Wenn ich es meiner Frau lasse, habe ich Angst, dass sie krank wird!« Hier zeigt sich, wie schwer es ist. dem Partner das Eigene zu lassen.[26]

[26] Dieses Beispiel wurde entnommen aus: Thomas Schäfer, »Wenn Dornröschen nicht mehr aufwacht«, München 2001, S. 26

Woran erkennt man systemische Verstrickungen?

Wenn alte ungelöste Probleme in spätere menschliche Beziehungen hineinwirken, sind Verhalten und Emotionen des Betreffenden aus seiner momentanen Lebenssituation heraus nicht nachvollziehbar. Die Identifikation mit etwas Altem wird für uns als ein »Außer-sich-Sein« wahrnehmbar. Oft kommt einem der Betreffende wie ein Besessener vor oder wie jemand, der sich in Trance befindet. Immer wenn ein Mensch intensive Gefühle und Reaktionen zeigt, die aus der gegenwärtigen Situation nicht erklärbar sind, kann das auf eine Verstrickung in alte Familienprobleme hinweisen. Nach Bert Hellingers Erfahrung sind Gerechtigkeitsfanatiker oft systemisch verstrickt. Wer zwanghaft und fanatisch für etwas kämpft, der kämpft meist für jemanden in seinem System. Als Therapeut kann man im Laufe der Zeit ein Gefühl dafür bekommen, ob Probleme entwicklungspsychologisch bedingt sind, zum Beispiel durch ein traumatisches Erlebnis, oder ob sie auf der generationsperspektivischen Ebene angesiedelt sind. Hellinger vergleicht diese Unterscheidungsfähigkeit mit dem musikalischen Gehör.

VI
Ausgesuchte Krankheiten und körperliche Symptome

Allgemeines

Wenn jemand krank wird, ist bei ihm meist etwas in Unordnung geraten. Schon in der Antike und im Mittelalter sah man Krankheit als Zeichen für eine Störung im Gemüt, in der Lebensausrichtung oder im Familienleben an. Religiös gedeutet, betrachtete man Krankheiten als Folge von Sünde. Systemisch gesehen, sind die »Sünden« Verstöße gegen eine Ordnung. Für Hellinger heißt »in Ordnung bringen«:

- dass man die, die dazugehören, hereinbringt.
- dass man die achtet, die verachtet wurden und werden.
- dass man die, die ihre Zugehörigkeit zum System verspielt haben, etwa durch einen Mord, wegschickt oder ziehen lässt. (SBK: 142)
- dass man sich keine fremde Schuld auflädt.
- dass man sich zur eigenen Schuld im Leben bekennt.

In der Arbeit mit Schwerkranken hat Hellinger es nach eigener Aussage noch nie erlebt, dass in der Familie alles in Ordnung gewesen wäre. In der Regel steht die Schwere einer Erkrankung mit der Schwere des Familienschicksals in Zusammenhang.
Von den im letzten Kapitel aufgezählten Dynamiken führen insbesondere »Lieber ich als du« und »Ich folge dir nach« zu Krankheiten. Diabetes, Krebs, multiple Sklerose und viele andere schwere Krankheiten haben häufig diesen Hintergrund.
In jüngster Zeit ist es populär geworden, Krankheiten psychologisch zu untersuchen und die Symptomatik symbolisch

zu deuten. Bert Hellinger hat in diesem Zusammenhang auf einen wichtigen Punkt hingewiesen: Es ist ein Irrglaube, wenn ein Kranker der Ansicht ist, er müsse nur den psychologischen Hintergrund erkennen und würde dann bald geheilt werden.

Hellinger geht davon aus, dass man nicht alle Krankheiten mit dem systemischen Geschehen in der Familie in Verbindung bringen kann. Oft stellt sich ein Kranker beispielsweise die Fragen: »Was habe ich getan, dass ich Krebs bekommen habe? Was ist hier der systemische und psychologische Zusammenhang?« Die Mentalität, die hinter solchen Fragen steckt, entspricht dem schon in der Einführung beschriebenen konstruktivistischen Zeitgeist: »Sofern ich mir nur bestimmte Informationen beschaffe, kann ich alles wieder in Ordnung bringen – Gesundheit ist programmierbar. Ich muss nur den alten schädlichen ›input‹ durch einen besseren ersetzen.« Wenn diese Methode dann nicht funktioniert, kommt der Kranke zu völlig falschen Schlüssen. Bis zum Ende glaubt er, er habe nicht radikal genug »umprogrammiert«.

Mit solch einer Einstellung muss sich der Kranke nicht der schicksalhaften Krankheit und dem vielleicht schon vor der Tür stehenden Tod stellen. Nach Hellingers Erfahrung wirkt eine derartige Haltung in der Seele unheilvoll, weil dahinter eine Anmaßung steht. Die meisten von uns fallen sehr schnell diesem heute so typischen Machbarkeitswahn zum Opfer.

Statt alles möglichst rasch wieder unter Kontrolle bringen zu wollen und statt der Neugier nachzugeben, geht es für den Kranken darum, sich respektvoll und in Demut seinen Schicksalskräften zu nähern. Solch eine Haltung kann keine Garantie für eine Heilung sein, doch sie eröffnet eine Chance darauf.

Ein lebensgefährlich Erkrankter kann sich zum Beispiel, so Hellingers Vorschlag, den Tod als »Freund und Wächter des Lebens« an seiner Seite vorstellen. Von Zeit zu Zeit kann er sich ihm zuwenden und sich tief vor ihm verneigen.

Hier ein Beispiel dafür, wie Bert Hellinger im Seminar mit Klienten umgeht, die an die Programmierbarkeit von Gesundheit glauben. Eine an Brustkrebs erkrankte Frau hatte vor längerer Zeit ihre Gegenwartsfamilie aufgestellt. Bei einem späteren Seminar wollte sie nun auch ihre Herkunftsfamilie aufstellen. Vor einem halben Jahr hatte sie eine Untersuchung machen lassen, bei der einige versprengte Krebszellen im Knochenmark gefunden worden waren: »Da möchte ich noch dran arbeiten. Ich möchte ganz gesund werden«, meinte sie. Hellinger entgegnete, dass das wohl etwas viel erwartet sei.

Lotte: »Ich bin extra hierher gekommen, aus München.«

Hellinger: »Was denkst du, wie es mir geht, wenn du das sagst?«

Lotte: »Du hast mir damals gesagt, ich solle in einiger Zeit noch mal zu dir kommen, und dann würden wir die Herkunftsfamilie aufstellen.«

Hellinger: »Ich stehe zu meinem Wort, so ist es nicht. Aber zu erwarten, was du erwartest, das ist die falsche Richtung.« (SBK: 157)

Im weiteren Verlauf des Gesprächs fragte Hellinger, was er ihr denn damals geraten habe. Sie erwiderte, dass es eine vor ihr gestorbene Schwester gebe, deren Vorname sie trage. In Bezug auf diese Schwester habe er ihr gesagt, sie solle »die große Seele« wirken lassen, was ihrer Meinung nach auch geschehen sei. Sie habe einen intensiven inneren Kontakt zur Schwester bekommen. Zudem hatte sie ihren Vornamen, den sie sich anstelle des Namens der Schwester zugelegt hatte, abgelegt und den alten Vornamen wieder angenommen. Hellinger begrüßte das und fragte sie, ob es ihr oder ihrer Schwester besser ginge.

Lotte: »Mir. Ich bin noch da.«

Hellinger: »Und was ist mein Bild, wem es besser geht?«

Lotte: »Ihr.«

Hellinger: »Genau. Das ist mein Bild.«

Lotte *(nach einer langen Pause):* »Ich habe Herzklopfen bekommen.«

Hellinger: »Gut. Ich möchte es da im Augenblick auch lassen. Ich komme später darauf zurück.« (SBK: 158)

Zur Gruppe gewandt unterstrich Hellinger; dass der Schlüsselsatz, der hier krank macht, lautet: »Ich möchte ganz gesund werden.« Dieser Satz blockiert die Energie, und die in der Seele wirkenden Kräfte können sich dann nicht entfalten. Wenn Lotte aufhört zu glauben, dass sie es besser habe als die Tote, kann sie auf eine höhere Ebene kommen. Auf dieser höheren Ebene spielt es genau genommen »keine Rolle (...), ob sie gesund wird oder nicht. Das ist eine Ebene, auf der dieser Unterschied nicht mehr zählt. Und dann kann sich Heilendes entfalten. Auf dieser Ebene erst.« (SBK: 158)

Wenden wir uns nun einigen ausgesuchten Krankheiten und körperlichen Beschwerden zu. Hier geht es nicht darum, lexikalische Definitionen über systemische Hintergründe aufzulisten, vielmehr werden bestimmte seelische Zusammenhänge bei bestimmten Krankheiten erwähnt, die in der Vergangenheit durch Familienaufstellungen sichtbar geworden sind. Es handelt sich demnach nicht um statistische Ergebnisse, die irgendeinen Anspruch erheben.

Jedes der hier aufgezählten Krankheitsbilder kann selbstverständlich auch mehrere andere Hintergründe haben.

Wenn erst einmal einige Jahrzehnte praktische Erfahrungen mit Familienaufstellungen vorliegen, wird man sicherlich Genaueres sagen können.
Fast jedes Jahr finden mehrere Kongresse und Tagungen in Europa und der Welt über das Familien-Stellen statt. Tausende Kollegen tauschen hier ihr gegenwärtiges Wissen aus.

Krebs

Diese Krankheit ist mit einem großen Tabu verbunden. Man spricht nicht darüber, obwohl die Erkrankungsrate in der Bevölkerung zunehmend steigt. Oft fragen sich die Kranken, was sie denn »falsch« gemacht hätten, um auf diese Weise »bestraft« zu werden. Tatsächlich jedoch liegen die Ursachen der Krankheit viel tiefer.

Bei Krebs, wie auch bei anderen lebensbedrohlichen Krankheiten, fühlt sich der Betreffende oft für jene Familienmitglieder verantwortlich, die Schlimmes erlebt haben. Aus dieser tiefen Verbundenheit, so Hellinger etwas provokativ, bildet sich eine »Gemeinschaft der Heiligen« (SKB: 21). Hier spielt Hellinger auf jene schon erwähnte religiöse Vorstellung an, man könne durch eigenes Leid andere von ihrem Leid erlösen. Es sei hier an die krebskranke Frau aus dem Kapitel V: »Lieber ich als du« erinnert.

Typisch für dieses Mitleiden ist der Fall einer Klientin. Diese Frau wurde an Brustkrebs operiert und hat bis heute kein Rezidiv mehr. In der Aufstellung der Herkunftsfamilie war sie aufs Engste mit ihrem toten Bruder verbunden. Dieser Bruder war jung an einer aggressiven Form von Tuberkulose erkrankt und unter dunklen Umständen gestorben. In der Aufstellung sagte sie ihrem Bruder, dass sie ihm zum Andenken noch etwas aus ihrem Leben machen möchte. Längere Zeit nach der Aufstellung berichtete mir die Patientin, dass sie sich in der Folgezeit wie befreit gefühlt habe. Ihre Depressionen seien verschwunden und zudem habe sich das Verhältnis zu allen Familienmitgliedern zum Guten verändert.

In der Arbeit mit Krebskranken wurde des Weiteren deutlich, dass sie oft der Quelle des Lebens nicht zustimmen. Sie haben Probleme, ihre Eltern so zu nehmen, wie sie sind, und ihnen zuzustimmen, wie sie sind. Hellinger hat auch herausgefunden, dass Krebskranke häufig alles mit sich geschehen lassen, nur um geliebt zu werden. Die eigenen Grenzen missachten sie dabei völlig. Ich erinnere mich an zwei Brustkrebspatientinnen, auf die Hellingers Charakterisierung zutrifft. Beide Frauen taten alles, um nur ja keine Zurückweisung zu erfahren. In ihren sozialen Beziehungen ordneten sie sich stets den anderen unter und stimmten ihnen immer zu, obwohl ihre Meinung häufig eine ganz andere war.
Nach Hellingers Beobachtung verweigern besonders Klienten mit Brustkrebs das Nehmen der Eltern. Vor allem möchten sie nicht die Mutter nehmen und sich tief vor ihr verneigen. Einer krebskranken Frau hat Hellinger in einem Kurs den Satz gesagt: »Lieber gehst du zu den Engeln, als dass du dich vor deiner Mutter verneigst.« Viele Teilnehmer des Seminars waren über diesen therapeutischen Eingriff entsetzt, doch nach dem Seminar lernte es die Frau, sich vor ihrer Mutter zu verbeugen. Nach einem Jahr war sie gesund. (SKB: 88)
Die fehlende Achtung den Eltern gegenüber spielt bei Krebs des Öfteren eine wichtige Rolle. In einem Fall von Knochenmarkskrebs (OL: 410 ff.) weigerte sich der Mann, sich tief vor seinem Vater zu verneigen. Den Vater zog es aus dem System heraus und unbewusst sagte der Sohn: »Lieber gehe ich als du.« Seine bewusste Haltung dem Vater gegenüber war jedoch eine tiefe Verachtung. Es war ihm lieber zu sterben, als sich vor dem Vater zu verneigen.
Auch auf der Ebene der Paarbeziehung kann die mangelnde Achtung, nämlich die mangelnde Achtung vor dem Partner, in Zusammenhang mit Krebs stehen. In seinem Buch »Ord-

nungen der Liebe« (OL: 464 ff.) wird die Geschichte einer an Brustkrebs erkrankten Frau geschildert, die kein Mitgefühl für die Männer aufbrachte – weder für den früheren Partner noch für den gegenwärtigen. In einigen Fällen kann Brustkrebs Sühne für ein Unrecht sein, das Männern angetan worden ist.

Sucht

Alkohol- und Drogensucht

Alkohol- oder Drogensucht ist nach Hellingers Erfahrung häufig die Folge eines Nichtnehmens des Vaters. Jemand wird süchtig, wenn ihm die Mutter sagt: »Was vom Vater kommt, taugt nichts. Nimm nur von mir!« Hinter einer solchen Haltung der Frau steckt ihre Verachtung des Mannes. Das Kind ist beiden Elternteilen treu. Für die Herabsetzung des Vaters rächt es sich an der Mutter und nimmt so viel von ihr, dass es ihm schadet. Es sei hier an das drogensüchtige Mädchen aus dem Erziehungsheim erinnert, das statt seines Vaters in den Tod gehen wollte (Kapitel »Eltern und Kinder«, Unterkapitel »Erziehungsgrundsätze«).

Da der Vater für die Lösung der Sucht meist die entscheidende Rolle spielt, plädiert Hellinger dafür, dass Drogenkranke von Männern und nicht von Frauen behandelt werden.

Übernimmt eine Frau die Therapie, stellt sie sich oft zwischen den Klienten und seinen Vater, was die Lösung verhindert. Den Zugang zum Vater kann am besten ein Mann ermöglichen. Hat eine Therapeutin die Fähigkeit, dem Vater des Klienten in ihrem Herzen einen guten Platz zu geben, kann sie ihn aber auch repräsentieren, denn es geht um die guten inneren Bilder (ZG: 290).

Nicht selten ist bei Alkohol- oder Drogensucht der Vater früh verstorben. Hellinger schlägt im Falle des Alkoholkranken vor, dass der Patient ein Foto des Vaters vor sich hinstellt und sagt: »Prost, Papa, bei dir schmeckt's mir.« Dann soll er oder sie so viel trinken, wie es schmeckt. Für manch einen Leser mag diese Therapie wie ein dummer Scherz klingen, doch wenn der Kranke die Übung mit Ernst und im Angesicht des Vaters ausführt, hat sie eine tiefe Wirkung.

Bulimie

Unter Bulimie versteht man ein überdurchschnittliches Essbedürfnis (»Essanfälle«), das mit anschließendem absichtlich herbeigeführtem Erbrechen verbunden ist.

Süchte im Allgemeinen und Bulimie im Besonderen sind heilbar, wenn der Süchtige lernt, im Angesicht der Mutter auch vom Vater zu nehmen, denn in bulimischen Familien zählt der Vater meist wenig. Aus Treue zur Mutter isst das Kind und aus Treue zum abgewerteten Vater erbricht es anschließend.

In einer von Hellinger beschriebenen Bulimie-Aufstellung kam die Lösung zustande, indem die Klientin mutig zur Mutter sagte: »Der Papa ist mir genauso wichtig wie du.« (FS: 268)

Bei der Bulimie ist das Nehmen vom Vater durchaus buchstäblich zu verstehen. Wenn eine bulimische Patientin einen Essanfall hat, schlägt Hellinger vor, dass sie alles einkauft, was ihr Herz begehrt, es vor sich ausbreitet und mit Lust anschaut. Bevor sie zu essen beginnt, kann sie sich vorstellen, auf Papas Schoß zu sitzen und das Essen teelöffelweise von ihm zu erhalten. Vor jedem Bissen blickt sie dem Vater in die Augen und sagt: »Bei dir, lieber Vater, schmeckt's mir. Von dir nehme ich es gerne.« Doch die Übung ist nicht einfach. Wenn man sie ernst nimmt, hat oft schon der bloße

Gedanke daran eine gute Wirkung. Eine Bulimikerin bedankte sich brieflich für den Rat, den ihr Hellinger gegeben hatte.

»Vielen Dank für deine schnelle Antwort und insbesondere für den Tipp mit dem Teelöffel und dem Annehmen. Ich habe es sofort ausprobiert und mache es immer wieder mit tief greifendem Erfolg. Ich habe mich seit dem ersten Mal nicht mehr überfressen, das heißt, ich esse so normal wie schon seit einem Jahrzehnt nicht mehr!!! Wenn der Gedanke daran auftaucht, denke ich an den Teelöffel, und der Impuls verschwindet.« (FWW: 118)

Magersucht

Bei den Familienaufstellungen von Magersüchtigen zeigt sich oft, dass es den Vater aus der Familie herauszieht, indem er zum Beispiel einem früh verstorbenen Mitglied seiner Herkunftsfamilie folgt. In einem solchen Fall sagt die Magersüchtige: »Lieber verschwinde ich als du, lieber Papa.« Die Heilung kann von den Sätzen kommen »Bitte bleibe und segne mich, auch wenn du gehst« zum Vater und zur Mutter »Ich bleibe bei dir, liebe Mama«.

Es gibt auch Fälle, in denen die Magersüchtigen das »Lieber verschwinde ich als du« nicht dem Vater, sondern der Mutter sagen. In »Ordnungen der Liebe« ist der Fall eines Jungen beschrieben, der sich auf diese Weise mit seiner Mutter solidarisiert. (OL: 488)

In der Psychotherapie, auch in der klassischen Familientherapie, war lange Zeit die Ansicht verbreitet, bei der Magersucht stehe eine kritische Mutter-Tochter-Beziehung im Kern des Problems. Oft wird der Mutter die Schuld an dieser

Krankheit des Kindes gegeben. Doch jede Deutung, die ein Familienmitglied herabsetzt, erschwert die Lösung. Bei Familienaufstellungen lässt sich feststellen, dass die Heilung durch die Mutter kommt, wenn die Tochter ihr sagt »Ich bleibe bei dir.«

Der nicht selten zu beobachtende Wechsel von Magersucht zu Bulimie hat folgenden Hintergrund: Die Magersüchtige hat sich noch nicht ganz entschlossen zu bleiben. Sie isst, um zu bleiben, und sie erbricht, um zu gehen. Die Lösung besteht darin, dass sie beim Brechreiz dem Vater oder der Mutter sagt: »Lieber Papa, ich bleibe« oder »Liebe Mama, ich bleibe«.

Fettsucht

In der Aufstellung einer fettsüchtigen Frau zeigte sich, dass sie mit der verstorbenen ersten Frau des Vaters identifiziert war und ihr nachfolgen wollte. Jemand, der gleichzeitig sterben und leben will, kann zum Beispiel aus Vorsicht Nahrung hamstern. Er isst etwas mehr, als der Körper braucht, denn Essen bedeutet: »Ich bleibe.« Macht man sich aber bewusst, dass man bleiben darf, kann man wieder normal essen. Dies gelingt, indem die Identifizierung mit Liebe gelöst wird. Wer jedoch fürchtet, dass er gehen muss, isst lieber etwas mehr. Wenn der Fettsüchtige Hunger verspürt, schlägt Hellinger ihm vor, dass er sagen soll: »Ich bleibe.« (FS: 306)

Ein anderes Beispiel: Eine fettsüchtige Klientin erzählte, dass sie kurz nach ihrer Hochzeit ihre Mutter verloren habe. Sie fühlte sich aufs Engste mit ihr verbunden. Die Mutter war einfach tot umgefallen; niemand hatte mit ihrem Tod gerechnet. In der Folge wurde die Frau fettsüchtig, und auch das in

der Ehe geborene Kind wurde sehr dick. Auch hier kann man das vermehrte Essen als Vorsichtsmaßregel gegen ein zu schnelles Nachfolgen ansehen.
Selbstverständlich darf man aus diesen Hinweisen kein Dogma machen. Bei der Fettsucht gilt es, medizinische Fragen abzuklären, und natürlich kann es noch eine Reihe anderer psychischer Zusammenhänge geben.

Depression

Im Kapitel über das Nehmen der Eltern wurden mehrere Beispiele für die Entstehung einer Depression vorgestellt. Hinter der Depression steckt oft eine Verachtung der Eltern. Je wütender und böser jemand auf seine Eltern ist, desto weniger nimmt er von ihnen die elterliche Kraft und desto depressiver wird er. Die Depression verschwindet, wenn man den Eltern in Liebe so zustimmt, wie sie sind.

Das mangelnde Nehmen der Eltern kann aber auch durch andere Dynamiken bedingt sein. Ein Beispiel: Eine Frau litt seit ihrer Jugend an schweren depressiven Verstimmungen. In einer Aufstellung mit Symbolen wurde deutlich, dass sie mit der früheren Verlobten ihres Vaters identifiziert war. Dieser Frau war ein großes Unrecht angetan worden. Der Vater hatte sich von ihr getrennt, weil der Großvater die Verlobte als »nicht gemäß« für seinen Sohn betrachtet hatte. Für diese rüde Behandlung der Frau büßte nun die Klientin. Als sie sich auf das Symbol für ihre eigene Person stellte, spürte sie zu ihrer Verwunderung die starke Nähe zu dieser Frau. Sie blickte in die Runde der Familienmitglieder und dann auf die Verlobte und sagte: »Jetzt im Augenblick bekomme ich mein typisches Depressionsgefühl.« Beim Anblick der Eltern meinte sie: »Es fühlt sich an, als ob ich Christus wäre. Ich muss dafür sorgen, dass meine Eltern beisammen bleiben.«

Das Christusgefühl zeigt, dass das Ich nicht kindgemäß, sondern »inflationiert« war – es nahm sich zu wichtig. In einem solchen Fall muss das Kind wieder zurück in die Kindrolle: »Ich nehme euch und achte euch als meine Eltern. Bitte seht in mir euer Kind.« Aus dieser bescheidenen Position heraus muss es den Anspruch aufgeben, die Ehe der Eltern retten zu können, denn Paarangelegenheiten gehen nur das Paar an. Kindern, die sich in die Ehe ihrer Eltern einmischen, geht es nie gut.

Besonders intensiv reagierte die Frau, als sie der Mutter sagte: »Die Verlobte des Vaters ist seine Sache. Du bist meine Mutter, und nur du bist die Richtige für mich. Bitte nimm mich als dein Kind.« Die Frau hatte kein gutes Verhältnis zu ihrer Mutter gehabt, doch jetzt weinte sie vor Freude und strahlte. »Es ist, als ob eine zentnerschwere Last von mir abfällt«, berichtete sie. Zu dem Vater sagte sie noch: »Deine frühere Verlobte geht mich nichts an, meine Mutter steht dort« (auf sie zeigend). Die Frau konnte ihre Mutter nicht als Mutter nehmen, weil sie mit der Verlobten des Vaters identifiziert war. Die Mutter hat in ihr unbewusst eine Rivalin gesehen. Durch das Aufdecken dieser Verstrickung wurde der Weg zur Mutter und zum Vater frei.

Was das Christusgefühl angeht, kam noch etwas Weiteres ans Licht. Die Mutter zog es zu ihrem an Krebs gestorbenen Vater. Das Kind hatte das gespürt und wollte durch eigenes Leid den Retter der Mutter und auch den Retter der Ehe ihrer Eltern spielen. Hier hilft es, um den Segen der Mutter zu bitten, auch wenn man bleibt.

Einige Monate später berichtete die Klientin, dass sie keine depressiven Verstimmungen mehr habe und ihr Leben sich in einem tiefen Wandel befinde.

Die Ursachen von schweren Depressionen gehen jedoch über das hier Gesagte hinaus. Oft findet sich hier tiefes Leid in der Familie. Eine schwer depressive Klientin beispielsweise hatte Eltern, die beide das KZ Auschwitz überlebt hatten.

Psychosen

Bei Psychosen sind im Familienhintergrund oft lange gehütete Tabus zu finden. Bei diesen Tabus geht es nicht selten um Mord oder andere Verbrechen.

Volkmar und Luise kommen wegen ihres ältesten Sohnes in eine meiner Gruppen. Ihr Kind Willi ist wegen seines auffälligen Verhaltens schon lange in kinderpsychiatrischer Behandlung, die jedoch ohne Wirkung blieb. Außerdem ist Willi hygienisch verwahrlost. Eine genaue Diagnose wurde nicht gestellt. Die Aufstellung zeigt, dass sich Willi ausgegrenzt fühlt; er leidet. Luise erzählt von einem Bruder des Vaters, der als fünfter von fünf Brüdern auf die Welt kam. Erst unmittelbar vor Seminarbeginn hatte sie die folgende Geschichte erfahren: Die Oma hatte schon nach der Geburt des dritten Kindes ausgerufen: »Schmeißt ihn auf den Mist, ich will keine Jungen mehr sehen! Ich will nur noch ein Mädchen.« Nach der Geburt des fünften Jungen, der körperlich sehr schwach war, kümmerte sie sich um diesen kaum noch. Weder kümmerte sie sich hygienisch um ihn, noch nahm sie ihn richtig als ihr Kind wahr. Ob sie ihm genug zu essen gab, ist ungeklärt. Das Kind starb recht schnell und wurde in der Familie totgeschwiegen. Es zeigt sich, dass Willi mit diesem getöteten Großonkel mitfühlt. Sein Schicksal lässt ihn »sich verrückt fühlen«. Ausführlich habe ich diese Geschichte in meinem Buch »Wenn Liebe allein den Kindern nicht hilft« erzählt.

Psychosen können verschiedene Hintergründe haben. Nicht selten findet man bei Psychotikern gegengeschlechtliche

Identifikationen. Zum Beispiel kam ein Mädchen in die Psychiatrie, das im System den verstorbenen Zwillingsbruder des Vaters vertrat. Eine gegengeschlechtliche Identifikation bringt auch des Öfteren Homosexualität mit sich.
Ein anderer Hintergrund für Psychosen ist eine Identifizierung mit einem früheren Partner der Eltern, wenn dieser ein besonders schlimmes Schicksal hatte. Auch wenn ein Kind in die Rolle des Partners für Mutter oder Vater schlüpft, etwa bei einem allein erziehenden Elternteil, bestraft es sich bisweilen dadurch, dass es verrückt wird. Andere Formen der Selbstbestrafung wären der Abstieg ins kriminelle Milieu, Prostitution und Selbstmord.
Auch wenn es mehrere früh Verstorbene in einer Familie gibt, kann jemand verrückt werden. Hellinger erzählte als Beispiel den Fall eines schizophrenen Mädchens. Als in der Aufstellung die früh verstorbene Schwester der Mutter und ein älteres früh verstorbenes Geschwister der Kranken hineingenommen wurden, fühlte sich die Stellvertreterin für die Schizophrene schlagartig wieder normal (AWI: 85)
Meiner Erfahrung nach kann Schizophrenie oder auch die Angst, schizophren zu werden, durch die Solidarisierung mit einem psychotischen Familienmitglied entstehen. Ein Beispiel aus einer Aufstellung mit Papierscheiben: Eine Frau war schwer depressiv und fürchtete, schizophren zu werden. In der Aufstellung wurde deutlich, dass sie mit der psychotischen Schwester ihrer Mutter identifiziert war; über sie war nie gesprochen worden. Diese schizophrene Tante brachte sich in einer Psychiatrischen Klinik um. Auch die Mutter der Klientin war wegen psychotischer Schübe des Öfteren in der Psychiatrie gewesen.
Angesichts der Wucht dieses Schicksals kann man nachvollziehen, dass die junge Frau sich kaum traute, »normal« und

glücklich zu sein. Indem es ihr selber schlecht ging, zeigte sie ihre Form von Liebe zu jenen Familienmitgliedern, die psychisch auffällig waren. In der Familienaufstellung stellte ich sie neben ihre Mutter und forderte sie auf, sie solle sich vorstellen, dass ihre Mutter sie an die Hand nehme und sich mit ihr gemeinsam vor der schizophrenen Tante verneige. Nach der Verneigung sagte sie der Tante zwei Sätze: »Ich gebe dir die Ehre. Dir zum Andenken mache ich etwas Gutes aus meinem Leben.« Die Klientin weinte und konnte deutlich die segnende Kraft der Tante spüren. Sie konnte auch wieder lächeln.
Nach der Aufstellung berichtete sie mir, dass sie diese Zusammenhänge immer schon geahnt habe. Schon als Kind habe sie sich intensiv mit der Tante und ihrem Schicksal verbunden gefühlt. Da sie noch ein Foto der Tante besaß, ermutigte ich sie, dieses Bild in der Wohnung aufzuhängen. Wenn die Tabuisierten im Familiensystem auf diese Weise wieder ins Blickfeld geraten, können sie zum Segen der Spätergeborenen werden.

Herzbeschwerden

Es sei hier noch einmal an die Aufstellung des Klienten mit den Herzschmerzen[27] erinnert. Die verdrängte Liebe zu dem 30 Jahre nicht gesehenen Sohn machte sich psychosomatisch am Herzen bemerkbar.
Bert Hellinger schrieb einem Klienten mit Herzschmerzen: »Herzschmerzen sind in der Regel Zeichen unterdrückter Zuwendung. Sobald die Zuwendung zum Ausdruck kommt, verschwinden sie wieder.« (FWW: 126) Oft wird die Zuwendung zurückgehalten, weil man befürchtet, sie würde zurückgewiesen oder käme nicht an. Von einer vollen Zuwendung kann man erst sprechen, wenn das Ankommen unwichtig wird: »Das Ankommen kann der Zuwendung nichts hinzufügen, und das Nichtankommen kann ihr nichts nehmen.« (FWW: 126)

[27] Siehe Kapitel »Wie menschliche Beziehungen gelingen«, Unterkapitel »Die Bindung«

Übelkeit

Nach Hellingers Erfahrung steht die Übelkeit oft für unterdrückte Gefühle, insbesondere Schimpfworte. Wenn die meist aus der Vergangenheit stammenden bösen Worte deutlich zum Ausdruck kommen und man sich dabei vorstellt, der Person direkt in die Augen zu sehen, verschwindet die Übelkeit. Übel wird einem auch bei fälliger Schuldzuweisung, vor der man aber ängstlich zurückweicht.

Rückenschmerzen

Abgesehen von somatischen Ursachen, wie zum Beispiel angeborener Wirbelsäulenverkrümmung, lassen sich Rückenschmerzen Hellinger zufolge manchmal einfach heilen. Mit Blick auf den Boden verbeuge man sich tief! Es gilt natürlich herauszufinden, vor wem. Sich verbeugen heißt »Ich gebe dir die Ehre«.

Die heute weit verbreitete Deutung von Rückenschmerzen geht in eine ganz andere Richtung: Jemand habe zu schwer zu tragen oder könne bestimmte Dinge kaum noch ertragen. Wer zu viel auf seine Schultern lade und sich dieses Zuviel nicht bewusst mache, der spüre diesen Druck im Körper als Rücken- oder Bandscheibenschmerz. In solchen Situationen helfe das Nachdenken darüber, was man sich alles aufgeladen habe und warum.

Hellinger teilt diese Sichtweise nicht. Wäre dies die richtige Interpretation, hätten bedeutend weniger Menschen Rückenschmerzen. Seiner Erfahrung nach können sich Rückenschmerzen bessern, wenn man sich vorstellt, dass man sich vor einer bestimmten Person verneigt. Diese Person ist oft der Vater oder die Mutter, manchmal sind es aber auch beide Eltern.

Ein Leser dieses Buches schrieb mir: »Nach dem Lesen Ihres Kapitels ›Rückenschmerzen‹ wusste ich sofort, vor wem ich mich verneigen musste. Meine jahrzehntelangen Schmerzen sind jetzt dauerhaft verschwunden!«

Kopfschmerzen und Migräne

Bei Migräne hilft die Vorstellung, dass man sich anderen Menschen zuwendet, besonders der Mutter. Der psychodynamische Hintergrund von Kopfschmerzen und Migräne ist eine »angestaute Liebe«.

Einer Klientin riet Hellinger, sie solle sich mit nach vorn ausgestreckten Armen der geliebten Person zuwenden »und der Liebe zustimmen mit allem, was dazugehört und was das Herz sich wünscht«. (FWW: 125 f.)

In einem Seminar klagte eine Teilnehmerin über starke Kopfschmerzen. Hellinger gab der Frau einige praktische Tipps, die der Leser gerne selbst ausprobieren kann.

»Weißt du, was Kopfschmerzen bedeuten? Angestaute Liebe. Wo muss sie denn hin, die Liebe? Ausatmen ist zum Beispiel schon ein Weg, sie abfließen zu lassen, und freundlich gucken ist auch ein Weg. Ja, schau mal freundlich her! Guten Morgen! (...) Ein anderer Weg ist, sie über die Hände abfließen zu lassen.« (ZG: 288)

Man kann die Hände nach vorne strecken, sie nach oben öffnen und sich vorstellen, wie die Liebe aus ihnen strömt. Im weiteren Gespräch sagte die Frau, dass sie oft das Gefühl habe, ihren Mann nicht gut genug zu lieben. Wenn sie sich aber bewusst vorstelle, an seiner Seite zu stehen, verschwinde dieses Gefühl. Oft scheint die angestaute Liebe dem Partner zu gelten, doch verbirgt sich dahinter nicht selten eine nicht genommene Mutter oder ein nicht genommener Vater.

Neurodermitis

Die Neurodermitis ist eine besondere Form des Ekzems. Die Krankheit stellt sich meist im Kindesalter ein, kann aber auch in anderen Altersgruppen ausbrechen. Es bilden sich handtellergroße oder streifenförmige Herde, die manchmal von einer bräunlichen Zone umgeben sind. Oft sind Gesicht, Hals und Extremitäten betroffen. Der Kranke leidet insbesondere an Juckreiz, Schuppung und Nässen der Haut. In sozialer Hinsicht ist es für den Kranken schlimm, wenn sein Gesicht durch das Ekzem stark gerötet ist.
Bert Hellinger ist der Ansicht, dass der Neurodermitiker häufig den Segen eines früheren Partners von Vater oder Mutter benötigt. Ein Beispiel: Eine Frau war schon lange an Neurodermitis erkrankt. In der Aufstellung wurde sichtbar, dass sie mit der früheren Verlobten des Vaters identifiziert war. Der Vater hatte sich mit der Frau verlobt, ohne ihr zu sagen, dass er an einer langwierigen und lebensbedrohlichen Infektionskrankheit litt. Als es zufällig ans Licht kam, fühlte sich die Frau von dem Mann hintergangen. Der Mann überwand seine Krankheit später, doch die Frau trennte sich wegen des Vertrauensmissbrauchs von ihm. Ohne diese Trennung jedoch hätte der Mann nicht seine spätere Ehefrau kennen gelernt, und es wäre auch nicht zur Geburt der Klientin gekommen. Sie hatte ihr Leben auf Kosten der früheren Verlobten. Durch die Identifizierung war sie für den Vater nie Tochter gewesen, sondern er sah in ihr die frühere Frau. Der Mutter gegenüber war die Klientin immer eine Rivalin gewesen, statt Kind sein zu können. Ein halbes Jahr nach der Auf-

stellung sah ich die Klientin wieder. Ihre Neurodermitis war verschwunden.

Neurodermitis kann natürlich verschiedene systemische Hintergründe haben. Nicht immer geht es um die Identifizierung mit einem früheren Partner der Eltern. Ein Beispiel: Eine Frau hatte ein an Neurodermitis erkranktes Kleinkind. Durch ihre intensive Beschäftigung mit der Krankheit des Kindes kam sie von selbst dahinter, dass die Neurodermitis in Zusammenhang mit ihrer Wut auf den Vater des Kindes stand. Sie hatte sich von dem Mann getrennt und war noch böse auf ihn. Je wütender sie auf den Mann war, desto schlechter ging es ihrem Kind. Als sie die unheilvolle Wirkung ihrer Wut erkannte und sich ihrem Teil der Schuld stellte, verschwand die Neurodermitis.

Auch innerhalb einer noch bestehenden Ehe oder Partnerschaft kann die Wut auf den Partner bei einem Kind zuweilen eine Neurodermitis auslösen.

VII
Spiritualität und Religion

Meister Lin-Chi sagte:

Sei ganz, wie du bist,
Und gib dich nicht als etwas Besonderes.
Iss deine Nahrung,
Erleichtere deine Eingeweide,
Gieß Wasser nach,
Zieh deine Kleider an.
Wenn du müde bist,
Leg dich hin.
Unwissende mögen über mich lachen,
Der Weise aber wird mich verstehen.[28]

Friedrich Nietzsches Satz »Gott ist tot« ist für Hellinger keine Behauptung, sondern Nietzsches Beobachtung von etwas Realem. Gott hat sich von den Menschen zurückgezogen. Was früher als wirkende Kraft wahrgenommen werden konnte, ist heute nicht mehr vorhanden. Auch fromme Menschen haben die Erfahrung gemacht, dass Gott sich zurückgezogen hat.
Statt Gott wird eine Leere empfunden. Selbst in den Kirchen können viele seine Anwesenheit nicht mehr spüren. Nach Hellingers Auffassung müsste sich eine wirkliche religiöse Haltung darin bewähren, dass sie sich dem Einzug der Leere stellt. Das wäre der »tiefste vorstellbare religiöse Vollzug überhaupt«. (Podiumsgespräch mit Tilman Moser und Fritz Simon, Heidelberg 1996). Hierzu finden sich in Hellingers Buch »Verdichtetes« einige Aphorismen:

[28] Guntram Colin Goldner: »Zen in der Kunst der Gestalt-Therapie«, Augsburg 1986, S. 44

Der Blick zum Himmel geht ins Leere. (VS: 44)

Gott, so klagen wir,
hat sich aus der Welt zurückgezogen.

Er ist auch aus der Bibel ausgezogen. (VS: 46)

Zum Gott, der sich zurückgezogen hat,
dürfen wir nicht beten. (VS: 46)

Der traditionell religiöse Mensch ist für Hellinger jemand, dem die Abhängigkeit von Kräften bewusst ist, die er nicht lenken kann. Im Angesicht von Geburt und Tod nimmt er eine bestimmte Haltung ein. Bestenfalls, so Hellinger, ist es eine Haltung der Ehrfurcht oder Demut vor dem, was wir nicht verstehen.

Viele religiöse Menschen versuchen durch ihre religiöse Praxis das Hilflos-ausgeliefert-Sein durch Riten, Opfer oder Gebete zu verändern. So können Menschen einerseits ein höheres Wirken anerkennen und es doch andererseits in ihrem Sinne beeinflussen. Hellinger sieht darin einen Widerspruch. »Entartungen der Religion« entstehen an dem Punkt, an dem jemand versucht, das Geheimnis zu begreifen und in den Griff zu bekommen, statt es anzuerkennen. (Hörfunksendung von Bayern 2, 1996)

Hellinger unterscheidet in diesem Zusammenhang eine »natürliche Religion« und eine Religion, die an eine Offenbarung gebunden ist. Offenbarer haben ein besonderes religiöses Erleben, dessen Frucht sie anderen, die dieses Erleben nicht haben, verkünden. Die anderen Menschen müssen dann glauben, statt selbst wahrzunehmen. Der Glaube an einen Offenbarungsgott ist letztlich immer der Glaube an einen Menschen.

Jesus Christus hat nach Hellinger wenig offenbart, aber andere auf Dinge hingewiesen, die sie selber unter bestimmten Umständen wahrnehmen können. Seine Jünger und die Apostel haben sich später an seine Stelle gesetzt. Bei Paulus zum Beispiel hat Hellinger den Eindruck, dass es ihm gar nicht um Jesus ging, sondern um seine eigenen Vorstellungen. Jesus wird dann als *der* Offenbarer dargestellt, doch eigentlich kommt er nicht selber zu Wort. Die »natürliche Religion« setzt sich dagegen dem Geheimnis aus, ohne es ergründen zu wollen.

Der Glaube an einen Offenbarungsgott wird kulturell durch die Familie vermittelt, in die wir hineingeboren werden. In dem Bedürfnis des Kindes, zur Familie zu gehören, teilt es die religiösen Vorstellungen und die religiöse Praxis der Eltern. Wer von diesem Glauben abfällt, manchmal ist das auch ein anderer Glaube oder eine atheistische Einstellung, fällt damit auch von seiner Familie ab. Dies gilt insbesondere dann, wenn die religiöse Einstellung in der Familie einen hohen Stellenwert einnimmt.

Menschen, die von einer Religion abfallen, verspüren ähnliche Schuldgefühle, unabhängig ob sie beispielsweise Mohammedaner oder Christen sind. Das Schuldgefühl hat weniger mit den Inhalten zu tun als mit der systemischen Funktion der Religion. Die Religion dient dazu, bestimmte Gruppen zusammenzuhalten. Mitglied der Gruppe kann nur sein, wer die gleiche Religion teilt. In vielen Gruppen, vor allem in denen, die einer Offenbarungsreligion anhängen, ist das Bekenntnis zum selben Glauben Voraussetzung zum Überleben gewesen. Abtrünnige wurden, zuweilen werden sie es noch heute, nicht nur ausgestoßen, sondern auch getötet. Das Gleiche gilt für Ideologien, die sich wie eine Offenbarungsreligion verhalten, zum Beispiel der Marxismus. Wegen der

Folgen ist sowohl bei ideologischen wie bei religiösen Gruppen der Bekenntniszwang und die Furcht vor dem Abfall groß.

Die Offenbarungsreligion stellt ein Element in der Sozialisation des Menschen dar. Der Mensch glaubt an etwas Überkommenes, um der Gruppe anzugehören, und nicht weil er selbst entdeckt und erfährt. Hellinger bejaht diese Form der Religion als ein Stadium der menschlichen Entwicklung, denn sie bringt nicht nur Leid über den Menschen, sondern vermittelt auch Werte.

Die natürliche Religion oder, wie Hellinger manchmal auch sagt, »der Schöpfungsglaube« umfasst die Zustimmung zur Welt, so wie sie ist. Sie verbindet Menschen, statt sie auszuschließen. Während der Offenbarungsglaube Grenzen aufbaut, existiert beim Schöpfungsglauben keine Ausgrenzung. Wenn jemand Achtung hat vor den Dingen, wie sie sind (Schöpfungsglaube), kann er nicht mehr ausschließlich in seiner Gruppe bleiben. Er muss über die Grenzen seiner Familie und seiner Gruppe hinausgehen und sich für etwas Größeres öffnen. (ZG: 318)

Geebnet wird dieser Weg zur natürlichen Religion durch die über alle Religionsgrenzen hinaus anzutreffende persönliche Frömmigkeit, die die Riten der überkommenen Religion achtet, aber inhaltlich über sie hinauswächst. Die mystischen Strömungen im Islam und im Christentum sind einander so ähnlich, dass die Unterschiede der Ursprungsreligionen zum Beispiel aufgehoben erscheinen. Über die Grenzen der tradierten Glaubenssysteme hinweg gibt es eine persönliche religiöse Erfahrung. Weil diese religiöse Erfahrung jedem zugänglich ist, nennt Hellinger sie »natürliche Religion«. Im Gegensatz zu anderen Religionen gibt es bei der natürlichen Religion keinen Überlegenheitsanspruch gegenüber anderen, keine Machtansprüche und keine Missionierung, denn hier ist jeder einzeln. Doch steht diese Form am Ende der religiösen Entwicklung des Menschen und ist mit einer hohen persönlichen Leistung verbunden. Insbesondere fordert sie den Verzicht auf die Geborgenheit der Gruppe (Podiumsdiskussion mit Tilman Moser und Fritz Simon, Heidelberg 1996).

Wer auf den tradierten Glauben verzichtet oder areligiös ist, hat nach Hellingers Erfahrung oft ein mitfühlenderes Herz als Menschen, die sich als Esoteriker bezeichnen oder einem bestimmten Glaubensbekenntnis anhängen. Als er in Südafrika gearbeitet hat, wunderte sich Hellinger des Öfteren, »dass Leute, die keinem Glauben anhingen, so gute Leute sein konnten«. (AWI: 44) Zuvor hatte er die Vorstellung gehabt, dass nur der gut sein kann, der einen Glauben besitzt, denn der Glaube halte den Menschen aufrecht und bilde seine moralische Grundhaltung aus. Doch hat er eher das Gegenteil beobachtet.

Religion wird aber auch noch anders erlebt. Aus der Tiefe können zuweilen Einsichten aufsteigen, die etwas Erschreckendes haben: Man spürt eine Berufung, der man folgen muss, ohne den Zusammenhang mit dem Ganzen verstehen zu können.

Diese Erfahrung nennt Hellinger eine »religiöse Erfahrung«. Gegenüber solch einem Erlebnis muss man seiner Meinung nach äußerst zurückhaltend sein. Hält man zwischen der Erfahrung und dem sich dahinter verbergenden Geheimnis einen Abstand und distanziert man sich bis zum Äußersten von seinen Gefühlen und Erlebnissen, kann dem Betreffenden von außen her eine besondere Kraft zufließen. Für Hellinger ist dieser Einklang mit der Welt, wie sie ist, »ganz nah an der Erde« – nicht am Himmel. (Podiumsdiskussion auf dem Psychotherapiekongress 1996 in Wien)

Der Welt zuzustimmen, wie sie ist, zieht Schmerzen nach sich. Wie viel leichter ist es, auszurufen: »Wie kann ein gerechter Gott dieses Unglück zulassen?« Viele Menschen sind nämlich der Meinung, dass Gott, wenn es ihn tatsächlich gibt, ein gerechter Gott sein muss. Aber wer sagt, dass das stimmt? Genau betrachtet ist diese Einstellung nur ein Bedürfnis des Menschen. Das Geheimnis von Gerechtigkeit und Ungerechtigkeit ist vom Menschen nicht zu lösen. Wenn ich mich dem stelle, so Hellinger, »ist die Wirkung, die es auf mich hat, eine viel tiefere, als wenn ich nach dem gerechten Gott rufe und ihn gerecht haben will«. (Hörfunksendung Bayern 2, 1996)

Wenn ich die Kriege, Massenvernichtungen, Flugzeugabstürze, Naturkatastrophen als etwas nehme, das zur Welt gehört, und es nicht als etwas Schlimmes verurteile, sondern mich in diese größeren Zusammenhänge füge, komme ich in eine Lage, in der ich aufhöre zu kämpfen. Auf diese Weise entsteht Einklang mit den Widersprüchen, und man sammelt sich innerlich. Paradoxerweise bietet manchmal gerade dieses Sichfügen die Gelegenheit, in der Welt etwas Gutes zu bewirken.

Die persönliche religiöse Entwicklung beginnt mit der Reinigung überkommener Bilder. Die wichtigsten bildlichen Vorstellungen, die wir von Religionen haben, sind Übertragungen aus menschlichen Erfahrungen. Zum Beispiel schauen wir Gott an wie Kinder einen Vater oder eine Mutter. Wir beten zu diesem Gott und vertrauen ihm, doch gleichzeitig fürchten wir seine übergeordnete Gewalt. Wir fürchten uns auch, Näheres über Gott herauszufinden, denn wir glauben, dass uns das nicht zusteht. Diese Haltung entspricht dem Eltern-Kind-Verhältnis.

Weit verbreitet ist die Vorstellung, man könne mit Gott verhandeln. Es gibt Menschen, die mit Gott einen Bund schließen, wie man auf irdischer Ebene im Wirtschaftsleben einen Vertrag schließt. Sie »zahlen« durch Gebete oder indem sie eine größere Summe Geldes für einen guten Zweck spenden. Dafür erhalten sie von Gott etwas, wie die Genesung von einer schweren Krankheit. Diesem Verhalten dient das schon früher besprochene Muster des menschlichen Austauschs als Vorbild. Auf der Ebene der Paarbeziehung oder der Ebene gleichberechtigter Wirtschaftspartner bedeutet dies: Jeder gibt und jeder nimmt, und dadurch gedeiht die Beziehung. Diese Vorstellungen führen dazu, dass der Tugendhafte zur Belohnung in den Himmel kommt, während dem Sünder nur der Gang in die Hölle bleibt.

Es gibt auch Menschen, die sich Gott gegenüber verhalten wie Eltern zu ihrem Kind. Sie rechnen ihm vor, was er alles falsch macht und was er besser machen müsste.

Eine weitere Übertragung von Menschlichem auf die Beziehung zu Gott ist die in der Mystik verbreitete Vorstellung, dass man mit dem göttlichen Geheimnis in Kontakt tritt, wie das Mann und Frau tun. In Bach-Kantaten findet man Textstellen, in denen der Sopran singt: »Ich lege mich dem Heiland willig unter.« Die »Mystische Hochzeit« und die »Heilige Liebe« ist aber nach menschlichem Vorbild geschaffen.

Nach Hellingers Ansicht sind all diese Übertragungen von Menschlichem auf die Beziehung zu Gott fragwürdig. Der Zugang zum Religiösen gelingt nur – falls er überhaupt gelingen kann –, wenn alle diese Bilder aufgegeben werden. Wer damit Ernst macht, wird auf sich selbst zurückgeworfen. Er bleibt vor dem Geheimnis stehen, ohne es ergründen zu wollen, und dadurch fließt ihm Kraft zu. Für den Umgang mit dem Religiösen hat Hellinger einmal zwei Bilder skizziert. Das eine Bild stellt einen Weg dar: Man geht auf ihm voran, indem man alles Bisherige hinter sich lässt. Das andere Bild

lautet: Es gibt überhaupt keinen Weg, denn alles Wesentliche ist gegenwärtig. (Podiumsdiskussion auf dem Psychotherapiekongress 1996 in Wien) Das letzte Bild mag viele an Vorstellungen aus dem Zen-Buddhismus erinnern.
Sowohl im Zen-Buddhismus als auch auf vielen Wegen der Mystik werden religiöse Erfahrungen sofort hinter sich gelassen, weil sie vorläufig sind. Die Haltung des Mystikers lautet: Ich lasse jede Erfahrung hinter mir zurück und öffne mich für Unbekanntes.
Als Beispiel dafür sei aus dem tibetischen Buddhismus ein berühmter alter Meister zitiert:

Kein Gedanke,
Keine Reflexion,
Keine Analyse,
Keine Absicht:
Lass es sich selber dartun.[29]

von Meister Tilopa

Wenn jemand behauptet, eine religiöse Erfahrung gehabt zu haben, betrachtet Hellinger das mit äußerster Skepsis. In einem Seminar war einmal ein Mann, der an multipler Sklerose litt. Er war dabei, sich von seiner Familie zu lösen. Als junger Mann hatte er einen schweren Autounfall gehabt, bei dem er seinen Körper frei schwebend von oben betrachtet hatte.[30] Er konnte alles sehen, obwohl er bewusstlos war. Für ihn stand außer Frage, dass es sich bei dieser Erfahrung um ein religiöses Erlebnis handelte. Hellinger sagte zu ihm: »Du hast dich geweigert, auf die Erde zurückzukommen. Und die

[29] Alan Watts: »The way of Zen«, New York 1957, S. 20
[30] In Esoterikkreisen nennt man das »außerkörperliche Erfahrung«.

Wirkungen, die das für deine Familie hat, sind schlimm. Du bist völlig abgelöst.« (Podiumsdiskussion auf dem Psychotherapiekongress 1996 in Wien) Für diesen Mann, so Hellinger, wäre die religiöse Handlung gewesen, zu dem ganz gewöhnlichen Tun zurückzukehren.

In Zeiten der Esoterik und des »New Age« ist es verbreitet, der Erfahrung religiöser Erlebnisse nachhelfen zu wollen. Wenn jemand meditiert, weil er spirituelle Erfahrungen machen möchte, wertet er Hellinger zufolge das Spirituelle ab. Er befindet sich im tiefsten Zwiespalt, denn er missachtet etwas, das er erreichen will.

Dennoch spricht Hellinger der Meditation ihre Bedeutung nicht ab. Allerdings verstärkt sie seiner Ansicht nach nicht die spirituelle Haltung, sondern sie kann bei dem, *der mit der Welt schon im Einklang ist,* als etwas Natürliches eintreten, wenn er sich sammeln will. Die Meditation ist nicht der Weg, um in Einklang mit etwas Größerem zu kommen, sondern weil ich im Einklang mit dem Größeren bin, spüre ich zuweilen das Bedürfnis, mich zu sammeln. Dieses Sich-Sammeln ist allerdings nie losgelöst vom Handeln. Es dient zum Beispiel dazu, sich auf etwas Schwieriges vorzubereiten. Durch die Meditation kann mir das zufließen, was ich später zum Handeln benötige. Eine Meditation jedoch, die auf die Leere ausgerichtet ist, schwächt Hellinger zufolge, denn sie hat den Bezug zum gewöhnlichen Handeln verloren. Überall dort, wo sich jemand vom Gewöhnlichen absetzt, etwa im Sinne »Ich wende mich jetzt meiner Erleuchtung zu«, ist Hellinger das verdächtig. Für ihn steckt die Kraft im gewöhnlichen Tun: Was steht in einer Partnerschaft oder Ehe an? Was ist mit den Kindern, beruflichen Dingen? Wenn ich Meditierende anschaue, so Hellinger, »sind viele ganz leicht. Sie haben wenig (seelisches) Gewicht (...) verglichen mit jemandem, der in seiner harten Arbeit steht. Ein Bauer etwa, der morgens seine Kühe füttert und dann aufs Feld geht ... was hat der für ein Gewicht im Vergleich zu einem, der sagt: ›Ich meditiere.‹« (AWI: 66)

»Spirituell« und »esoterisch« sind für Hellinger nicht dasselbe. Das Esoterische ist ausgrenzend, während das Spirituelle in die Weite geht. Ein Esoteriker hält sich in der Regel für besser als andere Menschen, ein spiritueller Mensch dagegen nicht. Der Esoteriker will etwas herausfinden, um damit etwas tun zu können. Damit hebt er sich von den anderen ab und verliert den Kontakt zum gewöhnlichen Handeln des Lebens (AWI: 69). Doch der Zugang zu Tiefe und Weisheit lässt sich nicht erzwingen, er wird ohne jede Anstrengung gefunden.

Bei schwer kranken Menschen erblickt Hellinger in der Hinwendung zur Esoterik oft ein Mittel, das tiefe Leid nicht mehr anschauen oder auch dem Tod nicht mehr ins Auge sehen zu müssen. Wenn jemand der Meinung ist, dass er sich nach überstandener Krankheit aus Dank zu Gott bekennen soll, war die Krankheit und das Leid umsonst. Er bewegt sich weg von der Erfahrung der Todesnähe und dankt stattdessen Shiva, Vishnu oder der Mutter Gottes. Dadurch wird ihm Kraft entzogen. Eine tiefe Spiritualität bewährt sich gerade in einem tabulosen, offenen Umgang mit dem Tod, ohne ihm dabei zu große Bedeutung beizumessen. Es genügt, sich ihm zu stellen, wenn die Zeit gekommen ist.

VIII
Der Umgang mit dem Tod

Das Spirituelle kann nicht vom Tod losgelöst gesehen werden. Die Auseinandersetzung mit dem Thema Tod ist in unserer Kultur mit Ängsten verbunden. Nach Hellinger wird das Leben vom Tod isoliert betrachtet und als ein persönlicher Besitz gesehen, der maximal ausgenutzt werden muss. Doch man kann das Leben auch aus der Perspektive des Todes betrachten. Jeder Mensch wird kurzfristig vom Leben in Anspruch genommen, um bald wieder fallen gelassen zu werden. Am Ende des Lebens kehren wir in etwas zurück, über das sich keine Aussage machen lässt. Verglichen mit dem Sein und der Tiefe, aus der wir durch unsere Eltern gekommen sind, ist die Lebensspanne nur etwas Kleines und Vorübergehendes.

Aus diesem Blickwinkel betrachtet, ist der frühe Tod eines Kindes nichts Schlimmes. Sowohl der Mensch, der mit 85 Jahren stirbt, als auch das Kind, das nur ein Jahr alt wird, fallen beide zurück in jenes Sein, über das wir nichts wissen. Auf dieser Ebene sind sie gleich.

Unser tägliches Leben erhält Kraft, wenn wir es im Angesicht der Vergänglichkeit führen. Die Zeit, die man bis zum Tod hat, kann man als ein Geschenk betrachten. Mit dieser Einstellung lässt sich die Lebenszeit ganz anders ausfüllen, als wenn man sein Leben gegen den Tod durchsetzen will, als sei er uns feindlich gesinnt. Wenn wir ihn als Freund begreifen, blicken wir mit Gelassenheit auf die Vergänglichkeit. (SBK: 69) Mit dieser Einstellung können wir auch dem Tod in der eigenen Familie besser begegnen. Stirbt ein geliebter Mensch, ist es wichtig, dass er einen Platz in unserem Herzen bekommt. Die Würdigung des Toten hat eine gute Wirkung auf alle Mitglieder der Familie.

Die Ablösung kann gelingen, wenn wir den tiefen Abschiedsschmerz zulassen, statt ihm auszuweichen. Fliehen wir vor dem Schmerz, bleiben wir mit dem Toten tief verbunden und versäumen zu leben. Dazu ein Beispiel: Einer Frau war vor 20 Jahren der Mann gestorben, doch es schien, als sei der Tod des Mannes erst gestern eingetreten. Wenn sie von ihrem Mann erzählte, rannen ihr sogleich Tränen über die Wangen. Dem wirklich tiefen Schmerz ist diese Frau immer ausgewichen. Selbst das Zimmer des Toten blieb in allen Einzelheiten unverändert. Sie hatte den Tod ihres Mannes nicht angenommen. Es lässt sich nachvollziehen, dass die Frau keine neue Ehe oder Partnerschaft mehr eingegangen ist. Doch eine solche »Solidarität« nutzt weder dem Toten noch dem Lebenden.

Ein anderes Beispiel: Eine Frau, die schon auf die vierzig zuging, hatte noch nie sexuellen Kontakt mit einem Mann gehabt. Als sie ein Teenager gewesen war, starb ihr innig geliebter Vater an einer schweren Krankheit. Damals weigerte sie sich, mit zur Beerdigung zu gehen. Sie wollte den Leichnam nicht sehen, weil sie glaubte, den Anblick nicht ertragen zu können. Dadurch hatte sie die Chance verpasst, Abschied zu nehmen. Auch in den Jahren danach war sie kein einziges Mal auf dem Friedhof gewesen. Zwar genügte nach so langer Zeit die Erwähnung des Wortes »Vater«, um heftiges Weinen hervorzurufen, doch handelte es sich nur um eine »sekundäre Trauer«. Dieses Weinen stärkt nicht, sondern es schwächt. Die Frau vermochte nicht den Satz zu sagen: »Du bist tot, lieber Vater, ich lebe noch eine Weile, dann sterbe ich auch.« »Das Wort ›tot‹ kann ich nicht aussprechen«, widersprach sie heftig. In der Tat: Nach so langer Zeit war für sie der Vater immer noch nicht im Grab. Sie lebte in Gedanken mit ihm, wie mit einem Lebenden, und es kann nicht wundern, dass kein anderer Mann eine Chance hatte. Zu einem späteren Zeitpunkt schaffte sie es, den Satz zu sagen und den damit verbundenen Schmerz zu fühlen. Emotional war sie tief betroffen, dass ihr Vater sich in der Aufstellung über ihre Art der Solidarität keineswegs freute.

Noch im frühen Mittelalter überließen sich die Menschen einer spontanen schmerzvollen Trauer. Was über Karl den Großen berichtet wurde, kann als typisch für die damalige Zeit angesehen werden. Als der Kaiser zum Schlachtfeld in Roncevaux kam, konnte er sich der Tränen nicht erwehren. Als er seinen toten Neffen sah, »bebte er vor Schmerz«. Er stieg vom Pferd, umarmte den Leichnam, so fest er konnte, und brach dann über der Leiche zusammen. Als er wieder zu sich kam, überließ er sich »den leidenschaftlichen Gebärden des Schmerzes«.[31] Auch die anwesenden Soldaten fingen laut an zu weinen und schluchzten.

In anderen Trauerberichten aus jener Zeit ist die Rede, dass der Trauernde den Toten »mit aller Kraft an die eigene Brust drückt«. Dadurch kam er in Kontakt mit dem Schmerz, der ihm half – wie es ein schönes deutsches Wort ausdrückt – den Tod zu »verschmerzen«.

Wie wichtig die unmittelbare Kontaktnahme mit dem Leichnam für den Trauerprozess ist, zeigen die Erfahrungen eines amerikanischen Beerdigungsunternehmers. Er hatte durch die Erlebnisse bei der Beerdigung des eigenen Vaters erfahren, dass sein Berufsstand alles Erdenkliche tut, um den Hinterbliebenen vor seiner eigenen Trauer zu schützen. Er kam zu dem Schluss, dass seine bisherige Arbeit den Trauernden mehr geschadet als genutzt hat.[32]

Nach der Beerdigung seines Vaters übte der Mann seinen

[31] Philippe Aries: »Geschichte des Todes«, München 1995, S. 184

[32] Roy und Jane Nichols: »Begräbnisse – eine Zeit der Trauer und Reife«, in: Elisabeth Kübler-Ross: »Reif werden zum Tode«, Stuttgart 1989, S. 84 ff.

Beruf völlig anders aus. Er nahm den Hinterbliebenen nur noch das Allernötigste ab und ermutigte sie, so aktiv wie möglich bei der Beisetzung zu helfen. Gerade dadurch wird jener tiefe Schmerz fühlbar, der die Seele heilt und ein gutes Weiterleben ermöglicht. Zum Beispiel ermunterte der Beerdigungsunternehmer die Trauernden, den toten Körper im Sarg mit den eigenen Händen zu berühren oder doch zumindest die Leiche anzuschauen. Dadurch können wir die Realität des Todes buchstäblich »begreifen«. Wer dem Tod auf diese Weise ins Auge schaut, der kann ihn erleben.

Wenn die Trauer eines Hinterbliebenen nicht enden will, so Hellinger, ist er dem Verstorbenen oft noch böse. Dann hilft der Satz: »Ich achte dein Leben und deinen Tod.« Manchmal kommt es auch vor, dass jemand die nicht gelebte Trauer eines anderen Familienmitgliedes übernimmt, oder er schuldet dem Toten noch etwas.

Zum Ausklang dieses Kapitels sei eine Geschichte Bert Hellingers über den Tod wiedergegeben.

Der Gast

Irgendwo, weit weg von hier, dort, wo einmal der Wilde Westen war, wandert einer mit dem Rucksack auf dem Rücken durch weites, menschenleeres Land. Nach stundenlangem Marsch – die Sonne steht schon hoch und sein Durst wird groß – sieht er am Horizont ein Farmhaus. »Gott sei Dank«, denkt er, »endlich wieder mal ein Mensch in dieser Einsamkeit. Bei ihm kehre ich ein, bitte ihn um etwas zu trinken, und vielleicht setzen wir uns noch auf die Veranda und unterhalten uns, bevor ich wieder weiterziehe.« Und er malt sich aus, wie schön es sein wird.

Als er aber näher kommt, sieht er, wie der Farmer sich im Garten vor dem Haus zu schaffen macht, und ihn befallen erste Zweifel: »Wahrscheinlich hat er viel zu tun, und wenn ich sage, was ich möchte, falle ich ihm lästig; er könnte meinen, ich sei unverschämt ...« Als er dann an die Gartentüre kommt, winkt er dem Farmer nur und geht vorbei.
Der Farmer seinerseits sah ihn schon von ferne, und er freute sich. »Gott sei Dank! Endlich wieder mal ein Mensch in dieser Einsamkeit. Hoffentlich kommt er zu mir. Dann werden wir zusammen etwas trinken. Und vielleicht setzen wir uns noch auf die Veranda und unterhalten uns, bevor er wieder weiterzieht.« Und er ging ins Haus, um Getränke kalt zu stellen.
Als er den Fremden aber näher kommen sah, begann auch er zu zweifeln. »Er hat es sicher eilig, und wenn ich sage, was ich möchte, falle ich ihm lästig; und er könnte meinen, ich dränge mich ihm auf. Doch vielleicht ist er durstig und will von sich aus zu mir kommen. Am besten ist, ich gehe in den Garten vor dem Haus und tue so, als ob ich mir zu schaffen mache. Dort muss er mich ja sehen, und wenn er wirklich zu mir will, wird er es schon sagen.« Als dann der andere nur herüberwinkte und seines Weges weiterzog, sagte er: »Wie schade!«
Der Fremde aber wandert weiter. Die Sonne steigt noch höher, und sein Durst wird größer, und es dauert Stunden, bis er am Horizont ein anderes Farmhaus sieht. Er sagt sich: »Diesmal kehre ich bei dem Farmer ein, ob ich ihm lästig falle oder nicht. Ich habe solchen Durst, ich brauche etwas zu trinken.«
Doch auch der Farmer sah ihn schon von ferne und dachte: »Der kommt doch hoffentlich nicht zu mir. Das fehlte mir gerade noch. Ich habe viel zu tun und kann mich nicht auch

noch um andere Leute kümmern.« Und er machte mit der Arbeit weiter, ohne aufzublicken.

Der Fremde aber sah ihn auf dem Feld, ging auf ihn zu und sagte: »Ich habe großen Durst. Bitte gib mir zu trinken.« Der Farmer dachte: »Abweisen darf ich ihn jetzt nicht, schließlich bin ich auch ein Mensch.« Er führte ihn zu seinem Haus und brachte ihm zu trinken.

Der Fremde sagte: »Ich habe deinen Garten angeschaut. Man sieht, hier war ein Wissender am Werk, der Pflanzen liebt und weiß, was sie brauchen.« Der Farmer freute sich und sagte: »Ich sehe, auch du verstehst etwas davon.« Er setzte sich, und sie unterhielten sich lange.

Dann stand der Fremde auf und sagte: »Jetzt ist es Zeit für mich zu gehen.« Der Farmer aber wehrte ab. »Schau«, sagte er, »die Sonne steht schon tief. Bleib diese Nacht bei mir. Dann setzen wir uns auf die Veranda und unterhalten uns, bevor du morgen weiterziehst.« Und der Fremde stimmte zu.

Am Abend saßen sie auf der Veranda, und das weite Land lag wie verklärt im späten Licht. Als es dann dunkel war, begann der Fremde zu erzählen, wie sich für ihn die Welt verändert habe, seitdem er innewurde, dass ihn auf Schritt und Tritt ein anderer begleite. Erst habe er es nicht geglaubt, dass einer dauernd mit ihm ging. Dass, wenn er stehen blieb, der andere stand, und wenn er aufbrach, der andere sich mit erhob. Und er brauchte Zeit, bis er begriff, wer dieser sein Begleiter sei. »Mein ständiger Begleiter«, sagte er, »das ist mein Tod. Ich habe mich so sehr an ihn gewöhnt, dass ich ihn nicht mehr missen will. Er ist mein treuester, mein bester Freund. Wenn ich nicht weiß, was richtig ist und wie es weitergehen soll, dann halte ich ein Weilchen still und bitte ihn um eine Antwort. Ich setze mich ihm aus als Ganzes, gleichsam mit meiner größten Fläche; weiß, er ist dort, und ich bin hier. Und ohne dass ich mich an Wünsche hänge, warte ich, bis mir von ihm zu mir ein Hinweis kommt. Wenn ich gesammelt bin und mich ihm mutig stelle, kommt mir nach einer Zeit von ihm zu mir ein Wort, wie wenn ein Blitz, was dunkel war, erhellt – und ich bin klar.«

Dem Farmer war die Rede fremd, und er blickte lange schweigend in die Nacht. Dann sah auch er, wer ihn begleitet, seinen Tod – und er verbeugte sich vor ihm. Ihm war, als sei, was ihm von seinem Leben blieb, verwandelt. Kostbar wie Liebe, die um Abschied weiß, und wie die Liebe bis zum Rande voll.

Am nächsten Morgen aßen sie zusammen, und der Farmer sagte: »Auch wenn du gehst, bleibt mir ein Freund.« Dann traten sie ins Freie und reichten sich die Hand. Der Fremde ging seines Weges und der Farmer auf sein Feld. (MFL: 67)

Anhang I

Bert Hellingers Weg zur Familienaufstellung

Bert Hellinger wurde im Jahr 1925 geboren. Er hat zunächst Philosophie, Theologie und Pädagogik studiert. Seine religiöse Einstellung bewegte ihn, einem Orden beizutreten und später als Missionar nach Südafrika zu gehen. Die Tätigkeit als Missionar und Seelsorger hat Hellinger tief geprägt. Für ihn war es eine Zeit von intensiver Arbeit und viel Disziplin. Als er zu Beginn der siebziger Jahre den Orden verließ und sich der Psychotherapie zuwandte, bedeutete das für ihn keinen Bruch, sondern eine Weiterentwicklung. Weder bei ihm selbst noch auf Seiten des Ordens gab es Widerstände dagegen. Hellinger denkt mit positiven Gefühlen an die damalige Zeit zurück und hat auch heute noch Kontakt zu seinen dortigen Freunden. Er sagt: »Ich kann achten, was ich dort bekommen habe, und ich kann auch achten, was dort geleistet wurde.« Sein langjähriger Aufenthalt bei den Zulus lehrte ihn gegenseitigen Respekt und Geduld. Bei den Zulus ist es selbstverständlich, dass man den anderen nicht bloßstellt. Beeindruckt war er auch davon, wie man dort mit Kindern umgeht und wie natürlich und selbstverständlich die Eltern ihre Autorität den Kindern gegenüber zur Geltung bringen. Genauso selbstverständlich ist es bei den Zulus, dass die Kinder ihre Eltern achten. Hellinger hat kein einziges Mal gehört, dass jemand abfällig über seine Eltern gesprochen hat.
Bevor Hellinger nach Deutschland zurückkehrte, hatte er in Südafrika Erfahrungen mit Trainern gemacht, die in Gruppendynamik ausgebildet waren. Sie hatten ihre Ausbildung in den USA erhalten und boten Kurse für kirchliche Mitarbeiter an. Die Erfahrungen aus diesen Seminaren konnte Hellinger im Schulwesen direkt anwenden. An Psychotherapie hatte er damals noch nicht gedacht.
Eine wichtige Erfahrung in Europa war das erste Gestalttherapieseminar, das Ruth Cohn in Deutschland geleitet hatte.

Auf dem so genannten »heißen Stuhl« traf er eine Entscheidung, die sein späteres Leben bestimmte.
Danach entschloss sich Hellinger zu einer psychoanalytischen Ausbildung in Wien. Zu jener Zeit stieß er auf Arthur Janovs Buch »The primal scream« (Der Urschrei). Janov geht an die zentralen Gefühle direkt heran, wovon Hellinger tief beeindruckt war. Er hat einiges davon in seinen gruppendynamischen Seminaren ausprobiert und schließlich beschlossen, sich nach der Ausbildung als Psychoanalytiker bei Janov in den USA einer Primärtherapie zu unterziehen. Nachdem er dort neun Monate gelernt hatte, können ihn bis heute starke Gefühlsausbrüche nicht mehr aus der Ruhe bringen.
Doch bald entdeckte Hellinger Schwächen bei der Primärtherapie. Nach seiner Wahrnehmung lassen sich Therapeuten und Klienten oft nur noch von Gefühlen leiten, was Lösungen unmöglich macht. Zum Wertvollen, das Hellinger von der Primärtherapie behalten hat, gehört sein Umgang mit den Teilnehmern in Gruppen. Keinem ist es gestattet, Kommentare über die Prozesse von anderen zu machen. Für eigene Gefühlsäußerungen erhält man von anderen keine Resonanz. Auf diese Weise muss man sich mit sich selber auseinander setzen. Meist nämlich ist das Kommentieren nur ein Ablenken von der eigenen psychischen Situation.
Später hat Hellinger bemerkt, dass die intensiven Gefühle, die in der Primärtherapie zu Tage treten, fast alles Gefühle sind, die Mutter oder Vater gelten, genauer gesagt: der Urliebe zu Mutter und Vater. Trauer und Wut dienen häufig nur der Abwehr des Schmerzes, der durch eine unterbrochene Hinbewegung in der Kindheit entstanden ist.[33] Manchmal schreibt

[33] Siehe Kapitel »Eltern und Kinder«/Unterkapitel »Die unterbrochene Hinbewegung«

man jemand die Gefühle, die er zeigt, als persönliche Gefühle zu. Damit wird man dem Klienten jedoch nicht gerecht. Hellinger erinnert sich an eine Klientin, mit der er Primärtherapie gemacht hatte. Sie zeigte Gefühle, die ihm nicht nachvollziehbar waren. Erst aus einer späteren Perspektive verstand er, dass die seltsamen Gefühle dieser Frau nicht ihre eigenen waren, sondern von jemand anderem im Familiensystem übernommen worden waren.

In jener Zeit der Auseinandersetzung mit Janovs Urschreitherapie kam Hellinger in Kontakt mit der Transaktionsanalyse. Ein Schlüsselerlebnis für die Entwicklung seiner späteren Form der Familienaufstellungen war die Lektüre von Eric Bernes »Was sagst du, wenn du Guten Tag gesagt hast?«. In Bernes Arbeit geht es vor allem um die Suche nach den Skriptgeschichten der Klienten. Dieses Muster kann man herausfinden, wenn man den Klienten nach der bevorzugten Oper oder dem favorisierten Roman, Film, Comic, Märchen oder Mythos fragt, der ihn in frühester Kindheit beeindruckt hat, und einer zweiten Geschichte, die ihn heute beschäftigt. Wenn man diese beiden Geschichten vergleicht, findet man häufig gemeinsame Elemente, die auf den verborgenen Lebensplan hinweisen. Nach Eric Berne haben diese Skriptgeschichten ihre Wurzeln in den verbalen und nonverbalen Botschaften, die Eltern ihren Kindern geben.

Hellinger fand bald heraus, dass man diese Skriptgeschichten nicht alle mit den Botschaften der Eltern in Verbindung bringen kann. Andere Skripts gehen zurück auf Ereignisse, die im Familiensystem geschehen sind, zum Beispiel der Selbstmord einer Schwester der Mutter, der tabuisiert worden ist. Hellinger fügte somit der Berne'schen Sichtweise eine »Mehrgenerationenperspektive« hinzu. Nach längerer Erfahrung mit dieser Arbeit fand Hellinger heraus, nach welchen Gesetzmäßigkeiten es im Familiensystem zur Identifizierung mit früheren Ereignissen und Schicksalen kommt. Seiner Ansicht nach sind die meisten Probleme, mit denen Menschen in die Psychotherapie kommen, nicht entwicklungspsychologisch, sondern systemisch bedingt. Viele Probleme gehen somit nicht zurück auf eigenes Erleben, sondern auf die Identifizierung mit vergangenem fremden Schicksal.

Hier einige Beispiele für bestimmte Skriptgeschichten. Bei dem Märchen »Hans im Glück« hat oft ein Großvater sein Vermögen verloren. Man kann den Opa innerlich bitten: »Bitte segne mich, wenn ich es behalte.« Bei dem Märchen »Der Wolf und die sieben Geißlein« sagt die Mutter zu den Kindern: »Hütet euch vor dem bösen Papa!«

»Rotkäppchen« stellt die Verführung des Kindes durch den Vater der Mutter dar. In der Praxis kann es sich auch um einen anderen älteren Verwandten handeln. »Sterntaler« und »Der fliegende Robert« sind häufig die Skriptgeschichten von Magersüchtigen. In »Dornröschen« geht es um die vom König nicht eingeladene Fee, die systemisch wahrscheinlich eine von ihm nicht gewürdigte frühere Frau darstellt, die vom Kind vertreten wird.

Das Märchen vom »Rumpelstilzchen« ist weniger eine systemische Geschichte als ein Trauma-Skript. Das Märchen schildert die Erfahrung, keine Mutter zu haben und vom Vater weggegeben worden zu sein. In der nächsten Generation gibt dann oft die Tochter ihren Sohn weg. Wenn jemand diese Skriptgeschichte angibt, kann man ihn fragen, ob er oder ein anderes Kind in der Familie weggegeben worden ist. Möglicherweise kommt heraus, dass er sich wie dieses weggegebene Kind fühlt.

Ein Beispiel für ein Stück aus der Weltliteratur: Bei Goethes »Faust« geht es, zumindest wenn es die Skriptgeschichte einer

Frau ist, um die Frage: »Welcher Mann hat welche Frau hereingelegt?«

Nach Hellingers Erfahrung ist eine Geschichte, wenn sie für jemanden ein Skript ist, wörtlich zu nehmen. Ein Seminarteilnehmer gab als Skript den mythischen Helden Odysseus an. Der Mann hatte eine Freundin, deren Vater ihm ein Boot gegeben hatte. Mit diesem Boot verließ er die Freundin wie Odysseus die geliebte Nymphe Calypso und segelte nach Afrika.

Ein anderer Seminarteilnehmer war schon immer von Othello begeistert. Doch Othellos Geschichte kann man als kleines Kind noch nicht erlebt haben, und Hellinger fragte den Mann: »Welcher Mann aus deiner Familie hat aus Eifersucht jemanden umgebracht?« (OL: 499) Es war der Großvater gewesen. Nachdem seine Frau ihm untreu gewesen war, hatte er ihren Liebhaber erschossen. Seit dieser Zeit stellt sich Hellinger bei Skriptgeschichten immer die Frage, ob sie sich auf persönliche Erlebnisse beziehen, zum Beispiel auf Kindheitstraumata wie beim »Rumpelstilzchen«, oder auf Erlebnisse anderer Familienangehöriger.

Auch Hellingers Sicht von Träumen hat sich durch die Arbeit mit Skriptgeschichten verändert. Albträume oder andere Träume haben manchmal einen Bezug zu Erlebnissen, die ein Familienmitglied gehabt hat. In der Jung'schen Psychoanalyse werden Traumfiguren, wie zum Beispiel ein Mörder oder eine andere negativ besetzte Figur, der eigenen Person zugeordnet. Man spricht hier vom »Schattenaspekt«, den der Traum deutlich macht. Der Schatten repräsentiert gut verborgene negative Anteile der eigenen Psyche.

Dass es ganz andere Deutungsmöglichkeiten gibt, wurde mir in einem Traumseminar klar. Ein depressiver und selbstmordgefährdeter Teilnehmer erzählte von Albträumen, die ihn schon seit vielen Jahren plagten. Meist sah er zwei oder drei Männer, die an einem Galgen baumelten. Auch in seinem letzten Traum kurz vor Seminarbeginn träumte er, dass er einen Galgen besteigen müsse, an dem schon drei tote Männer hingen. Er hatte ein Messer in der Hand, mit dem er die Leichen abschneiden wollte. Es war im Traum ein sowohl psychisch als auch physisch anstrengendes Unterfangen, den Galgen erklettern zu müssen. Nichts, so sagte er, sei ihm im Traum so wichtig gewesen, wie diese Leichen endlich »zu befreien«.

Beim Hochkletttern sah er zu seinem Erstaunen in einiger Entfernung seinen Psychoanalytiker, der ihm zusah. Der Mann sah den Analytiker an und sagte zu sich selber: »Er ist ein Versager!« Schließlich rief er dem Analytiker zu: »Du kannst mir nicht helfen!« Kurz bevor er nah genug an die Leichen herangekommen war, um sie abschneiden zu können, erwachte der Mann schweißgebadet im Bett.

Auf mein Nachfragen erzählte der Mann, dass sich in seiner Familie eine Reihe von Männern umgebracht hatten. Sein Psychoanalytiker, zu dem er schon seit mehreren Jahren regelmäßig ging, hatte immer wieder versucht, den Albtraum mit den Leichen auf der personalen Ebene zu deuten. Doch mit den Kindheitserlebnissen des Mannes waren diese Träume einfach nicht zu erklären. Der Mann selber hatte dem Analytiker in der psychotherapeutischen Sitzung gesagt, dass die Ursache wohl eine andere sein müsse, als dieser annehme, denn es gehe ihm immer noch schlecht. Der Psychoanalytiker beharrte weiter auf seiner Deutung. In dem Traum des Mannes wurde nun deutlich gezeigt, dass die Sichtweise des Analytikers in diesem Falle wenig hilfreich war. Bei dem Klienten ging es um die Würdigung der Selbstmörder im Familiensystem. Dieses Beispiel zeigt anschaulich, wie Hellingers systemische Sichtweise vielen psychotherapeutischen Methoden aus verfahrenen Situationen heraushelfen kann.

Ein weiteres Puzzlestück auf Hellingers Weg zum Familienstellen war die Lektüre von Boszormenyi Nagys Buch »Unsichtbare Bindungen«. In diesem Buch wird die Idee des Ausgleichs in Familiensystemen beschrieben, wie man ihn über mehrere Generationen hinweg beobachten kann. Anschließend hat sich Hellinger mit der in den siebziger Jahren immer bedeutender werdenden Familientherapie beschäftigt. Er besuchte ein Seminar bei Ruth McClendon und Les Kadis. Später hat er Familienaufstellungen bei Thea Schönfelder beigewohnt. Beim Schreiben eines Vortrags über »Schuld und Unschuld in Systemen« ist ihm plötzlich aufgefallen, dass es eine Ursprungsordnung gibt: Das Frühere hat Vorrang vor dem Späteren. Danach begann Hellinger mit der von ihm entwickelten Form von Familienaufstellungen.

Zu der Hellinger eigenen Art des Arbeitens gehört das Erzählen von Geschichten. Wenn es in der Arbeit mit dem Klienten eine Blockade gibt, erzählt er gerne eine humorvolle oder nachdenklich stimmende Geschichte. Durch die Erzählung hat der Klient nicht mehr direkt mit Hellinger zu tun, sondern mit den Personen der Handlung. Dieser größere Abstand zum Therapeuten kann manchmal im Klienten etwas in Bewegung bringen. Zuweilen erzählt Hellinger Geschichten gar nicht direkt an den Klienten gerichtet, sondern einem Dritten. Diese indirekte Arbeitsweise geht, genau wie das Geschichtenerzählen, auf den Einfluss des amerikanischen Hypnotherapeuten Milton Erickson zurück.

Erickson erkannte den Menschen so an, wie er ist. Als Hypnotherapeut war Erickson sehr sensibel in seiner Wahrnehmung. Er verstand die unscheinbarsten Körpersignale eines Menschen. Manche haben es vielleicht schon im Alltag erlebt, dass jemand eine Frage mit Ja beantwortet, während der Kopf mit leichtem Schütteln ein Nein signalisiert. Das Unbewusste denkt nämlich des Öfteren ganz anders als das Bewusstsein. Ericksons Fähigkeiten im Erkennen der Sprache des Unbewussten haben legendären Ruf. So hatte er zum Beispiel durch längeres Beobachten einer Frau festgestellt, dass sich in ihrer Gestik und in ihrem Gang minimal etwas verändert hatte: Er beglückwünschte sie zu ihrer Schwangerschaft. Die Frau war völlig erstaunt, denn sie fühlte sich nicht schwanger. Ein Arztbesuch jedoch bestätigte Ericksons Wahrnehmung. Einen Transvestiten erkannte Erickson einmal daran, dass er einen Fussel anders vom Ärmel bürstete, als das Frauen gewöhnlich tun; er drehte seinen Ellenbogen nicht außen herum.[34]

Hellinger hat von Jeffrey Zeig, Stephen Lankton und anderen Schülern Milton Ericksons gelernt, auf diese minimalen Körpersignale zu achten. Diese Körpersignale stehen nicht selten in krassem Gegensatz zur bewussten Aussage des Klienten. Wenn Hellinger zum Beispiel einen Krebskranken fragt, ob er noch Hoffnung habe, verlässt er sich weniger auf die verbale Antwort, die natürlich häufig »ja« lautet, sondern auf die nonverbale: Wenn das Ja ohne Kraft gesagt wird und der Gesichtsausdruck Resignation widerspiegelt, ist dies die wichtigere Information. Die verblüffende Sicherheit, die Bert Hellinger während seiner Familienaufstellungen als Therapeut zeigt, hat vor allem mit der Treffsicherheit seiner gleichzeitig distanzierten und doch auch liebevoll anteilnehmenden Wahrnehmung zu tun.

[34] Jeffrey Zeig: »Die Weisheit des Unbewussten – Hypnotherapeutische Lektionen bei Milton H. Erickson«, Heidelberg 1995, S. 195

Anhang II

Familienaufstellung

»Lieber gehe ich als du, liebe Mama!«

Beispiel einer Klientin mit langjährigem Diabetes und kürzlich diagnostizierter multipler Sklerose[35]

Bert Hellinger fragt im Publikum, ob ein Schwerkranker seine Familie aufstellen möchte. Es meldet sich eine Frau, die seit ihrer Jugend an Diabetes leidet und bei der vor kurzem multiple Sklerose diagnostiziert worden ist. Die Frau kommt auf die Bühne und setzt sich neben Bert Hellinger.[36]

H.: »Bist du verheiratet?«
Brigitte: »Nein.«
H.: »Kinder?«
Brigitte: »Nein.«
H.: »Ist etwas Besonderes passiert in deiner Herkunftsfamilie?«
Brigitte: »Mein Vater ist gestorben, als ich fünf Jahre alt war. *(Pause)* Sonst wüsste ich nichts.«
H.: »Gut. Ich stell' jetzt deine Herkunftsfamilie auf. Dazu gehören dein Vater, deine Mutter und – wie viel Geschwister?«
Brigitte: »Ein Bruder.«
H.: »Du bist das wievielte Kind?«
Brigitte: »Das zweite.«
H.: »War jemand von den Eltern vorher in einer festen Bindung?«
Brigitte: »Nicht dass ich wüsste.«

[35] Diese Aufstellung wurde von Bert Hellinger durchgeführt und bislang in Buchform noch nicht veröffentlicht.

[36] Der Frau wurde der fiktive Name Brigitte gegeben. Bert Hellinger wurde mit »H.« abgekürzt.

H.: »Gut. Dann stellen wir diese vier Personen auf. – Hast du schon einmal eine Familienaufstellung gesehen?«
Brigitte: »Nein. Eigentlich nicht. *(Nach einigem Zögern)* Gestern Nachmittag habe ich eine gesehen.«
H.: »Du wählst jetzt aus dem Publikum jemand aus für deinen Vater, jemand für deine Mutter, jemand für deinen Bruder und jemand für dich. Sie kommen dann hierher auf die Bühne, und dann stellst du sie auf. So, nun wähle aus!«
H. *(Nachdem Brigitte zögernd vor dem Publikum steht und sich nicht entscheiden kann):* »Es ist egal, wen du nimmst.«
H. *(Nachdem alle Stellvertreter ausgewählt worden sind und auf der Bühne stehen):* »Ich will dir sagen, wie man's macht. Du nimmst jeden mit beiden Händen an der Schulter und schiebst ihn an seinen Platz *(Hellinger demonstriert es)* – genau dahin, wo du meinst, dass er hin muss. Ja? Und du machst das in einer gesammelten Weise.«
H. *(zu den Stellvertretern)*: »Und ihr lasst euch einfach so bewegen, und ihr achtet auf das innere Gefühl, das entsteht und wie es sich verändert. Anschließend frage ich danach. – Jetzt braucht ihr nichts zu sagen, und du *(an Brigitte gewandt)* sagst jetzt auch nichts. Ja? Fang an!«

1. Bild:

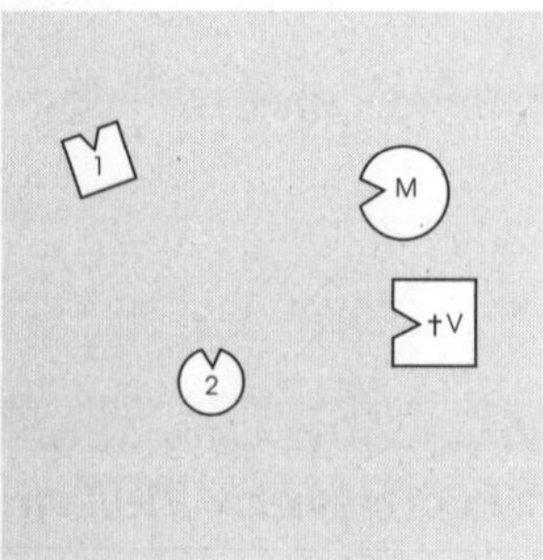

In den bildlichen Darstellungen werden die Männer mit einem Viereck gekennzeichnet und die Frauen mit einem Kreis. Die Einkerbung der Symbole zeigt die Blickrichtung an.
V † = Vater verstorben / M = Mutter / 1 = 1. Kind (Bruder) 2 = 2. Kind (Klientin Brigitte) / MM = Mutter der Mutter / BM † = Bruder der Mutter, jung an Diphtherie gestorben

H. *(zum Publikum):* »Das ist eine merkwürdige Aufstellung. Und wenn man bedenkt, dass das eine Familie ist: Nach was sind die ausgerichtet? Das ist die erste Frage, die sich jetzt stellt. Ich frage aber erst einmal ab, wie es den Einzelnen geht.«

H. *(geht zum Stellvertreter des Vaters):* »Wie geht es dem Vater?«

V.: »Ordentlich.« *(Lachen im Saal)*

H.: »Was heißt das?«

V.: »Etwas abgewandt.«

H.: »Und wie ist das Gefühl?«

V. *(nach einigem Zögern):* »Gut.«

H. *(zur Mutter):* »Wie geht es der Mutter?«

M.: »Ich fühle mich von den Kindern, besonders von dem Sohn, getrennt. Er schaut in eine andere Richtung. – Der Mann ist für mich spürbar, *(nach kurzer Pause)* aber er ist wenig spürbar. Die Tochter seh ich nur aus dem Augenwinkel.«

H. *(zum Bruder):* »Wie geht es dem Bruder?«

(1): »Ich fühle mich hier ziemlich alleine. Ich sehe meine Familie nicht und habe nur das Gefühl, dass irgendwer im Rücken steht.«

H. *(zur Tochter):* »Wie geht's der Tochter?«

(2): »Der erste Blick, den ich mit der Mutter hatte, war mir unangenehm. Ich hatte das Gefühl, ich muss meinen Blick abwenden. Und ich habe das Gefühl, ich hätte hier *(zeigt in die entgegengesetzte Richtung)* die Möglichkeit, abzuhauen. *(Nach einer Pause)* Ich merke auch, dass ich unruhig bin.«

H. *(indem er den Vater am Arm nimmt):* »Der Vater ist früh gestorben. Ich stelle ihn jetzt mal in den Blick.« *(Hellinger stellt den Vater vor den Sohn)*

2. Bild:

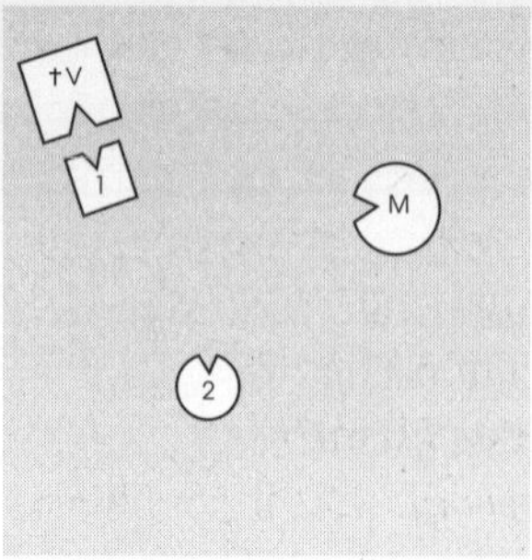

H. *(zum Vater):* »Wie geht es dir da?«
V.: »Gut. Ich sehe alles und habe alles vor mir. Es ist befriedigend.«
H. *(zum Sohn):* »Wie geht es dem Sohn jetzt?«
(1): »Es geht besser. Ich sehe den Vater. Es ist ein besseres Gefühl als vorher.«
H. *(zur Mutter):* »Was ist bei der Mutter verändert?«
M.: »Es fehlt etwas. Es fehlt die Stütze und die Wärme von hinten.«
H. *(zur Tochter):* »Bei dir?«
(2): »Ich werde noch unruhiger.«
H. *(zum Publikum):* »Von den Reaktionen, die ich bisher bekommen habe, würde ich schließen, dass etwas Besonderes passiert ist in der Herkunftsfamilie der Mutter. Und das frage ich jetzt. *(Hellinger geht zu Brigitte, die dem Geschehen bisher vom Rand zugesehen hatte)*
H. *(zu Brigitte):* »Was ist in der Herkunftsfamilie der Mutter Besonderes passiert?«
Brigitte: »Der jüngste Bruder war zwölf oder vierzehn Jahre jünger. Er ist im Krieg an Diphtherie gestorben, gerade als meine Mutter losgeschickt worden ist, um den Arzt zu holen.

Dann war da prompt ein Bombenangriff. Der zweite Bruder war vielleicht zwei Jahre jünger. Er ist mit 49 Jahren an einem Herzinfarkt gestorben; meine Mutter meinte, aus Kummer über seine Frau. Es war eine schlechte Ehe, und sie wurden geschieden. Die Frau hatte ihn anschließend nicht losgelassen.«

H.: »Was war mit ihren Eltern?«

Brigitte: »Mit meinen Eltern?«

H. *(zur Mutter zeigend):* »Mit ihren Eltern.«

Brigitte: »Die Mutter meiner Mutter war, wie sie sagte, immer schwer herzkrank. In der Kindheit meiner Mutter ist ihre Mutter quasi dauernd gestorben. Sie musste immer losrennen, den Arzt oder den Priester holen.«

H.: »Ja. Da haben wir jetzt bedeutsame Informationen bekommen. Ich wähle jetzt jemand für die Mutter der Mutter und noch jemand für den jüngsten Bruder der Mutter. *(Hellinger wendet sich an Brigitte, nachdem die beiden neuen Stellvertreter auf die Bühne gekommen sind)* »Wie würdest du die beiden aufstellen?«

(Brigitte stellt den Bruder der Mutter und die Großmutter auf.)

3. Bild:

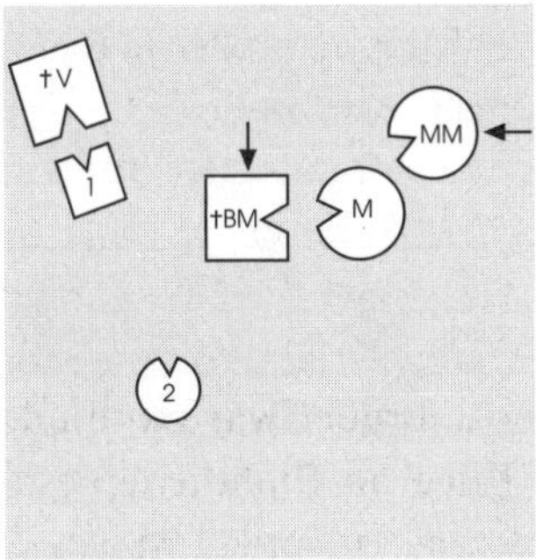

H. *(zu Brigitte):* »An was ist dein Vater gestorben?«
Brigitte: »Herzinfarkt.«
H. *(zur Mutter):* »Was ist jetzt bei der Mutter verändert?«
M. *(zu ihrem Bruder blickend, der ihr gegenübersteht):* »Hier ist jetzt ein Sonnenschein aufgegangen. Hinter mir spüre ich nicht viel. Ich würde mich gerne umdrehen und nachschauen.«
H. *(zur Tochter):* »Was ist bei dir verändert?«
(2): »Ich fühle mich sicherer.«
H. *(zum Bruder der Mutter):* »Wie geht es dir?«
BM.: »Ich habe eine ganz kleine Gruppe vor mir. Das ist gut. Hinter mir *(er zögert)* kriege ich nichts mit.«
H. *(zur Mutter der Mutter):* »Wie geht es der Mutter der Mutter?«
MM.: »Mir ist es hier etwas zu eng. Ich möchte einen Schritt zurücktreten. Der Blickwinkel auf meinen Enkelsohn ist gut. Ein bisschen stört mich der Bruder.«
H.: »Das ist der Sohn von dir!«
MM.: »Ja.«
H.: »Okay. Ich stelle jetzt etwas um.« *(Hellinger stellt die Mutter der Mutter und den Bruder der Mutter mit der Mutter in eine Reihe. Den Mann stellt Hellinger neben die Frau)*
H. *(zu den Kindern):* »Euch stelle ich den Eltern gegenüber, oder noch besser *(er rückt sie näher in Richtung Vater)* in den Bannkreis des Vaters.«
H. *(zur Mutter):* »Wie nah muss der Bruder zu dir kommen?«
M.: »Noch näher.« *(Hellinger rückt ihren Bruder noch näher an sie heran)*
H. *(zur Mutter):* »Und wie nahe soll die Mutter stehen?«
M.: »Ein bisschen näher.« *(Hellinger rückt die Mutter der Mutter näher heran)*

4. Bild:

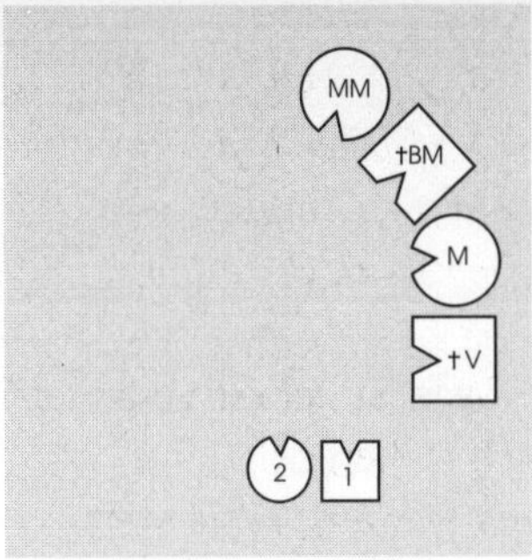

H. *(zur Mutter):* »Wie geht es dir jetzt?«

M.: »Die Nähe tut gut. Ich fühle mich geborgen.«

H. *(zum Vater):* »Wie geht es dem Mann?«

V.: »Ich bin etwas zu nah an diesem Teil der Familie.« *(Er meint die neu hereingestellten Verwandten der Mutter. Hellinger nimmt den Mann an der Schulter und rückt ihn etwas von der Frau ab.)*

V.: »So ist es gut.«

H. *(zum Sohn):* »Wie geht es dem Sohn jetzt?«

(1): »Mir geht es gut jetzt. Ich fühle die Mutter als eine Einheit. *(Nach einer Pause)* Kompletter. Es sind viele neue Teile hinzugekommen.«

(Hellinger geht mit dem Mikrofon auf die Tochter zu)

(2): »Mir ist das zu nah mit dem Bruder. Er kommt mir versteift vor. Mir tut der rechte Arm weh.«

(Hellinger rückt sowohl den Sohn als auch die Tochter näher an den Vater heran)

H. *(zur Tochter):* »Wie ist das?«

5. Bild:

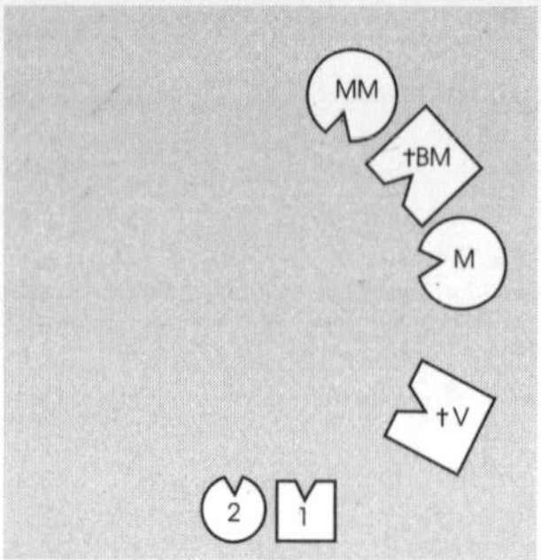

(2) *(ihren Bruder anschauend):* »Es ist nicht mehr so steif.«
H. *(zur Tochter)*: »Geh mal dahin, wo die Mutter steht.« *(Hellinger deutet auf den Platz zwischen dem Bruder der Mutter und der Mutter. Durch die Hereinnahme der Tochter stehen Vater und Mutter wieder enger beieinander)*

6. Bild:

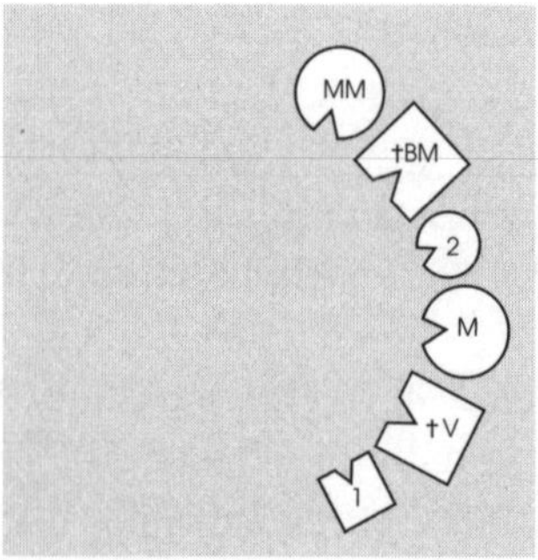

H. *(zur Mutter):* »Wie ist das, besser oder schlechter?«
M.: »Besser.«
(2): »Ich habe das Gefühl, die Mutter möchte, dass ich herkomme; sie hat so eine Handbewegung gemacht, als ich kam.«

H. *(zur Tochter):* »Wie geht es dir jetzt? Besser oder schlechter?«
(2): »Ich bin wieder etwas aufgeregt, was ich auf dem letzten Platz nicht war.«
H. *(zum Vater):* »Wie geht es dem Mann jetzt?«
V.: »Nicht mehr ganz so gut. Ich müsste weiter weg.«
H. *(nimmt den Vater am Arm):* »Dreh dich mal um und gehe zwei Schritte weg. *(Als der Vater dies getan hat)* Wie geht es dir da?«

7. Bild:

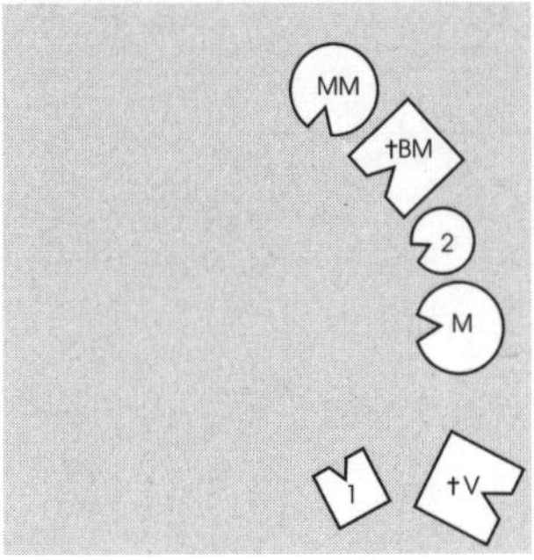

V.: »Schlechter.«
H. *(zur Mutter):* »Wie geht es der Mutter, wenn er weg ist? Besser oder schlechter?«
M.: »Schlechter.«
H. *(holt den Vater):* »Komm wieder an deinen Platz zurück.«
(Hellinger stellt die Mutter der Mutter, den Bruder der Mutter und die Mutter hintereinander, sodass sie von der Familie wegschauen. Diese Stellung bedeutet Hellinger zufolge Weggang und Tod)

8. Bild:

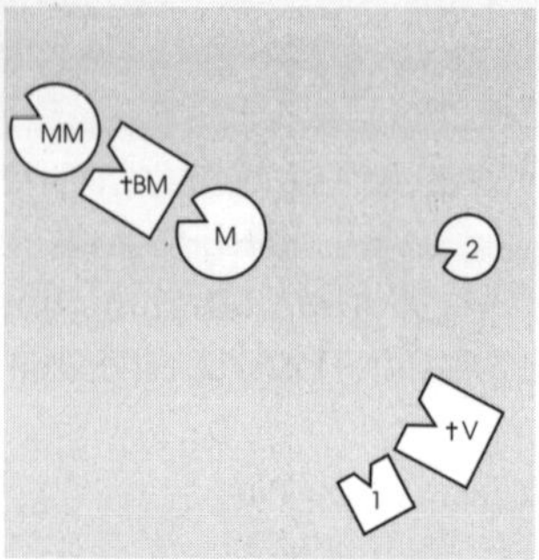

H. *(zur Mutter):* »Wie geht es dir da?«
M.: »Nicht gut. Ich fühle mich so abgewandt und irgendwie als Letzter, als Letzte.«
H. *(zur Mutter):* »Stell dich neben den Mann *(Und zur Tochter)* Stell du dich hierhin.«

9. Bild:

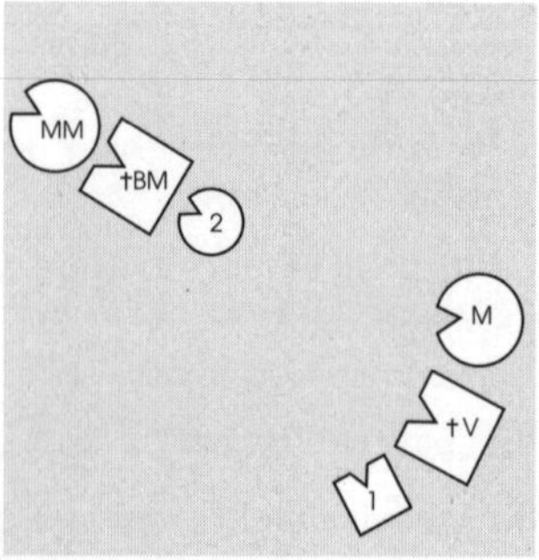

H. *(zur Tochter, nachdem sie sich hinter den Bruder gestellt hat):* »Wie ist das?«
(2): »Besser.« *(Nickt mit dem Kopf)*

H. *(zum Publikum):* »Ich habe jetzt Verschiedenes ausprobiert. Wenn in einer Familie eine Mutter dauernd am Sterben ist, dann sagt manchmal ein Kind: ›Lieber ich als du.‹ Und wenn ein Kind gestorben ist, wie ihr Bruder, dann will das Kind dem oft nachfolgen in den Tod. Mein Bild am Anfang war, dass die Frau eigentlich sterben will. Und jetzt tritt die Tochter an die Stelle der Mutter und folgt den anderen in den Tod. Sie fühlt sich dort gut. Das wäre die Dynamik der Krankheit.«
H. *(wendet sich Brigitte zu):* »Was sagst du dazu?«
Brigitte: »Das macht mich traurig. Aber ich fühle das auch.« *(Sie weint und nickt mit dem Kopf)*
H. *(zum Publikum):* »Das ist die Lösung, die in Familien aus der Urliebe herausgesucht wird. Die Urliebe ist die tiefe Bindung der Kinder an ihre Eltern. Kinder fühlen sich so tief verbunden mit ihren Eltern und Geschwistern, dass sie deren Schicksal teilen wollen, und dann sagen sie innerlich: ›Ich folge dir nach in den Tod. Ich folge dir nach in dein Schicksal.‹ Und manchmal zeigt sich das dann, indem sie eine schwere Krankheit bekommen. Das wäre die Dynamik hinter der Krankheit. Oder sie sagen: ›Lieber mache ich das, als dass du das machst, liebe Mutter. Ich sterbe an deiner Stelle. Ich werde krank an deiner Stelle. Ich verschwinde an deiner Stelle.‹ Dahinter steckt die Vorstellung, dass mit diesem Opfer die andere geliebte Person gerettet werden kann oder erlöst werden kann. Das ist diese Urliebe.
Was hier übersehen wird, ist, dass der andere auch liebt. Der, dem man nachfolgen will, möchte weder die Rettung noch braucht er sie. Wenn das Kind das erkennt, wäre das der Abschied vom magischen Weltbild: Man liebt den anderen auf einer höheren Ebene, nicht indem man ihn rettet, sondern indem man ihn ehrt. Und jetzt werde ich versuchen, ob ich

hier eine Lösung finde, die auf dieser höheren Ebene stattfindet, eine Lösung, bei der niemand krank werden muss.«
H. *(zu Brigitte):* »Einverstanden, wenn ich das so mache?«
(Brigitte nickt und lächelt)
H. *(nimmt Brigitte am Arm):* »Ich stelle dich gleich mal hier herein an deinen Platz.« *(Die Stellvertreterin für Brigitte geht, und Brigitte stellt sich an ihren Platz hinter den Bruder der Mutter. Hellinger stellt die Mutter der Mutter und den Bruder der Mutter Brigitte gegenüber und führt Brigitte an die Seite ihres Bruders)*

10. Bild:

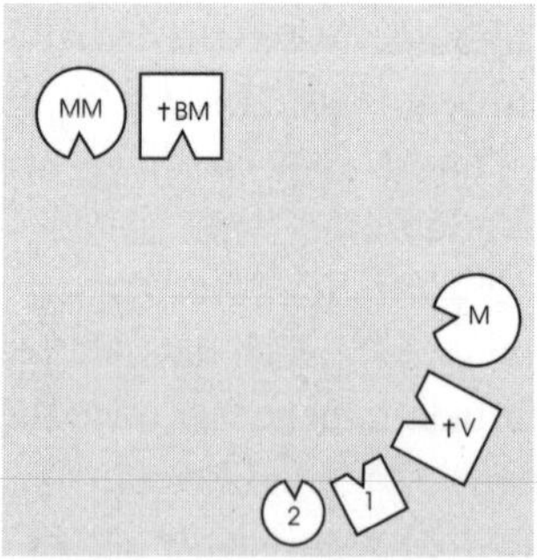

H. *(zur Mutter):* »Jetzt nimm deine Tochter bei der Hand, gehe mit ihr zu deiner Mutter. *(Als sie dort angelangt sind)* Jetzt verneigt euch beide vor der Mutter.« *(Tochter und Mutter verneigen sich gleichzeitig vor der Mutter der Mutter)*

11. Bild:

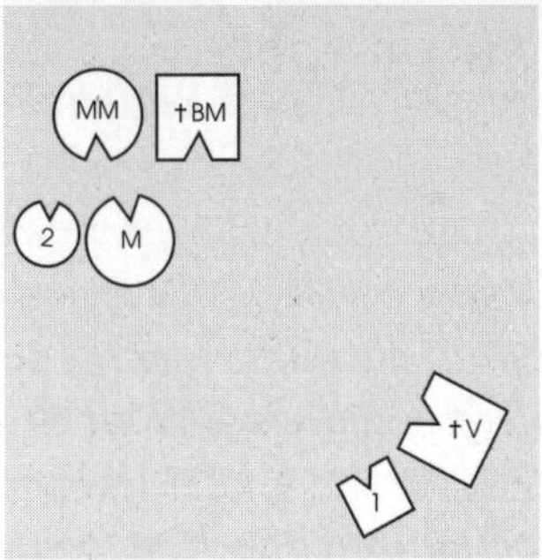

H. *(zur Mutter):* »Sag – *(Hellinger wendet sich fragend an Brigitte)* –, wie hat sie ihre Mutter angeredet?«
Brigitte: »Weiß ich nicht.«
H.: »Okay. *(Zur Mutter)* Sag ›Mama‹!«
M.: »Mama.«
H. *(spricht der Mutter vor):* »Es war so schlimm.«
M. *(zu ihrer Mutter):* »Es war so schlimm.«
H. *(spricht vor):* »Bitte bleibe!«
M.: *(zu ihrer Mutter):* »Bitte bleibe!«
(Brigitte hört gespannt zu. Ihr Kinn beginnt zu zittern. Sie ist tief bewegt.)
H. *(zur Mutter der Mutter):* »Wie ist das für die Großmutter?«
MM. *(nickt):* »Ich glaube, das ist genau richtig. Ich bekomme eine Wertigkeit.«
H. *(der Mutter vorsprechend):* »Bitte sei freundlich, wenn ich bleibe, auch wenn du gehst.«
M. *(zu ihrer Mutter):* »Bitte sei freundlich, wenn ich bleibe, auch wenn du gehst.«
H. (zu Brigitte): »Wie geht es dir dabei?«
Brigitte *(mit zitterndem Kinn):* »Gut.« *(Nickt)*

(Hellinger löst sanft Mutter und Tochter voneinander, die sich an der Hand halten)
H. *(zu Brigitte):* »Sag: ›Liebe Oma!‹«
Brigitte: »Liebe Oma!« *(Hellinger legt seine Hand auf Brigittes Schulter)*
H. *(spricht Brigitte vor):* »Ich gebe dir die Ehre.«
Brigitte *(zur Mutter der Mutter):* »Ich gebe dir die Ehre.« *(Brigitte ist tief bewegt)*
H. *(zu Brigitte):* »Geh zu ihr hin und nimm sie in den Arm.«
(Brigitte geht zur Mutter der Mutter und umarmt sie. Hellinger legt seine Hand auf Brigittes Hinterkopf) »Mund auf und tief atmen!«
H. *(zu Brigitte, während sie die Großmutter noch umarmt hält):* »Nimm sie in dein Herz. Tief einatmen. Durch tiefes Einatmen nimmst du sie in dein Herz. *(Brigitte hält die Großmutter immer noch und atmet tief. Nach einer Weile lächelt Brigitte und beginnt zu strahlen. Hellinger bemerkt Brigittes Strahlen und berührt sie am Arm)* Genau. Siehst du, das tut dir gut.« *(Brigitte nickt)*
H.: »Genau.«
(Brigitte weint vor Freude)
H. *(zu Brigitte):* »Stell dich wieder neben die Mutter.«
(Brigitte lächelt die Großmutter noch einmal an und geht wieder neben die Mutter)
H. *(zur Mutter):* »Wie geht es denn der Mutter?«
M.: »Es ist schön, wunderschön.«
(Brigitte lächelt und weint)
H. *(zur Mutter):* »Sag ihr: ›Bleibe!‹«
M. *(zu Brigitte):* »Bleibe!«
H. *(zur Mutter, als diese den Impuls hat, Brigitte zu umarmen):* »Ja, folge deinem Gefühl. Es ist okay.«
(Die Mutter umarmt Brigitte. Sie halten sich lange).

H.: »Gut. Jetzt nehmt euch wieder bei der Hand, und jetzt geht ihr beide vor den Bruder der Mutter.«
(Mutter und Brigitte gehen vor den Bruder der Mutter)
»Verneigt euch vor ihm ganz leicht.«
(Mutter und Brigitte verneigen sich vor dem Bruder der Mutter)
H. *(zu Brigitte):* »Sag ihm: ›Lieber Onkel!‹«

12. Bild:

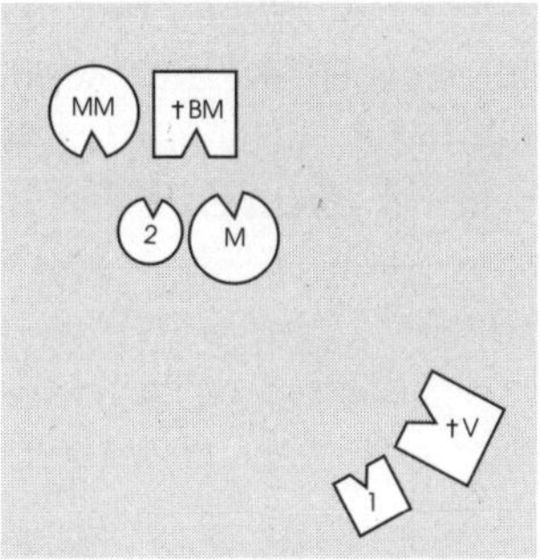

Brigitte *(zum Bruder der Mutter):* »Lieber Onkel.«
H. (spricht ihr vor): »Ich lebe noch ein bisschen.« Brigitte *(weint heftig, schluckt und schaut zu Boden. Die Mutter berührt sie am Arm.)*
H. *(zu Brigitte):* »Schau ihn dabei an. Schau ihn an. *(Als sie erneut auf den Boden guckt und schluchzt)*. Nein, nein. Ohne Schluchzen. Tief atmen.« *(Brigitte schluchzt heftig)*
H. *(zum Publikum):* »Das ist jetzt ein Kindergefühl.«
H. *(zu Brigitte):* »Schau ihn an. Ganz ruhig.« *(Hellinger hält ihr das Mikrofon hin)*
Brigitte *(zum Bruder der Mutter):* »Ich bleibe noch ein bisschen.« *(Mit schwacher und zitternder Stimme)*
H. *(spricht ihr vor):* »Dann komme ich auch.«

Brigitte *(zum Bruder der Mutter):* »Dann komme ich auch.«
H. *(spricht ihr vor):* »Bitte sei freundlich, wenn ich noch ein bisschen bleibe.«
Brigitte: »Bitte sei freundlich, wenn ich noch ein bisschen bleibe.«
H. *(zum Bruder der Mutter):* »Wie ist das für den Onkel?«
BM.: »Das ist schön. Das gibt mir die Möglichkeit, das auch zu geben.«
H. *(zur Mutter):* »Wie geht es denn der Mutter dabei?«
M.: »Ja, auch gut.«
H. *(zur Mutter):* »Jetzt stell du dich wieder neben deinen Mann. *(Zu Brigitte)* Und du neben deinen Bruder.«
H. *(zu den Geschwistern):* »Stellt euch den Eltern zugewandt.«

13. Bild:

H. *(zum Vater):* »Wie geht's dem Mann jetzt?«
V.: »Gut.«
H.: »Und mit der Frau?«
V.: »Ja. Gut.«
V. *(nachdem Hellinger die Frau näher an den Vater heranrückt):* »Etwas zu nah.« *(Lachen im Saal. Die Frau geht einen Schritt nach rechts zur Seite)*

H. *(zur Mutter):* »Wie geht es der Frau jetzt?«
M.: »Ich würde gern viel näher kommen. Ich bin fremd zu ihm.«
H. *(zu Brigitte):* »Da ist noch etwas in der Herkunftsfamilie deines Vaters.«
Brigitte *(kopfschüttelnd):* »Nein.«
H.: »Oder hat er vor der Mutter noch eine andere Frau gehabt?«
(Brigitte zuckt mit den Schultern)
H.: »Okay. *(Zum Sohn)* Und wie geht's dir jetzt hier?«
(1): »Gut. Sehr gut.«
H. *(zu Brigitte):* »Und wie geht's dir jetzt hier?«
Brigitte: »Ich finde das komisch, dass das so verrückt steht.« *(Sie deutet auf sich und die leicht schräg gegenüberstehenden Eltern)*
H. *(nimmt Brigitte am Arm und zieht sie und ihren Bruder nach links, sodass sie den Eltern direkt gegenübersteht):* »Probier es aus!«

14. Bild:

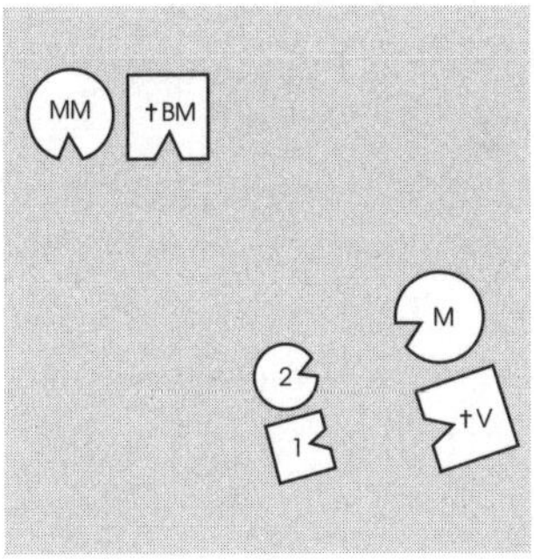

H. *(zu Brigitte):* »Besser so?«
Brigitte *(nickt):* »Ja.«
H. *(zu Brigitte):* »Da lass ich's. Das war's dann.«
(Die Stellvertreter verlassen die Bühne. Hellinger und Brigitte setzen sich nebeneinander.)
H. *(zum Publikum):* »Wenn ich für Kranke eine Familie aufstelle, dann schaue ich in erster Linie auf die Familie: Ist da etwas unerledigt, oder muss etwas in Ordnung gebracht werden? Müssen zum Beispiel Tote oder solche, die schwere Schicksale hatten, in den Blick gerückt werden, so wie wir das hier gesehen haben? Aus diesem Vorgang kann dann eine gute Kraft kommen. Man konnte das bei ihr sehen. Wenn diese gute Kraft ins Spiel kommt, traue ich ihr zu, dass sie günstig auf die Krankheit wirkt – in welcher Weise auch immer. Zu meinen, dass man damit eine Krankheit heilt, wäre vermessen. Damit würde man die Vielschichtigkeit menschlichen Lebens und Schicksals verkennen. Aber dass aus alldem eine heilende und lindernde Wirkung erwachsen kann, das kann man auch von hier *(er deutet auf Brigittes Gesicht)* ablesen.«
H. *(zu Brigitte):* »Die Frage ist, ob du das auch durchhältst?«
Brigitte *(strahlend):* »Was durchhalten?«
H.: »Das Glück!«
Brigitte *(Sie lacht. Mit zuckenden Schultern und lächelnd sagt sie):* »Ich werde sehen.«
H. *(zum Publikum):* »Es ist sehr schwer, wenn in einer Familie jemand abweicht vom Schicksal der anderen. Das traut er sich in der Regel nicht, weil er sich zu sehr verbunden fühlt. Er traut sich das nur, wenn die anderen dazu freundlich sind.«
H. *(wendet sich an Brigitte):* »Das hast du gesehen – oder?«
(Brigitte nickt)

H.: »Wenn es einmal schwer wird, schau auf die Gesichter! Ja?«

(Brigitte ist bewegt und lächelt)

H.: »Sag ihnen: ›Seid freundlich, wenn ich noch ein bisschen bleibe.‹«

(Brigitte nickt)

H.: »Gut. Das war's dann.«

Brigitte: »Danke!« *(Brigitte geht von der Bühne)*

H. *(zum Publikum):* »Ich möchte etwas sagen über diese Art der Arbeit. Was für mich selber sehr überraschend war, war herauszufinden, dass etwas Verborgenes ans Licht kommt. Voraussetzung allerdings ist, dass es der Klient gesammelt gemacht hat. Dieses Verborgene war der Person selber nicht bewusst. Plötzlich wird etwas dargestellt, und man sieht, dass da etwas fehlt. Etwas stört diese Familie. Und dann kann man sehen, ob man findet, was da fehlt und was da stört. Dieses Fehlende bringt man in die Familie hinein, so wie ich hier den verstorbenen Bruder der Mutter und die lange krank gewesene Mutter hineingebracht habe. Man muss sich einmal vorstellen, wie Kinder in einer Familie sich fühlen, wenn sie dauernd denken müssen, dass die Mutter bald stirbt. Was trauen diese Kinder sich, vom Leben zu nehmen? Was geht in deren Herzen vor? Und wenn die Kinder schließlich sagen können: ›Liebe Mama, bitte bleibe, und wenn du gehst, sei freundlich, wenn ich noch ein bisschen bleibe.‹

Nur war hier noch erschwerend, dass auch der Vater früh gestorben ist. Ich vermute, dass in seiner Familie ebenfalls eine Dynamik vorlag, die ihn zum Weggehen antrieb. Für die Lösung musste man das aber in diesem Fall nicht verstehen. Wenn diese Dinge wieder in Ordnung gebracht werden, dann kann sich die Seele wieder Größerem und Glücklicherem zuwenden. Allerdings ist der Sog zurück in diese alte Form von Liebe sehr groß. Wenn die Klientin jetzt zum Beispiel krank bliebe, dann würde sie sich wahrscheinlich inniger mit ihrer Familie verbunden fühlen, als wenn sie gesund wird oder es ihr besser geht.

Die Lösung ist somit auch ein Verzicht auf Innigkeit in der Familie. Nur wer den Mut hat, auf eine höhere Ebene zu gehen und diese Innigkeit aufzugeben, bei der er sich von den anderen getrennt fühlt und geschieden wie von den Toten, nur der kann das durchhalten. Deswegen hat diese Lösung auch oft etwas von einem religiösen oder spirituellen Vollzug an sich. Man darf hier nicht der Meinung sein, dass diese Wandlungen leicht geschehen, denn die Seele hat ihre eigenen Gesetze. Man muss diese Gesetze achten und sehr vorsichtig damit umgehen.«

H. *(zu Brigitte, die relativ weit vorne im Publikum sitzt):* »Wirst du das machen?«

(Brigitte lächelt und nickt)

H. *(zum Publikum):* »Irgendwelche Fragen?«

Frage: »Warum haben Sie die Formulierung vorgegeben ›Ich bleibe noch ein bisschen, dann sterbe ich auch‹?«

H.: »Diese Worte wurden gewählt nach der Wirkung, die sie in der Seele entfalten und nicht nach der Logik. Wenn man jetzt überprüft, wie das auf einen Toten wirkt, wenn man ihm zum Beispiel sagt: ›Lieber Vater, du bist tot, ich bleibe noch ein bisschen, dann sterbe ich auch‹, ist das völlig anders, als wenn jemand sagt: ›Du bist tot, ich bleibe!‹ *(An den Frager)* Merkst du den Unterschied? Das Letztere hat etwas von Trotz an sich, während das andere in Einklang mit dem Toten geschieht. Wie immer das Wort ›bisschen‹ genommen wird, das Leben ist im Vergleich zum Totsein immer nur ein ›bisschen‹. Es ist etwas Bescheidenes darin. Wenn ich es auf diese Weise sage, dann bin ich mit den Toten solidarisch. Ich überhebe mich nicht über die Toten, etwa im Sinne von ›Ihr seid jetzt weg, ich bin noch da‹. Das wäre schlimm. Dagegen würde die Seele rebellieren. Durch die Solidarität mit den Toten hingegen kommt von ihnen ein Segen, der mein Leben stärkt.«

Frage: »Sie haben gesagt, dass es für ein Kind schlimm ist, wenn eine Mutter dauernd leidet und am Sterben ist. Wie ist es, wenn es sich um den Vater handelt?«

H.: »Es spielt keine Rolle, ob es sich um den Vater oder um die Mutter handelt.«

Frage: »Warum hat die Patientin ihren Platz nicht selbst gewählt, sondern warum wurde er ihr zugewiesen?«

H.: »Das ist eine sehr wichtige Frage. Wenn ich den Patienten seinem Gefühl überlasse, dann folgt er der Ursprungsliebe. Er stellt das auf, was das Problem bestätigt. Er wird die Lösung vermeiden. Der Therapeut muss die Initiative ergreifen, das Richtige tun, doch er überprüft es mit dem Klienten, indem er ihn fragt, wie er sich fühlt. Der Therapeut nimmt somit die Veränderung nicht willkürlich vor. Das unterscheidet diese Art von Familienaufstellungen von vielen anderen: Der Therapeut ergreift die Initiative; er hat aus der Erfahrung ein Bild von der Ordnung. Kleinigkeiten muss er korrigieren, doch er hat ein Bild von der Ordnung, wie sie sein müsste, damit es gut wird.«

Bly, Robert: *Der Eisenhans – Ein Buch über Männer.* München 1993

Franke, Ursula: *Systemische Familienaufstellung – Eine Studie zu systematischer Verstrickung und unterbrochener Hinbewegung unter besonderer Berücksichtigung von Angst-Patienten.* Profil-Verlag, Wien und München 1996 (eine Dissertation über Angststörungen)

Goldner, Guntram Colin: *Zen in der Kunst der Gestalt-Therapie.* Augsburg 1986

Hellinger, Bert/ten Hövel, Gabriele: *Anerkennen, was ist – Gespräche über Verstrickung und Lösung.* München 1996

Hellinger, Bert: *Familienstellen mit Kranken – Dokumentation eines Kurses für Kranke, begleitende Psychotherapeuten und Ärzte.* Heidelberg 1995

Hellinger, Bert: *Finden, was wirkt – Therapeutische Briefe.* München 1996

Hellinger, Bert: *Haltet mich, dass ich am Leben bleibe. Lösungen für Adoptierte.* Heidelberg 1998

Hellinger, Bert: *Die Mitte fühlt sich leicht an – Vorträge und Geschichten.* München 1996

Hellinger, Bert: *Ordnungen der Liebe – Ein Kurs-Buch.* Heidelberg 1994

Hellinger, Bert: *Schicksalsbindungen bei Krebs – Ein Buch für Betroffene, Angehörige und Therapeuten.* Heidelberg 1997

Hellinger, Bert: *Touching Love. Bert Hellinger at work with family systems. Documentation of a three-day-course for psychotherapists and their clients.* Heidelberg 1997

Hellinger, Bert: *Verdichtetes – Sinnsprüche, kleine Geschichten, Sätze der Kraft.* Heidelberg 1996

Jacobi, Jolande: *Die Psychologie C. G. Jungs.* Frankfurt 1989

Jellouschek, Hans: *Die Kunst, als Paar zu leben.* Stuttgart 1992

Jung, Carl Gustav: *Archetypen.* München 1990

Jung, Carl Gustav: *Erinnerungen, Träume, Gedanken.* Olten 1990

Krüll, Marianne: *Unreflektiertes patriarchales Denken – ein Gespräch mit der Familiensoziologin Marianne Krüll.* In: Psychologie heute, Nr. 6, 1995

Lauster, Peter: *Die Liebe.* Reinbek 1983

Miller, Alice: *Am Anfang war Erziehung.* Frankfurt 1979

Miller, Alice: *Das Drama des begabten Kindes.* Frankfurt 1979

Nichols, Roy und Jane: *Begräbnisse – eine Zeit der Trauer und Reife.* In: Elisabeth Kübler-Ross: Reif werden zum Tode. Stuttgart 1989

Nüse, Ralf u. a.: *Über die Erfindungen des Radikalen Konstruktivismus – Kritische Gegenargumente aus psychologischer Sicht.* Weinheim 1991

Watts, Alan: *The way of Zen.* New York 1957

Weber, Gunthard (Hg.): *Zweierlei Glück – Die Systemische Psychotherapie Bert Hellingers.* Heidelberg 1993

Wirl, Charlotte: *Workshop mit Cloé Madanes: Sex, Love and Violence.* In: Megaphon – Informationsblatt der Milton-Erickson-Gesellschaft, Nr. 22, 1995

Zeig, Jeffrey: *Die Weisheit des Unbewussten – Hypnotherapeutische Lektionen bei Milton Erickson.* Heidelberg 1995

Veröffentlichungen von und über Bert Hellinger

Baxa, Guni-Leila/Essen, Christine/Kreszmeiner, Astrid Habiba (Hg.): *Verkörperungen – Systemische Aufstellung, Körperarbeit und Ritual*, Heidelberg 2002

Brink, Otto: *Spielregeln der Partnerschaft*, Freiburg 2001

Döring-Meijer, Heribert: *Familienaufstellungen mit Suchtkranken*, Paderborn 2000

Dykstra, Ingrid: *Wenn Kinder Schicksal tragen – Kindliches Verhalten aus systemischer Sicht verstehen*, München 2002

Franke, Ursula: *Systemische Familienaufstellung – Eine Studie zu systemischer Verstrickung und unterbrochener Hinbewegung unter besonderer Berücksichtigung von Angstpatienten*, München und Wien 1996

Franke-Griksch, Marianne: *Du gehörst zu uns! Systemische Einblicke und Lösungen für Lehrer, Schüler und Eltern*, Heidelberg 2001

Gómez Pedra, Sylvia (Hg.): *Kindliche Not und kindliche Liebe*, Heidelberg 2001

Hellinger, Bert/ten Hövel, Gabriele: *Anerkennen, was ist – Gespräche über Verstrickung und Lösung*. Zusammen mit Gabriele ten Hövel, München 1997

Hellinger, Bert: *Der Abschied – Nachkommen von Tätern und Opfer stellen ihre Familie*, Heidelberg 1998

Hellinger Bert: *Die Quelle braucht nicht nach dem Weg zu fragen – ein Nachlesebuch*, Heidelberg 2001

Hellinger, Bert: *Einsicht durch Verzicht – Der phänomenologische Erkenntnisweg in der Psychotherapie*, in: *Praxis der Systemaufstellung*, München 1/98, S. 16–17

Hellinger, Bert: *Entlassen werden wir vollendet – Besinnliche Texte*, München 2001

Hellinger, Bert: *Familien-Stellen mit Kranken – Dokumentation eines Kurses für Kranke, begleitende Psychotherapeuten und Ärzte*, Heidelberg 1995

Hellinger, Bert: *Haltet mich, dass ich am Leben bleibe – Lösungen für Adoptierte*, Heidelberg 1998

Hellinger, Bert: *In der Seele an die Liebe rühren – Familien-Stellen mit Eltern und Pflegeeltern von behinderten Kindern*, 1998

Hellinger, Bert/herausgegeben von Michaela Kaden: *Liebe am Abgrund – Ein Kurs für Psychose-Patienten*, Heidelberg 2001

Hellinger, Bert: *Mitte und Maß – Kurztherapien*, Heidelberg 1999

Hellinger, Bert: *Ordnungen der Liebe*, Heidelberg 1994

Hellinger, Bert: *Religion, Psychotherapie, Seelsorge*, München 2000

Hellinger, Bert: *Schicksalsbindungen bei Krebs – Ein Kurs für Betroffene, ihre Angehörigen und Therapeuten*, Heidelberg 1997

Hellinger, Bert: *Touching love, Bert Hellinger at work with family systems. Documentation of a Three-Day-Course for Psychotherapist and their Clients*, Heidelberg 1997

Hellinger, Bert: *Verdichtetes – Sinnsprüche – Kleine Geschichten – Sätze der Kraft*, Heidelberg 1995

Hellinger, Bert: *Was in Familien krank macht und heilt – Ein Kurs für Betroffene*, Heidelberg 2000

Hellinger, Bert: *Wir gehen nach vorn – Ein Kurs für Paare in Krisen*, Heidelberg 2001

Hellinger, Bert: *Wo Ohnmacht Frieden stiftet – Familien-Stellen mit Opfern von Trauma, Schicksal und Schuld*, Heidelberg, 2000

Hellinger, Bert: *Wo Schicksal wirkt und Demut heilt – Ein Kurs für Kranke*, Heidelberg 1999

Hellinger, Bert/Kaden, Michaela: *Die größere Kraft – Bewegungen der Seele bei Krebs*, Heidelberg 2001

Langlotz, Robert (Hg.): *Familien-Stellen mit Psychose-Kranken. Beiträge zu systemischen Lösungen nach Bert Hellinger*, Heidelberg 1998

Nelles, Wilfried: *Liebe, die löst – Einsichten aus dem Familien-Stellen*, Heidelberg 2002

Nelles, Wilfried: *Wo die Liebe hinfällt – Gespräche über Paarbeziehungen und Familienbande*, Himberg 2002

Neuhauser, Johannes (Hg.): *Wie Liebe gelingt – Die Paartherapie Bert Hellingers*, Heidelberg 1999

Prekop, Irina/Hellinger, Bert: *Wenn ihr wüsstet, wie ich euch liebe. Wie schwierigen Kindern durch Familien-Stellen und Festhalten geholfen werden kann*, München 1998

Schäfer, Thomas: *Der Mann, der tausend Jahre alt werden wollte – Märchen über Leben und Tod aus Sicht der Systemischen Psychotherapie Bert Hellingers*, München 1999 u. 2002

Schäfer, Thomas: *Wenn der Körper Signale gibt. Wege aus der Krankheit durch Systemische Aufstellungen. Mit einem Vorwort von Bert Hellinger*, München 2004

Schäfer, Thomas: *Wenn Dornröschen nicht mehr aufwacht – Bekannte Märchen aus Sicht von Bert Hellingers Familienaufstellungen*, München 2001

Schäfer, Thomas: *Wenn Liebe allein den Kindern nicht hilft – Heilende Wege in Bert Hellingers Psychotherapie*, München 2002

Schneider, Jakob/Gross, Brigitte: *Ach wie gut, dass ich es weiß – Märchen und andere Geschichten in der systemisch-phänomenologischen Therapie*, Heidelberg 2000

Ulsamer, Bertold: *Ohne Wurzel keine Flügel – Die systemische Therapie von Bert Hellinger*, München 1999

van Kampenhout, Daan: *Die Heilung kommt von außerhalb – Schamanismus und Familien-Stellen*, Heidelberg 2001

Weber, Gunthard (Hg.): *Derselbe Wind lässt viele Drachen steigen – Systemische Lösungen im Einklang*, Heidelberg 2001

Weber, Gunthard (Hg.): *Praxis des Familienstellens – Beiträge zu systemischen Lösungen nach Bert Hellinger*, Heidelberg 1998

Weber, Gunthard (Hg.): *Praxis der Organisationsaufstellungen*, Heidelberg 2000

Weber, Gunthard, (Hg.): *Zweierlei Glück. Die systemische Psychotherapie Bert Hellingers*. Herausgegeben von Gunthard Weber, Heidelberg 1993

Wenn der Körper Signale gibt

THOMAS SCHÄFER

Wenn der Körper Signale gibt

Weltbild

Inhalt

Dank

Meinen Dank spreche ich allen Menschen gegenüber aus, die mit ihren Anliegen und Krankheiten zu mir gekommen sind. Sie haben es mir ermöglicht, mich tiefer mit den seelischen Hintergründen von Leiden auseinander zu setzen.
Zum Schutz all dieser Menschen wurden Namen, Orte und unwesentliche Details im Text verändert.
Meiner Frau Elisabeth und Wolfgang Kasper danke ich für die kritische Durchsicht des Manuskripts und die vielen fachlichen Hinweise.
Wie immer danke ich Norbert Linz für seine Hilfe bei der Gliederung und der Titelfindung.
Bert Hellinger danke ich dafür, dass er mich menschliches Sein neu sehen lehrte.

Stockach-Wahlwies, im Herbst 2003

Vorwort von Bert Hellinger

Als Thomas Schäfer mich bat, ein Geleitwort zu diesem Buch zu schreiben, habe ich sofort zugesagt. Denn seit vielen Jahren weiß ich, wie sorgfältig er beobachtet und wie schön er schreibt: ohne Schnörkel, immer zur Sache und leicht verständlich, selbst dort, wo es um schwierige Themen geht. Dann wartete ich auf das Manuskript.

Nun liegt es vor mir, und ich habe es gelesen. Ich war überwältigt von der Fülle, in die es uns, gleichsam mit leichter Hand, führt. So viel an Einsicht und Erfahrung über die familiengeschichtlichen Hintergründe von Krankheiten habe ich bisher noch nicht vor mir gesehen.

Dabei ist dieses Buch übersichtlich gegliedert. Zuerst kommt eine Einführung in die Vielfalt der familienbedingten Zusammenhänge und Ereignisse, die sich hinter einem bestimmten Krankheitsbild verbergen. Anschließend wird es dann an Beispielen aus der Praxis in lebendiger und nachvollziehbarer Form belegt und dokumentiert. Dabei wird der Leser unwillkürlich in die seelische Bewegung mit hineingenommen. Er kann sich einfühlen und auch für sich vieles für ihn Wesentliches erkennen. Vielleicht kann er sogar manches, was auch ihn bedrückt, sozusagen selbstheilend lösen.

Was mich besonders beeindruckt hat, war, dass Thomas Schäfer auch ausführlich auf die medizinische Seite der von ihm beschriebenen Krankheitsbilder eingeht und sie berücksichtigt und achtet.

Zusammenfassend: Dies ist ein kostbares Buch, wertvoll auch für mich persönlich; und ich zögere nicht, es einen Meilenstein zu nennen. Es lohnt sich, wenn Sie, liebe Leser, dies auch für sich nachprüfen.

Bert Hellinger

Vorwort

Wenn Menschen krank werden, fragen sie sich, warum ausgerechnet sie oder weshalb sie gerade zu diesem bestimmten Zeitpunkt betroffen sind. Sie möchten die Ursachen für ihre Symptome erfahren und geeignete Therapiemöglichkeiten finden, um sich möglichst bald wieder wohl zu fühlen und ohne gesundheitliche Beschwerden leben zu können.
Dieses Buch will Gedanken zu der Entstehung von bestimmten Krankheiten vermitteln und berichtet von beeindruckenden Therapieerfahrungen, die mögliche Heilungswege aufzeigen. Dabei geht es darum, sich für die Kräfte des Zusammenspiels von Körper und Seele zu öffnen und ein übergeordnetes Verständnis davon zu entwickeln, wie Heilung geschieht.
Ein wichtiges Zeichen dafür, dass wir hier auf einen geeigneten Pfad gestoßen sind, gibt uns die Empfindung, dass die Seele beim Lesen berührt wird. Da, wo eine solche Regung ausgelöst wird, öffnet sich das Herz, und es kommen Lösungsmöglichkeiten in den Blick. Das können sicher keine rezeptbuchartigen Hinweise und Schubladendeutungen sein. Vielmehr will das Buch dazu beitragen, ein ganzheitliches Denken zu fördern, sodass der Leser selbstständig wahrnimmt, was für seine Gesundheit auf allen Ebenen seines Seins von Bedeutung ist.
In den zurückliegenden zehn Jahren suchten mich viele Menschen auf, weil ihnen die ausschließlich medizinische Behandlung einer Krankheit nicht helfen konnte. Oft kam es auch vor, dass ihr behandelnder Arzt eine Psychotherapie angeraten oder direkt eine Familienaufstellung empfohlen hatte. Und viele Patienten mit körperlichen Leiden konsultierten mich erst dann, »wenn nichts anderes mehr half«.
Die Psychotherapie wie auch das Familien-Stellen sind aber kein bloßer Notnagel, und sie lassen sich auch nicht auf die

Funktion reduzieren, Genesung allein auf der körperlichen Ebene zu finden. Da Heilung immer ein ganzheitlicher Prozess ist, der Körper und Psyche gleichermaßen betrifft, hat es oft auch positive Auswirkungen auf unseren Organismus, wenn wir in der Seele berührt werden. Eine Gewähr dafür gibt es freilich nicht!

Wie kam es zu diesem Buch? Seit dem Jahr 1993 führe ich Psychotherapie in der Einzelpraxis und seit 1994 Aufstellungsseminare mit Gruppen durch. Beim Überarbeiten meines 1997 erschienenen Buches *Was die Seele krank macht und was sie heilt – Die psychotherapeutische Arbeit Bert Hellingers*[1] fiel mir beim Kapitel »Ausgesuchte Krankheiten und körperliche Symptome« schon vor längerem auf, wie viel sich auf diesem Gebiet inzwischen getan hat. Die neuen Erfahrungen vor dem Hintergrund des Familien-Stellens sind derart umfangreich, dass nur eine eigenständige Veröffentlichung dem Thema gerecht werden kann.
Aus heutiger Sicht lassen sich beispielsweise wesentlich ausführlichere Angaben über Psychosen und Depressionen machen, als dies noch vor einigen Jahren möglich war. Außerdem sind seitdem eine Vielzahl neuer Krankheiten hinzugetreten, über die sich systemische Zusammenhänge aufzeigen lassen. 1997 hatte ich zum Beispiel noch wenig Erfahrungen mit den möglichen Hintergründen des Tinnitus. Natürlich wird es bei einer Rückschau in weiteren zehn Jahren noch tiefere Einblicke in die Zusammenhänge zwischen Kultur, Familiensystem und Krankheit geben. Das eine oder andere dessen, was hier dargestellt wird, muss dann möglicherweise im neuen Licht betrachtet werden.
Keine schriftliche Darstellung kann und darf jedoch den unverbauten und vorurteilslosen Blick auf die individuelle Geschichte eines Ratsuchenden verstellen. Es ist wichtig, dass

1 Thomas Schäfer, *Was die Seele krank macht und was sie heilt – Die psychotherapeutische Arbeit Bert Hellingers*, München, 1998 und 2000.

jeder, der mit dem Familien-Stellen Menschen hilft, seine eigenen Entdeckungen macht. Nur so kann Neues überhaupt entstehen! Dennoch benötigen die Therapeuten den Mut, mitzuteilen, was sie bei dieser Arbeit herausgefunden haben, damit es von anderen geprüft werden kann. Denn das Familien-Stellen ist immer noch eine vergleichsweise junge Therapie.

Was die Methodik anbelangt, wird auf den kommenden Seiten nicht ausschließlich vom Familien-Stellen die Rede sein, sondern in einigen Zusammenhängen auch von der modernen Hypnotherapie, die Milton Erickson entwickelt hat. Bei bestimmten Leiden empfiehlt sich diese Heilmethode als ausgesprochen chancenreich, beispielsweise bei der Warzen-, Migräne- oder Schmerzbehandlung. Besonders gute Erfahrungen habe ich mit der Raucherentwöhnung durch die Hypnotherapie gemacht; doch das sei nur am Rande erwähnt.
Wenn hier in der Hauptsache systemische Zusammenhänge aufgezeigt werden, heißt das keineswegs, dass andere Blickwinkel und Methoden nicht ebenfalls zu einem tieferen Verständnis der Krankheit oder der Symptome führen können! Die in meiner Arbeit bislang wirkungsvollste Methode, um Menschen nachhaltig Hilfe anbieten zu können, ist jedoch ebendas von Bert Hellinger entwickelte Familien-Stellen. Durch eine Aufstellung kann oft in kürzester Zeit der tiefere persönliche oder familiäre Hintergrund eines Leidens aufgezeigt werden, der sich mithilfe anderer Verfahren oft wesentlich später oder umständlicher erschließt.
Die Symptome und Krankheiten sind ja fast immer als ein Hilferuf zu verstehen, der aus dem tiefsten Inneren kommt: Sie sind Signale, die sich auf der körperlichen Ebene bemerkbar machen und uns die Chance eröffnen, ein verdrängtes Geschehen aus der Vergangenheit mit Liebe in das eigene Leben hineinzunehmen. Dabei kann es darum gehen, dass man ein Kind abgetrieben und den seelischen Schmerz

noch nicht verarbeitet hat; es mag der Verlust eines Geschwisters sein, das früh verstarb; es kann sein, dass der Großvater ermordet wurde; oder man hat einem früheren Verlobten großes Unrecht getan – um nur einige Beispiele zu nennen.

Über unseren Körper stehen wir in Resonanz mit der eigenen Seele wie auch der Familienseele. Und man *spürt* es in Familienaufstellungen oft recht schnell, wenn in diesem Bereich etwas in Ordnung gebracht werden möchte.

Über systemische Aufstellungen und »Bewegungen der Seele«

Eigentlich müsste einem solchen Buch ein umfangreicheres Kapitel über die systemische Arbeit Bert Hellingers vorangestellt werden. Angesichts der weiten Verbreitung der von ihm entwickelten Familienaufstellungen kann ich hier aber auf eine ausführliche Darstellung seiner Methoden verzichten. Als einführende Lektüre sei auf mein Buch *Was die Seele krank macht und was sie heilt – Die psychotherapeutische Arbeit Bert Hellingers*[2] verwiesen. Hier soll nur das Wesentlichste zur Vorgehensweise aufgezeigt werden. Manch einer wird auch die Probleme von Kindern vermissen, etwa Bettnässen, Schulschwierigkeiten oder ADS/Hyperaktivität. Da dies das Thema meines vor kurzem erschienenen Buches *Wenn Liebe allein den Kindern nicht hilft – Heilende Wege in Bert Hellingers Psychotherapie*[3] ist, lässt sich an dieser Stelle ein eigenständiges Kapitel für Kinder entbehren.

Aufstellungen kann man mithilfe von Papierscheiben oder Figuren in der Einzeltherapie durchführen, doch die wesentlich kraftvollere Möglichkeit ist das Familien-Stellen in der Gruppe. Nachdem der Ratsuchende vor dem therapeutischen Begleiter und der Gruppe kurz sein Anliegen geschildert hat, entscheidet der Therapeut, auf welche Weise die Aufstellung durchgeführt werden kann. Nicht immer wird die ganze Familie aufgestellt. Wenn jemand beispielsweise vor der Frage steht, wie es angesichts einer lebensbedrohlichen Nierenerkrankung für ihn weitergehen soll, wird aus der Gruppe möglicherweise nur jemand ausgewählt, der für die Niere steht, und ein anderer Teilnehmer für den Betreffenden

2 Zur Einführung siehe Thomas Schäfer, *Was die Seele krank macht und was sie heilt*, a. a. O.

3 Thomas Schäfer, *Wenn Liebe allein den Kindern nicht hilft – Heilende Wege in Bert Hellingers Psychotherapie*, München 2002.

selbst. Falls die Familie zur Aufstellung kommt, wählt der Ratsuchende sowohl für die einzelnen Familienmitglieder als auch für sich Stellvertreter aus der Gruppe aus und stellt sie nach seinem inneren Bild auf.
Anschließend setzt er sich. Immer wieder zeigt sich dann, dass völlig Fremde genau darstellen können, wie sich das jeweilige Familienmitglied tief in seinem Inneren fühlt. Was nun häufig sichtbar wird, ist die bislang verborgene seelische Dynamik hinter einer Krankheit oder einem psychischen Problem.
Nachdem der Therapeut durch verschiedene Schritte eine Lösung gefunden hat, kann der Ratsuchende sich oft auch selbst auf die Position seines Stellvertreters begeben. Am Schluss ist es für ihn zuweilen notwendig, bestimmten Personen noch etwas Wichtiges mitzuteilen.
Sofern es nicht ausdrücklich anders gesagt wird, ist mit Bezeichnungen wie »Vater«, »Mutter«, »Bruder« oder dem Namen des Aufstellenden immer der betreffende Stellvertreter gemeint. Wenn ein Ratsuchender selbst in die Aufstellung tritt und damit seinen eigenen Platz im Familiensystem einnimmt, wird besonders darauf hingewiesen.

Das Familien-Stellen hat sich in jüngster Zeit weiterentwickelt zu den »Bewegungen der Seele«. Wer innerlich gesammelt in Kontakt mit der Person tritt, die er darstellt, kommt in eine sehr langsame, aber dennoch intensive Bewegung. Wenn der Therapeut diesen Bewegungen der Stellvertreter Raum gibt, kann er zeitweise auf Interventionen verzichten, auch auf sprachliche. Dennoch muss der Therapeut gesammelt bleiben, um an kritischen Punkten der Aufstellung eingreifen zu können.
Aus den Bewegungen der Stellvertreter ergeben sich Lösungen, die oft überraschend und für niemanden vorhersehbar sind. Auch in einigen Aufstellungen, die hier dargestellt werden, überließen sich die Stellvertreter stumm ihren aus dem Inneren kommenden Bewegungen.

Da in diesem Buch die Erfahrungen aus zehn Jahren therapeutischer Arbeit zusammengetragen wurden, beschreibt es naturgemäß vor allem Familienaufstellungen. Sie haben nach wie vor ihre Berechtigung. Denn wenn man beispielsweise eine so genannte Patchwork-Familie mit Halbgeschwistern, Stiefeltern und dergleichen aufstellt, besteht oft so viel Verwirrung, dass zur Orientierung und Strukturierung bestimmte Dinge ausgesprochen werden müssen. Hier liegt der Vorteil von Familienaufstellungen. Doch insbesondere wenn es um Täter und Opfer in einer Familie geht, sind die »Bewegungen der Seele« sehr wirksam, weil Familienaufstellungen das Geschehen in seiner ganzen Tiefe nur teilweise erfassen; die »Bewegungen der Seele« aber gehen über die Ordnungen der Familie weit hinaus und deuten hin auf unser Eingebundensein in das größere Ganze der Welt. Dazu gehört auch, dass die Klassifizierung in »Gut« und »Böse« in einem anderen Licht betrachtet werden muss, genauso wie die Unterscheidung zwischen Schuld und Unschuld, die im Hinblick auf das persönliche Gewissen wichtig ist. Jeder Einzelne ist nicht nur in seine Familie eingebunden, sondern auch in größere Gruppen, deren Schicksal uns mitbestimmt. Was in diesen letzten Bereichen des Seins gilt, liegt jenseits von traditionellen Wertvorstellungen.

Beispiele für die »Bewegungen der Seele« finden sich in diesem Buch an verschiedenen Stellen: Im Kapitel »Verschiedenes« die Fallgeschichten von Wilfried und Johannes, im Kapitel »Ängste, Panik und Phobien« die Aufstellung von Jean, im Kapitel »Depressionen« die Geschichte von Claudio, schließlich die von Bert Hellinger durchgeführte Aufstellung von Katharina (Psychosen) und auch im Kapitel »Tinnitus« beispielsweise die von Wolfram.

Jedem, der sich über die aktuelle Entwicklung der »Bewegungen der Seele« auf dem Laufenden halten möchte, seien Bert Hellingers neueste Videos empfohlen, die im Literaturverzeichnis dieses Buches aufgeführt werden.

Neben den Familienaufstellungen in der Gruppe und den »Bewegungen der Seele«, die ebenfalls in einem Seminar stattfinden, arbeite ich wie gesagt auch mit Papierscheiben in der Einzeltherapie (runde für Frauen und viereckige für Männer, die Blickrichtung ist durch eine Auskerbung gekennzeichnet). Noch besser als Papierscheiben sind die von Helga Mack-Hamprecht für therapeutische Zwecke entworfenen großen Holzfiguren (»Strukties«), auf die ich gerade gestoßen bin und die ich seit neuestem benutze. Sowohl der Ratsuchende als auch der therapeutische Begleiter stellen sich nacheinander darauf. Auf die Weise lässt sich körperlich erfassen, wie sich das Familienmitglied fühlt. Diese Form des Familien-Stellens hat bekanntlich nicht dieselbe Intensität wie die Arbeit in der Gruppe, doch lässt sich auch so viel Heilsames erfahren. Voraussetzung dafür ist jedoch, dass man seine Vorbehalte loslässt und sich innerlich sammelt. Mit der angemessenen Aufmerksamkeit kann man sehr schnell eine körperliche Wahrnehmung erleben, die wichtige Hinweise für den weiteren Heilungsweg vermittelt.
Auch wenn fast alle Aufstellungen dieses Buches in der Gruppe stattfinden, so möchte ich hier doch schon mal ein Beispiel für eine solche »Papierscheibenaufstellung« geben, weil gerade in dieser Geschichte auch noch ein weiterer wichtiger Aspekt zutage tritt, der bei der psychotherapeutischen Arbeit beachtet werden muss:

Claus: Das Gift

Claus arbeitet in einem chemischen Betrieb. Er sagt, er sei glücklich verheiratet, und macht einen sehr bodenständigen Eindruck. Doch erzählt er auch von unerklärlichen extremen Blutdruckschwankungen, von nervlicher Schwäche, kleinen Zitteranfällen, häufig auftretender Bronchitis und zunehmenden Atembeschwerden.
Meine erste Frage gilt der schulmedizinischen Abklärung. Claus berichtet, sein Hausarzt habe Routineuntersuchungen

mit ihm durchgeführt, die jedoch alle ergaben, dass er völlig gesund sei. Sind also die Beschwerden mehr im psychischen Bereich zu suchen? Dies jedenfalls ist die Vermutung des Arztes.

In einer Aufstellung sucht Claus Papierscheiben für sich, für das Familiensystem und eines für ein Fragezeichen. Letzteres symbolisiert in meiner Arbeit etwas, was möglicherweise eine Bedeutung hat, dem Betreffenden und auch dem therapeutischen Begleiter aber bislang noch nicht bewusst ist. Sowohl Claus als auch mir wird es schwindlig, wenn wir auf das Fragezeichen gehen oder wenn wir von Claus' Platzhalter aus zu dem Zeichen hinüberschauen.

Spätestens an dieser Stelle ist es angezeigt, über Claus' berufliche Situation zu sprechen. Erst jetzt berichtet er davon, dass die Symptome immer im Urlaub verschwänden. Sobald er jedoch in die Firma zurückgehe, träten sie wieder auf. Nun sei er seit sechs Jahren bei dem Unternehmen, und wenn er es recht überdenke, begannen die Probleme erst seit dieser Zeit. Außerdem erzählt er noch von einer weiteren Besonderheit, die ihm erst kürzlich bewusst geworden war: Je näher er in der Firma an der Produktionsstätte jener chemischen Substanz eingesetzt war, die dort vornehmlich hergestellt wird, desto schlechter ging es ihm hinterher, wenn er nach Hause kam! Außerdem sei er nicht der einzige Mitarbeiter dort, der solche Symptome entwickle. Viele seiner Kollegen seien ähnlich gesundheitlich belastet wie er selbst.

In einem weiteren Schritt stellen wir nun die Firma auf und auch eine berufliche Alternative, bei der die Herstellung dieses chemischen Produkts ausgeschlossen wird. Das Ergebnis ist für Claus verblüffend: Er fühlt ganz deutlich eine ungeheure Erleichterung, als er sich auf die Papierscheibe eines möglichen neuen Arbeitgebers stellt.

Einige Wochen vor dem Gespräch mit Claus hatte ich einen Arzt kennen gelernt, der auf Umweltmedizin spezialisiert ist. Der Arzt machte einen sehr kompetenten Eindruck auf mich. Somit gab ich Claus seine Adresse und bat ihn, sich dort einmal gründlich untersuchen zu lassen. Die Befunde waren so, wie Claus und ich es jetzt erwartet hatten: Im Blut konnten mehrere Gifte isoliert werden, die auf Haut, Bronchien und auch auf den Kreislauf wirken, insbesondere ein spezieller gefährlicher Stoff. Diese toxische Substanz ist seit vielen Jahren in der Umwelt- und Arbeitsmedizin bekannt und war für die gesundheitlichen Probleme verantwortlich. Natürlich empfahl der Arzt Claus, sich umgehend einen neuen Arbeitsplatz zu suchen!

Interessanterweise war Claus noch *vor* dem Besuch meiner Praxis von seinem Schwager eine Stelle in einem gesundheitlich unbedenklichen Umfeld angeboten worden. Er selbst hatte zu dieser Zeit jedoch noch nicht daran gedacht, dass seine Symptome beruflich bedingt sein könnten. Für Claus ist nun klar, dass er auf alle Fälle die Firma verlassen muss.

Der Schwerpunkt dieses Buches liegt ganz klar auf dem Entdecken der verborgenen familiensystemischen Hintergründe von Krankheiten und Beschwerden. Dennoch soll hier nicht vermittelt werden, dass die Symptome stets und ausschließlich psychisch oder systemisch bedingt sind. In Zeiten steigender Umweltbelastung ist vielmehr auch die Gefahr gegeben, dass man sein Problem in einem bestimmten psychosomatischen Zusammenhang sieht, obwohl des Rätsels Lösung, so wie im Fall von Claus, eigentlich viel näher liegt! Neben schädlichen Umwelteinflüssen müssen bei der Ursachenforschung noch weitere Faktoren berücksichtigt werden, die nicht oder nicht allein familiär bedingt sind: Bei zahlreichen der hier besprochenen Symptome kann es durchaus auch sein, dass sie durch eine schwere körperliche Traumatisierung hervorgerufen wurden. Das mag in Extremfällen im Zusammenhang mit Foltermaßnahmen, einer Entführung, dem erzwungenen Mitwirken in Satanismussekten im Kindesalter, mit schwerer Kindesmisshandlung,

traumatischen Kriegserlebnissen, dem Horror des Holocausts oder anderer Konzentrationslager geschehen sein.
Magen-Darm-Beschwerden, Kopfschmerzen und Migräne, Rückenschmerzen, Zittern, Herzrasen, sexuelle Probleme, Schlafstörungen, Essprobleme, Tinnitus, Depressionen, Ängste, Phobien und Zwangsbilder treten möglicherweise als direkte oder verzögert einsetzende Folgen einer starken körperlichen Schockwirkung auf. Hier kann es sinnvoll sein, nicht nur systemische Hintergründe zu beleuchten, sondern zusätzlich traumatherapeutisch vorzugehen. Besonders für die Opfer von Folterungen, Psychosekten, Satanismuspraktiken und Konzentrationslagern sollte man als Therapeut nur dann arbeiten, wenn man die speziellen Kenntnisse dafür erworben hat, die sich von denjenigen der »normalen« Traumatherapie deutlich unterscheiden. Die psychischen Anforderungen bei der Behandlung von schwer Traumatisierten sind enorm. Unerfahrene Therapeuten bekommen dann oft dieselben Symptome der »posttraumatischen Belastungsstörungen«, die ihre Klienten aufweisen!
In den meisten Beispielen dieses Buches geht es natürlich nicht oder weniger um gravierende Umwelteinflüsse oder ein schweres persönlich erlebtes Trauma, doch diese Fragestellungen sollten vom therapeutischen Begleiter immer mitbedacht werden!
Genauso muss bei vielen Beschwerden oder Krankheiten die erste Frage an den Ratsuchenden lauten, ob er die Symptome medizinisch hat abklären lassen. Erst wenn dies getan ist, kann man nach psychischen Zusammenhängen Ausschau halten. Sonst besteht nämlich die Gefahr, dass man das medizinisch Notwendige unterlässt – unabhängig davon, ob es eine psychische Komponente bei den Symptomen gibt oder nicht. Herzbeschwerden können beispielsweise ihre Ursache zuweilen in einer Lungenkrankheit haben, die zunächst einmal entdeckt und als Erstes behandelt werden muss. Die möglichen psychischen Hintergründe, die an dem

Krankheitsgeschehen beteiligt sind, können dann im Anschluss beleuchtet werden.
Aber auch bei anderen Organen muss man die medizinischen Ursachen stets im Auge behalten. So habe ich beispielsweise schon des Öfteren erlebt, dass mich Paare aufsuchten, weil ihr Kinderwunsch seit langem unerfüllt geblieben war und sie nun nach »psychischen Ursachen« fahnden wollten. Einige dieser Paare hatten sich nicht ärztlich untersuchen lassen; und häufig kam dann bei einer späteren Untersuchung heraus, dass der Samen des Mannes unfruchtbar oder der Eileiter der Frau verklebt war.

Die Leser meiner Bücher haben in der Vergangenheit immer wieder gefragt, ob es sich bei den Teilnehmern meiner Seminare um Menschen handle, die schon jahrelange »therapeutische Vorarbeit« geleistet hätten. Wie denn sonst ließe sich erklären, dass die Aufstellungen so erstaunlich positive Wirkungen zeitigten?, wurde oft vermutet.
Viele sind verwundert, wenn ich diese Fragen mit Nein beantworte. Die meisten Teilnehmer meiner Gruppen hatten keine jahrelange Psychotherapie hinter sich, und nicht wenige hatten noch nie in ihrem Leben eine solche in Anspruch genommen.
Allerdings gibt es immer auch einige Ausnahmen, beispielsweise bei psychisch kranken Menschen. Bei ihnen ist es freilich wichtig, vorher zu prüfen, ob eine Gruppenaufstellung zum gewünschten Zeitpunkt überhaupt die richtige Maßnahme ist und von wem sie gegebenenfalls unterstützend begleitet werden könnte. Ideal wäre es hier beispielsweise, wenn der behandelnde Psychiater dem Kranken zur Seite steht.
Das Familien-Stellen ist eine kurzzeittherapeutische Methode. Das gilt auch für die Einzelarbeit. Es gibt zwar Ratsuchende, die über einen Zeitraum von einigen Jahren regelmäßig zu mir gekommen sind, doch die meisten sehe ich durchschnittlich nur ein- bis höchstens fünfmal. So hat

denn auch eine psychotherapeutische Studie aus den USA herausgefunden, dass die kurzzeittherapeutische Arbeit wirkungsvoller ist als eine Langzeittherapie. Bei Letzterer besteht immer die Gefahr, sich vom Behandler psychisch abhängig zu machen. Wem in relativ kurzer Zeit nicht geholfen werden kann, der wird es in der Regel über lange Zeiträume ebenfalls schwer haben. Doch auch hier gibt es natürlich zahlreiche Ausnahmen, denke man nur einmal an gravierende psychische Störungen wie beispielsweise die Schizophrenie.
In meiner Arbeit steht jedenfalls die Kurzzeittherapie ganz im Vordergrund. Ich mache zwar Vorschläge über den zeitlichen Ablauf, doch ich überlasse die Entscheidung für den nächsten Praxistermin immer den Ratsuchenden. Sie sollen selbst prüfen, nach wie vielen Wochen oder Monaten eine weitere Sitzung oder ein Seminarbesuch notwendig ist oder ob es vielleicht auch gar keines weiteren Kontaktes mehr bedarf. In der Regel liegen die Selbsteinschätzung des Hilfesuchenden und meine Einschätzung über den zeitlichen Ablauf eng beieinander, sodass ich selten jemanden bremsen muss, mich zu oft in Anspruch zu nehmen.

Bei vielen Aufstellungen in diesem Buch wird anschließend erwähnt, wie es im Leben des Ratsuchenden weiterging. Dies ist aber nicht bei allen Lebensgeschichten der Fall, weil sich nicht jeder Klient später noch einmal meldet. Um den seelischen Prozess nicht zu stören, würde ich nie aus Neugier bei jemandem anrufen und ihn fragen, ob seine Symptome mittlerweile verschwunden sind. Nicht selten erhalte ich Rückmeldungen erst nach vielen Jahren, beispielsweise wenn sich der Betreffende wieder einmal wegen eines anderen Themas zu einer Aufstellung anmeldet und mir dann in einer Seminarpause eine Rückmeldung gibt.

Zum Schluss dieser Einführung sei noch ein Hinweis über den Umgang mit den Aufstellungsbildern gegeben. Allen, die zu mir kommen, rate ich, das Aufstellungsbild in der Zeit nach dem Seminar nicht »mit dem Kopf« zu analysieren. Es handelt sich ja ohnehin nicht um eine »reale« Abbildung der Wirklichkeit, sondern ein »Bild der Seele«. Dieses Seelenbild braucht Ruhe, damit es sich im Stillen entfalten kann. In keiner Weise stellt es eine Handlungsanweisung dar, nun auch direkt etwas Konkretes zu tun oder zu unterlassen. Erst wenn man nach einer längeren Zeit im Herzen eine Übereinstimmung mit dem Aufstellungsbild spürt, darf man sich in seinen Lebensentscheidungen davon leiten lassen. Es erübrigt sich wohl der Hinweis, dass es unter Umständen fatal sein kann, wider besseres Wissen, gutgläubig bzw. ohne eigene Prüfung dem Wort oder dem Rat eines Therapeuten zu folgen.

Beispielhaft für die Verarbeitung einer Aufstellung ist der Umgang einer Seminarteilnehmerin namens Rita mit ihrem Schlussbild: Sie war ungehalten nach ihrer Aufstellung, da sie in keiner Weise den erhofften Ergebnissen entsprach, und sie stellte mehrere »analytische Fragen« dazu. Geduldig wiederholte der Therapeut stets die Antwort: »Lass das Bild wirken und hör auf, es zu analysieren. Ansonsten wird es keine Chance haben, in dein Herz vorzudringen, um etwas zu bewirken.«

Sechs Monate nach der Aufstellung schrieb sie mir den folgenden Brief:

> »Bei dem Seminar vor einem halben Jahr war ich eine Zweiflerin, vorübergehend auch eine der Verzweifelten. Es passte, so glaubte ich damals, nicht zu meiner aktuellen Lebenssituation.
>
> Nach der Aufstellung fiel ich in ein Tief. Das Bild der Aufstellung ... traf mich mit unerwarteter Wucht und zwang mich zu innerer Konfrontation. Ich fühlte mich bodenlos einsam und ausgeliefert. Trotzdem wollte ich mich dem Bild stellen, wollte seine Wirkung, so gut es ging, auf mich zukommen lassen.

In den darauf folgenden Tagen entdeckte ich plötzlich das Muster einer dunklen selbstzerstörerischen Energie. Sie zu erkennen, schmerzte mich zutiefst. Ich habe sie all die Jahre trotz abgeschlossener Psychotherapien nicht beseitigen können ... Jetzt erst beginne ich, sie als einen Teil von mir wahrzunehmen.
Nach einigen Wochen hellte sich mein Leben dann auf. Ich fühlte mich plötzlich stärker und voller Zuversicht. Es fiel mir leichter, anderen Menschen voll Zuversicht entgegenzukommen. Mein Selbstwertgefühl stieg. Zwischen mir und meinen Familienmitgliedern entwickelte sich viel mehr Nähe. Ebenso sei mein Gesichtsausdruck, wie man mir sagte, ›lebendiger‹ und ›nahbarer‹ geworden. Auch in meinem Beruf ging es wieder aufwärts. Etwas in mir war aufgebrochen.«

Signale des Körpers

1. Rückenschmerzen

Abgesehen von somatischen Ursachen, wie zum Beispiel angeborener Wirbelsäulenverkrümmung, lassen sich Rückenschmerzen Bert Hellinger zufolge sehr einfach heilen: Mit dem Blick auf den Boden verbeuge man sich tief! Es gilt natürlich, herauszufinden, vor wem. Denn sich verbeugen bedeutet: »Ich gebe dir die Ehre.«
Die heute weit verbreitete Deutung von Rückenschmerzen geht aber in eine ganz andere Richtung: Jemand habe zu schwer zu tragen oder könne bestimmte Dinge kaum noch er-tragen. Wer zu viel auf seine Schultern lade und sich dieses Zuviel nicht bewusst mache, der spüre diesen Druck eben im Körper als Rücken- oder Bandscheibenschmerz. Was in einer solchen Situation Not tue, so der oft gehörte Rat, sei das Nachdenken darüber, was man sich alles aufgeladen habe und warum, und dann solle man sich dessen möglichst entledigen.
Die Erfahrungen mit dem Familien-Stellen stützen diese Vermutungen nicht. Wenn das die richtige Sichtweise wäre, hätten wahrscheinlich bedeutend weniger Menschen Rückenschmerzen. Bert Hellingers Erfahrung nach können sich diese Symptome häufig bessern, wenn man sich vorstellt, dass man sich vor jemandem verneigt. Diese Person ist oft der Vater oder die Mutter, manchmal aber sind es auch beide Eltern. In der Fallgeschichte von Herbert, die im Folgenden wiedergegeben wird, ist es die Verbeugung vor dem Vater, auf die die Seele gewartet hat.
Diese hier aufgezeigten Hintergründe von Rückenschmerzen habe ich erstmals in meinem Buch *Was die Seele krank macht und was sie heilt* dargestellt. Ein Leser dieses Buches schrieb mir: »Nach dem Lesen Ihres Kapitels ›Rückenschmer-

zen‹ wusste ich sofort, vor wem ich mich verneigen musste. Meine jahrzehntelangen Schmerzen sind dauerhaft verschwunden!«

Um keine Missverständnisse aufkommen zu lassen: Natürlich lassen sich nicht alle Rückenschmerzen und Bandscheibenvorfälle auf diese Weise heilen. Abgesehen von angeborenen Wirbelsäulendefekten spielt bei chronischen Rückenschmerzen zuweilen eine Schuld oder ein Verbrechen in der Familie eine Rolle, mit denen der Leidende verbunden ist.

Wie im Fall von Rüdiger mag eine anstehende Verbeugung vor den Eltern erst die innere Voraussetzung sein, um auf die seelische Verstrickung schauen zu können, die mit den Rückenschmerzen gekoppelt ist. Nach der Verbeugung gab das Familiensystem die bedeutsame Information preis.

Wenn bei Rückenschmerzen eine Verbeugung ansteht, so handelt es sich aber nicht immer um Vater oder Mutter. In einem Kurs war eine Frau, die schon lange unter Rückenschmerzen litt. In der Aufstellung zeigte sich, dass sie ihren ersten Freund tief verachtete. Sie hatten einen dreijährigen Sohn, und sie verließ ihn.

Auf die Frage, was denn der Grund gewesen sei, rümpfte sie die Nase und sagte: »Er war mir nicht mehr gut genug.«

Betroffen konnte sie zusehen, wie schwindlig es ihrer Stellvertreterin wurde, als der Therapeut diese aufforderte, den Blick des Mannes auszuhalten. Der Mann war sehr wütend auf sie. Schließlich kam die Frau in ihre eigene Rolle und konnte sich vor dem Mann verbeugen und Reue über ihr Verhalten zulassen.

Noch während dieses Seminars verschwanden die Rückenschmerzen und traten auch in Zukunft nicht mehr auf.

Wieder anders sind die Zusammenhänge in der Geschichte Edwins. Hier ziehen sich die Schmerzen zurück, nachdem das Zwillingsgeschwister sich vor ihm verbeugt hat.

Manchmal ist es kein Mensch, der auf eine Verbeugung wartet, sondern das Schicksal, so wie im Fall von Liselotte. Wer bei einem schweren Unglück überlebt, vergisst oft den Dank an das Schicksal.
Doch es gibt noch ganz andere Hintergründe, die man nicht vermuten würde, etwa wie in diesem Beispiel: Eine Frau litt seit einigen Monaten an Rückenschmerzen. Niemand konnte ihr helfen. Eines Tages stellte sie durch Zufall fest, dass ihr Mann seit Monaten eine Geliebte hatte. Genau in dem Augenblick, in dem sie diese kränkende Entdeckung machte, waren ihre gesundheitlichen Probleme verschwunden ...
In der medizinischen und psychotherapeutischen Therapie von chronischen Rückenschmerzen kann auch die Haltung des Behandlers eine große Rolle spielen. Davon erzählt die Geschichte von Eleonore. Außerdem wird hier deutlich, wie man mit anderen psychotherapeutischen Methoden ebenfalls wirksame Impulse zur Selbsthilfe setzen kann.

Herbert: Dem Vater den Tod gewünscht

Der erste Kontakt mit Herbert kam über das Telefon zustande. Er wollte in die Praxis kommen, doch der Therapeut hatte den Eindruck, er solle gleich in eine Gruppe gehen.
Herbert klagt im Seminar über jahrelange Kopf- und Rückenschmerzen. Ständige Bandscheibenvorfälle machen ihm einen geregelten Alltag unmöglich. Der Therapeut bittet Herbert, einfach zu schweigen und ihm in die Augen zu schauen.
Dann fragt der Therapeut: »Hast du einem deiner Eltern den Tod gewünscht?«
Herbert nickt: »Ich hasse ihn ... schon sehr lange ... und den Tod habe ich ihm auch schon gewünscht.«
Herbert wählt zwei Männer aus der Gruppe, einen für sich und einen für den Vater. Herberts Stellvertreter windet sich vor Schmerz und greift mit der Hand unterstützend in die Lendenregion. Er taumelt, als ziehe es ihm den Boden unter

den Füßen weg. Auf einen inneren Impuls hin wählt der Therapeut einen Mann aus der Gruppe und stellt ihn als Rückenschmerz neben Herbert. Schlagartig beruhigt sich Herbert.

Während Vater und Sohn sich anblicken, weicht der Vater einen Schritt vom Sohn zurück. Der Therapeut fragt Herbert, der noch neben ihm auf dem Stuhl sitzt: »Bist du bereit, jetzt in deine eigene Rolle zu gehen?« Herbert sagt Ja, doch der Therapeut bemerkt, wie er dabei kaum merklich den Kopf schüttelt. Er sagt ihm: »Schau einfach weiter zu und lass das Bild in deine Seele.«

Herberts Stellvertreter blickt zum Vater und beginnt, leicht den Kopf zu beugen. Der Therapeut ermuntert den Stellvertreter, diese Bewegung zuzulassen. Es erfolgt nun eine tiefe Verbeugung, wobei sich die Rückenschmerzen langsam von selbst zurückzuziehen beginnen.

Nachdem Herberts Stellvertreter mit dem Oberkörper wieder nach oben kommt, schaut der Vater zwar immer noch ernst, doch man sieht, dass etwas bei ihm ankam. Man kann aber auch erkennen, dass der Weg noch weit ist.

Der Stellvertreter der Rückenschmerzen hebt die Hand, weil er etwas sagen will: »Ich könnte jetzt aus der Rolle gehen. Es ist nun in Ordnung.«

Manchmal ist ein Stellvertreter nicht ganz gesammelt und will es »zu gut« für den Aufstellenden machen, wie hier derjenige für die Rückenschmerzen. Deswegen achtet der Therapeut stets auf die eigene Wahrnehmung. In diesem Fall, wie in den meisten anderen ähnlichen Fällen, korrigiert sich vieles von allein, denn Herberts Stellvertreter schüttelt energisch den Kopf und sagt zu den Schmerzen: »So schnell nicht. Ich brauche ihn nach wie vor. Du darfst noch nicht gehen!«

Auch der Vater nickt: »Es war ein Anfang, aber es ist noch nicht fertig!«

Die Aufstellung endet, indem der Vater dem Sohn sagt: »Ich gebe dir Zeit!« Daraufhin wird Herbert ganz ruhig.

Rüdiger strahlt viel Ungeduld aus. Er leidet seit über zehn Jahren an Bandscheibenvorfällen und hatte mehrere Operationen. In der ersten Vorstellungsrunde des Seminars berichtet er über seine Leidensgeschichte. Sein Orthopäde steht vor einem Rätsel, denn seiner Ansicht nach müsste nach der letzten Operation eigentlich alles in Ordnung sein. Er kann nicht nachvollziehen, dass der Patient noch Schmerzen hat. Rüdiger erhofft sich nun, eine Familienaufstellung befreie ihn von seinem Problem. Der Therapeut deutet an, dass Aufstellungen auf die Seele wirken und dies auch dem Körper zugute kommen könne, dass man dafür allerdings keine Garantie hat.
Als es zur Aufstellung kommt, zeigen sich mehrere wichtige Dinge. Rüdigers Stellvertreter geht es extrem schlecht: Er hat starke Rückenschmerzen und ist auf seinen Vater konzentriert. Der Vater wiederum wirkt orientierungslos, so als »stehe er neben sich«. Die Mutter sagt: »Beim Vater ist irgendetwas. Ich habe Angst vor ihm.«
Auf Fragen des Therapeuten berichtet Rüdiger von einem Bruder des Vaters. Dieser kam geistig und körperlich behindert zur Welt und lebt noch. Während Rüdiger spricht, ist spürbar, wie sich die Kraft im Raum vermehrt. Der Therapeut spürt das körperlich. Nachdem dieser Onkel dazugestellt wird, lässt er sich sogleich auf den Boden gleiten. Der Therapeut hat das Bild, dass hier etwas Schlimmes passiert ist. Ein Blick auf Rüdiger, der noch auf dem Stuhl sitzt, zeigt ihm, dass dieser jedoch recht lustlos zusieht. Nachdem der Therapeut Rüdigers Stellvertreter gebeten hat, dem Vater in die Augen zu schauen, zeigt sich, dass dies kaum geht. Rüdiger schämt sich. Es wird deutlich, dass er den Vater lange massiv missachtet hat.
An dieser Stelle bittet der Therapeut Rüdiger, seinen eigenen Platz in der Aufstellung einzunehmen. Rüdiger ist in keiner Weise bei der Sache. Die Kraft im Raum sinkt dramatisch, und der Therapeut bricht ab. Als Rüdiger neben dem Thera-

peuten auf dem Stuhl sitzt, sagt dieser ihm: »Du hast momentan noch kein Recht, Näheres zu dem Schlimmen zu erfahren, das in deines Vaters Familie passiert ist. Erst musst du in Reue zu deinem Vater hingehen. Danach kannst du dann ganz vorsichtig beginnen, in Demut den Vater und seine Familienmitglieder auf dieses Schlimme anzusprechen. Wenn jemand jedoch seinen Vater verachtet, dann wird dessen Familie ihm mit Recht die Informationen verweigern, die wichtig für ihn wären.«
Mit diesen Sätzen ist in Rüdigers Gesicht wieder der Ernst zurückgekehrt. Zwar ist er über die scheinbare Ergebnislosigkeit der Aufstellung enttäuscht, doch während des Seminars beobachtet der Therapeut, wie die Arbeit in der Gruppe Rüdiger verändert. Man sieht, wie sich sein Herz öffnet.
Zum Abschluss sagt der Therapeut zu Rüdiger: »Manchmal kommen die Informationen ganz schnell, manchmal dauert es Jahre, und manchmal kommen sie nie. Ruf mich an, wenn etwas Bedeutsames passiert.«

Nach drei Tagen ruft mich Rüdiger an. Er erzählt, nach dem Aufstellungswochenende habe sein Telefon geklingelt. Es war eine Tante am Apparat, eine Schwester des Vaters, mit der Rüdiger seit vierzehn Jahren keinen Kontakt mehr gehabt hatte, mit der er sich aber als Kind immer gut verstand. Diese Tante sagte ihm nun: »Irgendwie musste ich letztes Wochenende [das Wochenende der Aufstellung!] dauernd an dich denken. Und ich hatte das Gefühl, dass du etwas Schlimmes aus unserer Familie erfahren solltest.«
Es folgte die Geschichte von Onkel Max, dem Behinderten, und dessen Eltern. Sie hatten Max nicht gewollt. Ein Kurpfuscher nahm die Abtreibung jedoch nicht ordnungsgemäß vor. Als sich einige Zeit später herausstellte, dass das Kind immer noch im Mutterleib lebte, nahm Rüdigers Großvater die Sache selbst in die Hand. Mithilfe der unterschiedlichsten Werkzeuge, und vor allem indem er immer wieder mit Gewalt auf den Bauch seiner Frau schlug, wollte er das Kind

töten. Doch trotz wiederholter Versuche dieser Art gelang es ihm bis zum neunten Monat nicht, das Leben des Kindes zu beenden. Als Folge der permanenten Gewalteinwirkung wurde Max sowohl geistig als auch körperlich behindert geboren. Jeder in der Familie wusste das, nur Rüdiger hatte es bislang nicht erfahren.
Rüdiger fragt mich: »Ist das die Information, die wir beim Seminar gebraucht hätten?«
Der Therapeut bejaht. Im weiteren Gespräch zeigt sich, dass Rüdiger mithilfe all dessen, was er im Seminar noch in seinem Herzen zugelassen hatte, die Reue seinem Vater gegenüber finden konnte. Erst dadurch war es möglich geworden, dass die Information zu ihm kam, und das auch noch unerwartet schnell.
Rüdiger berichtet des Weiteren, dass ein anderer Bruder des Vaters sehr depressiv sei. Dessen Sohn, Rüdigers Cousin, sei psychotisch. In seinem Wahn erzähle er dauernd: »Der Opa ist ein ganz Böser. Er hat was ganz Schlimmes gemacht.« Wie wir noch im Kapitel »Psychose« sehen werden, haben die in der Psychose auftauchenden Bilder fast immer einen realen Hintergrund – so wie auch in diesem Fall. Erst jetzt versteht Rüdiger, was hinter den Sätzen seines Cousins steckte.

Einige Monate später kommt Rüdiger nochmals in eine Gruppe. Seine Ausstrahlung hat sich unterdessen völlig verändert. Er wirkt viel sanfter, und von der damaligen Unruhe ist kaum noch etwas wahrzunehmen. Nach Aufforderung des Therapeuten stellt Rüdiger seinen Vater, Onkel Max, die Rückenschmerzen und sich selbst auf. Als der Stellvertreter der Rückenschmerzen Onkel Max anblickt, fängt Max an zu würgen. Er hält den Blick der Rückenschmerzen kaum aus. Nun werden die Großeltern hineingenommen. Sofort sind die Rückenschmerzen unwichtig. Onkel Max schreit auf, als er seine Eltern sieht. Er nimmt schluchzend den Kopf in seine Hände und vergräbt den Kopf darin. Dann sinkt er kraftlos auf den Boden. Seine Eltern, Rüdigers Großeltern, wir-

ken, als seien sie aus Stein. Nichts erweicht ihr Herz. Auch nach einer langen Zeit der Stille sind sie immer noch wie versteinert. Sie wenden sich schließlich ab und schauen in eine andere Richtung. Sie sind nicht bereit, Verantwortung zu übernehmen. Sie wollen nichts mit dem behinderten Kind und der Schuld zu tun haben.
Im nächsten Schritt nimmt der Vater Rüdiger an den Händen und führt ihn zu Onkel Max. Rüdiger weint, auch der Vater und der Onkel weinen. Zu dritt halten sich die drei Männer lange. Anschließend blicken sie sich an. Man spürt die Kraft der drei.
Hier wird die Aufstellung beendet. Der Therapeut gibt Rüdiger noch den Hinweis, dass sich Onkel Max bestimmt über einen Besuch von ihm freuen würde. Und es entkam ihm spontan ein weiterer Satz, über den er sich selbst wunderte: »Vielleicht berührt er dich mal an der Wirbelsäule.«

Edwin: Die Verbeugung seines Zwillingsbruders

Edwin hat seit zehn Jahren Bandscheibenvorfälle und Rückenschmerzen. In einer Aufstellung im Seminar wählt er einen Stellvertreter für sich und einen für die Rückenprobleme. Sie erhalten die Anweisung, sich entsprechend ihren inneren Impulsen zu bewegen. Schon nach einigen Augenblicken hat der Therapeut das Bild, dass es sich um eine Geschwisterthematik handelt. Die beiden gehen miteinander um wie brüderliche Rivalen.
Auf Nachfrage erzählt nun Edwin, dass er einen jüngeren Zwillingsbruder mit Namen Felix hat. Dieser war eine große Überraschung, denn die Eltern rechneten nur mit einem Kind. Der ältere Zwilling, also Edwin, war von Anfang an so krank, dass die Eltern ihn in der Klinik lassen mussten, während sie Felix mit nach Hause nahmen. Aus der Enttäuschung über das kranke Erstgeborene beschlossen die Eltern nach der Geburt, dass das Kind nicht wie geplant Felix heißen sollte, sondern Edwin. Den Namen Felix gaben sie nun

dem gesunden Kind! So wurde der Ältere um seinen ursprünglichen Namen betrogen. In der Kindheit wurde Felix immer so behandelt, als sei er der Ältere. Stets wurde er Edwin vorgezogen, weil er sich auch körperlich und geistig schneller entwickelte. Dies führte zu immer wiederkehrenden Streitigkeiten zwischen den Brüdern.

In die Aufstellung kommen nun Edwin, Felix und auch Vater und Mutter. Alle machen ein betroffenes Gesicht.
Auf den Hinweis des Therapeuten verbeugt sich Felix vor Edwin und sagt ihm: »Es tut mir Leid, dass ich in deine Rolle gekommen bin. Du bist der Ältere, nicht ich! Ich achte dich jetzt als den Älteren!«
Diese Verbeugung hat eine tiefe Wirkung auf alle Beteiligten, außer der Mutter. Nicht nur dem Vater treten Tränen in die Augen, auch den beiden Geschwistern. Die Rückenschmerzen haben sofort den Impuls, sich wieder auf den Stuhl zu setzen und aus der Rolle zu gehen oder im hintersten Winkel des Raums zu verschwinden.
Edwin schaut Felix in die Augen und sagte ihm auf den Hinweis des Therapeuten: »Ich habe es gerne für dich gelitten, dass du dich nicht verneigen konntest! Ich habe in Liebe mitgefühlt, denn du bist mein Zwillingsbruder!« Die Rückenschmerzen gehörten eigentlich zu Felix, doch Edwin hatte es in Liebe für ihn getragen.
Der Vater ist nun ganz unruhig geworden. Er kann gar nicht warten, um Edwin zu sagen, wie Leid ihm sein Verhalten tue. Nur die Mutter ist nicht zu erweichen. Sie bereut es offensichtlich nicht.
Wie sich zeigt, ist sie noch mit einem früheren Verlobten verbunden. Mit ihm zusammen verlässt sie freudig den Ehemann und die Zwillinge. Doch den Kindern geht es beim Vater gut. Sie strahlen.

Dieser Verlobte war nicht anerkannt, so wie auch Edwin nicht anerkannt war. Dadurch, dass die Kinder nun beim

Vater waren, hörte die Verstrickung mit dem früheren Verlobten der Mutter auf.

Liselotte: Die Verbeugung vor dem Schicksal

Liselotte leidet seit fünf Jahren an heftigen Rückenschmerzen durch Bandscheibenvorfälle. In der Vorstellungsrunde des Seminars berichtet sie außerdem, dass sie als Jugendliche einige Tage im Koma lag. Nur durch Glück hatte sie einen Autounfall überlebt.

Es werden zwei Personen aufgestellt, eine Frau für Liselotte und ein Mann für die Rückenbeschwerden. Es ergibt sich ein überraschendes Bild: Liselotte lässt sich in die Arme der Rückenschmerzen sinken; es sieht aus, als ob sie in die Arme des Todes sinkt.
Nach dieser Information wird eine zweite Person für das Schicksal aufgestellt, eine Frau. Liselotte, die mittlerweile in die eigene Rolle gekommen ist, verbeugt sich ganz tief vor dem Schicksal und sagt: »Danke, dass ich es überlebt habe.«
Daraufhin entspannen sich die Rückenschmerzen: »Jetzt muss ich sie nicht mehr halten. Ich bin jetzt nebensächlich. Das Schicksal ist wichtiger.«
Liselotte kennt das Datum ihres Unfalls. Der Therapeut gibt ihr einen Hinweis, sie solle in Zukunft zwei Geburtstage feiern: den üblichen und jenen anderen Tag, an dem ihr das Leben zum zweiten Mal geschenkt worden ist.

Eleonore: »Ihre Schmerzen werden niemals besser werden …«

Eleonore ist im Rentenalter und leidet unter chronischen Rückenschmerzen infolge eines Autounfalls und zusätzlich auch bedingt durch angeborene Deformationen der Wirbelsäule. Angefangen hat alles mit dem Unfall vor vierzig Jahren. Seitdem wurde sie mehrmals operiert, und jedes Mal danach verschlimmerten sich die Schmerzen.

In der Schmerzambulanz der nächsten Großstadt sagte ihr der behandelnde Arzt: »Sie müssen die Hoffnung auf Linderung endlich aufgeben! Ihre Schmerzen werden niemals besser werden – lernen Sie, damit zu leben, denn sie werden Sie ein ganzes Leben begleiten. Mehr kann ich Ihnen beim besten Willen nicht sagen!«

»Zu diesem Mann gehe ich jetzt schon sehr lange«, sagt Eleonore mit Bitterkeit in der Stimme. »Außer Schmerztabletten bietet er mir kaum noch was an.« Seit dem letzten Arztbesuch sind die Schmerzen noch schlimmer geworden, als sie es ohnehin schon waren.

Der Therapeut erklärt ihr, dass sie das Opfer einer problematischen ärztlichen »Hypnose« geworden ist: »Das Schlimmste, was Sie tun können, ist, daran zu glauben! Doch umgekehrt gibt es in der Hypnotherapie viele Wege, das subjektive Schmerzempfinden positiv zu beeinflussen.«

Eleonore lächelt: »Genau darum bin ich zu Ihnen gekommen!« Eleonore hat von einer Freundin, die wegen ihrer schmerzhaften Gürtelrose zu mir in Hypnotherapie kam, von meiner Arbeitsweise erfahren. Eine ihre schwarzen Locken fällt in die Stirn, und sie schaut wieder etwas ängstlich: »Sie glauben also nicht an das, was der Arzt gesagt hat?« Der therapeutische Begleiter schüttelt den Kopf.

Zunächst erklärt er, was Hypnotherapie ist, und vor allem, was sie nicht ist. Insbesondere die Showhypnose macht den verantwortlich arbeitenden Therapeuten das Leben schwer und zwingt sie, sich gegen viele Vorurteile wenden zu müssen. Dabei hat man schon im alten Griechenland die heilende Kraft der Trance zu nutzen gewusst. Wie wir aus wissenschaftlichen Untersuchungen wissen, wirken sich Trancen selbst auf das Blutbild aus. Und die Anwendung der Hypnotherapie hat sich in der Vergangenheit bei den unterschiedlichsten Problemen bewährt.

Jeder Mensch fällt mehrmals am Tag in leichte Alltagstrancen, zum Beispiel beim Zugfahren oder beim Anschauen eines spannenden Films. Oft ist die Zeitwahrnehmung in

diesen Trancen leicht verzerrt. Zeitdehnungen und Zeitraffungen sind häufig Hinweise für das Vorliegen eines Trancezustandes. Wer sich beispielsweise einen Fünfjährigen anschaut, der gerade im Fernsehen seine Lieblingsserie verfolgt, der kann studieren, was Trance bedeutet: Der Mund des Kindes wird nicht selten offen stehen. Es wird andere Umweltreize kaum wahrnehmen, weil es völlig absorbiert ist. Wenn dann die Mutter zum Abendessen ruft und das Kind nicht folgt, wird es anschließend sicher sagen: »Mama, ich hab dich doch gar nicht gehört!«
In der medizinisch eingesetzten Trance kann der Mensch lernen, diesen Tiefenentspannungszustand als eine Quelle innerer Kraft zu erleben. Von Stufe zu Stufe immer tiefer gehend, kann er das Heilende einer Trance in sich erfahren. Dabei kommt er mit dem Unbewussten in Kontakt und kann zuweilen Zusammenhänge von körperlichen oder seelischen Problemen aufspüren. Oft ist es allerdings gar nicht notwendig, die Ursachen eines Problems zu kennen, um Heilung zu erfahren. In meiner Praxis nutze ich die Hypnotherapie insbesondere bei der Raucherentwöhnung, Bettnässen von Kindern, Gewichtsproblemen, chronischen Schmerzen, Stottern, Albträumen und manchmal unterstützend zu Familienaufstellungen auch bei Asthma, Allergien, Depressionen und Ängsten (siehe Carolas Bus- und Straßenbahnphobie im 12. Kapitel [»Ängste, Panik und Phobien«]).

Bevor Eleonore ihre ersten hypnotherapeutischen Erfahrungen sammelt, berichtet sie von den Methoden, die sie bisher angewandt hat: Krankengymnastik, Schmerztabletten, Cranio-Sacral-Therapie, Schwimmen und Gesprächspsychotherapie.
In der folgenden ersten Übung zum Erspüren ihres Körpers erzählt Eleonore genauestens, an welchen Stellen die Schmerzen auftauchen und wie sie sich anfühlen. Betroffen sind der Schulter-Nacken-Bereich, das Becken, der rechte

Oberschenkel, die linke und rechte Hand. Manche Schmerzen sind kribbelnd, andere klopfend, an wieder anderen Stellen ist alles taub, so zum Beispiel im Bein und im rechten Daumen. Am schlimmsten leidet Eleonore unter einem bohrenden Schmerz im Brustwirbelbereich.
Der Therapeut macht sich gewissenhaft Notizen, damit er zu einem späteren Zeitpunkt mit Eleonore all diese Körperregionen aufsuchen kann, um ihnen dann andere Ausdrucksmöglichkeiten anzubieten. In dieser Erstsitzung, einer Doppelstunde, legt sich Eleonore in der letzten halben Stunde auf einen dicken Flokati, um aufmerksam in ihren Körper hineinzuspüren. Zunächst geht es nur darum, den Schmerz bewusst wahrzunehmen. Sie stellt erstaunt fest, wie intensiv der Schmerz umherwandert und wie ihre eigenen Gedanken und Empfindungen das Schmerzempfinden beeinflussen. An ihrer verlangsamten Sprechweise erkennt man, dass sie schon in einer Trance ist.
Als sie an ihren schlimmsten Punkt kommt, das Brustbein, bitte ich sie, tiefer in sich hineinzuspüren: »Was könnte Ihnen jetzt helfen, die Brustbeinregion anders als bisher zu spüren? Gibt es irgendein Bild, ein Wort, das Sie hören, oder ein Körpergefühl, das nun in Ihrem Inneren hochsteigen kann ...?«
Kaum hat der Therapeut zu Ende gesprochen, sieht Eleonore ihren Daumen, wie er von innen kommend sanft gegen das Brustbein drückt. Während der Therapeut längere Zeit schweigt, hat sie ausgiebig Gelegenheit, zu experimentieren.
Eleonore ist mit dem Ergebnis sehr zufrieden. Auf Nachfrage erklärt sie, dass der Schmerz ungefähr zu sechzig Prozent besser geworden ist. Anschließend orientiert der Therapeut sie wieder im Raum und sagt zum Schluss: »Während Sie nach und nach wieder in diesen Raum zurückkommen, werden Sie alle Erfahrungen, die Sie jetzt gesammelt haben, mit in Ihr Bewusstsein nehmen. Alles wird Ihnen zur Verfügung stehen!«

Nachdem wir uns wieder gegenübersitzen, gibt der Therapeut präzise Anleitungen zum regelmäßigen Üben zu Hause. Eleonore gelobt, alles genau zu befolgen, doch etwas unsicher sagt sie: »Ich habe Angst, dass das alles nur bei Ihnen in der Sitzung wirkt – oder?«
Der Therapeut lacht und fragt: »Wer hat die Veränderungen in Ihrem Brustbein bewirkt: Sie oder ich?«
Eleonore lacht auch, und wir verabschieden uns.

Genau sieben Tage später sehen wir uns wieder. Eleonore berichtet, dass die einschneidendste Veränderung im Psychischen liege: »Ich beginne, diesen anderen Arzt und seine negative Prophezeiung als Aufforderung an mich zu verstehen, dass es auch anders geht! Ich fühle mich psychisch viel besser als in den letzten Wochen. Ist es nun durch Ihre Übungen oder dadurch, dass ich optimistischer bin: Jedenfalls sind meine Schmerzen deutlich reduziert. Ich habe nur die Hälfte der Schmerztabletten genommen, die ich sonst einnehme!«
In dieser Doppelstunde führe ich Eleonore in die Kunst der Selbsthypnose ein. Wir probieren die verschiedensten Techniken aus. Es zeigt sich, dass sie sich am besten fallen lassen kann, wenn sie sich vorstellt, bei jedem Ausatmen lockerer zu werden. Außerdem bringt sie sich mit dem Zählen von eins bis zwölf immer tiefer in einer leichte bis mittlere Trance. Ich erkläre ihr genau, dass sie die Übungen in Zukunft erst machen darf, wenn sie sich vorher in einen Trancezustand begeben hat. Auf diese Weise wirken sie in wesentlich tieferen Schichten des Unbewussten.
Durch das vielseitige Experimentieren in dieser Stunde macht Eleonore eine besondere Entdeckung an ihrem Körper: In manchen Phasen der Übungen spürt sie einen angenehmen, aber intensiven Druck zwischen ihren Augenbrauen, in der unteren Stirnmitte. Jedes Mal, wenn sie sich dann willentlich darauf konzentriert, nehmen die Schmerzen noch mehr ab, und zwar fast bis zur völligen Schmerzfreiheit.

Der Therapeut bittet Eleonore, eine typische Alltagssituation zu imaginieren, in der sie in der Vergangenheit Schmerzen erlitt. Nun soll sie sich bildhaft vorstellen, wie sie sich in dieser Alltagssituation auf genau die Stelle zwischen den Augenbrauen konzentriert. Was passiert? – Eleonore stellt fest, dass sie die Intensität des Schmerzes steuern kann: »Ich bin ihm nicht mehr einfach so ausgeliefert wie früher!«, ruft sie freudig aus.
Wir verabreden, dass sie diese »Notfallmethode« bis zum nächsten Termin intensiv übt.

Eine Woche später berichtet sie von ihrer »Schmerz-Notbremse«, wie sie es nennt: »Kaum zu glauben, aber es funktioniert wirklich – und ganz ohne Nebenwirkungen. Zwar bekomme ich die Schmerzen damit nicht dauerhaft zu hundert Prozent weg, aber das ist ja auch angesichts der Röntgenaufnahmen meines Rückens kein Wunder! Doch ich kann jetzt meinen Alltag ganz anders gestalten als früher!« Wehmütig erzählt sie, dass sie ihre sozialen Kontakte in den letzten Jahren wegen der Schmerzen immer mehr reduziert habe. Sie sei ihrem Mann nur noch zur Last gefallen, der ihr Jammern über die ewige Pein kaum noch ertragen konnte. Und jetzt werde sie wieder so unternehmungslustig wie »in alten Zeiten«!
Der Therapeut bestärkt Eleonore, diesen Kurs beizubehalten. Die Erwähnung des Ehemanns bringt ein neues Thema auf die Tagesordnung: »Er erinnert mich so an meine Mutter«, sagt sie kopfschüttelnd. Sie erzählt anschließend, dass in ihrer Kindheit die Depression ihrer Mutter wie ein dunkles Tuch über der ganzen Familie gehangen hatte.

Mittlerweile war Eleonore auch dafür aufgeschlossen, eine Familienaufstellung mit Papierscheiben zu machen. Es zeigte sich, was der Hintergrund der mütterlichen Depression und ihrer wiederholten Ankündigung war: »Ich bring mich noch um! Ihr werdet es alle sehen!«

Die Mutter hatte ihren Vater verloren, als sie zwei Jahre alt war. Er starb an einer nicht behandelten Blinddarmentzündung. Im Rahmen dieser Aufstellung konnte Eleonore zum ersten Mal ein echtes Mitgefühl mit der Mutter entwickeln. Sie hatte bislang nie gesehen, warum die Mutter so leidend war, und sich ihr gegenüber stets fremd gefühlt.
Es folgten noch zwei weitere Doppelstunden, in denen wir die hypnotherapeutischen Übungen vertieften. Der Erfolg war nachhaltig und anhaltend.

Zwei Jahre nach der letzten Sitzung kommt Eleonore wieder. Ihr Anliegen für diese letzte gemeinsame Sitzung ist eine Aufstellung der Gegenwartsfamilie wegen bestimmter Konflikte mit den gemeinsamen Kindern.
Eleonore hat ein völlig verändertes Wesen: Ihre Frisur ist viel moderner geworden, und sie wirkt offener. Sie berichtet, sie habe ihre Schmerzen dauerhaft um mindestens sechzig Prozent reduziert, wobei aber noch zu berücksichtigen sei, dass sie die Arzneimittel komplett ausgeschlichen habe. Außerdem sei sie zu ihrem früheren sozial aktiven Leben zurückgekehrt und wieder lebenslustig und selbstbewusst geworden. Einen Nachteil, sagt Eleonore schmunzelnd, habe die Therapie aber gehabt: Der Ehemann hat es jetzt etwas schwerer mit ihr, weil sie bestimmte rücksichtslose Verhaltensmuster von ihm nicht mehr so widerstandslos hinnehme wie zuvor: »Ich geb ihm jetzt manchmal Kontra. Das ist er nicht gewöhnt von mir!«

2. Kopfschmerzen und Migräne

Kopfschmerzen und Migräne können vielfältige psychische, aber auch organische Ursachen haben. So ist zum Beispiel abzuklären, ob orthopädische Störungen vorliegen, die zu den Schmerzen führen. Oft vermag hier eine osteopathische Behandlung Abhilfe zu schaffen. Störungen in der Gallenblase, Leber und Niere können ebenfalls Kopfschmerzen und Migräne hervorrufen. Nicht vergessen darf man, dass auch schwere Misshandlung und Foltermethoden eine Migräne auslösen können.

In Abgrenzung zu Kopfschmerzen ist die Migräne durch besondere Umstände gekennzeichnet, die sie wesentlich schwerer erträglich machen. Sie tritt anfallsweise halbseitig auf und kann stunden- oder tagelang anhalten. Damit gehen oft Störungen im Allgemeinbefinden einher wie Sehstörungen, Brechreiz und Erbrechen. Statistisch sind mehr Frauen als Männer betroffen. Während eines Migräneanfalls kann man arbeitsunfähig sein.

Bei Kopfschmerzen und häufig auch bei Migräne hilft die Vorstellung, dass man sich mit Liebe einem anderen Menschen zuwendet. Oft ist es die Mutter – wie im Fall von Olga. Der psychodynamische Hintergrund von Kopfschmerzen und Migräne ist nicht selten eine »angestaute Liebe«. Unterstützend dazu lässt sich das bewusste Atmen einsetzen.

Man kann die Hände nach vorn strecken, sie nach oben öffnen und sich vorstellen, wie die Liebe aus ihnen strömt. In einem Gespräch mit Bert Hellinger sagte eine Frau, dass sie oft das Gefühl habe, ihren Mann nicht gut genug zu lieben. Wenn sie sich aber bewusst ausmale, sich an seine Seite zu stellen, verschwinde dieses Gefühl. Oft scheint die angestaute Liebe demnach dem Partner zu gelten, doch dahinter verbirgt sich sehr häufig ein nicht genommener Elternteil, meist die Mutter.

In einem Fall deutete die Migräne, die mit Angstzuständen verbunden war, auf drei abgetriebene Kinder hin, die von der Mutter nicht gesehen wurden. Als sich in der Aufstellung die Mutter den Kindern endlich zuwandte, zog sich die Stellvertreterin der Migräne erleichtert zurück.

In der Geschichte von Karsten zeigt sich, dass die verhinderte Liebe weder einem Elternteil noch einem abgetriebenen Kind gilt, sondern einer toten Schwester: Die Eltern konnten ihre Liebe zum toten Kind nicht fließen lassen, und der Sohn spürte diese stockende Liebe.

Olga: Seit 46 Jahren Migräne

Olga ist sechzig Jahre alt und leidet seit ihrem vierzehnten Lebensjahr an Migräne. Das Kommen und Gehen der Anfälle hat einen bestimmten Rhythmus, auf den sie sich stets verlassen kann: Der Schmerz tritt alle vier Wochen auf und bleibt dann immer für sieben Tage.
Da alle Behandlungsmethoden im Laufe der Jahrzehnte gescheitert sind, möchte sie nun mithilfe des Familien-Stellens noch einmal einen »letzten« Anlauf wagen. Obwohl der Therapeut seine Bedenken gegenüber der Einstellung äußert, die psychotherapeutische Arbeit lediglich als »Notlösung« zur Behebung eines körperlichen Leidens einzusetzen, rät er ihr zum Besuch einer Gruppenaufstellung.
Doch sie fühlt sich zu »altmodisch« dazu. Den Hinweis darauf, dass auch über Siebzigjährige in den Seminaren mitwirkten, wischt sie schnell vom Tisch: »Ach, wissen Sie, das ist einfach nichts für mich. Ich habe in Ihren Büchern gelesen, dass das auch mit Papierscheiben geht.«
Ich sage Olga, dass das Aufstellen mit Papierscheiben nicht dieselbe Tiefe hat wie die Aufstellung in der Gruppe und somit nie ein vollwertiger Ersatz sein kann. Doch da es auf alle Fälle besser ist, als gar nichts zu tun, und die Vorbereitung für den späteren Besuch einer Gruppe sein kann, führen wir die Arbeit mit Papierscheiben durch.

Olga legt die Scheiben so auf den Boden, dass ein Stern gebildet wird: Im Zentrum steht die Mutter, und um sie herum stehen alle Familienmitglieder.
Der Therapeut sagt zu Olga: »Ihre Mutter wollte nur eines – sterben. Und alle in der Familie wollten sie halten, damit sie nicht verschwindet.«
Olga bekommt feuchte Augen und stimmt zu. Sie berichtet,

dass die Mutter sich mit Gas umbrachte, als Olga zehn Jahre alt war. Die Art dieses Selbstmords – wie auch andere Suizidarten, beispielsweise das Erhängen – lässt darauf schließen, dass es im mütterlichen Stammbaum eine tiefere Verbindung zu einem Verbrechen gibt. Doch Olga weiß nichts darüber, denn ihre Mutter war Einzelkind, und es gibt niemanden mehr, den sie fragen könnte. Olga berichtet, dass die Mutter zeitlebens unter derselben Art Migräne gelitten hatte, die sie selbst so viele Jahrzehnte schon erduldet.

In mehreren Sitzungen bringe ich Olga in Kontakt mit der Zehnjährigen, die sie damals war, als die Mutter sich das Leben nahm. Sie verwandelt sich wieder in das Kind und kann ihren Schmerz darüber zulassen, keine Mutter zu haben.

Erstaunt stellt sie aber fest, dass sie nicht nur versteckten Schmerz hegte, sondern auch Wut: »Mama, du fehlst mir so sehr! Wie konntest du mich nur zurücklassen! Ich bin so wütend, dass du einfach gegangen bist!«

In der letzten Sitzung kommt das für Olga Entscheidende: »Liebe Mama, ich verneige mich vor deinem selbst gewählten Tod. Ich achte, dass du nicht mehr leben willst. Bitte segne mich und mein Leben!« Außerdem sagt sie ihr in dieser Sitzung auch: »Mit meiner Migräne bin ich so geworden wie du! Sie erinnerte mich dauernd an dich und auch daran, wie sehr du mir gefehlt hast!«

Bei diesen entscheidenden Sätzen ermuntert sie der therapeutische Begleiter, sich die Mutter bildlich so vorzustellen, wie sie sie als Zehnjährige in Erinnerung hat: Sie umarmt sie nun in ihrer Vorstellung innig und lange, um sich dann von ihr zu verabschieden.

Bei solch chronischen und hartnäckigen Leiden, wie sie bei Olga vorlagen, kann man sich freuen, wenn die Symptome eine gewisse Linderung erfahren. Leider erfuhr ich zunächst nicht, wie es ihr weiterhin erging. Zu meinen Prinzipien gehört es ja, alles in den Händen des Ratsuchenden zu lassen und nie aus Neugier nachzufragen. Ein Jahr später meldete sich Olga jedoch noch einmal bei mir: Nach der zuletzt beschriebenen Sitzung war die Migräne dauerhaft ausgeblieben! Olga betrachtete sich als geheilt und war zutiefst dankbar.

Karsten: Die nicht betrauerte Schwester

Karsten hat seit elf Jahren Migräne. Im Kurs wählt er jemanden für sich und eine Frau für die Migräne aus. Die beiden Stellvertreter erhalten die Anweisung, nicht zu sprechen, sondern innerlich gesammelt ihre Impulse zuzulassen, wenn diese in eine körperliche Bewegung übergehen wollen.

Schon nach kurzer Zeit verhält sich die Migräne wie ein kleines, bedürftiges Kind. Sie schaut Karsten wie einen Elternteil an, von dem sie etwas erwartet. Der Therapeut fragt Karsten, ob er an Abtreibungen beteiligt gewesen sei. Dies war nicht der Fall, aber Karsten fällt ein, dass es vor ihm eine ältere Schwester gegeben hatte, die im ersten Lebensjahr an einer Infektion gestorben war. Über diese Schwester war nie gesprochen worden.

»Ich fühlte mich immer als Einzelkind«, sagt er.

Der Therapeut nimmt für die Eltern einen Mann und eine Frau aus der Gruppe hinzu. Diese schauen auf die Migräne, die ganz offensichtlich Karstens tote Schwester darstellt; doch die Eltern wirken wie versteinert. Sie haben dieses verstorbene Kind nie betrauert. Karsten stellt sich neben die tote Schwester und streichelt ihr sanft den Rücken. Die beiden lächeln sich an.

Nach dem Hinweis des Therapeuten sagt Karsten den Eltern: »Für euch war Lisas Tod so schwer. Ich bin bei ihr!«

Bei der Mutter gerät nun etwas in Bewegung. Sie beginnt, zu weinen, und kann nun auf die Migräne zugehen, die jetzt die Tochter darstellt. Auch der Vater ist mittlerweile dazu in der Lage. In weiteren Schritten können die Eltern ihre Trau-

er um das Kind zulassen und es endlich als ihr erstes Kind nehmen.
Karsten wiederum sieht seine Schwester liebevoll an und sagt ihr: »Ich achte dich als die Ältere. In meinem Herzen gebe ich dir einen Platz.«

Traudl: Die Hypnoseübung

Im Rahmen eines Hypnotherapieseminars fragte ich die Teilnehmer, ob sich jemand für eine Trancereise zur Verfügung stellen möchte. Es meldete sich Traudl, die gerade im Moment ihre Migräne hatte und schon lange darunter litt: »Ich habe sie seit über zehn Jahren, und nichts hilft mir.«
Der Therapeut erklärt den Teilnehmern, dass der Trancezustand etwas völlig Natürliches ist. Mit einer einfühlsamen Sprache, die mit dem Atemrhythmus des Klienten gekoppelt ist, lässt sich in der Regel schnell eine Trance herbeiführen.

Traudl macht es sich auf ihrem Stuhl bequem. Der Therapeut spricht etwas leiser: »Du kannst den Kontakt deiner Füße mit dem Boden spüren und auch fühlen, wie dein Gewicht vom Stuhl getragen wird.« Traudl nickt unwillkürlich. »Während des Ausatmens kannst du dir vorstellen, dass du immer mehr loslässt, immer mehr ...«
Der Therapeut achtet darauf, dass er die entscheidenden Informationen immer ausspricht, wenn Traudl ausatmet.
»Prüfe in deinem Nacken- und Schulterbereich, wie angespannt oder entspannt es sich dort anfühlt. Während du ausatmest, kann die Entspannung sich vertiefen – mit jedem Ausatmen mehr.«
Als Straßenbahnlärm in den Seminarraum dringt, sagt er: »Draußen kannst du vielleicht Geräusche hören, Autos und Straßenbahnen, doch immer noch kann es dir gelingen, weiter loszulassen.«
Traudl kann gut entspannen: Die Atmung wird immer tiefer, die Augenlider beginnen, zu zittern, die Haut glättet sich

unwillkürlich; und wenn sie mit mir spricht, ist ihr Sprechtempo deutlich langsamer als im Normalbewusstsein; zudem spricht sie auch leiser.
Ich frage Traudl, wie sie sich jetzt fühlt. Sie nickt: »Gut, sehr gut.« Sie lächelt. Und setzt hinzu: »Meine Migräne ist ein klein wenig besser geworden, aber nur ein klein wenig.«
Der Therapeut bittet darum, dass sie genau lokalisiert, wo in ihrem Kopf der Schmerz sitzt und ob ihr der Schmerz ein Bild über sich schenkt.
Traudl beschreibt genau, wo der Schmerz sich befindet, und deutet mit dem Finger darauf: »Ich sehe den Schmerz als eine dunkle, schwarze Masse mit kleinen spitzen Widerhaken.«
»Während du immer noch bei jedem Ausatmen weiter loslassen kannst[4] du in dich hineinspüren, ob du jetzt etwas ausprobieren willst, etwas, was den Schmerz umwandeln oder verändern könnte.«
Traudl nickt unwillkürlich: »Mir kommt gerade gelbes Licht in den Sinn, warmes, gelbes Licht, so wie warmes Sonnenlicht.«
»Ja! – Wenn du willst, bring es in Berührung mit dem Dunklen.«
Plötzlich wird Traudls Gesicht ganz ernst. Dann atmet sie sehr lange und tief aus. Sie beginnt, etwas zu zittern. Der Therapeut spürt, dass er jetzt nicht reden darf. Erst als er sieht, dass sich der Atemrhythmus erneut ändert, sagt er: »... und jetzt hast du eine Erfahrung gemacht. Und noch weißt du nicht, ob heute ein kleines Samenkorn gesät worden ist, das eines Tages aufgeht.«
»Hm.« Traudl stimmt zu und schmunzelt: »Meine Schmerzen sind gerade weg, völlig weg!«
»Du darfst es genießen, dass sie weg sind!«, bekräftigt der therapeutische Begleiter.

4 Hier handelt es sich nicht um einen Grammatikfehler, sondern ein bewusst eingesetztes hypnotherapeutisches Sprachmuster!

Mithilfe des Atemrhythmus holt er Traudl langsam wieder ins Hier und Jetzt: »Und während jedes Einatmens kommst du immer mehr in diesen Raum zurück! Du kannst wieder den Kontakt deiner Füße mit dem Boden fühlen und spüren, wie dein Gewicht vom Stuhl sicher getragen wird.«
An dieser Stelle bekommt Traudl genügend Zeit, um ihren Rhythmus wiederzufinden. Kurz bevor sie die Augen aufmacht, sagt der Therapeut: »Und vielleicht bist du ein kleines bisschen verwundert darüber, dass du beim Öffnen der Augen viele Gesichter um dich herum sehen wirst.«
Nachdem Traudl wieder ganz in der Gegenwart ist, wollen die anderen Teilnehmer ihr Fragen stellen. Doch das wird auf einen späteren Zeitpunkt verschoben, damit sich die jetzige Erfahrung erst einmal setzen darf.
Ich sage Traudl, dass eine fachgerechte hypnotherapeutische Behandlung mehr Zeit brauche als diese fünfzehn bis zwanzig Minuten; ihre Hoffnungen sollten also nicht zu groß sein. Ich danke ihr aber sehr für ihre Bereitschaft, sich für die Gruppe zur Verfügung gestellt zu haben.

Nur durch Zufall erfuhr ich über ein Jahr später, welch unerwartete Folgen diese Übung hatte: Eine Frau kam als Ratsuchende in meine Praxis und fragte mich, ob ich mich an ihre Freundin Traudl erinnere, die ich im Rahmen eines Hypnotherapieseminars in Zürich behandelt hatte. Sie berichtete, der Freundin gehe es gut. Sie sei vom Tag der Übung an bis heute beschwerdefrei.
Mit einer solchen Rückmeldung war nicht zu rechnen. In der Regel bedarf es intensiverer Behandlung, um zu derartigen Ergebnissen zu gelangen. Der Fall zeigt jedoch sehr eindrucksvoll, dass es für die Heilung nicht immer notwendig ist, »aufdeckend« zu arbeiten, sondern dass auch eine indirekte Methode Erfolg haben kann.

3. Hautkrankheiten

Die Haut ist eine bevorzugte Bühne unserer Psyche, um durch Symptome auf ein inneres Ungleichgewicht hinzuweisen. Dass die Haut »ein Spiegel der Seele« ist, gehört mittlerweile zum Allgemeingut.

Zu den wichtigsten und immer weiter verbreiteten Hautkrankheiten gehört zweifelsohne die Neurodermitis, die auch schon lange im Fokus der systemischen Arbeit steht. Hierbei handelt es sich um eine besondere Form des Ekzems. Diese Erkrankung stellt sich oft schon im Kindesalter ein, doch sie kann auch noch bei Erwachsenen zum Ausbruch kommen. Es bilden sich handtellergroße, auch streifenförmige Herde, die manchmal von einer bräunlichen Zone umgeben werden. Oft sind Gesicht, Hals und Extremitäten betroffen. Neurodermitiker klagen insbesondere über Juckreiz, Schuppung und das Nässen der Haut; in sozialer Hinsicht leiden sie, weil sie sich etwa durch die Rötung des Gesichts wie »Aussätzige« fühlen.

In Lehrbüchern über psychosomatische Medizin liest man des Öfteren, bei der Neurodermitis seien verdrängte Aggressionen im Spiel. Dieser Annahme kann man auch aus systemischer Sicht zustimmen; doch handelt es sich nicht nur um eigene Aggressionen, sondern vor allem um die übernommene Wut eines früheren Partners der Eltern! Neurodermitiker benötigen häufig den Segen eines ehemaligen Partners der Eltern, häufig einer Freundin oder Verlobten des Vaters. In der Regel wurde der damalige Partner schlecht behandelt.

Ein Beispiel: Eine Frau litt schon lange an Neurodermitis. In der Aufstellung wurde sichtbar, dass sie mit der früheren Verlobten des Vaters verbunden war. Dieser hatte sich mit der Frau verlobt, ohne ihr zu sagen, dass er an einer langwierigen und lebensbedrohlichen Infektionskrankheit litt. Als es zufällig herauskam, fühlte sich die Frau von dem Mann hintergangen. Es gelang ihm zwar später, seine Krank-

heit zu überwinden; doch die Frau hatte sich wegen des Vertrauensbruchs schon vorher von ihm losgesagt. Ohne diese Trennung jedoch hätte der Mann nicht seine spätere Ehefrau kennen gelernt, und es wäre auch nicht zur Geburt der Klientin gekommen. Sie hatte ihr Leben auf Kosten der früheren Verlobten. Durch das Mitfühlen mit der damaligen Partnerin war sie für den Vater nie die Tochter gewesen, sondern er sah in ihr die frühere Frau. Und für die Mutter war die Klientin immer eine Rivalin, statt Kind sein zu können.
Ein halbes Jahr nach der Familienaufstellung sah ich die Frau wieder. Ihre Neurodermitis war völlig verschwunden. Nach der Aufstellung gelang es ihr auch, sich mit der Mutter auszusöhnen, denn nun war sie nicht länger in der Rolle einer Rivalin.
In einem anderen Fall hatte eine Frau mehrere Töchter, deren eine an Neurodermitis litt. In der Familienaufstellung war dieses Kind weder auf Vater noch Mutter, sondern ganz auf einen früheren Partner der Klientin ausgerichtet. Das Kind war solidarisch mit ihm, denn die Frau hatte vor vielen Jahren gegen den Willen des Mannes eine Abtreibung vorgenommen und ihn leichtfertig verlassen. Den Schmerz dieses Mannes trug jetzt das Kind. Der Frau war bis zur Aufstellung gar nicht bewusst, dass sie sich dem Mann gegenüber schuldig gemacht hatte. Ich riet ihr, sich bei ihm zu melden und ihm zu sagen, dass sie ihm Unrecht getan habe und es ihr Leid tue. Doch er wohnte weit entfernt im Ausland, und es gelang ihr nicht, seine Adresse ausfindig zu machen. Innerlich aber setzte sie sich mit diesen schon lange zurückliegenden Ereignissen auseinander. Einige Monate später berichtete sie, dass die Neurodermitis der Tochter sich wesentlich gebessert habe.

Neurodermitis kann meiner Erfahrung nach noch andere Hintergründe haben. Nicht immer geht es um frühere Partner der Eltern, sondern möglicherweise auch um die Beziehungsdynamik der Eltern.

Eine Frau hatte eine an Neurodermitis erkrankte kleine Tochter, die ungefähr neun Monate alt war. Durch ihre intensive Beschäftigung mit der Krankheit des Kindes kam sie von selbst dahinter, dass diese in Zusammenhang mit ihrer Wut auf den Vater des Kindes stand. Sie hatte sich von dem Mann getrennt und war noch böse auf ihn. Je wütender sie seinetwegen wurde, desto mehr verschlechterte sich die Haut ihres Kindes.
Als sie die unheilvolle Wirkung ihrer Wut erkannte und sich ihrem Teil der Schuld gegenüber dem Partner stellte, verschwand die Neurodermitis der Tochter.

Neurodermitis ist in vielen Fällen auch mit einer Einmischung in das Liebesleben der Eltern verbunden. Eine Frau spannte zum Beispiel ihrer Mutter, die vom Vater geschieden war, den Liebhaber aus. Noch im selben Jahr erkrankte sie an einer hartnäckigen Neurodermitis. Eine sehr ähnliche Geschichte betrifft eine zwanzigjährige junge Neurodermitikerin. Ihr Vater trennte sich vor kurzem von der Mutter, weil diese einen Liebhaber hatte. Die Tochter spannte nun wiederum ihrer Mutter den Liebhaber aus, aber nicht, weil sie diesen liebte, sondern aus Treue zum eigenen Vater! Die Aufstellung zeigte, dass die Frau mit der Wut des Vaters auf die Mutter identifiziert war. Diese Treue zum Vater war ihr allerdings nicht bewusst gewesen.
Wie diese Beispiele zeigen, scheinen Rivalität und Eifersucht in Familien von Neurodermitikern ebenfalls eine Rolle zu spielen. Eine ähnliche Beobachtung hat Franz Ruppert gemacht:[5] Wenn Kinder sich in die Wut und Eifersucht ihrer Eltern einmischen, kann Neurodermitis entstehen.

In jüngster Zeit hat Bert Hellinger darauf hingewiesen, dass bei der Neurodermitis nach einem Fluch gefragt werden

---

5 Franz Ruppert, *Verwirrte Seele – Der verborgene Sinn von Psychosen*, München 2002, S. 204 ff.

sollte. Man sucht danach, wo es im Familiensystem eine Aggression, einen bösen Willen gegen das Kind gibt. Wenn man den Fluch gefunden hat, fragt man sich, wie man ihn in einen Segen für das Kind umwandelt.
In einem Seminar wurde Hellinger gefragt, ob denn seine frühere Sichtweise, dass es sich bei der Neurodermitis häufig um eine Identifikation mit einer ehemaligen Frau des Vaters handele, nun falsch sei oder ob er dabei bleibe. Hellinger antwortete:

> »Es hat damit angefangen, dass ich gesehen habe: Da gibt es etwas mit einer früheren Frau. Aber was der genaue Zusammenhang ist, das wusste ich nicht. Ich weiß erst jetzt, dass es mit einem Fluch zusammenhängt.
> Im Märchen von Dornröschen verflucht die 13. Fee das Kind. Ich habe mir Gedanken über das Märchen gemacht und kann es etwas anders erzählen, sodass der verborgene Zusammenhang ans Licht kommt. Als Dornröschen in tiefen Schlaf fiel, waren der König und die Königin auf Reisen. Als sie zurückkamen, fanden sie Dornröschen und das ganze Schloss in tiefem Schlaf. Da erinnerte sich der König an den Fluch der 13. Fee. Er ließ sie suchen, um sie zur Rede zu stellen. Doch als sie vor ihn trat, erkannte er in ihr seine erste Frau.
> Der Fluch der Fee galt dem Mann und wurde auf das Kind verschoben. Die Frage ist auch hier: Wie wandelt man den Fluch um in Segen? Welche Bewegungen wären notwendig, um dorthin zu kommen? Das ist jedes Mal neu. Dafür gibt es keine Standardlösungen. In diesem Märchen wäre eine Lösung gewesen, dass der König seine erste Frau würdigt und sie bittet, zu seiner Tochter freundlich zu sein.«[6]

---

6 Bert Hellinger, *Der Austausch – Fortbildung für Familien-Steller*, Heidelberg, 2003, S. 143 f.

Da der »Fluch« meiner Beobachtung nach oft mit der früheren Partnerin zusammenhängt, widersprechen sich diese Sichtweisen nicht, sondern sie ergänzen sich! In meiner Praxis und auch in der Praxis vieler Kollegen hat sich die von Hellinger entwickelte Betrachtungsweise der Neurodermitis oft bestätigt, wodurch vielen Kranken wirksam geholfen werden konnte.

Es folgen nun einige Beispiele. Beim ersten geht es um eine Neurodermitis, beim zweiten um eine Unterhautentzündung und beim dritten um Warzen.

Sieglinde (Neurodermitis): Der Ehering von Vaters erster Frau

Sieglinde leidet seit ihrer Jugend an Neurodermitis und nimmt an einem Kurs zum Familien-Stellen teil. Auf die Frage des therapeutischen Begleiters, ob ihre Eltern vorher schon einmal in einer Bindung gewesen waren, erzählt sie von der ersten Ehe des Vaters. Diese Ehe war kinderlos geblieben, und der Vater hatte die Frau nach einigen Jahren verlassen. Sieglinde wählt Stellvertreter für die Eltern, die Schwester und sich.

Im ersten Bild stehen die Eheleute weit voneinander entfernt, und die Kinder schauen auf die rechte Seite des Vaters, als ob dort jemand stünde. Der Vater berichtet denn auch, dass er sich nicht zugehörig fühle. Der Therapeut wählt eine Frau aus der Gruppe für die erste Gattin des Vaters. Sie macht sogleich einen sehr schwermütigen Eindruck und blickt missmutig auf ihren früheren Mann. Dieser wiederum wendet den Kopf weg von ihr und rückt sachte von ihr ab. Je mehr Zeit verstreicht, desto stärker wird die Position der ersten Frau, und desto schwächer wirkt der Mann.

Da der Vater nicht fähig ist, der Frau zu sagen, dass ihm sein Verhalten ihr gegenüber Leid tue, kommt nun die Mutter ins Spiel. Sie verbeugt sich vor ihr und gibt ihr die Ehre als der

ersten Frau. Daraufhin erhellen sich deren Gesichtszüge merklich. Sie kann nun freundlicher auf die Kinder ihres ersten Mannes schauen.
Sieglinde blickt jetzt mit Liebe auf die Mutter und sagt: »Was mit der ersten Frau des Vaters ist, geht mich nichts an. Mein Platz ist bei dir!«
Der Vater steht weiterhin im Abseits. Er hat nur wenig Interesse an seiner zweiten Frau und bleibt in problematischer Weise mit der ersten Frau verbunden. Diese sagt zu ihm: »Ich warte!«
Sieglinde spricht noch zu ihrem Vater: »Was mit deiner ersten Frau war, geht mich nichts an. Ich begebe mich zur Mama, nur sie ist meine Mutter!«

Wie Sieglinde nach der Aufstellung erzählt, war die erste Frau in der Ehe schwermütig geworden. Der Vater hatte sie wohl bald verlassen wollen, doch er war zunächst zu feige dazu. Stattdessen verhielt er sich ihr gegenüber sehr aggressiv.
Dem Therapeuten fällt in diesem Moment ein seltsamer silberner Ring an Sieglindes Hand auf: »Was ist denn das für ein altertümlicher Ring?«, fragt er.
Sieglinde erschrickt. Es handelte sich um den Ehering der ersten Frau ihres Vaters! Das war die zusätzliche Bestätigung für die Identifikation mit dieser ersten Frau. Der Therapeut gab Sieglinde den dringenden Rat, den Ring sofort abzunehmen und ihn dem Vater zurückzugeben!

Jochen (Unterhautentzündung): Unerlöste Wut der Mutter

Die menschliche Haut besteht aus Ober-, Leder- und Unterhaut. In der Unterhaut befinden sich Fettzellen, aber auch Blutgefäße und zahlreiche Nerven. Gerade der letztgenannte Umstand ist es, der eine Entzündung der Unterhaut zu einer schmerzhaften Erfahrung macht.

Jochen kommt in einen Aufstellungskurs, weil er seit vier Jahren an einer Unterhautentzündung erkrankt ist und sich außerdem völlig energielos fühlt. Während dieser vier Jahre konnte keine hautärztliche und auch keine andere Art von Behandlung das Leiden lindern.
Jochen wählt jemanden für die Eltern, jemanden für sich und auch eine Frau aus der Gruppe für die Krankheit. Sehr schnell zeigt sich, dass die Krankheit ein Geheimnis der Mutter darstellt: Sie begibt sich neben die Krankheit und nimmt die anderen Familienmitglieder gar nicht wahr; auch Jochen spielt für sie keine Rolle mehr. Kurze Zeit später kommt eine Bewegung von Jochen zu seinem Vater hin in Gang. Beim Vater geht es ihm sichtlich gut.
Parallel beobachtet der Therapeut jedoch, dass der »richtige« Jochen auf dem Stuhl sitzt und gelangweilt aus dem Fenster schaut. Da man es nicht zulassen kann, dass die Gruppe von jemandem auf solche Weise missachtet wird, bricht der Therapeut sofort ab. Offensichtlich nimmt Jochen die Aufstellung überhaupt nicht ernst.
Nachdem alle Stellvertreter sich gesetzt haben, zeigt sich, dass sie nur mühsam aus den Rollen gehen. Jochens Stellvertreter erzählt beispielsweise, dass er immer noch »ein Brennen im Bauch habe«.
Sie spüren alle noch die Gefühle, die sie während der Aufstellung hatten. So etwas passiert sehr selten. Es geschieht vor allem dann, wenn der Aufstellende sich weigert, selbst etwas zu fühlen. So war es auch hier. Jochen sagt: »Das hat mich nicht berührt. Das hat überhaupt keine Bedeutung für mich.«
Der Therapeut bittet die Gruppe, jeder Einzelne solle bei sich bleiben und Jochen innerlich die seine Familie betreffende Rolle zurückgeben. Auch solle niemand über die Aufstellung und Jochen nachdenken. Über die Aufstellung wird nicht gesprochen, stattdessen macht der Therapeut eine kleine Meditation.

Jochen gab mir zwei Monate danach eine Rückmeldung über die Wirkung dieser Aufstellung. Er sagte, er sei völlig geheilt! Er fühle sich nicht nur voller Lebensenergie, sondern die Unterhautentzündung habe sich vollkommen aufgelöst. Außerdem hatte er vor der Aufstellung auch noch extreme Aggressionen gehabt, und auch diese seien nicht mehr aufgetreten.
Er berichtete, wie meine damalige Anweisung an die Stellvertreter, sie sollten sich weigern, für ihn zu fühlen, und ihm stattdessen innerlich die Rolle wieder zurückgeben, auf ihn gewirkt hatte. Sein Stellvertreter berichtete ja, er habe ein schreckliches Brennen im Bauch. Unmittelbar nach der Anweisung des Therapeuten, sie sollten ihm die Rollen zurückgeben, spürte Jochen sogleich selbst jenes Brennen in der Magengegend! Zwar hat er im Seminar nicht mehr darüber gesprochen, doch dieser »Feuerball« arbeitete noch den ganzen Tag mächtig mit ihm. Er sagte, deutlich habe er dabei gespürt, dass es um eine unerlöste Wut der Mutter gehe, die er aus Liebe zu ihr in sich trage. Gleichzeitig habe er auch gefühlt, dass all das den Vater sehr traurig mache.

Meiner Erfahrung nach lässt sich vom Gang der Aufstellung niemals auf die weitere Entwicklung des Ratsuchenden schließen. Eine scheinbar »gut« verlaufene Aufstellung kann manchmal ohne Folgen verpuffen, so wie auch eine so genannte »problematisch« verlaufene zuweilen die erstaunlichsten positiven Resultate zu zeitigen vermag. Der Grund liegt darin, dass sich nie vorhersagen lässt, ob der Ratsuchende dem Bild der Aufstellung die Chance gibt, sich in seinem Herzen auszubreiten. Manch einer lässt das Heilende einer Aufstellung nicht in sich hinein, weswegen es nicht wirken kann; und ein anderer ist dermaßen betroffen von einem problematischen Schlussbild, dass es ein heilsamer Schock für ihn werden kann. So war es in Jochens Geschichte.
Nie werde ich vergessen, wie ich mich als Therapeut einmal

bei einer Frau weigerte, für sie eine Aufstellung zu begleiten. Ich sagte ihr, dass sie innerlich noch nicht dazu bereit sei. Die Art und Weise, wie sie über ihre Mutter sprach, nämlich in Flüchen, verbot mir das. Sie grollte mir sehr, weil ich sie angeblich »betrog«.

Ein Jahr später meldete sich die Frau und bedankte sich sehr dafür, dass ich mich völlig verweigert hatte: »Nur durch Ihre Weigerung konnte ich auf mich zurückgeworfen werden und war dem Verhältnis zu meiner Mutter allein ausgeliefert. Durch diese Weigerung wurde bei mir therapeutisch mehr angestoßen als in vielen Jahren Therapie zuvor. Wären Sie bereit, mich noch einmal für eine Gruppe anzunehmen, damit ich meine Familie jetzt aufstellen kann?«

Nach kurzer innerer Prüfung stimmte ich ihrem Vorhaben zu. Als sie dann erneut aufstellte, konnte man sehen, wie intensiv sie sich in dem dazwischen liegenden Jahr verändert hatte. Jetzt war ein Fundament entstanden, von dem aus man nach weiteren Lösungen suchen konnte. Es kam zu einer kraftvollen Aufstellung.

Gerhard: Die Warze am Fuß

Wer sich in »Omas Naturheilkunde« auskennt, weiß, dass hypnotische Elemente bei der Behandlung von Warzen eine wichtige Rolle spielen. Das so genannte »Besprechen« ist nämlich nichts anderes als Hypnose! Auch ich bevorzuge bei Warzen die Hypnotherapie. Ein ausgebildeter Hypnotherapeut hat genügend Erfahrung, um anhand minimaler Körperreaktionen des Hilfesuchenden festzustellen, ob dieser in Trance gehen kann und wie tief er sich während einer Übung in Trance befindet. Bei manchen braucht es eine gewisse Übungszeit mit dem Therapeuten, sich fallen zu lassen, andere dagegen kennen ähnliche Zustände schon vom autogenen Training oder von anderen Entspannungsverfahren her.

Als Gerhard zu mir in die Praxis kommt, berichtet er von einer hartnäckigen Warze, die er seit 25 Jahren am linken Fuß hat und die ihm beim Laufen sehr unangenehm ist. Wie die ersten Übungen zeigen, gehört er zu denen, die sich gut in Trance fallen lassen können. Während einer Phantasiereise, die wir unternehmen, malt er sich aus, wie es in der Zukunft sein soll: Er verspürt fast keine Schmerzen mehr am Fuß, stattdessen hat er am linken Fuß ein ähnlich normales Körpergefühl wie am rechten. Im nächsten Bild sieht er sich beim Duschen: Verblüfft spürt er einen so kleinen Knubbel, dass er kaum noch störend wirkt: »Damit kann ich leben, das stört mich kaum«, sagt er sich.

Als Nächstes machen wir einige hypnotherapeutische Übungen, um die erforderlichen Trancemöglichkeiten auszuprobieren. Gerhard hat wie gesagt keine Probleme damit, sich fallen zu lassen: Die Übung, die nur sieben Minuten dauerte, kam ihm wie eine zwanzigminütige vor. Zum Schluss der Sitzung lasse ich ihn seine Zukunftsbilder noch einmal in einer tieferen Trance erleben.

In der nächsten Sitzung erzählt Gerhard eine Woche später verblüfft, dass diese Warze, die 25 Jahre lang gleich groß gewesen war, sich etwas verkleinert hat. Allerdings ist sie noch nicht so winzig, wie er sie in seinen Zukunftsbildern gesehen hat.

Zunächst machen wir weitere hypnotherapeutische Tests, diesmal in intensiverer Weise.[7] Gerhard ist erstaunt darüber, wie sein Unbewusstes sich über körperliche Reaktionen mitteilt. In einem weiteren Arbeitsabschnitt taucht er plötzlich in seine früheste Kindheit ein. Er sieht sich als Baby, wie er auf dem Rücken liegt. Auf einmal fühlt er sich in dem Körper des Babys wie damals. Vor seinen Augen taucht ein Schatten auf. Mit einem Mal bekommt das Baby große Angst. In der Ferne sieht es mehrere Köpfe und ein kleines Licht.

Der Therapeut gibt Gerhards Unbewusstem an dieser Stelle

---

7 Handlevitation und Katalepsie.

die Möglichkeit, heilende Prozesse in Gang zu setzen. Das Unbewusste übermittelt dem Therapeuten,[8] dass es diese Prozesse »verdeckt« machen möchte.
Wieder eine Woche später erzählt Gerhard, die Warze sei leider nicht weiter geschrumpft. In der Trance taucht er sogleich wieder in die Erlebnisse des Babys von damals ein. Er sieht eine Tante, die seinerzeit wohl seine Babysitterin war. Sie nimmt ihn auf den Arm, kitzelt ihn an den Zehen und lacht dabei. Dem Baby ist das sehr unangenehm. Und noch einmal erlebt Gerhard Szenen aus der letzten Sitzung, in der das Baby sehr erschrocken war und mehrere Köpfe sah. Nachdem das Unbewusste deutlich signalisiert hat, dass seine Arbeit getan ist, holt der Therapeut Gerhard wieder zurück.
Wir besprechen, dass er nicht zu sehr über die Bedeutung der Bilder nachdenken sollte, die er in der Trance gesehen hat. Weder ihr Realitäts- noch ihr Bedeutungsgehalt enthüllen sich dem Therapeuten oder Hilfesuchenden in zweifelsfreier Weise. Mit Deutungen muss man vorsichtig sein! Entscheidend war hier, dass das Unbewusste die Gelegenheit bekam, einige Dinge aus der Kindheit neu in heilender Weise einzuordnen. Nicht immer muss der Verstand alles nachvollziehen können, damit Heilung einsetzen kann.
Gerhard und ich verabreden, in den nächsten vier Wochen die Warze sich selbst zu überlassen. Doch in einer weiteren Sitzung beschäftigen wir uns noch mit seinen beruflichen Problemen. Gerhard hat nämlich, obwohl er schon in den Dreißigern steht, immer noch kein geregeltes Auskommen und keine feste Anstellung. Stattdessen hangelt er sich mit Gelegenheitsjobs durch. Seine Frau dagegen hat ein gutes Einkommen durch ihren Beruf, was für ihn »als Mann« nicht einfach auszuhalten war.

8 Über ideomotorische Fingersignale: Durch unwillkürliche Bewegung, zum Beispiel der Finger, kann das Unbewusste dem Therapeuten deutliche Signale geben.

In einer Familienaufstellung mit Papierscheiben wurde deutlich, dass Gerhard sich dem Vater zuwenden musste. Da er den Vater stets ablehnte, holte er dies nun nach. Er hatte schon vom Familien-Stellen gehört, und sein Herz war offen: Er konnte über seine Haltung in der Vergangenheit weinen, darüber, dass er seinen Vater tief verachtet hatte.

Monate später kam Gerhards Ehefrau zu mir. Sie berichtete, dass die Warze ihres Mannes völlig abgeheilt war, ohne die geringsten Spuren zu hinterlassen. Deshalb habe er sich auch nicht mehr, wie abgesprochen, bei mir gemeldet.
Außerdem fragte sie: »Was haben Sie mit meinem Mann bloß sonst noch angestellt? Stets war es eine Qual, die Schwiegereltern zu besuchen. Nie, aber wirklich kein einziges Mal, hat mein Schwiegervater in all den Jahren meinen Mann körperlich berührt, außer dass er ihm die Hand gegeben hätte. Und nun waren wir wieder bei ihnen, und sein Vater war Gerhard gegenüber wie ausgewechselt: Sie sind ein Herz und eine Seele! Er hat seinen Sohn sogar in den Arm genommen. Wie haben Sie das nur angestellt?«
Männer finden ihr berufliches Glück oft, wenn sie ihren Vater ganz genommen haben. So war es auch hier. Wie ich später von der Frau erfuhr, hatte Gerhard bald auch einen erfüllenden Beruf gefunden.

Allgemein lässt sich sagen, dass Warzen sehr gut auf die Hypnotherapie ansprechen. Hartnäckig blieben jedoch die Warzen im Fall eines sechzehnjährigen Jungen, dessen ganzer Körper mit Warzen übersät war. So etwas hatte ich noch nie gesehen. Die Mutter berichtete mir verzweifelt, dass sämtliche schulmedizinischen Behandlungen der letzten Jahre erfolglos geblieben waren. Auch die Homöopathie und andere alternative Verfahren hätten nichts bewirkt.
In drei Sitzungen mit dem Jungen gelang es tatsächlich, die Warzen um ungefähr dreißig Prozent zu reduzieren. Doch

nach einigen Wochen kamen sie alle wieder zurück! Ich schlug vor, eine Familienaufstellung zu machen, denn möglicherweise gab es hier systemische Gründe für die Erkrankung. Doch die Mutter lehnte das Familien-Stellen als mögliche Methode ab.

4. Tinnitus

Menschen, die an Tinnitus leiden, hören ein Pfeifen, Zischen, Klingen, Summen oder Rauschen im Ohr, das permanent vorhanden ist oder periodisch immer wieder auftritt.
Jenseits des im Folgenden aus systemischer Sicht Dargestellten kann die Krankheit natürlich auch andere Hintergründe haben. Es wurde ja zum Beispiel schon darauf hingewiesen, dass sie möglicherweise als direkte oder verzögert einsetzende Folge einer starken körperlichen Beeinträchtigung auftritt. Ursachen können Schädigungen durch Lärm und Explosionen sein, ein Fremdkörper im Gehörgang, die Vergiftung durch Quecksilber, Blei und Kohlenmonoxid, um nur einige zu nennen. Um festzustellen, ob eine solche Ursache vorliegt, sind also eine allgemeinmedizinische und eine Ohrenuntersuchung notwendig.
Nur der akut auftretende Tinnitus gilt als heilbar; bei den meisten Betroffenen, die an der chronischen Variante leiden, ist aber eine deutliche Linderung der Beschwerden möglich.
Meiner Beobachtung nach steht Tinnitus oft mit einer Schuld in Verbindung. Diese Erfahrung haben auch einige Kollegen gemacht, die ebenfalls mit Aufstellungen arbeiten. In den folgenden drei Beispielen geht es jeweils um den Partnerschaftsbereich oder um eine Abtreibung. Falls jemand nicht zu seiner persönlichen Schuld steht, ist Tinnitus manchmal eine der möglichen Folgen.
Auch wenn ein Familienmitglied Schuld im Krieg oder im Dritten Reich auf sich geladen hat, kann ein später Ge-

borener zuweilen daran erinnern, indem er an Tinnitus leidet. Plötzliche Tode oder schlimme Unfälle in der Familie stehen ebenfalls manchmal mit diesem Leiden in Verbindung.

Corinna: Drei abgetriebene Kinder

Corinna leidet seit längerer Zeit unter schwerem Tinnitus. Alle ärztlichen Versuche, ihr zu helfen, sind bisher fehlgeschlagen.

In einer Aufstellung wählt Corinna eine Stellvertreterin für sich und eine weitere Frau für den Tinnitus. Die Darsteller zieht es schon bald eng zueinander hin. Corinnas Stellvertreterin beginnt zu lächeln. Sie hebt die Hand, weil sie unbedingt etwas sagen will: »Ich möchte den Tinnitus an der Hand nehmen und mit ihm Ringelreihen tanzen.«

Der Therapeut wendet sich an Corinna und fragt, ob sie schon einmal abgetrieben habe. Corinna berichtet von drei Abtreibungen. Es wurden nun zwei Frauen und ein Mann für die abgetriebenen Kinder hinzugenommen. Während sie sich dazustellten, seufzte der Tinnitus tief und trat einen Schritt zurück.

Es folgte nun ein sehr schmerzensreicher und langer Prozess, in dem Corinna sich der Schuld stellte, die sie gegenüber den Kindern trägt. Während sich alle drei Kinder am Anfang sehr schlecht und sehr traurig fühlten, geht es ihnen am Schluss besser. Besonders wichtig war für jedes Kind der folgende Satz der Mutter: »Ich mache etwas Gutes aus der Schuld, die ich dir gegenüber habe.«

Die Stellvertreterin des Tinnitus hat sich unterdessen immer weiter entfernt. Sie berichtet später: »Als Corinna ihren Schmerz und ihre Schuld den Kindern gegenüber zuließ, wäre ich am liebsten aus der Rolle gegangen und hätte mich wieder auf den Stuhl gesetzt.«

In vielen von mir beobachteten Fällen war Tinnitus mit Abtreibung verbunden. Nicht immer jedoch sind Frauen dankbar, wenn sich die dunklen Hintergründe auftun und sich Lösungsmöglichkeiten anbieten: Einmal kam eine Frau in die Praxis, die ihren Tinnitus mit Papierscheiben aufstellte. Sie konnte selbst spüren, dass ihr Leiden in Liebe mit dem abgetriebenen Kind verbunden war.
Doch das schien ihr unheimlich. Nach kurzem Zögern brach es aus ihr heraus: »So ein Unsinn! Als wenn eine Abtreibung mit irgendeiner Schuld verbunden sein könnte. Das ist doch noch gar kein Leben! Das zählt nicht.« Die Frau kam nie mehr wieder.

Was bedeutet »Ich tue etwas Gutes im Angesicht meiner Schuld« konkret? Oft spüren die Mütter unbewusst, dass sie etwas tun müssen. Eine wohlhabende Frau, die zwei Kinder abgetrieben hatte, erzählte in einer Therapiestunde, dass sie einen beträchtlichen Teil ihres Vermögens den SOS-Kinderdörfern habe zugute kommen lassen. Erst nach einer Familienaufstellung, in der es um die zwei abgetriebenen Kinder ging, konnte sie verstehen, warum sie seit den Abtreibungen den inneren Drang verspürte, etwas für fremde Kinder zu tun.
Natürlich muss jeder selbst merken, in welcher Art und Weise er als Vater oder Mutter nach dem Schwangerschaftsabbruch einen Beitrag leisten kann. Auch Männer stehen gegenüber den abgetriebenen Kindern in einer Schuld. Ein Mann, der seine Frau zweimal zum Abortus überredet hatte, obwohl sie die Kinder haben wollte, spendete später ebenfalls einen großen Teil seines Geldes einer Kinderhilfsorganisation und engagierte sich mit zeitaufwändiger Organisationsarbeit für sie. Auch er hatte den Zusammenhang seines sozialen Engagements mit den Abtreibungen erst nach einer Aufstellung vollzogen. Hier zeigt sich, wie Schuld trotz allem auch eine segensreiche Wirkung für unsere Mitmenschen haben kann.

In den Seminaren weise ich bei Abtreibungen darauf hin, dass diese Schuld nach einiger Zeit vorbei sein darf. Außerdem soll man darauf achten, wann der Zeitpunkt da ist, in dem man das Kind gehen lassen kann.
Ein Jahr nach einem Aufstellungsseminar schrieb mir eine Frau, die abgetrieben hatte, sehr anschaulich über ihre Erfahrung:

> »Du sagtest mir, ich solle das Kind auch gehen lassen, nach einiger Zeit ... und dass Schuld vergeht. Nach vier Monaten war es so weit. Ich saß im Auto und hatte plötzlich das Gefühl, dass es jetzt genug des Trauerns und des Sprechens mit dem Kind ist und dass *es* gehen möchte. Ich weinte und verabschiedete mich. Was mir blieb, ist das Gefühl der Liebe zu diesem Wesen und dass ich diese Liebe behalten kann, auch wenn das Kind jetzt ganz selbstständig geworden ist.«

Wolfram: Die Schuld gegenüber der Freundin

Wolfram leidet seit drei Jahren an Tinnitus. Die medizinischen Behandlungen haben ihm zu wenig Linderung verholfen. Er vermutet einen psychosomatischen Zusammenhang und hofft, dass ihn eine Familienaufstellung weiterbringen kann.
Auf die Frage des therapeutischen Begleiters, was denn vor vier oder fünf Jahren Besonderes in seinem Leben geschehen sei, zuckt er nur mit der Schulter und antwortet: »Nichts Besonderes ...«
Als Stellvertreter für den Tinnitus wählt Wolfram aus der Gruppe eine Frau und für sich einen Mann aus. Die beiden Stellvertreter gehen stumm in Kontakt. Nach einer Weile kann man deutlich sehen, dass sich der Tinnitus ihm gegenüber wie eine Partnerin verhält: Sie ist traurig und wartet auf eine Geste von ihm; doch er ist kalt und wendet sich ab. Als sich die Situation festzufahren beginnt, tippt der Thera-

peut Wolframs Stellvertreter auf die Schulter und bittet ihn, sich nochmals dem Tinnitus bzw. der Partnerin mit Augenkontakt zuzuwenden.
Wolframs Stellvertreter blickt sie jetzt verschämt an und verneigt sich schließlich vor ihr. Die Frau atmet tief durch. Man sieht, wie sie erleichtert ist. Anschließend gehen die Stellvertreter wieder aus den Rollen.
Später im Seminar berichtet Wolfram, dass er ein Jahr vor Ausbruch des Tinnitus mit seiner damaligen Freundin auf eine schlimme Art und Weise Schluss gemacht habe.

Charlotte: Die verachteten Männer

Charlotte leidet seit kurzem an Tinnitus. In einem Aufstellungsseminar wird auch nach ihrem wichtigsten Märchen aus der Kindheit gefragt. Bei Charlotte war es der »Froschkönig«. Frauen, die dieses Märchen nennen, gehen häufig wenig rücksichtsvoll mit Männern um.
Der Therapeut fragt Charlotte, welche Szene im Märchen ihr am wichtigsten war. Sie sagt lachend: »Es ist die Stelle, an der die Prinzessin den Frosch an die Wand klatscht!« Auf den Einwurf, dass die Frösche Männer sind, grinst sie genüsslich und antwortete: »Umso besser!«
Später wird deutlich, dass sie mit ihrem Mann in keiner Weise mehr etwas zu tun haben wollte und sich stattdessen einen Freund angeschafft hatte; dieser war ebenfalls verheiratet und hatte mehrere Kinder, so wie sie auch.
Der neben Charlotte sitzende Ehemann ist ihr nicht mehr gut genug, und sie sagt es auch sehr deutlich vor der Gruppe. Der Mann zuckt nur kurz zusammen und gibt zu Protokoll: »Ich liebe meine Frau und will die Ehe weiterführen.«
Der Mann muss ihre geballten Aggressionen aushalten, obwohl er ihr nichts angetan hat. Wie sich zeigt, waren im Herkunftssystem der Frau die Männer genauso behandelt worden, wie sie nun mit ihrem Mann umgeht.
Zu einer Aufstellung des Tinnitus als Person kommt es nicht.

Dennoch fällt wie in der Geschichte von Wolfram auf, dass im Umgang mit dem jeweils anderen Geschlecht Verachtung und Schuld mit im Spiel sind.
Bei der Aufstellung der Gegenwartsfamilie wird zusätzlich klar, wie wichtig es für den Ehemann ist, seine Wut gegenüber dem Verhalten der Frau endlich zuzulassen. Wie kann eine Frau einen Mann ernst nehmen, wenn dieser sich alles von ihr gefallen lässt?

5. Asthma bronchiale und Allergien

Asthma und auch Allergien zeigen im Hintergrund oft eine unterbrochene Hinbewegung[9] zu Vater oder Mutter. Frühe Trennungen von den Eltern, zum Beispiel durch lange Klinikaufenthalte, führen zu einer solchen unterbrochenen Hinbewegung. Das Baby ist »wütend«, weil es sich von den Eltern »im Stich gelassen« fühlt. Diese Wut vergisst es auch nach der Krankenhausentlassung nicht. Selbst als Erwachsene sind die Betroffenen noch wütend auf die Eltern, meist auf die Mutter, und haben oft große Probleme, in der Paarbeziehung Nähe zuzulassen. Seelische Nähe lässt immer wieder die frühe Wunde aufreißen, woraus eine allgemeine Flucht vor Nähe entstehen kann. Auch wenn man die ersten Lebensjahre bei Verwandten aufgewachsen ist, bewirkt dies eine Angst auslösende unterbrochene Hinbewegung zu den Eltern.
Manchmal kann es auch aus anderen Gründen schwer sein, den eigenen Elternteil zu nehmen. Wenn beispielsweise eine Frau identifiziert ist mit der ersten Frau ihres Vaters, dann stellt sie für ihre Mutter eine Rivalin dar. Es ist ihr nicht möglich, die Mutter als Mutter zu nehmen. Wird diese Hinbewegung zur Mutter möglich, kann oft auch der Körper günstig darauf reagieren.

---

9 Siehe auch die Darstellung über die unterbrochene Hinbewegung am Anfang des 12. Kapitels über Ängste, Panik und Phobie!

In einem Fall zeigte Bert Hellinger den Hintergrund eines asthmatischen Mannes auf. Er sagte ihm, die Treue zur Mutter verursache (in diesem Fall) Asthma und Asthma sei häufig die Folge einer unterbrochenen Hinbewegung.[10] In der betreffenden Aufstellung traute sich der Mann aus Treue zur Mutter nicht, den Vater als Vater zu nehmen.

Völlig anders und sicherlich untypisch habe ich den Hintergrund von Asthma bei der Ehefrau eines Mannes namens Jonathan erlebt: Marianne litt seit über zehn Jahren an Asthma. Der Zustand hatte sich zusehends verschlimmert, sodass sie sogar ihren Beruf aufgeben musste. Jonathan hatte sich bereits damit abgefunden, dass das Husten und Röcheln der Frau ihn ständig begleiteten. Ihn berührte dies alles umso schmerzlicher, als er in seiner Kindheit Zeuge wurde, dass sein geliebter Bruder in einer Erdgrube erstickt war. Zeitlebens machte er sich Vorwürfe, dass er ihm nicht hatte helfen können. Er fühlte sich auch schuldig, weil er noch lebte und der Bruder tot war.

Jonathan spürte einen hilflosen Zorn auf die Krankheit der Frau, wie er ihn damals bei dem Unfall seines Bruders empfand. Jedes Erstickungsgeräusch der Frau traf und verletzte ihn. In einer Familienaufstellung, die ausführlich an anderer Stelle dargestellt wurde,[11] konnte Jonathan nach über sechzig Jahren endlich Frieden mit seinem Bruder finden.

In den Monaten nach der Aufstellung, an der er allein in einer Gruppe teilnahm, wurde Jonathans Frau wieder völlig gesund. In einem Brief teilte Jonathan mit, dass sie beide immer wieder staunend vor dem Wunder der Heilung stehen. Es sei ihnen auch klar geworden, dass die Frau schon

10 Vgl. Bert Hellinger, *Die Quelle braucht nicht nach dem Weg zu fragen – Ein Nachlesebuch*, Heidelberg 2001, S. 189.

11 Thomas Schäfer, *Wenn Dornröschen nicht mehr aufwacht – Bekannte Märchen aus Sicht von Bert Hellingers Familienaufstellungen*, München 2001, S. 233–242.

am Anfang der Ehe versucht hatte, ihm dieses schwere Schicksal abzunehmen. Auf diese Weise hatte sich bei der Frau allmählich Asthma entwickelt.

Wieland: Der fehlende Vater

Wieland leidet seit Jahrzehnten unter Asthma. Auf die Frage, was denn Besonderes in der Herkunftsfamilie passiert sei, berichtet er von seinem Vater, den er in den ersten Jahren seines Lebens gar nicht gesehen hatte. Der Vater war als Soldat im Zweiten Weltkrieg gewesen, und als er wieder nach Hause kam, war er für Wieland ein völlig Fremder. Daran hatte sich nie etwas geändert.

Aufgestellt werden Wieland, seine Eltern, und für das Asthma wählt Wieland einen Mann aus. Der Stellvertreter für das Asthma schaut wie hypnotisiert auf den Vater; die Mutter interessiert ihn in keiner Weise. Der Therapeut bittet die Stellvertreterin der Mutter, sich wieder hinzusetzen.

Der Vater wirkt traurig und schaut auf den Boden. Wieland erzählt, dass der Vater sehr viele Kameraden im Krieg verloren hat. Es werden einige Kameraden hinzugestellt. Der Vater schaut auf seinen Sohn und sagt auf den Hinweis des Therapeuten: »Sie sind mir wie eine Familie! Sie sind tot, und ich darf noch leben.«

Wieland beginnt zu weinen. An der Hand des Vaters verbeugt er sich vor dessen toten Kameraden und sagt ihnen: »Ihr seid auch seine Familie! Ich freue mich, dass Papa zu uns zurückgekommen ist.«

Die toten Kameraden schauen wohlwollend auf Vater und Sohn. Als Wieland sich seinem Vater zuwendet, bittet der Therapeut den Vater, den Sohn wieder an den Händen zu nehmen. Er sagt ihm: »Ich war im Krieg. Ich bin dein Vater, und du darfst mich haben als Vater.« Der Vater sagt es lächelnd und voller Liebe.

Wieland kann nun den Schmerz seiner Kindheit ausdrücken: »Du hast mir sehr gefehlt. Als du kamst, warst du mir so

fremd. Ich bin froh, dass du wieder zu uns zurückgekommen bist.«
Wieland kniet vor seinem Vater und lässt sich von ihm halten. Er atmet sich tief durch seinen Kindheitsschmerz hindurch. Der Stellvertreter des Asthmas hatte sich unterdessen völlig zurückgezogen.
Sechs Wochen nach dem Seminar gab Wieland die Rückmeldung, das Asthma habe seit der Aufstellung aufgehört.

Camilla: Das Verbot, zum Vater zu gehen

Silke und Achim sorgen sich um ihre kleine Tochter und kommen gemeinsam zu einem Seminar. Die vierjährige Camilla ist ein Einzelkind und leidet seit einiger Zeit unter Asthma und schwerer Hausstauballergie. In der Aufstellung zeigt sich, dass der Mann an den Rand gestellt ist. Er will auch sogleich weggehen: »Die beiden wollen mich nicht!«, sagt er.
Der Tochter geht es sehr schlecht. Auf den Impuls des Therapeuten wechseln Mann und Frau die Plätze. So steht Camilla plötzlich direkt bei ihrem Vater. Sogleich strahlt sie über das ganze Gesicht. Sie lehnt sich an ihn an und atmet tief ein.
Der Therapeut wendet sich an Silke und Achim, die auf ihren Stühlen zusehen: »Besteht ein Verbot, dass das Kind zum Vater darf?« Kaum hat er die Frage richtig ausgesprochen, da rinnen Achim schon die Tränen herunter, und er verbirgt sein Gesicht in den Händen. Ich bitte Silke, ihren Mann anzusehen und ihm direkt in die Augen zu sagen: »Ich freue mich, wenn Camilla auch zu dir kommt.« Doch Silke flüstert es nur. Man kann es kaum hören. Wieder bittet der Therapeut: »Bitte sag es noch einmal, aber jetzt lauter!« Silke kann es nun lauter sagen. Beide weinen.
Asthma entsteht oft, wenn ein Kind zu einem Elternteil nicht hingehen kann oder darf. Camilla braucht die Erlaubnis der Mutter, um zum Vater gehen zu können, denn Camilla ist der Mutter treu.

Nun wechselt die Aufmerksamkeit wieder zum Aufstellungsgeschehen, denn Camillas Stellvertreterin sagt jetzt: »Ich muss es noch einmal hören! Ich kann es noch gar nicht ganz glauben, dass ich auch zum Vater kann!«
Silkes Stellvertreterin sagt es nun in der Aufstellung zu ihrem Mann (Achims Stellvertreter). Jetzt nickt Camilla und fasst ihren Vater beherzt an der Hand. Auf den Hinweis des Therapeuten setzt sich das Kind vor den Vater und lehnt sich an ihn an. Es atmet nun die väterliche Kraft ein, was Camilla sichtbar gut tut.
Wie sich im weiteren Geschehen zeigt, ist Silke viel tiefer in ihrer Herkunftsfamilie verwurzelt als in der gegenwärtigen Familie. Der Mann und das Kind interessieren sie nur wenig. Camilla bleibt neben ihrem Vater. Sie strahlt: »Es ist zwar schade, dass die Mutter weggehen will, doch beim Papa geht's mir gut.«
Der therapeutische Begleiter gibt Silke den Rat, nach einer gewissen Zeit die Herkunftsfamilie aufzustellen.

Bei einem dann später stattfindenden Seminar stellt Silke ihre Herkunftsfamilie auf. Sie berichtet, dass erst die Nachwirkungen des ersten Seminars sie dafür bereit gemacht hatten. Silke erkennt nun ihre Verbindung zu einer Reihe von traumatischen Ereignissen in ihrer Herkunftsfamilie.
Wie sie berichtet, hat sich die Familiensituation seit der ersten Aufstellung völlig verändert: Achim, ihr Ehemann, habe nun viel mehr Kontakt zur Tochter als früher und blühe in seiner Vaterrolle auf. Er sei als Mann und Vater viel stärker geworden, als er früher war. Umgekehrt gehe auch Camilla nun auf den Vater zu und genieße es, mit ihm zusammen zu sein.
Über die Gesundheit gibt es ebenfalls Positives zu berichten. Wegen der ernsten Asthmaanfälle ging Camilla früher in bestimmten Abständen zur medizinischen Kontrolle. Beim letzten Arztbesuch jedoch konnte in umfangreichen Untersuchungen und Blutanalysen der Atmungsorgane kein

krankhafter Befund in Bezug auf Asthma und Allergien mehr festgestellt werden. Camilla wurde medizinisch bestätigt, dass sie jetzt »völlig gesund« ist.[12]

Magda: Als Kind für ein Jahr weggegeben

Magda hat seit fünfzehn Jahren Asthma. Insbesondere jeden Morgen nach dem Aufstehen ist es schlimm. Auf die Frage, ob sie von ihrer Mutter in der Kindheit getrennt war, berichtet sie, wie sie als Vierjährige für ein Jahr bei den Großeltern lebte. Die familiären Umstände hatten die Trennung notwendig gemacht. Da die Großeltern sehr weit entfernt wohnten, sah Magda die Eltern ein Jahr lang nicht. Während Magda spricht, zittert die Stimme leicht. Als sie dann nach diesem Jahr wieder nach Hause kam, hatte die Mutter ein Schwesterchen geboren: »Das war ein Schock für mich. Jetzt war ich endlich bei den Eltern, und dann spielte die Kleine die Hauptrolle!«

Aufgestellt werden die Mutter, eine Frau für das Asthma und Magda, die sogleich in die eigene Rolle kommt. Magda hat das Asthma hinter sich stehen und schaut auf die Mutter. Magdas Gesicht wird traurig.

Der Therapeut bittet sie: »Sag der Mutter: ›Du und Papa, ihr habt mir damals sehr gefehlt!‹« Magda kniet sich vor die Mutter und schaut ihr in die Augen. Der Therapeut fordert sie auf: »Stell dir vor, du wirst jetzt wieder vier Jahre alt. Du bist jetzt vier!«

Magda beginnt zu schluchzen. Die Mutter wird traurig und streichelt das Kind. »Ich bin da!«, sagt sie zu Magda.

Der Therapeut gibt die Anweisung, dass die Mutter das Kind kräftig halten soll. Für eine längere Zeitspanne halten sie sich, und bei beiden fließen viele Tränen.

---

12 Wurde in überarbeiteter Form entnommen aus Thomas Schäfer, *Wenn Liebe allein den Kindern nicht hilft*, a. a. O., S. 73 ff.

Magda atmet an der Brust ihrer Mutter immer wieder tief ein und aus. Sie sagt der Mutter noch: »Und dann kam ich nach Hause, und die Schwester war da!« Wieder weint sie heftig, und wieder streichelt und tröstet die Mutter sie.
Schon zu Beginn der Mutter-Tochter-Begegnung hatte sich die Stellvertreterin des Asthmas weit von den beiden zurückgezogen und war aus der Rolle genommen worden. Wie sie später erzählte, fühlte sie sich überflüssig, als Magda sich von der Mutter halten ließ.
Am Morgen des nächsten Seminartages berichtet Magda strahlend, sie habe nach dem Aufstehen keinerlei asthmatische Beschwerden gehabt.

Elena: Die Erlaubnis der Schwestern

Zuweilen braucht es nicht nur die Zustimmung des einen Elternteils, dass das Kind den ausgeklammerten anderen Elternteil auch wirklich nehmen darf, sondern es bedarf in seltenen Fällen auch der Zustimmung der Geschwister. In diesem Zusammenhang erinnere ich mich an ein lange zurückliegendes Aufstellungsseminar. Eine seit ihrer Kindheit lebensbedrohlich an Asthma erkrankte junge Frau, Elena, war mit ihren beiden zwei älteren Schwestern zu einem Aufstellungsseminar gekommen. Als Elena aufstellte, zeigte sich, dass die Mutter den Kindern, vor allem der jüngsten Tochter, den Zugang zum Vater unmöglich machte. Außerdem bestand viel Rivalität und Eifersucht unter den Schwestern.
Die Mutter, die völlig orientierungslos wirkte, zog sich schließlich von der Familie zurück und ging an die Seite eines früheren Partners. Von dort aus konnte sie Elena sagen: »Ich freue mich, wenn du deinen Vater nimmst.«
Elenas Stellvertreterin fiel ihrem Vater vor Freude in die Arme und weinte an seiner Brust. An dieser Stelle kam Elena an ihren eigenen Platz, wo sie in tiefen Atemzügen und voller Freude ihren Vater nahm. Dann blickte sie auf die

zwei Schwestern, die noch auf ihren Stühlen saßen und zuschauten. Sie strahlten ebenfalls und freuten sich für ihre jüngste Schwester. Die asthmakranke Elena sagte ihnen: »Ich dachte in meiner ganzen Kindheit, ihr seid mir böse, wenn ich zum Papa gehe.«
Auch die beiden Schwestern kamen nun an ihren eigenen Platz in der Aufstellung. Überzeugend versicherten sie der Jüngsten: »Wir freuen uns so sehr für dich, dass du zum Papa gehst.«
Noch einmal wandte Elena ein: »Ihr seid mir wirklich nicht böse, wenn ich zum Papa gehe?«
Erst nach einer erneuten liebevollen Bestätigung durch die Schwestern wandte sich Elena wieder dem Vater zu, und diesmal konnte sie noch tiefer und freier an seiner Seite atmen. Anschließend bedankte sie sich innig bei der Mutter, beim Vater und bei den Schwestern.

Manuela: Der Weg zur Mutter

Nahrungsmittelallergien und eine Reihe von anderen Allergien (Blütenpollen) machen Manuela schon seit langem das Leben schwer.
Für eine Zweieraufstellung wählt sie jemanden für sich und für die Allergie eine Frau als Stellvertreterin. In dieser zunächst stumm ablaufenden Aufstellung, bei der jeder der Beteiligten auf seine Impulse achtet und sich dementsprechend verhält, übt die Allergie eine starke Anziehungskraft auf Manuela aus. Einer Eingebung des Therapeuten folgend, wird sie aufgefordert, ihre Mutter ebenfalls noch auszuwählen und dazuzustellen.
Was nun abläuft, überrascht alle wegen seiner intensiven Dynamik: Die Mutter ist sofort eifersüchtig auf die Allergie. Wie Rivalinnen gehen sie aufeinander los. Keine will der anderen Manuela gönnen. Manuela kommt sich als Spielball des Geschehens vor. Es sieht aus, als ob die Mutter erfolglos versucht, ihre Tochter vor der Allergie zu schützen.

Bei solch einer Szene liegt der Verdacht nahe, dass eine frühere Frau des Vaters eine Rolle spielt.
In dieser Situation fragt der Therapeut nach dem wichtigen Märchen in ihrer Kindheit. Manuela nennt das »Dornröschen«. Darin geht es um die Achtung der früheren Partnerin des Vaters. Kindheitsmärchen können bekanntlich wichtige Aufschlüsse über Lebens- und Familienskripte geben.[13] Auf die weitere Frage nach früheren Partnerinnen des Vaters erzählt Manuela, dass ihr Vater vor der Ehe verlobt war, doch sei diese Beziehung wohl nicht wichtig gewesen.
Die Allergie stellt sich in dieser Aufstellung wie eine Konkurrentin der Mutter dar! Im nächsten Schritt kommt nun der Vater in die Aufstellung herein. Sofort beruhigt sich die vorher angespannte Situation. Die Allergie, die zweifellos die frühere Verlobte verkörpert und die alles andere als unwichtig gewesen war, schaut nur noch auf den Vater; die Mutter spielt für sie zunächst keine Rolle mehr. Die Liebe zwischen dem Vater und der Verlobten (die bislang die Allergie darstellte) ist unübersehbar. Ihr Trennungsschmerz war vom Vater nicht geachtet worden. Er hatte es sich mit ihr zu leicht gemacht.
Was hier weiterhilft, ist die Würdigung der alten Liebe durch den Vater, aber auch die Achtung der früheren Frau des Vaters durch die spätere Frau. Den wichtigsten Schritt aber darf Manuela tun – indem Manuela zur Mutter sagt: »Endlich darf ich zu dir. Nur du bist meine Mutter, mit der früheren Verlobten des Vaters habe ich nichts zu tun«, hat die Allergie bzw. die Verlobte keine Verbindung mehr zu ihr. Auch der Vater stimmt diesem Geschehen zu. Er sagt der Verlobten, dass ihm sein Verhalten ihr gegenüber sehr Leid tue.

---

13 Wie man mithilfe von Märchen solche Skripte entschlüsselt, ist Thema meines Buches *Wenn Dornröschen nicht mehr aufwacht*, a. a. O. Der hier dargestellte Fall wurde in überarbeiteter Form daraus entnommen (S. 51 ff.).

Bei Allergien habe ich auch schon erlebt, dass nicht nur frühere Partner bedeutsam sind, sondern es kann zuweilen auch um aktuelle Seitensprünge der Eltern gehen, auf die ihre Kinder reagieren.

6. Herzbeschwerden

Leichtere und vorübergehende Herzbeschwerden werden oft durch Stresssituationen ausgelöst. Ist die Belastung vorüber, gehen in der Regel auch die Herzprobleme zurück. Trennungen vom Partner, Prüfungssituationen in Schule und Beruf, die Krankheit des Partners oder eines Elternteils können beispielsweise Herzarrhythmien verursachen. Selbstverständlich gibt es auch Herzbeschwerden, die altersbedingt sind oder nichtpsychische Ursachen haben. Dies alles gilt es bei einem Facharzt abzuklären.
Bei chronischen Herzbeschwerden, die offensichtlich nicht mit einer der vorübergehenden belastenden Situationen verknüpft sind, wie sie soeben beschrieben wurden, lohnt sich die Frage nach anderen Hintergründen. Oft sind Herzschmerzen Zeichen einer unterdrückten Zuwendung. Wenn die Liebe zu der ausgeklammerten Person fließen kann, lassen auch die Herzschmerzen nach.
So jedenfalls war es bei einem Mann, der einen unehelichen Sohn hatte und diesen dreißig Jahre nicht sah, obwohl er ihn ohne weiteres hätte besuchen können. Er kümmerte sich damals nicht mehr um die geschwängerte Frau und ihr Baby. In einer Aufstellung mit Papierscheiben zeigte sich deutlich, dass der Herzschmerz ein Ausdruck unterdrückter Liebe zu dem Sohn war.
In vielen Fällen wird die Zuwendung zurückgehalten, weil man befürchtet, sie würde zurückgewiesen oder käme nicht an. Von einer vollen Zuwendung kann man aber erst sprechen, wenn das Ankommen unwichtig wird, denn wie Bert Hellinger sagt, kann das Ankommen der Zuwendung nichts

hinzufügen, und das Nichtankommen kann ihr nichts nehmen.

Häufig finden sich Herzbeschwerden bei jenen, die viel »Herzeleid« schon in der Kindheit erlebt haben. Ein Mann, der seit langem unter schweren Herzentzündungen litt, kannte seine Eltern nicht. Seine Mutter war wegen der frühen unehelichen Schwangerschaft von ihrer Familie verstoßen worden. Der Vater war schon verheiratet und hatte mehrere Kinder, doch für sein letztes interessierte er sich nicht. Das zur Adoption freigegebene Kind kam in ein sehr schwieriges Umfeld. Von seinen Adoptiveltern wurde es schon früh sexuell missbraucht. Mit knapp zwei Jahren hatte es nur noch die Adoptivmutter als Bezugsperson, denn ihr Mann wählte den Freitod. Mit neun Jahren dann starb auch die Adoptivmutter an einer schweren Krankheit. In der neuen Familie, in die das Kind anschließend kam, musste es dann ebenfalls sehr viel leiden.
Nicht wenige Menschen mit chronischen Herzbeschwerden kennen ihren leiblichen Vater nicht oder verloren ihn früh an den Tod. Diese Beobachtung habe ich so häufig gemacht, dass solche Zusammenhänge für mich nicht mehr »zufällig« sind. In dem Fall einer Frau standen die langjährigen Herzbeschwerden jedoch nicht für die eigenen, sondern für die früh verstorbenen Eltern der Mutter. Letztere hatte nie ihren Schmerz um die toten Eltern zugelassen. Diesen Schmerz der Mutter empfand dann die Tochter buchstäblich in ihrem Herzen.

In einer anderen Geschichte hatte eine Frau seit vielen Jahren Herzrhythmusbeschwerden, ohne dass eine medizinische Ursache gefunden werden konnte. In der Aufstellung zeigte sich ein seltsames Bild: Die Frau stellte sich immer so, dass sie möglichst nie auf ihre Fehlgeburt während des vierten bis fünften Schwangerschaftsmonats schauen musste, sondern immer auf die Herzbeschwerden blickte. Sie war sehr erleichtert, stets nur auf die Herzprobleme blicken zu können und nicht auf die Fehlgeburt sehen zu müssen. Die Herzbeschwerden hatten die Aufgabe, die Fehlgeburt »abzudecken«.

Es folgen andere Beispiele unterdrückter Liebe: Bei Marion und Rosi geht es jeweils um abgetriebene Kinder, bei Helene um den früh verstorbenen Vater und den später im jugendlichen Alter an Krebs verstorbenen Sohn.

Marion: Das abgetriebene Kind

Marion leidet seit langem an Herzrhythmusbeschwerden. Sie kommt mit ihrem Freund Herbert zu einem Seminar, in dem sie auch ihre Beziehung aufstellt. Es zeigt sich, dass sie ein Kind von einem früheren Partner abgetrieben hat. Wie die Aufstellung klarmacht, steht sie nicht dazu und ist dem Kind gegenüber völlig gefühllos. Umso mehr steht der jetzige Partner dem abgetriebenen Kind nahe. Er kümmert sich liebevoll um das tote Kind, denn er hält dessen tiefe Trauer nicht aus. Mehrere Versuche, einen Kontakt zwischen Marion und dem Kind zustande zu bringen, scheitern. Die Aufstellung wird abgebrochen.
Meiner Beobachtung nach kommt es gar nicht so selten vor, dass ein Mann für die Frau zu deren abgetriebenem Kind geht, wenn sie es nicht selbst tut. Auch das Umgekehrte habe ich schon erlebt, allerdings viel seltener.

Einige Monate später kommen Marion und Herbert zu einem Gespräch zu mir. Marion berichtet, dass die Aufstellung ein Schock für sie war. Sie fühle sich seitdem wie im Nebel. Nachdenklich sei sie ebenso durch die schwere Erkrankung ihres kleinen Hundes geworden. Die Tierärztin, die offensichtlich auch systemische Zusammenhänge berücksichtigt, habe ihr erklärt, dass der Hund in Kontakt mit ihrem abgetriebenen Kind stehe. Sie solle sich diesem zuwen-

den. So sei sie nun nach Aufforderung der Tierärztin wieder hierher gekommen ...
In einer Aufstellung mit Papierscheiben gehen Herbert, Marion und ich nacheinander auf die Positionen. Es zeigt sich, dass Marion wütend ist, weil Herbert versucht, ihr etwas abzunehmen, was ihn gar nichts angeht. Nachdem Marion diese Wut zugelassen hat, sieht Herbert erleichtert zu, wie sich Marions Herz doch noch für das Kind öffnet.
Unter Tränen, aber auch unterbrochen von lautem Lachen, das wieder zu Tränen und Schmerz wechselt, sagt sie dem Kind nun die Sätze, die sie in der Gruppe noch nicht sagen konnte: »Ich bin deine Mama! Du darfst mich jetzt haben als Mama! Ich stehe zu meiner Schuld, und dir zur Freude mache ich etwas Gutes daraus.«
Anschließend kann sie sich liebevoll Herbert zuwenden. Die beiden umarmen sich innig. Marion sagt: »Ich habe mich nie getraut, dich richtig zu nehmen! Jetzt nehme ich dich.«
Einige Monate später sehe ich Marion wieder. Sie kommt wegen eines beruflichen Problems. Über die Wirkung der zurückliegenden Sitzung berichtet sie, dass ihre Beziehung zu Herbert so gut sei wie noch nie und dass sie sich im Frieden mit dem Kind fühle. Auch die Herzrhythmusbeschwerden sind nicht mehr aufgetreten.

Rosi: Die Furcht vor der Schuld

Rosis Geschichte weist einige Ähnlichkeiten zu der vorangegangenen auf. Auch sie leidet unter langjährigen Herzrhythmusbeschwerden. Es werden die Herzbeschwerden als Frau aufgestellt und jemand für Rosi. Die Aufstellung verläuft stumm. Immer wieder bewegt sich Rosi ängstlich von den Herzbeschwerden weg, um sie nicht anschauen zu müssen.
Nachdem es eine Weile so weitergegangen ist, kann Rosis Stellvertreterin irgendwann den Blick der Herzbeschwerden aushalten. Sie faltet die Hände und schüttelt sie in einer

Weise, als wolle sie sagen: »Bitte, vergib mir! Vergib mir doch.«
Nachdem der Therapeut diesem Flehen kurz zugeschaut hat, fragt er die neben ihm sitzende Rosi: »Hast du abgetrieben? Die Herzbeschwerden verhalten sich wie ein abgetriebenes Kind, und du verhältst dich wie die Mutter.«
Die Frau bestätigt, dass sie abgetrieben und das Kind bislang nicht wahrgenommen hat. Anschließend erfolgt eine tiefe Bewegung zum Kind unter Achtung der eigenen Schuld.

Helene: Sohn und Vater durch Krebs verloren

Helene leidet seit fünfzehn Jahren unter Herzschmerzen und Herzrhythmusstörungen. Organisch konnte nichts gefunden werden, dennoch nimmt Helene starke Herztabletten, um im Alltag mit ihrem Leiden zurechtzukommen.
»Mit dem Herzen, das fühlt sich so an, als ob ich sterben müsste«, sagt sie, während ihr Mann Klaus neben ihr sitzt und stumm nickt.
Vor der Gruppe berichtet Helene unter Tränen, ihr noch jugendlicher Sohn sei vor elf Jahren an Krebs gestorben. Erst nach seinem Tod hatten die Herzprobleme ein unerträgliches Maß angenommen, vorher war es nicht so schlimm gewesen. Sie berichtet weiter, dass sie als Kind sehr früh ihren Vater verloren hatte, ebenfalls durch Krebs.
In die Aufstellung kommen zunächst vier Personen: Helene wählt je eine männliche Person für die Herzbeschwerden, ihren Ehemann und den verstorbenen Sohn sowie eine weibliche Person für sich selbst. Im ersten Bild stehen Helene und ihr Sohn noch relativ weit auseinander. Doch dann bewegt sich der Sohn auf die Mutter zu, bis er sich neben sie stellt. Während dieser Bewegung schüttelt sich der Stellvertreter für die Herzbeschwerden. Je näher der Sohn der Mutter (Helene) kommt, desto schlimmer geht es den Herzbeschwerden.

Der ebenfalls an Krebs verstorbene Vater von Helene wird in das Bild hinzugenommen. Überraschenderweise reagiert Helene nicht auf ihn, obwohl sie ihn doch als Kind vermisst haben musste. Stattdessen lächelt der Ehemann ihm zu und stellt sich zu ihm. Auch der tote Sohn schaut Helenes Vater liebevoll an.
In den weiteren Schritten wird deutlich, dass der Sohn anstelle der Mutter zu deren totem Vater gegangen war, weil sie ihre Liebe und die Trauer nicht hatte fühlen können. Auch der Ehemann drückt den Schmerz von Helene aus. Der Wendepunkt der Aufstellung kommt, als Helene ihrem Sohn Klaus sagen kann: »Ich nehme deinen Tod als Geschenk. Es soll nicht umsonst gewesen sein.« In diesem Moment seufzt der Stellvertreter der Herzbeschwerden voll tiefer Erleichterung. Sein Zustand bessert sich noch mehr, sobald Helene sich ihrem toten Vater in Liebe zuwenden kann.
Helene und Volker sind unterdessen selbst an ihre Positionen in der Aufstellung gekommen. Der Therapeut bittet sie, sich in die Augen zu schauen und sich gegenseitig zu sagen: »Wir tragen Klaus' Tod gemeinsam.« Jeder sagt es dem anderen unter Tränen. Lange halten sie sich weinend, und sie nehmen dann auch noch den Sohn dazu.

Vier Monate später hat Helene die Ration an Herztabletten in Etappen auf ein Minimum abgebaut. Die Herzschmerzen besserten sich nach eigener Aussage zu etwa vierzig Prozent. Außerdem sind die Herzrhythmusstörungen deutlich seltener geworden.

7. Chronische Müdigkeit

Wer an chronischer Müdigkeit bzw. CFS (= chronic *f*atigue *s*yndrome) leidet, kann sich innerhalb kürzester Frist so krank und erschöpft fühlen wie noch nie zuvor in seinem Leben. Jede Unternehmung kostet ihn extrem viel Kraft.

Das CFS ist weit verbreitet, und zwar mit steigender Tendenz. Diese Diagnose wird gestellt, wenn der Kranke länger als sechs Monate unter einer Auswahl folgender Symptome gelitten hat: extrem schnelle Ermüdbarkeit, markante Konzentrations- und Gedächtnisstörungen, starke Kopf-, Muskel- und Halsschmerzen, Depressionen, empfindliche Lymphknoten, Gelenkschwellungen, Schlafstörungen, Nervenzuckungen, Kribbeln im Körper, Ohrgeräusche, Allergien und leichtes Fieber.

Die schulmedizinische Behandlung ist schwierig, weil die Ursachen des CFS nicht bekannt sind. Diskutiert werden chronische Infektionen, beispielsweise durch Viren, hormonelle Störungen, Umweltgifte, Autoimmunstörungen, Stress und psychische Faktoren. Oft empfehlen Ärzte eine Änderung der Ernährungsweise und vermehrte körperliche Aktivität zur Stoffwechselumstellung. Vitamine, Mineralien und Spurenelemente werden zusätzlich eingesetzt. Auch rät man vermehrt zur Psychotherapie.

Die Erfahrung mit dem Familien-Stellen zeigt, dass die intensive Verbundenheit mit einem Verstorbenen chronische Müdigkeit, Energieschwäche, Teilnahmslosigkeit und eine Reihe der soeben aufgeführten Symptome des CFS erzeugen kann.

In einem Fall war die chronische Müdigkeit, die auch mit allgemeiner nervlicher und körperlicher Schwäche einherging, gleich mit vier Toten verknüpft: Claudias Mutter hatte vier Geschwister durch den Tod verloren – drei ihrer Brüder starben jung im Krieg, und eine Schwester verlor ihr Leben mit drei Jahren durch eine Infektion. In der Aufstellung mit Papierscheiben wurde deutlich, dass die körperlichen Symptome ganz eindeutig auf diese vier toten Onkel und Tanten bezogen waren.

Sibylle arbeitet in einer Bank. Sie fühlt sich chronisch müde und erschöpft. Meist ist sie auch lustlos und depressiv. In das Seminar kommt sie nicht nur wegen ihrer Symptome, sondern auch wegen ihrer elfjährigen Tochter, die das Verhalten der Mutter in vielem widerspiegelt.
»Ich habe Sorge, dass sie mir etwas abnehmen will ...«, sagt Sibylle.
Für die Aufstellung der Gegenwartsfamilie, die hier nur verkürzt wiedergegeben wird, sucht Sibylle Stellvertreter für ihren Mann, die Tochter und sich selbst aus. Sowohl die Tochter als auch die Mutter schauen auf den Boden. Der Therapeut fragt Sibylle, auf wen die beiden denn schauen. Sibylle erzählt von einem tot geborenen älteren Bruder von ihr, über den die Mutter nie ein Wort verloren hat. Dieser tote Bruder wird nun hinzugenommen. Beide schauen nicht mehr nach unten, sondern blicken auf den Toten.
In weiteren Schritten erhält der Tote seinen Platz in der Familie. Weinend hält Sibylle ihren Bruder und stellt ihn dann dem Mann und auch der Tochter vor. Der Ehemann hat kein Problem damit, dass sich der Schwager neben die Frau stellt. Die Tochter jedoch befindet sich im Schlussbild neben dem Vater, weil sie dort sicherer ist. Ihrem Mann sagt Sibylle noch: »Ich bleibe.«
Fünf Tage nach dieser Aufstellung berichtet Sibylle schriftlich, wie diese Aufstellung gewirkt hat:

> »... Ich fühle mich wie eine Stimmgabel. Mein Zustand ist ähnlich einer Wunde, ich bin an einem Wendepunkt in meinem Leben ... Mehrere Dinge, die jetzt geschehen, scheinen mir wunderlich. Am Tag der Familienaufstellung, noch am selben Abend, besuchte meine jüngere Schwester unsere Mutter, die in einem Münchener Altenheim lebt. Mutter hat sie dann lange und innig umarmt. So etwas kommt sonst nie vor! Wir Geschwister konnten

uns das nicht erklären. In den Tagen zuvor war sie noch geistig verwirrt und unruhig.
Am selben Spätnachmittag war mein Mann mit unserer Tochter in den Wald gefahren, um Kastanien zu sammeln. Im Auto sagte die Tochter so nebenbei, ohne dass vorher die Rede von mir oder der Aufstellung gewesen wäre, sie wolle ab sofort wieder selbstbewusster und fröhlicher werden. Dann, im Wald, kam es aus heiterem Himmel aus ihr heraus: Sie wolle nun nicht länger auf den Boden schauen[14] und den Kopf gesenkt halten, jetzt nicht mehr; sondern sie wolle künftig ihre Pflichten besser tun.
Erst spätabends, als wir uns unterhielten, erinnerte sich mein Mann an das Verhalten unserer Tochter, und er maß diesen Worten, die er im Wald einfach nur so hingenommen hatte, eine gewisse Bedeutung bei.
Für ihn und mich sind diese aus dem Zusammenhang gerissenen Ereignisse und Gespräche bisher nur als Wirkung meiner Aufstellung zu verstehen.
Noch eine dritte Verwunderung beschäftigt uns: In der Vergangenheit habe ich viel Musik und Lieder gemacht. Eines darunter war so eigenartig in seiner Stimmung und seinen Worten, dass ich stets eine Melancholie gegenüber einer männlichen Person darin empfand, die nichts mit einer Verliebtheit zu tun hat, sondern Rat, Sehnsucht und Trost zugleich war. Jetzt wurde mir schlagartig deutlich, dass die Worte und die Stimmung in der Musik ganz genau auf die Verbindung zu meinem toten Bruder weisen ...«

Im selben Seminar fand eine weitere Aufstellung zum CFS statt. Aufgestellt wurden ein Mann und eine Stellvertreterin für die chronische Müdigkeit. Die Art, wie sie sich vertraut anlächelten und aufeinander zugingen, ließ den Therapeu-

14 Man bemerke das Bild in der Aufstellung, in der Sibylle zusammen mit der Tochter auf den Boden schaute!

ten sofort an ein Geschwister denken. Auf Nachfrage erzählte der Mann von einer tot geborenen Schwester. Während er davon sprach, nickte die Stellvertreterin für die chronische Müdigkeit heftig mit dem Kopf!
Um Verwirrung zu vermeiden, muss der Therapeut an einer solchen Stelle die Stellvertretung nochmals präzisieren. Ab diesem Zeitpunkt stand nun die Stellvertreterin nur noch für die tote Schwester, die der Mann bewegt in sein Herz aufnahm.

Günter: Die im Krieg vergewaltigte Tante

Günter, ein Mann Mitte dreißig, berichtet in einem Kurs von seiner chronischen Müdigkeit. Alle ärztlichen Untersuchungen sind zu dem Ergebnis gekommen, der Vitamin- und Mineralienhaushalt sei völlig in Ordnung. Auch andere medizinische Gründe konnten nicht gefunden werden. So wurde ärztlicherseits die Diagnose CFS gestellt.
Es fällt auf, dass Günter eine dünne Stimme hat. Man muss sich angestrengt konzentrieren, um ihn verstehen zu können. Das ist für viele CFS-Kranke typisch! Die Stimme ist ein Aufschluss gebendes Barometer für den »allgemeinen Energiestand« des Menschen!
Auf die Frage, was denn an Besonderem in seiner Familie geschehen sei, erzählt Günter von seiner Mutter, deren ältere Schwester sich im Krieg umbrachte, weil ein feindlicher Soldat sie vergewaltigt hatte.
Auf Vorschlag des Therapeuten wählt Günter zwei Stellvertreter, einen für sich und einen für die Mutter. Beide stehen nebeneinander. Der Blick der Mutter ist fest auf den Boden gerichtet. Wenn man genau hinsieht, erkennt man, dass der Blick zwischen zwei Plätzen hin und her wechselt. Mit dem Punkt, der der Mutter am nächsten liegt, scheint sie jedoch stärker verbunden zu sein. Der Therapeut wählt eine Frau aus der Gruppe, die die Tante repräsentieren soll, und lässt sie sich neben die Mutter auf den Boden legen.

Die Mutter reagiert sogleich intensiv mit Tränen auf ihre tote Schwester, doch der Blick geht manchmal immer noch auf den zweiten Punkt am Boden. Der Therapeut fragt Günter, ob die Tante geschwängert worden sei. Günter weiß es nicht, doch es wird nun eine weitere Frau gebeten, sich neben die Tote zu legen. Sogleich rücken sie eng zusammen und nehmen sich in den Arm. War die Tante schwanger?
Günters Stellvertreter steht vor den Toten und weint. Er kann den Blick nicht von ihnen lassen und kniet sich spontan hin, um sie zu berühren, auch die Mutter kniet sich gleichzeitig mit Günter zu ihrer Schwester.
Nach einer Weile wird ein Mann dazugestellt, der für den Vergewaltiger steht. Entgegen dem, was man vermuten konnte, besteht Liebe zwischen der Tante und dem Soldaten! Die Art, wie sie sich anschauen, zeigt, dass hier alle im Einklang mit dem Geschehen sind und die erzählte Familiengeschichte möglicherweise nicht ganz korrekt ist. Hat sich die Tante vielleicht umgebracht, weil sie sich schämte, ein »Feindeskind« auf die Welt zu bringen?
Wie es wirklich war, wird man wohl nie genau erfahren. Für Günters Lösung braucht es diese Klarheit aber auch nicht! Jedenfalls darf man die Aufstellungsbilder nicht mit der biographisch-historischen Wahrheit verwechseln!

Nachdem die Liebe zwischen dem Soldaten, dem Kind und der Tante fließen kann, sind Mutter und Günter in der Lage, sich zurückzuziehen. Vorher jedoch verbeugt sich Günter noch vor der Tante und lässt seinen Tränen freien Lauf. Dann strahlt ihn die Tante an, und er kann sie nun auch kraftvoll anschauen. Das tote Kind sieht dem Ganzen lächelnd zu und kuschelt sich an seine Mutter. Günter blickt mit seiner Mutter ebenfalls liebevoll auf das Kind. Er sagt der Tante und dem Kind nacheinander: »Mit dir im Herzen bin ich kraftvoll!«
Zur Verblüffung des Therapeuten und auch der Gruppe

spricht Günter überdurchschnittlich klar und laut. Seine Stimme scheint wie ausgewechselt! Die Kraft war wieder zurückgekehrt!

8. Schlafprobleme

Nachts erleben wir vieles intensiver, und wir sind auch den Toten näher als am Tag. Häufig findet man bei Schlaflosigkeit, ähnlich wie beim chronischen Müdigkeitssyndrom, ein totes Geschwister oder einen anderen verstorbenen Verwandten, mit dem der nach Schlaf Suchende verbunden ist. Trotz der hier folgenden Beispiele, die wegen ihres systemischen Hintergrunds ausgewählt wurden, soll nicht vergessen werden, dass Schlafstörungen auch verschiedene andere Ursachen haben können, etwa Genussmittel- oder Medikamentenmissbrauch, Schmerzzustände nach Krankheiten, Arteriosklerose der Hirngefäße, Wechseljahrsbeschwerden, Stoffwechselstörungen, Quecksilbervergiftungen durch Amalgamfüllungen, Umweltgifte, beruflicher und anderweitig bedingter Stress, geopathische Belastungen; sie können als Begleiterscheinung bei Depressionen auftreten und anderes mehr ...

Volker: Die verstorbene Tante

Volker leidet seit vielen Jahren an Schlaflosigkeit und innerer Unruhe. Alle gängigen Hinweise hat er schon umgesetzt: viel spazieren gehen, vor der Nachtruhe eine Entspannungsübung machen, autogenes Training und manch anderes mehr. Ein Arzt verschrieb ihm schließlich Schlaftabletten. Doch davon wurde ihm nur schwindlig, und er konnte erst recht nicht erholsam schlafen.
In einer Aufstellung mit Papierscheiben kann Volker selbst erleben, wie sehr sein Problem mit einer verstorbenen Schwester der Mutter in Zusammenhang steht. Die Tante

war früh an einer Infektion gestorben, vermutlich einer Lungenentzündung. Die Mutter hat nie über sie gesprochen. Es ist so, als würde diese Tote nicht zur Familie gehören.
In verschiedenen Schritten und auch imaginativen Übungen, in denen die Tante und die Mutter einbezogen werden, bekommt Volker ein inniges Gefühl zu seiner Tante. Am Ende der Sitzung gibt der therapeutische Begleiter Volker eine kleine Übung mit auf den Weg. Vor dem Schlafengehen soll er sich seine Tante vorstellen und ihr innerlich sagen: »Mit dir im Herzen kann ich gut Ruhe finden.«

Drei Wochen später meldet sich Volker telefonisch: Nach der Sitzung ging es mit dem Schlaf jede Nacht etwas besser. Mittlerweile sei der Schlaf völlig normal geworden. Er spüre eine beruhigende Kraft, wenn er an die Tante denke, die an Mutters Seite stehe.

Luis: Der Selbstmord des Vaters

Luis, ein junger Mann, findet seit seinem siebzehnten Lebensjahr so gut wie keinen Schlaf mehr, insbesondere das Einschlafen fällt ihm schwer. Nach meiner Frage, ob zu jener Zeit etwas Besonderes passiert sei, treten ihm die Tränen in die Augen. Sein Vater hatte sich damals mit Schlaftabletten umgebracht, und er fand ihn morgens tot im Bett. Warum der Vater dies tat, ist bis heute unklar. Immer wenn Luis in der Zeitung das Wort »Selbstmord« liest oder es in Radio, Fernsehen oder im Gespräch mit Freunden hört, fängt er an zu zittern.
Da Luis weiß, dass der Therapeut NLP[15] anwendet und er selbst sich schon mit dieser Methode beschäftigt hat, beharrt er darauf, dass wir es zunächst damit versuchen. Meinen Hinweis, eine Familienaufstellung sei hier besonders gut geeignet, tut er ab.

---

15 NLP = neurolinguistisches Programmieren.

Nach einigen NLP-Sitzungen bessert sich das Einschlafen zwar, doch gänzlich löst sich das Problem nicht.
Der Therapeut macht nun einen zweiten Anlauf, das Familien-Stellen ins Spiel zu bringen, nachdem er schon in den vorherigen Sitzungen das eine oder andere Element aus den Familienaufstellungen hatte einfließen lassen. Jetzt ist Luis offen dafür.

In einer Aufstellung mit Papierscheiben kann Luis seine tiefe Trauer dem Vater gegenüber zulassen. Er sagt ihm nun, wie es für ihn gewesen war, ihn als Toten im Bett zu finden, und wie gern er damals noch Abschied genommen hätte. Luis überlässt sich seinen Tränen. Auf die spätere Frage des therapeutischen Begleiters, was es sonst noch zwischen dem Vater und ihm zu klären gebe, erzählt Luis, dass er am Vorabend des Selbstmords sehr aggressiv gegenüber dem Vater gewesen sei. Damit fühle er sich schuldig an seinem Tod. Meist habe er ein schlechtes Verhältnis zu ihm gehabt, und heute tue ihm das alles sehr Leid.
Im nächsten Schritt kann Luis, während er auf seiner Papierscheibe steht, dem Vater all das sagen, was damals ungesagt geblieben war. Luis' Atem wird immer tiefer, er kann sich durch den Schmerz hindurchatmen. Auf der Papierscheibe des Vaters spüren der Therapeut und auch Luis deutlich, dass es dem Vater mit dem Sohn gut geht: Es ist keinerlei Vorwurf Luis gegenüber wahrzunehmen. Zwar zeigt die Familienaufstellung auch einige Hintergründe zum Selbstmord des Vaters auf, doch das Entscheidende für Luis ist es, dass er dem Vater gegenüber nun kein schlechtes Gewissen mehr hat. Endlich kann Luis seinen Frieden finden.

Ungefähr drei Jahre später treffe ich Luis wieder. Sein Schlafproblem ist seit damals gelöst. Außerdem befindet er sich seit längerem in einer guten Partnerschaft. In jener ersten Sitzung hatte Luis noch geklagt, dass sich immer »die falschen«

Frauen in ihn verliebten. Nie sei es zu einer längeren, dauerhaften Bindung gekommen. Doch nach der Arbeit mit dem Vater habe es endlich auch mit einer Frau »geklappt«.
Wer als Mann seinen Vater nimmt, hat in der Regel mehr Glück bei den Frauen.

Robert: Die Unfalltote

Schlaflosigkeit kann auch die Folge einer schweren persönlichen Schuld sein, beispielsweise wenn man den Tod eines Menschen verursacht hat.
Robert kommt in die Praxis, weil er seit vier Jahren an Schlaflosigkeit leidet. Es wird immer schlimmer, sodass er tagsüber stets müde ist und seinen Alltag nur schwer bewältigen kann. Insbesondere wenn völlige Ruhe herrscht, er sehr müde ist und somit beste Schlafbedingungen gegeben sind, kann Robert nicht einschlafen.
Er wirkt während des Gesprächs sehr schwermütig. Seine muskulösen Arme lässt er schlaff vom Sessel baumeln. Der Therapeut fragt: »Waren Sie schon immer so lustlos und schwer?«
Robert runzelt die Augenbrauen und berichtet von einem Autounfall vor sechs Jahren. Vor dieser Zeit sei er lebenslustig und extravertiert gewesen: »Ich war ein völlig anderer Mensch. Jetzt bin ich nur noch der Schatten meiner selbst.«
»Was ist passiert?«, fragt der Therapeut.
Robert erzählt, dass er in angetrunkenem Zustand in der Stadt mit dem Auto auf die Gegenfahrbahn gekommen und mit einem anderen Fahrzeug zusammengestoßen sei. Die Autofahrerin war eine junge Mutter, die zwei Kinder hinterließ. In dem nachfolgenden Prozess wurde Robert zu zwei Jahren Gefängnis auf Bewährung und einer hohen Geldstrafe verurteilt.
»Ach, wäre ich doch tot! Ach, wäre ich doch damals gestorben!«, seufzt Robert. Er gesteht, dass er fast täglich diesen Gedanken hat. Offensichtlich wird Robert mit seiner Schuld

und auch der Tatsache, dass er damals überlebt hat, nicht fertig.
Der Therapeut fragt nach dem Namen der Frau und ob er ihr Grab besucht habe.
Robert schüttelt verwundert den Kopf: »Wieso das?«
»Die Frau hatte zwei Kinder, die sie zurückließ; Sie sind tief mit ihr verbunden. Diese Tote ist jetzt ein Mitglied in Ihrer Familie«, sagt der therapeutische Begleiter.
Robert ist entsetzt über diese Worte. Er weiß weder den Namen der Frau, noch hat er jemals ihr Grab besucht oder sich darum gekümmert, wie es in ihrer Familie nach dem Unglück weiterging.
»All das müssen Sie jetzt tun!«, beharrt der Therapeut. Bis zur nächsten Sitzung soll Robert den Namen der Frau herausfinden, den er damals so schnell vergaß, und er soll ihr Grab auf dem Friedhof besuchen. Robert protestiert. Doch der Therapeut lehnt weitere Treffen ab, wenn Robert sich nicht einverstanden erklärt: »Lassen Sie sich Zeit. Wenn Sie alles gemacht haben, melden Sie sich wieder, wann auch immer.«
Robert weint: »Ich werde nie mehr glücklich, so wie vor dem Unfall!«
Der Therapeut sagt: »Im Moment werden Sie gerade zum Kleinkind, statt dass Sie ein Mann sind und sich der Schuld stellen!«
Robert hört auf, zu weinen, und schaut den Therapeuten entgeistert an.
Der therapeutische Begleiter fährt fort: »Stellen Sie sich jetzt die Frau vor, und schauen Sie ihr in die Augen ...«
Roberts Augenbewegungen zeigen, dass er sich die Frau vorstellt.
»... sagen Sie ihr mit normaler Stimme: ›Ich werde nie mehr so glücklich sein, wie ich vorher war. Aber mit deinem Segen werde ich ein klein wenig glücklicher werden als in den letzten Jahren.‹«
Robert seufzt. Dann sagt er die Sätze und wischt sich die

Tränen aus den Augen: »Jetzt bin ich ein klein wenig ruhiger.«
Robert bedankt sich, und wir vereinbaren, dass er sich meldet, wenn er die nächsten Schritte getan hat.

Einen Monat später sehe ich Robert wieder. Es kostete ihn viel Überwindung, doch er hat alles Aufgetragene durchgeführt. Die Tote heißt mit Vornamen Maria, und sie liegt auf dem städtischen Friedhof begraben. Er hat ihr Blumen mitgebracht, sie auf ihr Grab gelegt und dabei viel geweint. Zwar traute er sich nicht, ihre Angehörigen anzurufen, doch auf indirektem Wege erfuhr er, dass der Witwer wieder verheiratet ist und auch Marias Kinder in dieser Familie leben. Durch all das zeigt Robert, dass er endlich bereit ist, der Schuld und der Toten, die ihn nachts nie schlafen ließ, ins Auge zu schauen. Geradezu beiläufig erwähnt er, sein Schlaf habe sich fast wieder normalisiert, wenn auch noch nicht ganz. Auf Vorschlag des Therapeuten stellen wir seine Familie und das Unfallopfer mit Papierscheiben auf. Es zeigt sich dabei etwas Seltsames: Beim Aussuchen und auch beim Hinlegen der Scheiben verwechselt Robert ständig die Tote mit seinem kleinen Sohn.
Als alle Papierscheiben auf dem Boden liegen, wird deutlich, warum: Roberts Sohn und die Unfalltote stehen zusammen abseits von Robert und seiner Frau. Die Tote und das Kind bilden ein Paar, Robert und seine Frau bilden das andere Paar. Was dies bedeutet, ist offensichtlich. In der weiteren Arbeit zeigt sich, dass der Sohn an Roberts Stelle die Unfallschuld trägt und für den Vater zur Toten will. Der Therapeut erklärt Robert, dass der Sohn sehr gefährdet ist. Robert muss den Sohn an die Seite seiner Frau stellen und sich selbst zu der Toten begeben.
Robert sagt dem Sohn die entscheidenden Sätze: »Ich muss zu der Toten hin. Ich regele es mit ihr, nicht du! Du gehst zu Mama! Dort bist du sicher.« Robert fällt es nicht leicht zuzugeben: »Im Grunde weiß ich schon lange, dass das stimmt.«

Anschließend schaut er Maria in die Augen und sagt ihr: »Ich stehe zu meiner Schuld, die ich dir gegenüber habe. Dir zum Andenken bin ich meinem Sohn ein guter Vater und mache aus meinem Leben etwas Gutes, so weit es mir möglich ist. Dann war nicht alles umsonst.« Den letzten Satz kann Robert nicht mehr zu Ende sprechen, weil ihn die Tränen übermannen. Der Therapeut gibt Robert so viel Zeit, wie er braucht, damit er alles noch einmal kraftvoll sagen kann. Zum Schluss fordert er ihn auf, Maria den Sohn zu zeigen. Dann bittet er Robert, den Sohn und die Frau anzuschauen und ihnen zu sagen: »Ich bleibe!« Robert sagt es, und zum ersten Mal huscht ein Lächeln über seine Lippen.

Zwei Monate später berichtet Robert, dass sein Schlaf sich dauerhaft normalisiert habe. Seiner Ehefrau hatte er von allem berichtet. Sie gab nur einen kurzen Kommentar: »Das stimmt alles! So habe ich es immer gefühlt. Diese Frau lebt in unserer Ehe mit, so als ob wir nicht allein wären.«
Roberts Anliegen für diese Stunde ist die Frage, ob er nun doch wieder den Führerschein machen solle. Bislang war ihm in all den Jahren klar, dass er nie wieder Auto fahren werde. Doch nach der letzten Sitzung habe sich das zu seinem eigenen Erstaunen verändert. Wir stellen mit Papierscheiben den neuen Führerschein auf. Robert zittert fast vor Angst, wenn er auf seiner eigenen Scheibe steht und auf den Führerschein blickt.
Der Therapeut holt eine Scheibe für die Tote und stellt sie neben Robert: »Schau sie an und sag ihr: ›Wenn du in meinem Herzen mitfährst, fahre ich sicher und vorsichtig.‹« Robert atmet tief durch und sagt es.
Ob Robert sich tatsächlich entschloss, den Führerschein noch einmal zu machen, hat der Therapeut nicht mehr erfahren.

Margitta: Das morphogenetische Feld

Margitta hat vor kurzem eine Mietwohnung in einem neu errichteten Haus bezogen. Seit sie dort lebt, kann sie nachts kaum schlafen. Durch den Schlafmangel fühlt sie sich sehr beeinträchtigt.
In einer Aufstellung mit Papierscheiben werden sowohl die Wohnung als auch einige andere mögliche Ursachen für das momentane Schlafproblem aufgestellt. Das eindeutige Ergebnis ist, dass irgendetwas mit der Wohnung nicht stimmt. Der therapeutische Begleiter sagt Margitta, dass er eine gewalttätige Kraft auf der Scheibe für die Wohnung gespürt habe. Er bittet sie, zu prüfen, ob vor ihrer Zeit etwas Schlimmes in dieser Wohnung passiert sei, mit dem ihr Unbewusstes nun in Kontakt getreten war.
Da es sich um einen Neubau handelt, hat das Haus noch keine lange Geschichte. Durch Zufall kommt Margitta jedoch mit einem Bauern in der Nähe ins Gespräch. Er erzählt ihr, dass an der Stelle, an der das Haus errichtet wurde, sich zuvor ein Mann umgebracht hatte. Nachdem Margitta ein religiöses Ritual in ihrer Wohnung durchgeführt hat, kann sie tatsächlich wieder ruhig schlafen.
Meiner Erfahrung nach hat jeder Ort sein eigenes Kraftfeld. Wenn an einem Platz etwas Bestimmtes, Gravierendes geschehen ist, können sensible Menschen mit der dort herrschenden Kraft in Kontakt kommen.

Rupert Sheldrake hat in seinen Büchern beeindruckende ähnliche Fallgeschichten gesammelt. Er spricht im Zusammenhang mit solchen Phänomenen von »morphogenetischen« (= »gestaltbildenden«) oder »morphischen Feldern«. Sheldrake geht davon aus, dass morphische Felder raumzeitliche Organisationsmuster sind. Diese Felder besitzen ihm zufolge eine Art eingebautes Gedächtnis, das auf dem Prozess der morphischen Resonanz beruht, des Einflusses von Gleichem auf Gleiches über Raum und Zeit.[16]

In diesen Feldern sind somit alle Informationen gespeichert, die auf dem betreffenden Stück Erde bedeutsam waren. Auf Schlachtfeldern der Weltkriege beispielsweise sind immer noch die energetischen Informationen des damaligen Schreckens vorhanden. Auch wer in Auschwitz über die Wiesen geht, auf denen früher die Baracken der Häftlinge standen, kann das damalige Grauen noch spüren.

Mit der Resonanz dieser morphogenetischen Felder kann man bewusst arbeiten. Bei einem Aufstellungsseminar, das ich auf einer Mittelmeerinsel leitete, passierte beispielsweise am dritten Tag etwas Merkwürdiges: Es wurde die Familie einer jüdischen Frau aufgestellt, die über zehn Verwandte in Konzentrationslagern verloren hatte. Einige Minuten nachdem die Stellvertreter gebeten worden waren, in die Rollen von Opfern und Täter zu gehen, liefen die Hunde der Stadt wie auf Kommando von allen Seiten zusammen und umlagerten den ebenerdig gelegenen Seminarraum mit extremem Bellen, sodass man sein eigenes Wort nicht mehr verstand.

Vergleichbares hatte der Seminarleiter bislang nicht erlebt. Alle Stellvertreter mussten vorübergehend aus den Rollen gehen. Sowohl der Gruppenleiter selbst als auch einige Teilnehmer der Gruppen gingen hinaus zu der Hundemeute, um sie wegzuscheuchen. Doch dies blieb erfolglos. Nun wurde beraten, was man noch tun könnte. Plötzlich kam dem Leiter eine Eingebung.

Die Tür nach draußen wurde geschlossen. Alle setzten sich auf die Stühle, und wir machten eine Gruppenübung, indem wir den Hunden sagten, dass wir als menschliche Gruppe uns ganz allein um dieses hier eben durch die Aufstellung entstandene (morphische) Feld kümmern würden. Sie sollten zurückgehen, wo sie herkamen, damit wir uns wieder

---

16 Rupert Sheldrake, *Sieben Experimente, die die Welt verändern könnten*, München 1997, S. 93.

unserer Aufgabe zuwenden könnten. Zu unser aller Verblüffung verschwanden die Hunde augenblicklich und ließen uns ungestört arbeiten.
Weitere zwei Tage später geschah das Gleiche noch einmal. Wieder wurde eine Familie aufgestellt, die im Holocaust gelitten hatte, und erneut kamen kurz nach dem Aufstellen von Opfern und Tätern wie auf Kommando alle Hunde zusammengerannt und bellten laut. Nach unserem kurzen Gruppenritual verschwanden sie sogleich wieder ...
Manch einer mag dies als »Zufall« abtun, doch wer Erfahrungen mit Aufstellungsfeldern hat, wer erlebt, wie sich solche Felder im Moment einer Aufstellung entfalten und am Ende auch wieder auflösen, wird diese Geschichte nachvollziehen können.
Überall, wo Morde stattgefunden haben, bedarf es keiner Aufstellungen, um solche energiereichen Felder entstehen zu lassen: Sie sind auch ohne zusätzliches Einwirken vorhanden! Der erlittene menschliche Schrecken bleibt an das betreffende Stück Erde gebunden. Es lohnt sich, darüber nachzudenken, ob Aufstellungsarbeit, die an solchen Plätzen stattfinden würde, nicht vielleicht einen besonderen Sinn haben könnte.

Zum Schluss dieses Kapitels noch ein anderes Beispiel über die Speicherung von Informationen in der Dimension des Raumes: Ein befreundeter Therapeut bewohnte mit seiner Familie einst eine Ferienwohnung im Ausland. In der ersten Nacht dort schliefen alle Familienmitglieder extrem schlecht: Sie hatten ausnahmslos Albträume von Morden und anderen blutigen Szenen.
Am Morgen nach dem Aufwachen sagte der Freund zu seiner Frau: »Ich habe mich heute Nacht so gefühlt, als wenn ich schizophren wäre. Hier in der Wohnung herrscht eine schizophrene Kraft! Lach mich nicht aus, aber zum ersten Mal kann ich körperlich und psychisch nachempfinden, was Schizophrenie ist.« Die Ehefrau nickte nur.

Am zweiten Morgen wiederholte sich alles so wie am ersten Tag. Sie überlegten, ob sie diese Wohnung nicht verlassen sollten, denn offensichtlich stimmte hier etwas nicht. Es konnte wohl kein Zufall sein, dass alle Familienmitglieder nachts Albträume von Morden hatten, obwohl dies sonst nie der Fall war. Nach einer Bergwanderung kamen sie zurück, und in der Wohnung stank es nach Rauch. Doch niemand in der Familie war Raucher! In der Toilettenschüssel fanden sich mehrere Zigarettenkippen.
Eine Klärung bei der Vermieterin brachte dann Folgendes zutage: Die Wohnung gehörte eigentlich ihrem Sohn. Dieser war schizophren, doch vorübergehend hatte man ihn gerade aus der Psychiatrie entlassen. An jenem Tag war er mit seinem Wohnungsschlüssel in »seine« Wohnung gegangen und hatte dort geraucht ...

Noch ein kleiner Exkurs über die Schizophrenie: Schlimme psychiatrische Erkrankungen haben auf das Personal von psychiatrischen Kliniken eine »ansteckende« Wirkung. Einmal musste ich einer psychiatrischen Pflegekraft dringend raten, ihren Beruf aufzugeben oder in einem »harmloseren« Krankenhausbereich zu arbeiten, weil sie sonst psychotisch werden könnte. Wie eine Aufstellung zeigte, war ihre eigene Angst davor nur allzu berechtigt. Wer keine robuste psychische Natur hat, für den ist die Psychiatrie als Arbeitsplatz nicht ungefährlich.

9. Sucht: Alkoholismus und Drogen

Nach neueren Untersuchungen sind in Deutschland 10 Prozent der Bevölkerung alkoholgefährdet. Alarmierend ist die Tatsache, dass bereits jeder zehnte Fünfzehnjährige alkoholsüchtig ist.[17]

---

17 *Süddeutsche Zeitung* vom 30. Oktober 2003, S. 3.

Die Einnahme von Drogen und Alkohol[18] dient oft dazu, eine »innere Leere« zu ersetzen. Woher stammt diese »innere Leere«? Nach der Erfahrung des Familien-Stellens ist Sucht häufig die Folge eines Nichtnehmens des Vaters. Väter können Kindern Kraft und Stabilität geben. Wenn Väter fehlen, entsteht Leere.
In Familien von Süchtigen sagt die Mutter ausgesprochen oder unausgesprochen den Kindern häufig: »Nehmt nur von mir, denn was vom Vater kommt, taugt nichts.« Das Kind ist jedoch beiden Eltern treu. Es rächt die Herabsetzung des Vaters, indem es viel zu viel von der Mutter nimmt: So entsteht beim Kind Sucht. Bei Alkohol- und vor allem bei Drogensucht findet man in der Familie auch oft früh verstorbene Väter.
Ähnlich wie bei der Bulimie schlägt Bert Hellinger dem Süchtigen vor, dass er stets, wenn er der Sucht gerade nachgibt, ein Bild des Vaters vor sich hinstellt und sagt: »Bei dir, Papa, schmeckt's mir.« Anschließend soll er die Sucht so ausleben, wie er es möchte.

Sicherlich sind dies nicht die einzigen Hintergründe von Sucht. Bei der Abhängigkeit geht es oft darum, mithilfe der verwendeten betäubenden Substanzen bestimmte schmerzliche Wahrnehmungen nicht mehr machen zu müssen – Isolationsgefühle, Ängste und auch Schuld.
Ein Beispiel zur Schuld: Bei psychosomatischen, aber auch bei anderen Leiden hat es sich bewährt, nach dem Beginn eines Symptoms oder einer Krankheit zu fragen. Ein Alkoholiker antwortete darauf beispielsweise, er sei seit neun Jahren alkoholkrank. Nicht selten findet sich im Jahr des Ausbruchs der Krankheit oder in der Zeit davor etwas Schwerwiegendes, das im Zusammenhang mit der Erkran-

18 In diesem Kapitel werden als Sucht nur Alkoholismus und Drogen behandelt. Hinweise zur Magersucht und Bulimie finden sich ausführlich in meinem Buch *Wenn Liebe allein den Kindern nicht hilft*, a. a. O., S. 99–105.

kung steht. So war es auch in diesem Fall: Kurz bevor der Alkoholismus begann, hatte der Mann in einem Metall verarbeitenden Betrieb gearbeitet. Dort passierte ihm ein grober Fehler bei der Bedienung einer Maschine, wodurch ein Kollege schwer verletzt wurde und in der Folge starb. Der Alkoholiker meint, im Rausch müsse er der Schuld nicht ins Auge schauen! Das eigene Leben durch die Sucht zu zerstören, scheint ihm viel »einfacher«! Hier geht es aber darum, dem toten Kollegen in der Seele wieder zu begegnen und zur Schuld Ja zu sagen.
Persönliche Schuld steht oft am Beginn von Alkoholismus. Der Alkohol dient auch im folgenden Beispiel dazu, die Schuld nicht sehen zu müssen: Eine Frau wurde von ihrem Mann in der Abtreibungsklinik abgeholt. Als sie an einem Kiosk vorbeifuhren, bat sie ihn energisch, sofort anzuhalten. Sie kaufte sich eine Flasche Branntwein. Als sie wieder im Auto saß, leerte sie die Flasche gleich zu einem Drittel. Seit diesem Tag ist sie Alkoholikerin.

Darüber hinaus darf nicht vergessen werden, dass die Einnahme von psychoaktiven Drogen und Alkohol häufig unmittelbar nach schweren Traumatisierungen erfolgt. Die Droge hat in solchen Fällen die Funktion, die körperlichen und seelischen Qualen zuzudecken und das furchtbare Geschehen innerlich auszulöschen. In einem gewissen Ausmaß kennt das jeder von uns: Wer gerade seinen Arbeitsplatz oder einen geliebten Menschen verloren hat, sucht Wege, um den Schmerz zu betäuben. In diesen Fällen ist es die Aufgabe des therapeutischen Begleiters, den Ratsuchenden direkt mit dem Verlusterlebnis zu konfrontieren, sodass er trauern kann.

Dietrich: Ins Herz des Vaters zurückkehren

Dietrich ist seit über zehn Jahren Alkoholiker und missbraucht darüber hinaus Medikamente. Zusätzlich fühlt er

sich depressiv und nimmt auch dagegen zuweilen Arzneimittel.
Im Gespräch in der Praxis erzählt Dietrich, dass ihm Bücher über das Familien-Stellen in die Hände gefallen waren: »Das Lesen dieser Bücher hat mich tief aufgewühlt. Ich brauche mir gar nichts vorzumachen: Ich habe unendlich lange meinen Vater tief verachtet. Hoffentlich können Sie mir helfen, den Weg zurückzufinden!«
Der Therapeut sieht, wie Dietrichs Augen traurig werden. Ohne Zweifel ist Dietrich in der Seele bereit. In solchen Fällen braucht der therapeutische Begleiter nur wenig zu tun! Er gibt lediglich Hilfestellung bei dem, was die Seele schon sehnsüchtig selber machen möchte.
Als wir über die Familie des Vaters sprechen, erwähnt Dietrich, dass sein Vater als Soldat in Stalingrad gewesen war. Viele seiner Kameraden waren gestorben, doch der Vater hatte Glück gehabt. Der Therapeut fragt: »Kannst du dir vorstellen, was es bedeutet, wenn rings um einen selber viele Kameraden sterben und man dann wie durch ein Wunder ein solches Inferno überlebt? Wie fühlt man sich wohl als Mann, wenn man nach dem Krieg in das gewöhnliche Leben zurückkehrt, wenn man eine Frau heiratet und Kinder zeugt? Wie viel Liebe kann man wohl seinen Kindern geben, wenn man solches hinter sich hat?«
Dietrich schaut den Therapeuten an, und er wischt sich verstohlen eine Träne ab: »Darüber habe ich nie nachgedacht! Er hat nie mit irgendjemandem darüber geredet, aber es muss wohl schlimm gewesen sein!«
Der therapeutische Begleiter bittet Dietrich, vom Stuhl aufzustehen. Vor ihn legt er mehrere Papierscheiben, die den Vater und dessen tote Kameraden darstellen: »Dietrich, stell dir vor, dein Vater schaut sie alle an und sagt ihnen: ›Ich habe mich getraut, ins Leben zurückzugehen. Ich habe geheiratet und Kinder gezeugt. Dort ist mein Sohn Dietrich.‹«
Dietrichs Blick verweilt auf den toten Kameraden. Der Therapeut bittet ihn, sich tief vor ihnen zu verneigen. Anschlie-

ßend sagt Dietrich ihnen: »Immer seid ihr im Herzen meines Vaters. Ich achte euch!« Dann schaut er auf seinen Vater und sagt ihm: »Es tut mir sehr Leid, dass ich dich lange verachtet habe. Nie sah ich dein Leid! Ich nehme dich so, wie du bist. Für mich bist du genau der Richtige!«
Dietrich weint die Tränen der Reue. Er wünscht sich sehnlichst, wieder in das Herz des Vaters zurückzukehren.

Ein Dreivierteljahr nach dieser Sitzung kam Dietrich wegen eines Problems in der Gegenwartsfamilie noch einmal zu mir. Er erzählte von den Wirkungen dieser einen Übung, die wir gemacht hatten: Das Verhältnis zum Vater hatte sich schlagartig verbessert. Dietrich hörte auf mit dem Missbrauch von Alkohol und Medikamenten. Es ging ihm gut. Ein zufälliger Kontakt sechs Jahre nach dieser Übung ergab, dass es keine Rückfälle gegeben hatte. Im Nachhinein betrachtet, war unsere Begegnung wie das Ernten einer überfälligen reifen Frucht. Der therapeutische Begleiter brauchte hier nur ein wenig »Geburtshelfer« zu sein.

Ralf: Endlich beim Vater

Ralf leidet seit vielen Jahren unter mehreren Süchten. Einerseits konsumiert er mehrere Drogen, wobei Marihuana noch die harmloseste ist, und andererseits leidet er unter Sexsucht.
Es werden Vater, Mutter und er selbst aufgestellt. Sofort sieht man, dass die Mutter niemanden wahrnehmen kann. Sie schaut in die Ferne. Auf Nachfrage erzählt Ralf, dass die Mutter drei Verlobte gehabt hatte. Alle Verlobungen habe sie gelöst. Der Therapeut stellt die drei Männer hinzu. Der letzte von ihnen scheint der wichtigste zu sein: Die Mutter sieht ihn an wie in Trance. Der Therapeut ermuntert sie, sich zu ihm zu stellen. Dort angekommen, strahlt sie. Nach einer Weile schauen der Mann und die Frau auf den Boden. Der Therapeut wählt eine Frau aus und legt sie dazwischen. Die

Mutter und ihr Verlobter knien nach einer Weile nieder und halten die tote Frau.
Ralf, der vorher neben der Mutter stand, kann nun endlich zum Vater schauen. Sein Blick drückt Neugier und Interesse aus. An dieser Stelle setzt sich der Stellvertreter, und Ralf kann in seine eigene Rolle kommen. Er schaut zum Vater.
»Na, wie ist das?«, fragt der Therapeut.
»Ganz ungewohnt, aber sehr gut«, strahlt Ralf.
»Schau rüber zu deiner Mutter und sag ihr: ›Ich trau mich jetzt, auch vom Papa zu nehmen.‹«
Ralf sagt diese Sätze zu seiner Mutter, die alldem wohlwollend zustimmt.
Anschließend sagt Ralf dem Vater: »Ich hab dich genauso lieb wie die Mama! Ich bin ein Junge! Ich will ein Mann werden wie du!«
Der Vater freut sich und legt gerührt den Arm um Ralf. Ralf schaut froh den Vater an.
Mit Interpretationen sollte man bekanntlich vorsichtig sein. Doch der Therapeut hat das Bild, dass es zwischen der Mutter und dem Verlobten eine Abtreibung gibt. Der gute Platz von Ralf ist neben dem Vater. Endlich konnte er zu ihm hin.

Ein halbes Jahr später sehe ich Ralf wieder. Er kommt erneut in einen Kurs, weil er eine berufliche Frage aufstellen möchte. Beiläufig erzählt er in einer Seminarpause, dass er alle Süchte nach der damaligen Aufstellung überwunden habe und es ihm sehr gut gehe.

10. Depressionen

Nach den Erfahrungen mit dem Familien-Stellen hat ein depressives Lebensgefühl nicht selten die Ursache in der Verachtung der Eltern. Je mehr jemand auf seinen Vater und seine Mutter herabblickt, desto weniger nimmt er von ihnen die elterliche Kraft und wird dadurch schwächer. In einem

solchen Fall verschwindet die Depression, wenn man den Eltern in Liebe so zustimmt, wie sie sind.
Wer Vater und Mutter intensiv herabsetzt, dem fehlt etwas Entscheidendes. Er fühlt sich unverwirklicht, und je heftiger die Ablehnung ist, desto stärker baut sich in der Seele eine Gegenbewegung auf: Weil man die Eltern nicht nimmt, nimmt man auch keine Lebenskraft durch sie, und dementsprechend geht es den Betreffenden. In der Geschichte von Silke wird deutlich, was in der Psyche passiert, wenn man den Eltern gar den Tod wünscht.
Das mangelnde Nehmen der Eltern kann aber auch zusätzlich durch andere Dynamiken bedingt sein. So mag zum Beispiel eine Frau, die mit der früheren Verlobten ihres Vaters verbunden ist, nicht mehr zu ihrer eigenen Mutter hin und wird auf diese Weise depressiv. Dies ist die Geschichte von Monika.

Schwere Depressionen, die mit lang dauernder Einnahme von Antidepressiva einhergehen, haben oft andere tiefe systemische Ursachen. Auch ein depressives Lebensgefühl, das einen schon als Kind begleitete, weist in diese Richtung. Meist findet sich tiefes Leid in der Familie. Die Eltern einer schwer depressiven Klientin waren beispielsweise Überlebende des KZ Auschwitz. Bei einem depressiven Mann gab es nicht nur viele schwere Krankheitsschicksale, sondern sowohl der Vater als auch dessen Vater hatten jeweils einen tödlich ausgehenden Verkehrsunfall und mussten ihre noch jungen Kinder den Müttern überlassen. Der Mann war bei der Aufstellung überwältigt von der Fülle des Schmerzes in seiner Familie. Zwei Jahre später berichtete er, dass die Depressionen nach der Aufstellung dauerhaft verschwunden waren. In der Geschichte von Bernd geht es um ein Kind, das der Vater mit dem Motorrad totgefahren hat. Depressiv kann ebenfalls werden, wer mit seinem früh verstorbenen Geschwister identifiziert ist und, wie in der Geschichte von Irene, sogar dessen Namen erhalten hat.

Natürlich können Depressionen auch ihre Gründe in der Gegenwartsfamilie haben. In einem Fall zum Beispiel redete und dachte eine Frau sehr schlecht über die erste Frau ihres Mannes. Die Depression verschwindet möglicherweise, wenn die Frau die älteren Rechte der früheren Frau achtet. Auch wer nicht zu einer persönlichen Schuld steht – wie in der Geschichte von Siegfried – oder einen verstorbenen Angehörigen nicht betrauert, kann depressiv werden.
Bei der Schuld handelt es sich möglicherweise um eine Abtreibung. In einem anderen Fall wurde eine Frau schwer depressiv, nachdem sie aus selbstsüchtigen Motiven ein Kind adoptiert hatte. Dadurch wurde sie dem Kind und dessen Herkunftsfamilie gegenüber schuldig.
Depressionen können auch vom Partner übernommen werden und sogar zu Selbstmordgedanken werden. Die Geschichte von Ramonas Ehemann, der an ihrer Stelle depressiv und selbstmordgefährdet wurde, findet sich im 15. Kapitel (»Stellvertretendes Leiden in der Paarbeziehung«).
Vertraut sind uns allen bestimmte Wechselfälle des Lebens, die Depressionen auslösen können: Unser Ehepartner verlässt uns, oder wir verlieren den Arbeitsplatz. In einer der ersten sozialpsychologischen Studien zur Arbeitslosigkeit – *Die Arbeitslosen von Marienthal*[19] – konnte schon im Jahr 1933 gezeigt werden, wie der Verlust der Stelle der Entstehung von Depressionen Vorschub leistet. Umweltkatastrophen wie Tschernobyl oder der Verlust der Heimat haben ebenfalls das Potenzial, depressionsauslösend auf die Psyche zu wirken. Vergessen werden darf auch nicht, dass chronische Traumatisierung, wie beispielsweise Folter und lange Gefangenschaft, schwere Niedergeschlagenheit hervorruft. Lang anhaltende Depressionen sind das häufigste Symptom bei chronisch traumatisierten Menschen.

19 Marie Jahoda et al., *Die Arbeitslosen von Marienthal*, Frankfurt 1975.

Silke ist Malerin. Schon in jungen Jahren fühlte sie sich zum Malen berufen. Doch obwohl ihre Bilder Anerkennung finden, ist ihr der Durchbruch noch nicht gelungen. Sie erzählt, ihr stehe immer eine Depression im Weg, wenn es darum gehe, gute berufliche Angebote zu nutzen:

> »Ich traue mich nicht, im entscheidenden Augenblick zum Telefonhörer zu greifen oder irgendetwas Naheliegendes zu tun, was jeder andere in meiner Situation täte. Oft ist es sogar so, dass ich große berufliche Chancen absichtlich bzw. ›unabsichtlich-absichtlich‹ ungenutzt vorüberziehen lasse. Auch wenn Ausstellungen sind, nehme ich den Papierkram leider nicht sehr ernst, was sich nachteilig für mich auswirkt. Ohne diese Depression wäre ich mit Sicherheit zumindest so erfolgreich, dass ich gut vom Malen leben könnte.«

Silke hat eine Mäzenin, die sie fördert, und hier und da macht sie auch etwas »Kunstfernes«, mit dem sie sich über Wasser hält. Doch immer bleibt das unbefriedigende Gefühl, dass sie sich selbst sabotiert. Intensive jahrelange Psychotherapie, so berichtet sie, hat ihr bislang nicht geholfen.
In einer Papierscheibenaufstellung wählt Silke als Scheibe für ihren beruflichen Erfolg eine runde (»weibliche«) Scheibe und eine weitere für sich. Die beiden stehen Rücken an Rücken. Als wir uns darauf stellen, können wir spüren, dass weder der berufliche Erfolg Interesse an Silke hat noch umgekehrt. Nun stellen wir ihre Mutter dazu und deren Vater, der im zweiten Lebensjahr der Mutter an Hepatitis starb. Und außerdem kommen noch die Mutter der Mutter hinzu, die psychisch krank war, und deren Zwillingsschwester, die bei der Geburt starb. Diese fünf »Personen« (einschließlich des beruflichen Erfolgs) blicken aus einigem Abstand auf Silke. Sie stellt sich auf ihre Scheibe.

Es dauert eine Weile, bis wir uns in die Familiensituation eingefühlt haben. Auf Vorschlag des Therapeuten blickt Silke die fünf Stellvertreter an und sagt ihnen: »Im Angesicht eures Leids verzichte ich gern auf meinen beruflichen Erfolg. Was zählt er schon im Vergleich zu eurem Leid?« Silke spricht die Sätze nach und weint. Sie nickt: »Es stimmt!«
Der Therapeut gibt Silke eine Übung mit auf den Weg: Sie soll diesen Satz zu Hause in der Vorstellung zu jedem Einzelnen der Betroffenen sagen und ihm dabei tief in die Augen schauen. Wie reagiert er oder sie? Freuen sich die Verwandten, oder sind sie traurig über so viel Solidarität?
Es ist an der Zeit, die Stunde zu beenden und sich zu verabschieden. Dennoch spürt man, dass noch etwas Wichtiges fehlt. Etwas war nicht rund. Dem Therapeuten fällt jetzt im Nachhinein ein, dass Silke abwertend über ihre Eltern sprach.
Auf Nachfrage erzählt sie, den Eltern habe sie seit Jugendzeiten den Tod gewünscht:

> »Denen ging es nur um ihren Spaß im Leben. Ich kam für ihr vergnügliches Dasein viel zu früh, weswegen sie mich ein Jahr nach der Geburt bei meiner Großmutter abgeliefert haben. Nur alle zwei Wochen kamen sie, um mich mal kurz zu begutachten. Erst als ich vier Jahre war, hatten sie ein Einsehen und nahmen mich wieder zu sich. Meine Existenz war einfach nur störend für sie.«

Beim Abschied verabreden wir, dass Silke entweder noch einmal kommt oder sich direkt für das nächste Seminar anmeldet, um ihre Situation in der Gruppe aufzustellen.

Silke entschied sich für Letzteres, und so geriet in Vergessenheit, welches Resultat die obige »Hausaufgabe« hatte.
Silke geht es im Kurs nicht um das Berufliche, sondern unmittelbar um die Depression. Der Therapeut erinnert sich

daran, dass Silke ihren Eltern den Tod gewünscht hatte, und fragt sie vor der Gruppe danach. Sie erzählt:

»Ja, ich war fünfzehn oder sechzehn, da begann es. Wenn sie zusammen weggefahren sind, wünschte ich mir, dass sie nie mehr zurückkämen. Ich sprach mit mir selbst: ›Ach, wenn sie doch von einem Auto überfahren würden ... dann wäre ich sie los!‹ Oder wenn sie selbst mit dem Wagen einen Unfall bauten.
Als sie dann einmal zurückkamen, berichteten sie, dass sie tatsächlich ins Schleudern gekommen waren. Da ärgerte ich mich, dass es nicht geklappt hatte!«

Ein Raunen geht durch die Gruppe. Meiner Erfahrung nach ist es in solchen Fällen oft lohnenswert, sich die Frage zu stellen, wer denn tatsächlich im Familiensystem wem den Tod gewünscht hat. Sehr wahrscheinlich handelt es sich bei Silke um ein übernommenes Gefühl und nicht nur um die Rache dafür, dass sie als Kind von den Eltern ignoriert wurde. Glücklicherweise ist es aber für Lösungen nicht immer wichtig, dass sich die Ursachen vorher zeigen. Der Therapeut vertraut dem, was sich in der Aufstellung ergibt, auch wenn die Gründe nicht sichtbar werden oder es sich nicht anbietet, ihnen nachzugehen.
Auf Vorschlag des Therapeuten sucht Silke nur Stellvertreter für sich und die Eltern, nicht jedoch für ihren jüngeren Bruder. Die Wirkungen ihres Wunschs, dass die Eltern sterben sollten, zeigen sich mächtig: Die Eltern stehen nebeneinander und blicken auf die Tochter. Die Mutter fühlt sich sehr unbehaglich und wendet sich von der Tochter ab. Der Vater schaut die Tochter nur kurz an und verweilt mit seinem Blick bei der Frau, so als wolle er Silke nicht mehr ansehen, weil er es nicht aushält. Silke blickt müde und resigniert zwischen den Eltern hin und her und wendet sich ab. Doch nach einer Weile geht ein kurzer Ruck durch sie, und sie schaut sie wieder an.

Auf Vorschlag des Therapeuten sagt Silke: »Lieber Papa, liebe Mama, ich habe euch den Tod gewünscht!« Bei der Mutter verändert sich nichts. Während der Vater Silke anblickt, entsteht eine Mischung aus Zorn, Schmerz, Hilflosigkeit und Trauer auf seinem Gesicht.
Silkes Stellvertreterin beginnt zu zittern. Der Therapeut ermuntert sie, ihrer Bewegung zu folgen und sich auf den Boden zu knien. Doch dann besinnt er sich und holt Silke in ihre eigene Rolle. Silke macht nun die tiefstmögliche Verbeugung vor ihrer Mutter und auch dem Vater: Auf den Knien geht die Stirn in Kontakt mit dem Boden, und die Hände werden weit nach vorn ausgestreckt. Die Handflächen weisen dabei nach oben.
Kaum ist Silke auf dem Boden, atmen beide Eltern hörbar auf, und ihre Gesichtszüge entspannen sich. Der Therapeut weist Silke an, gleichmäßig und tief zu atmen. Nach einer Weile beginnt sie zu schluchzen. Der Therapeut fordert sie nach einer Weile auf, sich mit dem Oberkörper aufzurichten und die Eltern anzuschauen.
»Sag deinen Eltern: ›Ich bin böse auf euch! Ihr wolltet nur euren Spaß!‹«
Die Eltern nicken und schauen sich etwas schuldbewusst an.
»Sag ihnen: ›Mama, es tut mir Leid, dass ich euch den Tod gewünscht habe. Papa, es tut mir Leid, dass ich dir den Tod gewünscht habe.‹«
Silke nimmt mehrere Anläufe, bis sie es unter Tränen sagen kann. Wieder atmen die Eltern hörbar durch und entspannen sich zusehends.
»Jetzt sag ihnen: ›Ihr seid für mich die Richtigen! Ich stimme alldem zu, was ihr mit mir gemacht habt, auch wenn es schlimm für mich war. Diesen Preis für mein Leben bezahle ich gern. Danke für alles, was ihr mir gegeben habt. Ich mache was daraus.‹«
Silke sagt die Sätze, und die Eltern strecken die Hände nach dem Kind aus, damit es wieder aufsteht. Der Therapeut unterbricht dies jedoch: »Das geht zu schnell!« Zu Silke ge-

wandt, sagt er: »Sag ihnen: ›Gebt mir wieder eine Chance als Tochter, aber macht es mir nicht zu einfach.‹« Alle Beteiligten können dem zustimmen.

Der Therapeut hat den Eindruck, dass es »rund« war und keinerlei Notwendigkeit besteht, sich zu fragen, welches Familienmitglied wem vermutlich früher den Tod gewünscht hat. Im Laufe des Seminars macht er aber noch eine Beobachtung: Silke wird oft in jene Rollen gewählt, in denen es darum geht, sich sehr tief vor einer Mutter oder einem Vater zu verbeugen, die verachtet worden waren.

Zwei Jahre später kommt eine Rückmeldung, wie es im Leben weitergegangen war. Silkes Depressionen sind nach der Aufstellung dauerhaft verschwunden. Aus ihr ist eine erfolgreiche, anerkannte Künstlerin geworden, die ihre beruflichen Angebote gut zu nutzen gelernt hat. Endlich kann sie von der Kunst leben, sogar »sehr gut«, wie sie betont. Sie selbst ist der Meinung, diese Wandlung sei auf die Aufstellungsarbeit zurückzuführen. Andere Formen der Therapie hatte sie nicht mehr in Anspruch genommen.

Ihr abschließender Kommentar: »Durch meine Depression hatte ich mir den Erfolg nicht gegönnt. In den letzten zwei Jahren durfte ich ihn mir endlich erlauben! Ohne die Aufstellungen wäre das nie geschehen.«

Monika: Die Verlobte des Vaters

Monika leidet seit ihrer Jugend an schweren depressiven Verstimmungen. In einer Aufstellung mit Papierscheiben wird deutlich, dass sie mit der früheren Verlobten ihres Vaters verbunden ist. Dieser Verlobten war ein großes Unrecht widerfahren: Der Vater trennte sich von ihr, weil der Großvater sie als »nicht standesgemäß« für seinen Sohn erachtet hatte. Für diese schlechte Behandlung der Frau sühnte nun Monika.

Als sie sich auf die Papierscheibe für ihre eigene Person

stellt, spürt sie zu ihrer Verwunderung die starke Verbundenheit mit dieser Frau. Sie blickt in die Runde der Familienmitglieder und dann auf die Verlobte und sagt: »Gerade jetzt im Augenblick bekomme ich mein typisches Depressionsgefühl.« Während sie auf die Eltern schaut, meint sie: »Es fühlt sich an, als ob ich Christus wäre. Ich muss dafür sorgen, dass meine Eltern beisammen bleiben.«

Das »Christusgefühl« zeigt, dass das Ich nicht kindgemäß, sondern überhöht ist; es nimmt sich zu wichtig. In einem solchen Fall muss der Betreffende lernen, wieder Kind zu sein: »Ich nehme euch und achte euch als meine Eltern. Bitte seht in mir euer Kind.« Aus dieser bescheidenen Position heraus muss es den Anspruch aufgeben, die Ehe der Eltern retten zu können.

Besonders intensiv reagiert Monika, als sie der Mutter sagt: »Die Verlobte des Vaters ist seine Sache. Du bist meine Mutter, und nur du bist die Richtige für mich. Bitte nimm mich als dein Kind.« Monika hatte kein gutes Verhältnis zu ihrer Mutter gehabt, doch jetzt weint sie vor Freude und strahlt. »Es ist, als ob eine zentnerschwere Last von mir abfällt«, berichtet sie. Auch zu dem Vater sagt sie noch: »Deine frühere Verlobte geht mich nichts an, meine Mutter ist dort« (dabei zeigt sie auf die Mutter). Dadurch, dass Monika mit der Verlobten des Vaters identifiziert war, konnte sie bislang ihre Mutter nicht als Mutter nehmen: Die Mutter hat in ihr nämlich eine Rivalin gesehen. Durch das Aufdecken dieser Verstrickung wurde der Weg zur Mutter und auch zum Vater frei.

Was das Christusgefühl angeht, kam noch etwas Weiteres heraus: Die Mutter zog es zu ihrem an Krebs gestorbenen Vater. Das Kind hatte das gespürt und wollte durch eigenes Leid den Retter der Mutter und auch den Retter der Ehe ihrer Eltern spielen. Hier hilft es, um den Segen der Mutter zu bitten, auch wenn man bleibt.

Einige Monate nach der Aufstellung rief Monika an und berichtete, dass sie keine depressiven Verstimmungen mehr habe und ihr Leben sich in einem tiefen Wandel zum Guten befinde.

Bernd: Der Unfall des Vaters

Bernd ist verheiratet und hat drei Kinder. In seiner Gegenwartsfamilie gibt es keine besonderen Probleme, doch ihn begleitet seit der Kindheit ein depressives Lebensgefühl, das ihn nur selten verlässt. Auf die Frage, was in der Familie Schlimmes passiert sei, erzählt er vom Vater, der einen schweren Unfall gehabt hatte: Lange vor der Geburt der Kinder fuhr er mit dem Motorrad ein Mädchen tot. In der Familie wurde nie darüber geredet.
Bernd erzählt nun auch noch über den Kauf eines eigenen Motorrads vor langer Zeit. In Verbindung mit dem Motorradfahren wurde er manchmal von panikartigen Zuständen heimgesucht. Nach einiger Zeit hat Bernd es wieder aufgegeben.

Aufgestellt werden in einer Gruppe nur zwei Personen: der Vater und das tote Mädchen. Beiden wird die Anweisung gegeben, nicht zu sprechen und die kommenden Bewegungen zuzulassen. Das Mädchen verhält sich schon bald, als ob ihm schwindelte. Es muss sich auf den Boden legen. Der Vater schaut unverwandt auf die Tote. Als diese sich auf den Boden legt, kniet er sich neben das Mädchen und hält dessen Hand. Dies dauert eine längere Zeit. Als zusätzliche Personen werden nun Bernd und seine Mutter in die Aufstellung hineingenommen. Beide schauen betroffen und traurig auf den Vater, der immer noch zärtlich die Hand der Toten hält.
Die Mutter kniet sich nun neben ihren Mann und schaut abwechselnd auf die Tote und ihren Mann. Sie versucht, ihn sanft von dem Kind wegzuziehen, doch es misslingt. Da

deutlich wird, dass sie ihrem Mann etwas Wichtiges sagen will, fragt der Therapeut, was ihr auf den Lippen liege. Sie sagt: »Er ist wirklich nicht schuld! Er weiß immer noch nicht, dass er schuldlos ist!«

Bis zu diesem Punkt der Aufstellung wird deutlich, wie der Vater das tote Kind nicht gehen lassen kann, aber wie auch umgekehrt die Tote den Vater nicht verlassen kann. Wie oft bei traumatischen Ereignissen, ist für den Vater die Zeit seit damals stehen geblieben. Er glaubt immer noch, er müsse dem toten Mädchen helfen.

Hineingenommen werden nun zwei Männer und zwei Frauen, denen gesagt wurde, sie stellten jetzt nicht näher benannte verstorbene Familienangehörige des Mädchens dar. Der Therapeut fragt den Vater, ob er sich vorstellen kann, dem Kind zu sagen: »Diese vier hier sind die Richtigen für dich. Sie warten auf dich, und sie können dir besser helfen als ich!« Der Vater nickt erleichtert. Er sagt es nun dem Mädchen, worauf das Kind auf eigene Initiative die Hand von Bernds Vater loslassen kann.

Von den vier toten Angehörigen scheint einer der Männer besonders intensiv mit dem Kind verbunden zu sein. Er streckt einladend die Hände zu ihm aus. Während die vier Angehörigen das tote Kind in ihre Mitte nehmen, schaut der Vater seine Frau und Bernd an: »Ich sehe die beiden jetzt zum ersten Mal richtig. Ich konnte sie vorher gar nicht richtig erkennen, ich wusste gar nicht, wer sie eigentlich sind, erst jetzt ...«

Bernd sagt, er fühle sich erleichtert. Auch die Frau fühlt sich erleichtert. Der auf dem Stuhl sitzende Bernd stellt sich nun auf den Platz seines Stellvertreters und nimmt seine eigene Position ein. Er schaut dem Vater in die Augen und muss weinen. Er läuft zu ihm und legt seinen Kopf an dessen Brust. Dann schaut er ihm nochmals in die Augen und sagt auf Vorschlag des Therapeuten: »Ich achte deine tiefe Trauer um dieses tote Kind.« Allen Beteiligten geht es jetzt gut.

Nach der Aufstellung sagt der Stellvertreter des Vaters: »Ich habe einfach so mitgefühlt mit diesem toten Kind. Ich wollte es nicht allein lassen.« Bernd meldet sich auch noch einmal zu Wort: Er bestätigt, dass der Vater schuldlos gewesen sei: Nach dem, was er herausgefunden hat, war das zweijährige völlig unbeaufsichtigte Mädchen vom Straßenrand einfach auf die Straße und in das Motorrad des Vaters gerannt. Der Vater wurde in keinerlei Weise strafrechtlich belangt, weil er sich völlig korrekt verhalten hatte.

Das Besondere an dieser Geschichte ist, dass es hier nicht um persönliche Schuld geht und dass dennoch die traumatischen Folgen eines solchen Unfalls derart tief greifend sein können. Man darf hier auch nicht außer Acht lassen, welch tiefe seelische Verbindung zwischen zwei vorher völlig fremden Menschen durch ein derartiges schicksalhaftes Ereignis geknüpft wird – jenseits aller Schuldfragen! Der Vater konnte seine Verzweiflung und seinen Schmerz angesichts des Kindes, das er überfahren hatte, nie abstreifen. Es begleitete ihn stets, und damit war es in Bernds Familie für alle folgenreich gegenwärtig.

Irene: Der Name

In der Geschichte von Irene ist die Depression die Folge eines nicht betrauerten toten Geschwisters mit einem damit verbundenen »Diebstahl« von Namen und Identität.

Irene fühlt sich oft antriebslos und depressiv. Außerdem klagt sie darüber, dass es mit ihrer älteren Schwester Karin nur Streitereien gebe. In der Aufstellung wird schnell deutlich, dass ein Familienmitglied fehlt. Da mehrere auf den Boden schauen und eine große Schwermut zu spüren ist, fragt der Therapeut nach.

Es stellt sich heraus, dass es noch eine weitere Irene gibt. Die erste Irene ist zugleich auch das erstgeborene Kind der Eltern. Es starb nach einigen Monaten an Lungenentzündung. Um dieses Kind zu »ersetzen«, hätten die Eltern dann

nach Karins Geburt das dritte Kind ebenfalls Irene genannt. Außerdem sei das Kind gestorben, während der Vater im Krieg gewesen war, und deswegen »zähle es ohnehin nicht«. Es wird nun eine Teilnehmerin aus der Gruppe dazugestellt, die die erste Irene verkörpern soll. »Irene eins« geht es sehr schlecht. Die Eltern wagen nicht, das Kind anzuschauen, und wirken völlig gefühllos. Während Karin die zuerst geborene Irene wohlwollend anschaut, blickt »Irene zwei« beharrlich an ihrer ältesten Schwester vorbei: »Ich habe Angst vor ihr! Ich wage nicht, ihr in die Augen zu schauen.«
»Genau!«, sagt der Therapeut. »Du hast ja auch ihren Namen und damit ihre Identität übernommen. Es ist wie Diebstahl der Existenz!«
Der Therapeut bittet die Eltern, ihr erstes Kind anzuschauen. Nach einer Weile treten der Mutter Tränen in die Augen. Auf Vorschlag des therapeutischen Begleiters sagt sie dem Kind: »Wir haben geglaubt, wir könnten dich ersetzen. Das tut uns Leid. Du bist eines von unseren drei Kindern. Du gehörst dazu!« Sie streichelt den Kopf des Kindes und lächelt es an.
Irene wacht aus ihrer bisherigen Lethargie auf: »Endlich kann ich die Mutter als Mutter spüren!«
Auch der Vater bekommt jetzt Interesse an seinem Kind und sagt ihm ähnliche Sätze. Des Weiteren spricht er zu seiner Frau: »Es war Krieg, und wir konnten ihren Tod nicht betrauern!« Beide halten sich an den Händen und schauen dann zum Kind. Das Kind lehnt sich anschließend mit dem Kopf an beide Eltern an.
Es folgen einige weitere Schritte, die das früh verstorbene Kind in die Reihe der Kinder eingliedern.
»Irene zwei« kommt nun statt ihrer Stellvertreterin in die Aufstellung. Auf Nachfrage sagt sie dem therapeutischen Begleiter, sie heiße mit Zweitnamen »Maria«. Sie blickt auf die erstgeborene Irene und sagt auf Vorschlag des Therapeuten: »Ich habe mir meinen Namen nicht ausgesucht. Ich bin jetzt Irene-Maria, damit wir uns unterscheiden! Du bist

die älteste von uns Schwestern, und ich bin die jüngste; für mich gehörst du immer dazu!«
Irene weint und umarmt ihre tote gleichnamige Schwester. Beide sind erleichtert. »Jetzt fühle ich mich plötzlich ihr gegenüber nicht mehr so furchtbar schlecht«, sagt Irene. Endlich kann sie ihr offen ins Gesicht schauen!
Die Eltern wenden sich an die Kinder und sagen, dass es ein Fehler war, zweien von ihnen denselben Namen gegeben zu haben. Karin erzählt auf Nachfrage, dass sie von Beginn der Aufstellung an mit Missgunst auf Irene-Maria schaute. Doch das habe sich ganz plötzlich geändert, als Irene-Maria zu Irene sprach und diese achtete. Dies lässt sich auch ohne weiteres nachvollziehen, befand sich die Schwester aus ihrer Sicht doch in einer anmaßenden Position!
Irene-Maria sagt noch am Ende der Aufstellung zu Karin: »Ich achte, dass du die Ältere von uns beiden bist. Es tut mir Leid, dass ich mich dir gegenüber wie die Ältere verhalten habe. Jetzt sind wir zu dritt.« Die drei Schwestern fassen sich spontan an den Händen und schauen sich strahlend gegenseitig an.

Irene erzählt der Gruppe später, dass sie sich ganz automatisch immer als ältestes Kind der Eltern gefühlt habe. Nie sei ihr in den Sinn gekommen, dass Karin benachteiligt wurde. Im Rückblick könne sie überhaupt nicht nachvollziehen, dass ihr dieser »Wahnsinn« nicht schon früher aufgefallen war.

Siegfried: Trennung von der Ehefrau und ein abgetriebenes Kind

Bei der Ursachensuche von depressiven Verstimmungen muss der Blick nicht immer in die Herkunftsfamilie gehen. Oft liegt es auf der Hand, dass ein bestimmtes Ereignis auslösend war, zum Beispiel eine Abtreibung oder eine Trennung vom Partner.

Siegfried kommt in ein Seminar, weil er sich schwermütig fühlt. »Plötzlich stehe ich ganz allein da«, bricht es in der Vorstellungsrunde des Kurses aus ihm heraus. Er ist Vater von vier Kindern, drei Jungen und einem Mädchen. Nach zehn Jahren Ehe hat ihn die Frau verlassen. »Ich verstehe es nicht, ich verstehe das alles einfach nicht ...«, sagt er sichtlich bewegt.

Bei der Aufstellung stellt Siegfried die vier Kinder in die Nähe seiner Frau und sich selbst abseits von der Familie. Nach der Aufforderung des Therapeuten dreht sich die Frau zum Mann um und schaut ihm in die Augen.

»Lass stumm zu, was in deinem Körper passiert«, ermuntert sie der Therapeut, nachdem er eine Unruhe in ihren Händen bemerkt hat. Siegfrieds Frau ballt die Fäuste vor Wut, als wolle sie unmittelbar auf ihn zugehen, um ihm etwas heimzuzahlen.

Der Therapeut wendet sich dem noch zuschauenden Siegfried zu: »Wenn du den beiden hier zusiehst, kannst du nachvollziehen, warum deine Frau so wütend ist?«

Siegfried schüttelt langsam den Kopf: »Ich habe nicht die geringste Ahnung.«

Der Therapeut beharrt: »Es ist etwas passiert in eurer Ehe – was?«

Siegfried denkt nach, und dann erwähnt er, es habe nach dem zweiten Kind eine Abtreibung gegeben.

Es kommt nun eine Frau für das abgetriebene Kind in die Aufstellung, denn nach Siegfrieds Vorstellung handelt es sich eher um ein Mädchen als um einen Jungen. Das Kind kniet zwischen den Eltern und schaut abwechselnd zu ihnen hin. Die Mutter strahlt das Kind an, und auch das Kind kann der Mutter gut ins Gesicht schauen, dem Vater jedoch nicht. Siegfried erzählt, dass sowohl er als auch die Frau sich wegen der äußeren Umstände einig gewesen seien, das Kind abzutreiben. Während Siegfried spricht, schüttelt die Frau energisch den Kopf.

Aus dem knienden Kind bricht es ungefragt heraus: »Er lügt!

Er lügt! Hätte er doch nur Ja zu mir gesagt! Er wollte mich nicht!«

Der Therapeut schaut zu Siegfried, der den Kopf senkt. Betreten sagt er schließlich: »Ja es stimmt. Es lag an mir.«

Siegfrieds Frau lässt augenblicklich die Hände locker, die bis zu diesem Zeitpunkt noch als Fäuste geballt waren. Sie war wütend über den psychischen Druck, den Siegfried auf sie ausgeübt hatte.

An dieser Stelle bittet der Therapeut Siegfried, für sich selbst in die Aufstellung zu kommen. Er schaut seiner Frau in die Augen und sagt ihr unter Tränen: »Es tut mir sehr Leid! Was ich dir zugemutet habe, war zu viel!« Das Gesicht der Frau wird immer sanfter. Währenddessen seufzt eines der vier Kinder auf.

Es zeigt sich, dass die Mutter und das abgetriebene Kind völlig im Einklang sind. Frauen sind ganz im Recht, wenn sie sagen, dass ihr Bauch ihnen gehöre und sie die letzte Entscheidung fällen. Eine Frau kann immer Nein sagen. Wenn eine Frau dennoch abtreibt, kann sie sich nicht mit dem Druck des Mannes entschuldigen, den dieser auf sie ausgeübt hat. Genau wie der Mann muss auch sie dem Kind sagen: »Ich stehe zu meiner Schuld!« So jedenfalls geschieht es meist in Aufstellungen.

Hier ist es anders. Die gegenüber der Frau angewandten Druckmittel waren anscheinend außergewöhnlich schlimm. Darüber hinaus hat das Kind wohl in seiner Seele schon alles von der Mutter erhalten, was es brauchte; es wartet jetzt nur noch auf den Vater, der in diesem Fall sehr viel Schuld trägt.

Siegfried braucht mehrere Anläufe, um dem Kind in die Augen zu schauen und nicht sogleich wieder den Blick abzuwenden. Jedes Mal, wenn sich seine Augen mit dem des Kindes treffen, schluchzt er auf, und es schüttelt ihn am ganzen Leib. Schließlich kann er den Blick aushalten und wird etwas ruhiger. Jetzt kann er zu seiner Schuld stehen und bringt dies auch sprachlich zum Ausdruck. Das abgetriebe-

ne Kind strahlt ihn nun so an, wie es vorher die Mutter angestrahlt hat.
Das Kind kuschelt sich schließlich mit seinem Kopf an Siegfrieds Bauch, und Siegfried atmet in tiefen Zügen. Seine Frau schaut wohlwollend und glücklich zu. Anschließend schauen sich die Eheleute nochmals in die Augen. Siegfried blickt ratlos zum Therapeuten.
Nach Aufforderung des Therapeuten sagt er der Frau: »Es war zu viel! Alles, was schön war zwischen uns, nehme ich jetzt mit in die Zukunft. Wir bleiben die Eltern unserer Kinder und tun gemeinsam das Beste für sie.«
Um diese Sätze aussprechen zu können, braucht Siegfried mehrere Anläufe, weil ihn jedes Mal aufs Neue der Schmerz überwältigt und er den Blick seiner Frau nicht aushält. Als er es endlich schafft, schauen sowohl die vier Kinder als auch die Frau erleichtert auf Siegfried. Weinend nimmt Siegfried die Frau in den Arm und lässt seinen Schmerz kommen.
Nachdem Siegfried den Kindern am Schluss noch versichert hat, dass sie zwar bei der Mama bleiben könnten, er sich jedoch regelmäßig um sie kümmern wolle, geht es allen gut.

Claudio: Das Geheimnis der Eltern

Claudio fühlt sich seit seiner Kindheit depressiv und hat immer wieder Selbstmordgedanken.
Es werden Vater, Mutter und Claudio aufgestellt. Die Eltern schauen sich in die Augen. Schon nach kurzer Zeit sinkt dann die Mutter immer tiefer auf den Boden. Schließlich sitzt sie, denn sie fühlt sich völlig schwach. Der Vater schaut seine Frau liebevoll an. Nach einer Weile lässt er sich neben sie sinken. Claudios Stellvertreter ist völlig orientierungslos. Man sieht ihm an, dass er das Geschehen um die Eltern nicht einordnen kann.
Ein Nachfragen bei Claudio, der zuschaut, ergibt keinerlei Information zu dem Beobachteten. Claudio kommt in das Aufstellungsbild. Auch in seinem Gesicht drückt sich schon

bald die Hilflosigkeit und Orientierungslosigkeit des vorherigen Stellvertreters aus. Der Therapeut spürt in diesem Fall keinerlei Veranlassung, dem Geheimnis um die Eltern weiter auf die Spur zu kommen. Schließlich geht er zu Claudio und dreht ihn um. Nach einem tiefen Seufzer Claudios beendet er ohne Kommentar die Aufstellung.
Im Laufe des Seminars sagt der Therapeut noch: »Manchmal gibt es Geheimnisse, die gewahrt bleiben müssen; andere hingegen müssen aufgedeckt werden. Von Mal zu Mal muss man sich immer wieder neu einfühlen. Es gibt keine Grundregel.«

Ungefähr neun Monate nach der Aufstellung berichtet Claudio, dass seine Selbstmordgedanken seitdem nicht mehr auftraten. Die Depressionen sind zwar nicht völlig verschwunden, aber doch erheblich abgeschwächt geworden.

11. Krebs

Das Thema Krebs ist mit einem großen Tabu verbunden. Obwohl je nach Art der Krankheit gute Überlebenschancen bestehen, wird die Diagnose oft als unmittelbares Todesurteil verstanden. Die Rate der Betroffenen steigt zunehmend. Beispielsweise erkrankt in Deutschland jede zehnte Frau im Laufe ihres Lebens an Brustkrebs.
Oft fragen sich die Kranken, was sie denn »falsch« gemacht hätten, um auf diese Weise »bestraft« zu werden. Tatsächlich jedoch liegen die Ursachen der Krankheit tiefer. Angesichts der Dimensionen, die schwere Krankheiten wie beispielsweise Schizophrenie und auch Krebs mit sich bringen, können bestenfalls einige der »Ursachen« durch Aufstellungen deutlich gemacht werden.

Was haben Aufstellungen bisher zum Verständnis der Krankheit beigetragen? Bei Krebs wie auch bei anderen lebensbe-

drohlichen Krankheiten fühlt sich der Betreffende oft für jene Familienmitglieder verantwortlich, die Schlimmes erlebt haben. Aus dieser tiefen Verbundenheit, so Hellinger etwas provokativ, bildet sich eine »Gemeinschaft der Heiligen«. Hier spielt er auf die religiöse Vorstellung an, man könne durch eigenes Leid andere von dem ihrigen erlösen. Beispielsweise geht es bei krebskranken Kindern in der Regel darum, dass sie mit einem schweren Schicksal in ihrer Familie verbunden sind und sterben wollen.
Als weiteres Beispiel sei der Fall einer brustkrebskranken Frau erwähnt, die operiert wurde und bislang kein Rezidiv mehr bekam. In der Aufstellung der Herkunftsfamilie war sie aufs Engste mit ihrem toten Bruder verbunden. Dieser erkrankte in jungen Jahren an einer aggressiven Form von Tuberkulose und starb unter unklaren Umständen. Aus Solidarität zu ihm wollte die Frau ebenfalls sterben und bekam Krebs. In der Aufstellung sagte sie ihrem Bruder, dass sie ihm zum Andenken noch etwas aus ihrem Leben machen wollte. Einige Zeit nach der Aufstellung berichtete sie, dass sie sich in der Folgezeit wie befreit gefühlt habe. Ihre Depressionen waren verschwunden, und zudem hatte sich das Verhältnis zu allen Familienmitgliedern verbessert. Eine ähnliche Dynamik finden wir in dem Fall von Nathalie. Um ein Familiengeheimnis dagegen geht es in der Geschichte von Burkhardt.

In einigen psychologischen Fachbüchern wird darüber diskutiert, ob es so etwas wie eine »Krebspersönlichkeit« gibt. Meist werden Krebspatienten als pessimistische Menschen beschrieben. Angeblich haben sie kaum Selbstwertgefühl und neigen dazu, sich aufzugeben; sie hielten mit ihrer Meinung hinter dem Berg und stünden nicht für ihre Bedürfnisse und Interessen ein. Oft ließen sie alles mit sich geschehen, nur um geliebt zu werden. Die eigenen Grenzen würden dabei völlig missachtet. Auf viele Krebskranke, die ich erlebt habe, trifft diese Schilderung zu, aber längst nicht auf

:inig sind sich die meisten Fachautoren auch darin, rebspatienten extrem viel Bitterkeit und Hass in sich den sie oft gar nicht wahrnehmen.

Solchen Verallgemeinerungen sollte man vorsichtig begegnen, weil sie bestenfalls auf einen Teil der Patienten zutreffen. Auch Bert Hellinger hat erwähnt, dass Krebs oft mit dem Hass und der intensiven Ablehnung der Eltern einhergeht. Einer krebskranken Frau hat Hellinger in einem Seminar gesagt, lieber gehe sie zu den Engeln, als dass sie sich vor ihren Eltern verneigt. Viele Teilnehmer des Seminars waren über diese therapeutische Intervention empört, doch nach dem Kurs lernte es die Frau, sich vor ihrer Mutter zu verbeugen. Ein Jahr später war sie ohne Symptome.

Unabhängig von Hellinger hat die französische Psychologin Anne Ancelin Schützenberger etwas Ähnliches herausgefunden. Ihrer Erfahrung nach sind Krebskranke voller Groll und Hass, weil sie sich schlecht behandelt fühlen – meist von den Eltern.[20] Sie beharren voller Grimm darauf, dass ihnen noch irgendetwas zustehe: emotionale Zuwendung, mehr Anerkennung, eine Entschuldigung dafür, dass man geschlagen worden war, und Ähnliches mehr. Doch all diese Erwartungen sind natürlich unrealistisch. Durch solch ein Denken bindet man sich nur umso intensiver an die Eltern. Dabei ist die Lösung ganz einfach, denn Lösungen verdienen diesen Namen nur, wenn man selbst aus der bequemen Opferrolle herausgeht. Man stellt sich seine Eltern vor und sagt ihnen: »Ich nehme dich, Papa, genau so, wie du bist. Ich nehme dich, Mama, genau so, wie du bist. Meiner Kindheit und Jugend stimme ich in allem so zu, wie es war. Danke für alles, was ihr mir gegeben habt. Daraus mache ich etwas.« Eine solche Haltung ist die eines gereiften Erwachsenen, der es gelernt hat, seine unerfüllten kindlichen Bedürfnisse hin-

20 Anne A. Schützenberger, *The Ancestor Syndrome – Transgenerational Psychotherapy and the Hidden Links in the Family Tree*, London, New York 1998, S. 24 f.

ter sich zu lassen. Als Beispiel für den Zusammenhang von Elternverachtung und Krebs wird im Folgenden die Geschichte von Gundula aufgeführt.
Meiner Erfahrung nach ist bei zahlreichen Krebskranken eine besonders starke Vermeidungshaltung ausgeprägt. Die Bereitschaft, Verantwortung für sich selbst zu übernehmen, ist bei vielen sehr gering. Eine Frau, die an Knochenkrebs erkrankt war, kam in die Praxis und erkundigte sich nach Aufstellungen in der Gruppe. Obwohl sie körperlich in relativ guter Verfassung war, fragte sie, nachdem ich die entsprechenden Informationen gegeben hatte: »Könnte mein erwachsener Sohn in Ihre Gruppe kommen und dort den Krebs für mich aufstellen?« Da kann es einem schon die Sprache verschlagen. Die Frau war außerdem verstört, weil ich als Therapeut auch im Erstgespräch schon Übungen mache und »arbeite« und die Zeit nicht vergeude. Sichtlich genervt, fragte sie: »Müssen wir so etwas machen? Können wir nicht einfach nur gemütlich miteinander reden?« Wie man sich denken kann, sah der Therapeut die Frau nie wieder. Es ging ihr darum, die eigene Verantwortung an andere abzugeben. So etwas darf man als Therapeut nicht mitmachen.

Die mangelnde Achtung des Kranken, von der schon die Rede war, bezieht sich nicht immer auf die Eltern. Auf der Ebene der Paarbeziehung kann in Zusammenhang mit Krebs auch die mangelnde Achtung vor dem Partner stehen. In seinem Buch *Ordnungen der Liebe*[21] erzählt Hellinger die Geschichte einer an Brustkrebs erkrankten Frau, die kein Mitgefühl für die Männer aufbrachte – weder für den früheren Partner noch für den gegenwärtigen. In einigen Fällen scheint Brustkrebs die Sühne für ein Unrecht zu sein, das Männern angetan worden ist.
Ähnlich wie bei Depressionen und Ängsten darf man auch bei Krebs nicht schlimme Traumatisierungen als Mitauslö-

21 Bert Hellinger, *Ordnungen der Liebe*, Heidelberg 1994, S. 464.

ser von Krebs vergessen. Gravierende traumatische Erfahrungen wie Folter, Gefangenschaft und Ähnliches können im Hintergrund der Krebsentstehung eine wichtige Rolle spielen. Ganz sicher ist auch, dass wir als Therapeuten erst am Anfang eines Prozesses stehen, um die Vielschichtigkeit von Krebs zu erfassen. Die folgenden Beispiele können vielleicht das eine oder andere Mosaikteil zum Verständnis von Krebs liefern.

Nathalie (Brustkrebs): Die Mutter starb bei der eigenen Geburt

Nathalie hat Brustkrebs. Da es keine Metastasen gibt, sind ihre medizinischen Prognosen gut. Sie stellt in einer Gruppe die Krankheit und sich selbst auf. Für den Krebs wählt Nathalie eine Frau.

Schnell wird deutlich, wie viel Liebe zwischen den beiden fließt. Nathalie hat zuvor erwähnt, dass ihre Mutter bei ihrer Geburt gestorben war. Der Therapeut holt eine Stellvertreterin für die Mutter und stellt sie dazu. Mutter und Tochter sehen sich jetzt genauso liebevoll in die Augen wie zuvor der Krebs und Nathalie. Nathalie kommt nun in ihre eigene Position im Aufstellungsbild.

Der Therapeut ermuntert Nathalie, die Mutter an den Händen zu nehmen und ihr zu sagen: »Du hast mir so gefehlt!« Nathalie kann es nur weinend aussprechen. Sie lässt sich nun sehr lange von der Mutter halten. Der Therapeut sagt ihr: »Atme ruhig und kräftig – ohne Schluchzen. Atme die Liebe zu deiner Mutter in dein Herz.«

Nach einer Weile kann sich Nathalie von der Mutter lösen. Ihr Gesicht strahlt, auch die Mutter ist glücklich. Bert Hellinger hat in vielen Aufstellungen gezeigt, was in solch einer Situation meist heilend wirkt, nämlich die Sätze: »Mama, ich nehme das Leben von dir, zu dem Preis, den du gezahlt hast, und auch zu dem Preis, den ich gezahlt habe. Dir zum Andenken mache ich etwas Gutes aus dem Geschenk des Lebens.«

Nathalie tat sich zunächst schwer mit diesen Sätzen. Doch sie sah auch, wie sehnsüchtig die Mutter sie anschaute und darauf wartete, dass sie es endlich tat. Die Mutter wollte nur das Beste für sie. Es gab für Nathalie keinen Grund mehr, nur mit einem schlechten Gewissen zu leben. In der Regel möchte nämlich jemand, dessen Mutter bei der Geburt starb, ebenfalls sterben. Er fühlt sich wie der »Mörder« der Mutter und will dafür bezahlen. Das Kind traut sich nicht, das Leben im Angesicht des hohen Preises zu nehmen, den die Mutter dafür bezahlt. Doch es wird vergessen, dass ja auch das Kind einen hohen Preis zahlt: Es wächst ohne Mutter auf!
Es soll noch erwähnt werden, dass der Krebs sich völlig in eine Ecke des Raums zurückgezogen hatte. Er fühlte sich überflüssig, als es Nathalie gelang, ihrer Mutter die erlösenden Sätze zu sagen.

Nach der Aufstellung sagte Nathalie: »Ich habe die Krankheit immer sehr geliebt. Jetzt weiß ich endlich, warum!« In dem Beispiel von Nathalie wird deutlich, dass hier ein wichtiger Aspekt des Krebses der Wunsch war, das eigene Leben im Angesicht des Todes der Mutter nicht nehmen zu wollen.

Burkhardt (Nierenkrebs): Das Familiengeheimnis

Burkhardt leidet unter Nierenkrebs, wie erst kürzlich festgestellt wurde. Während er von seiner Krankheit erzählt, wird sein Gesicht immer ernster.
Er wählt einen Stellvertreter für sich und einen für die Krankheit. Er stellt die beiden mit einigem Abstand hintereinander stehend auf. Burkhardts Stellvertreter blickt auf einen bestimmten Punkt vor sich auf den Boden. Wie der Therapeut bemerkt, schaut die Krankheit durch Burkhardt hindurch auf denselben Punkt am Boden. Er bittet Burkhardt, einen Schritt nach links zu machen, damit die Krankheit unbehindert auf ebenjenen Punkt sehen kann.

Auf die Frage des Therapeuten, wer der Tote sei, der dort liegt, sagt Burkhardt, er wisse es nicht.
Der Therapeut wählt einen Mann aus der Gruppe aus, der sich auf den bestimmten Punkt als Stellvertreter des Toten hinlegt. Außerdem kommen auch noch Burkhardts Eltern hinzu. Burkhardt geht nun selbst in die Aufstellung, und sein Stellvertreter setzt sich. Nachdem sein Körper einen sichtbaren Ruck nach vorn zu dem Toten macht, ermuntert ihn der Therapeut, die Bewegung zuzulassen. Langsam bewegt sich Burkhardt immer mehr auf den Toten zu, bis er schließlich neben ihm sitzt und seine Hand hält.
Burkhardts Eltern reagieren unterschiedlich. Während es die Mutter schüttelt und sie ebenfalls zu dem Toten möchte, bleibt der Vater ruhig stehen. Auch in die Krankheit kommt Bewegung. Sie nähert sich immer mehr dem am Boden Liegenden. Nun nimmt die Mutter die Hand des Toten, die der Sohn hielt, und hält sie allein. Der tote Mann schaut nun wie ein Kind, das endlich seine Mutter gefunden hat. Die beiden sind in Liebe und Schmerz verbunden. Die Mutter streichelt ihn liebevoll.
Die Krankheit kam unterdessen von hinten und hat die Arme um die Mutter und Burkhardt gelegt. Sie starrt unentwegt auf den Toten. Burkhardt nimmt nun die andere Hand des Toten, doch dieser will das offensichtlich nicht; denn er beginnt, leicht zu würgen. Er schaut nur die Mutter an; er braucht Burkhardts Zuwendung nicht.
Als der Therapeut zur Mutter sagt: »Schau deinem Sohn in die Augen«, blickt die Mutter nicht Burkhardt an, sondern den Toten! Der Therapeut wiederholt seine Worte und zeigt auf Burkhardt. Die Mutter ist irritiert: »Ach so!«, sagt sie.
Mittlerweile ist der Vater von hinten gekommen und hat seine Hände auf Burkhardts Kopf gelegt. Nun kann dieser endlich die Hand des Toten loslassen. Diese andere Hand des Toten wird nun von der Krankheit gehalten, die keinen Blick mehr für Burkhardt hat, sondern nur die Mutter und den Toten sieht.

Burkhardt wendet sich jetzt seinem Vater zu, der ihn sanft vom Geschehen wegzieht. Sie gehen ein paar Schritte in eine andere Ecke des Raumes. Beide strahlen sich an. Burkhardt dreht sich nach Aufforderung des Therapeuten noch einmal zur Mutter um und sagt ihr: »Ich lasse dich in Liebe dort!« Die Mutter freut sich über diese Worte und nickt. Zur Krankheit sagt Burkhardt: »Danke«, und dreht sich dann wieder zum Vater. Bevor der Therapeut die Aufstellung beendet, sagt er noch zum Vater: »Sag deinem Sohn: ›Schau nicht zurück, sondern nur nach vorn!‹« Der Vater sagt es kraftvoll, und Burkhardt nickt zustimmend und erleichtert.

Der Therapeut ermahnt die Gruppe, nicht über die Aufstellung zu reden und zu spekulieren. Die Seele weiß nämlich, um wen es sich bei dem Toten handelt. Wenn es für Burkhardt wichtig ist, wird ihn die Seele zu den bedeutsamen Informationen führen, die er benötigt.

Gundula (Brustkrebs und Depressionen): Hass auf die Mutter

Gundula leidet unter Depressionen. Oft ist diese Krankheit die Folge eines Hasses auf die Eltern. Gundula verabscheut ihre Mutter abgrundtief. Innerlich wartet sie auf eine Entschuldigung der Mutter, denn »sie hat mich in der Kindheit kaputtgemacht!«. Mit 25 Jahren erkrankte Gundula an Brustkrebs. Ihre rechte Brust wurde amputiert. Metastasen sind bislang keine aufgetreten.
Im Seminar werden der Brustkrebs und Gundula aufgestellt. Sehr schnell zeigt sich, dass die Krankheit einen Bezug zur Mutter hat. Gundula wagt gar nicht, die Mutter anzuschauen. Die Stellvertreterin der Mutter signalisierte mit Handzeichen, dass es ihr immer übler im Bauch wird, wenn sie sich noch länger der Tochter zuwendet. Der Therapeut ermuntert sie, ihren inneren Impulsen zu folgen und die Bewegungen so zuzulassen, wie sie kommen. Die Mutter geht einen Schritt zurück und dreht sich um. Sie seufzt und sagt auf

Nachfrage: »Das mit der Tochter war zu schlimm. Es geht nicht mehr!«
Auf Bitten des Therapeuten sagt die Mutter zu Gundula: »Es war zu schlimm. Du hast mich als Mutter verspielt.«
Nachdem sie dies ausgesprochen hat, ist die Mutter erleichtert und nickt: »Es ist zwar unendlich schade, aber es ist die Wahrheit.«
Auch die Stellvertreterin von Gundula spürt Erleichterung: »So ist es richtig. Es wäre verlogen, wenn ich zu ihr hinginge. Es ist vorbei!«
Danach wird die Aufstellung beendet.

Der Therapeut hat währenddessen mit angesehen, dass Gundula wie unbeteiligt war. Er fragt sie, wie es ihr gehe. Gundula nickt: »Es stimmt schon. Ich habe meiner Mutter den Tod gewünscht. Außerdem habe ich sie später, als ich erwachsen war, öfter verprügelt.«
Gundula wirkt hart und verschlossen. Der Therapeut hofft, dass Gundula während des weiteren Seminarverlaufs ihr Herz einen Spalt öffnet und noch etwas in Bewegung kommt. Doch es kommt nichts in Bewegung.
Manch einer fragt hier, ob man nicht »noch etwas hätte tun können«. Hat nicht alles eine Vorgeschichte? Kann man das so stehen lassen? Möglicherweise hatte es in der Familie »Tradition«, dass Töchter ihre Mütter ablehnen und sogar tätlich werden! Durch die Aufdeckung solcher »Traditionen« kann man jemandem zuweilen helfen, seine Verachtung zu überwinden.
Selbstverständlich stellt der Therapeut sich auch solche Fragen. Doch ich achte ebenso auf die innere Wahrnehmung. In diesem Fall geht es darum, jeglichen Aktionismus zu vermeiden, damit diese Aufstellung in den nächsten Wochen und Monaten eine maximale Wirkung entfalten kann. Was dann noch in Bewegung kommen mag, in welche Richtung auch immer, weiß niemand.

Veronika (Brustkrebs): »Ich nehme das Leben, solange ich darf.«

Veronika hat vier mittlerweile erwachsene Kinder. Nachdem Brustkrebs bei ihr festgestellt wurde, unterzog sie sich einer Operation mit anschließender Chemotherapie. Die kürzlich entdeckten Metastasen bereiten ihr Sorgen.
Es werden Stellvertreter für vier Rollen aufgestellt: der Tod, das Leben, der Krebs und eine Frau für Veronika. Für den Tod sucht Veronika eine Frau aus und für das Leben einen Mann. Veronika stellt sich zwischen den Tod und das Leben. Beide lächeln Veronika freundlich an. Der Krebs steht etwas näher zum Tod als zum Leben. Der Therapeut nimmt noch einen Mann in die Aufstellung hinein, der die Macht des Schicksals verkörpert.
Nach ein paar Minuten des Schweigens macht das Leben einige Bewegungen mit den Händen. Zunächst wird noch nicht deutlich, worauf das hinausläuft, doch schließlich beginnt das Leben zu schwanken und lässt sich auf den Boden fallen. Unmittelbar bevor das Leben umfiel, hatte Veronikas Stellvertreterin gesagt: »Ich spiele mit den dreien!« Veronika, die bislang gespannt, aber doch zuversichtlich der Aufstellung von außen zugesehen hat, beginnt zu weinen. So ernst hatte sie die Situation nicht eingeschätzt!
Das Schicksal sagt: »Ich bin nicht gut auf Veronika zu sprechen, denn sie nimmt die Krankheit nicht ernst.«
Veronika geht zum Schicksal, verneigt sich tief und sagt: »Ich bin klein, und du bist groß. Ich stimme dem zu, was du mit mir vorhast.«
Der Stellvertreter des Schicksals kann sich nun körperlich entspannen.
Da der Therapeut keinerlei Vorwissen über die Geschichte der Familie hat, befragt er Veronika kurz. Sie berichtet, dass sie unehelich geboren wurde und ihren mit einer anderen Frau verheirateten Vater nie kennen gelernt hat.
Als Veronikas Eltern hinzukommen, geschieht etwas Seltsames: Die Mutter stellt sich stets vor den Vater, damit die

Tochter ihn nicht sehen und mit ihm keinen Kontakt aufnehmen kann. Der Therapeut bittet die Mutter, beiseite zu treten. Unter Tränen und gegen den Willen der Mutter nimmt Veronika nun ihren Vater, den sie nie haben durfte. An dieser Stelle kommt Veronika an ihren Platz in der Aufstellung. In den Armen des Vaters, der mittlerweile verstorben ist, kommen ihr die Tränen, und spontan bricht es aus ihr heraus: »Es ist so neu für mich!«
Die Mutter freut sich dann endlich doch darüber, dass Veronika zum Vater geht. Veronika ist aber traurig darüber, weil dies alles so spät geschieht, und bringt dies auch ihr gegenüber zum Ausdruck. Doch es zählen nun die Gegenwart und die Zukunft. Die fließende Liebe zwischen Vater und Kind wirkt belebend auf das Leben, denn es steht spontan auf: »Ich kann wieder stehen!«, strahlt das Leben; und Veronika sieht mit Freuden, wie sich das Leben neben sie stellt, während der Tod bei der Mutter bleiben will.
Das Schicksal steht neben der Krankheit und blickt auf Veronika. Zum Schicksal und zur Krankheit sagt Veronika: »Ich nehme das Leben, solange ich darf!« Das Schicksal schaut freundlich und nickt. Und zum Leben sagt Veronika unter Tränen: »Ich nehme dich, solange ich darf!« Während sie spricht, stützt sie der Vater von hinten in den Schultern.
Der Therapeut verzichtet darauf, alles verstehen zu wollen. Wenn sich Lösungen zeigen, können seine tiefer dringenden Verständnisfragen alles zerstören. Nach dieser Aufstellung stellen sich viele Fragen in Bezug auf das Familiensystem. Doch »Neugier« wäre jetzt fehl am Platz.

Einige Monate später erhalte ich einen Brief von Veronika. Darin schreibt sie, dass der Erfolg der Chemotherapie nur von kurzer Dauer war, da kürzlich erneut Metastasen gefunden wurden. Im Hinblick auf den Kurs kommt sie zu dem Schluss, dass die Aufstellung auch heute noch wertvoll und wirksam ist. Den Satz »Ich nehme das Leben, solange ich darf« holt sie sich vor allem dann ins Bewusstsein, wenn sie mit ihrer möglicherweise noch kurzen Lebenszeit hadert. Wie sie schreibt, bringt sie das wieder »in die Bahn« und lässt sie wieder dankbarer werden. Das bei der Aufstellung erlebte Gefühl der Stärke »lässt sich auch heute noch abrufen und ist immer noch ein Gewinn«.

Drei Schwestern: Heilender Abschied von der krebskranken Mutter

Drei Schwestern kommen in ein Seminar, weil ihre Mutter im Sterben liegt. Die Mutter, so erzählen sie, habe Knochenkrebs und es gehe ihr so schlecht, dass die Ärzte ihr nur noch wenige Wochen prophezeit haben. Für die Kinder ist es schwer, die Mutter gehen zu lassen, weswegen sie in einer Aufstellung Frieden suchen. Schwierig ist die Situation auch deswegen, weil es seit Jahren eine Reihe von heftigen Auseinandersetzungen mit den Eltern gab, die ausgerechnet jetzt so schwer auf allen lasten.

Nach meiner bisherigen Erfahrung muss man davon ausgehen, dass die Kranke bald nach der Aufstellung stirbt. Wenn erwachsene Kinder in einer Aufstellung den kranken Elternteil loslassen können und ihm versichern, dass sie nichts mehr von ihm erwarten, sterben die Kranken oft friedlich kurz nach der Familienaufstellung. Der Sterbende spürt, dass die Angehörigen ihn endlich loslassen, und so fühlt er sich frei, zu gehen. Jedenfalls habe ich es sehr oft erlebt, dass der Sterbende sich dies vorher nicht traut, weil er seinen Angehörigen den damit verbundenen Schmerz nicht zumuten will. Das ist auch der Grund, warum viele Kranke in Kliniken genau in dem Moment sterben, wenn die Angehörigen gerade nicht im Zimmer sind.

In der Aufstellung wurde deutlich, dass Dagmar, die mittlere der drei Schwestern, die größten Schwierigkeiten hatte, die Mutter sterben zu lassen. Sie wollte statt ihrer Mutter gehen, damit diese bleiben kann. Die Schwestern gaben nun die Information, dass die Mutter bereits in ihrem dritten Lebens-

jahr den Vater im Krieg verlor. Außerdem habe ihre Mutter später noch eine Fehlgeburt im vierten Monat gehabt. Als der Vater der Mutter in die Aufstellung hineingenommen wird, geht es der Mutter sogleich gut. Ihr ganzes Leben lang hatte sie es offenbar in Liebe zu ihm hingezogen. Dagmar muss erleben, dass sie ihrer Mutter den geliebten Vater nicht ersetzen kann.
Auch die Fehlgeburt kommt in die Aufstellung. Da die drei das Gefühl hatten, es fehle ein Junge, wurde ein Mann aus der Gruppe ausgewählt. Nun begeben sich auch alle drei Schwestern in ihre eigene Rolle in der Aufstellung. In bewegender Weise können sie sich zum ersten Mal als vier Kinder wahrnehmen. Auch die Eltern bestätigen, dass das tote Kind dazugehört.
Die Geschwister stützen sich gegenseitig und nehmen liebevoll von ihrer todkranken Mutter Abschied. Sie nehmen auch den Großvater ins Herz, den sie nie kennen lernen konnten. Mit dem Blick auf ihren Opa können sie die Mutter schweren Herzens freigeben. Doch die Schwestern und ihr toter Bruder können sich erst dann zu ihrem Vater gruppieren, nachdem sie der Mutter noch einzeln gesagt haben: »Auch wenn du jetzt gehst, die Liebe zu dir bleibt in meinem Herzen.« Beim Vater fühlt es sich anschließend für sie kraftvoll und gut an.

Fünfzehn Monate später erhalte ich eine E-Mail, die mich darüber informiert, wie es nach der Aufstellung weitergegangen ist. Eine der Schwestern schreibt:

»Meine beiden Schwestern und ich haben vor über einem Jahr eine Aufstellung bei dir gemacht. Du sagtest ja, dass du immer dankbar für ein Feedback nach einer gewissen Zeit bist. So schreibe ich dir heute.
Es ging um das bevorstehende Sterben unserer Mutter und um eine Fehlgeburt der Mutter, die wir als Geschwister aufnehmen konnten.

Unsere Mutter lebt! Die Diagnose war Plasmozytom dritten Grades. Sie sollte nur noch einige Wochen zu leben haben.

Für die Ärzte ist es ein medizinisches Mirakel – wir sind über dieses Wunder überglücklich, vor allem, weil seit Mai dieses Jahres nicht mal mehr Krebszellen zu finden sind. Wir haben aber nicht nur eine Familienaufstellung gemacht, sondern mit Mama viel unternommen ...[22] Als es bergauf ging, hat Mama uns alle in die Arme genommen, geweint und gesagt, dass sie es nie ohne ihre Familie geschafft hätte.

Wir drei Kinder waren seit der Aufstellung viel geklärter, nicht mehr so hilflos und einfach gestärkter. Mama wusste, was wir machen (Familienaufstellung), aber wir haben nicht erzählt, was wir genau gemacht haben. Das war so einprägsam, die Kraft zu halten und nicht durch intellektuelles Zerpflücken alles zu schwächen.

Wir haben uns strikt nach deiner Empfehlung gerichtet, den Mund zu halten. Untereinander konnten wir ja reden, und das war in Ordnung. Und unsere Eltern haben beide gespürt, dass etwas verändert ist und diese vorherige irrsinnige Familienspannung endlich raus war ...«

Ein dreiviertel Jahr nach dieser schriftlichen Rückmeldung, genau zwei Jahre nach der Aufstellung, sehe ich eine der drei Schwestern wieder. Die Mutter ist immer noch ohne jeglichen Befund. Sie erfreut sich bester Gesundheit und nimmt aktiv am Leben teil. Der weitere Verlauf in dieser Geschichte war für niemanden überraschender als für den Therapeuten. Erwartet hatte er nach seiner Erfahrung etwas völlig anderes. Hier zeigt sich wieder, dass es vollkommen offen ist, was nach einer Aufstellung geschehen kann und wie eine Aufstellung das systemische Feld aller in einer Familie intensiv verändert, auch diejenigen, die nicht aufgestellt haben.

22 Naturheilkundliche und spirituelle Methoden.

12. Ängste, Panik und Phobien

Sowohl in meinen Gruppen- als auch in den Einzeltherapien werden Ängste besonders häufig angesprochen. So soll das Thema auch in diesem Buch einen wichtigen Platz einnehmen.
Ängste gehören zur menschlichen Existenz. Wie wäre ein menschliches Leben, wenn Ängste völlig fehlten? Unbestreitbar hat die Angst eine wichtige Rolle in der Evolution gespielt. Angst macht vorsichtig und kann der Erhaltung des Lebens dienen. In einem normalen Rahmen ist demnach Angst kein Zeichen von psychischer Krankheit. Meiner Erfahrung nach gibt es drei wesentliche Ursachen von Angst.

Die erste Art von Angst entsteht durch eine unterbrochene Hinbewegung zu den Eltern, meist zur Mutter. Das Thema wurde schon im 5. Kapitel in Zusammenhang mit Asthma bronchiale und Allergien angesprochen. Wird beispielsweise ein Baby in den ersten Monaten wegen einer medizinischen Behandlung allein in einer Klinik gelassen, so bekommt es später wahrscheinlich Angst, wenn es auf andere Menschen zugeht. Je näher eine menschliche Begegnung wird, desto angstbesetzter ist sie dann. Unbewusst kommt die Erinnerung an die Isolierung hoch, und der Betreffende reagiert mit den damaligen Gefühlen und Symptomen, sei es nun Hass, Wut, Trauer oder Resignation. Die schlummernde Erinnerung kann sich auch als Kopfdruck, Magenschmerzen oder Verspannung äußern. Nicht selten wird durch eine unterbrochene Hinbewegung später eine problematische grundlegende Entscheidung in die Wege geleitet, die etwa lautet: »Ich werde nie mehr im Leben um etwas bitten«, »Ich werde nie mehr Gefühle zeigen« oder »Ich werde mich nie mehr schwach zeigen«. Auch wenn jemand die ersten Lebensjahre bei der Tante oder Großmutter aufgewachsen ist, bewirkt dies eine Angst auslösende unterbrochene Hinbewegung zu den Eltern.

Dieses Phänomen erkennt man nicht nur an Ängsten und den genannten Symptomen, sondern auch am Umgang mit Vater und Mutter. Meist wollen die Betroffenen mit jenem Elternteil, zu dem die Hinbewegung unterbrochen ist, nur wenig zu tun haben. Oft sprechen sie auch abwertend über ihn, brechen die Beziehung zu ihm ab und berichten, sie empfänden gegenüber Vater oder Mutter kaum etwas. Mit diesem »Nichtempfinden« wollen sie sich vor der Wahrnehmung des Schmerzes schützen, der so allerdings nur verdrängt wird. Wenn die Betreffenden Kontakt zum anderen Geschlecht haben, herrscht dabei meist Angst.
Wer als Kind einen Elternteil durch den Tod verloren hat oder durch eine sehr lange Trennung entbehren musste, entwickelt später als Erwachsener oft große Angst. Das Kind war eigentlich böse auf diesen Elternteil. Da es jedoch in Liebe an die Eltern gebunden ist, lässt es diese Wut nicht zu: Die Wut verschiebt sich zur Angst.
In der therapeutischen Arbeit kann man den Hilfesuchenden in die Kindheit zurückversetzen, bis er wieder an jenes frühe Ereignis gelangt, das die Unterbrechung der Hinbewegung bewirkte. Der Therapeut vertritt dann den betreffenden Elternteil und hält den Klienten fest, bis die ursprüngliche Liebe, die in Wut und andere Emotionen umgeschlagen ist, wieder offen als Liebe und Sehnsucht zur Mutter oder zum Vater fließen kann. Bert Hellinger hat dieses Verfahren häufig in seinen Seminaren gezeigt.
Pionierin auf dem Gebiet der Festhaltetherapie ist die Diplompsychologin Jirina Prekop. Sie hat auch mehrere Bücher darüber veröffentlicht und diese Art von Therapie mittlerweile mit der Aufstellungsarbeit kombiniert.[23] Die Verbindung einer Familienaufstellung mit einer Festhaltetherapie halte ich für sehr wertvoll. Oft empfehle ich auch bestimm-

23 Zum Beispiel Jirina Prekop und Bert Hellinger, *Wenn ihr wüsstet, wie ich euch liebe – Wie schwierigen Kindern durch Familien-Stellen und Festhalten geholfen werden kann*, München 1998.

ten Ratsuchenden, nach einer Aufstellung einen Festhaltetherapeuten aufzusuchen.
Zu den Ursachen dieser ersten Kategorie von Angst gehört auch das Erlebnis eines schweren Traumas. Sexuell missbrauchte oder schwer misshandelte Kinder können verständlicherweise eine starke Angst entwickeln. Dasselbe trifft auf Menschen zu, die in ihren frühen Jahren Zeuge eines Mords oder eines schrecklichen Geschehens waren. Auch Erwachsene, denen derartige Traumata widerfahren, entwickeln in der Regel Angst. In solchen Fällen hat sich die Kombination von Aufstellungen mit einer begleitenden Traumatherapie bewährt.

In einer meiner Telefonsprechzeiten rief ein Mann namens Alf an, der von ständigen Angstbildern erzählte. Er sehe in seinem Alltag permanent das Bild eines Toten vor sich, der auf dem Boden liege. Selbst seine eigene Freundin sehe er des Öfteren als Leiche auf dem Boden. Außerdem träten noch Bilder hinzu, in denen er sich selbst sterben sehe: von der eigenen Beerdigung oder wie er mit seinem Motorrad in einen Lkw rase und anschließend tot auf der Fahrbahn liegen bleibe.
Auf die Nachfrage, ob ihn das Bild des Toten, der auf dem Boden liegt, an etwas Bestimmtes erinnert, berichtet Alf stockend von seinem Großvater. Als Alf neun Jahre alt war, betrat er das Zimmer seines Großvaters, der blutüberströmt im Bett lag. Er hatte sich umgebracht. Offensichtlich gewannen diese traumatisierenden Bilder eine immer stärker werdende Macht über Alf. Der Therapeut riet am Telefon zur Traumatherapie. Eine Familienaufstellung riet er Alf ebenfalls an, denn der Umstand, dass er sich dauernd selbst sterben sieht, deutet auf die systemische Verbindung mit dem Großvater hin. Auch ohne diese Bilder, die Alf erlebt hat, bestünde bei Alf vermutlich ein Sog zum Tod. Bei ihm handelt es sich somit gleichzeitig um die erste und die dritte, systemisch bedingte Art der Angst.

Die zweite Form von Angst hat ihre Ursache in einer persönlichen Schuld, wie sie in diesem Buch an mehreren Stellen beschrieben und hier nicht mehr ausführlich dargelegt wird. Zum Beispiel entstehen bei vielen Frauen Ängste, nachdem sie abgetrieben haben. Als Fall aus der Praxis wird in diesem Zusammenhang die Geschichte von Jolanda wiedergegeben.

Die dritte Form von Angst hat ihre Ursache in einem Trauma oder dem schweren Schicksal eines Familienangehörigen und ist damit nicht unbedingt an das persönliche Erleben gekoppelt wie die beiden ersten. Diese dritte Form begegnet mir in meiner beruflichen Praxis am häufigsten. Insbesondere Phobien und Panikattacken kann man oft erfolgreich begegnen, wenn man erkennt, welches Ereignis im Familiensystem früher einmal Angst auslösend gewesen ist. Einem Phobiker oder Angstbesetzten zu sagen, er solle sich »nicht so anstellen«, ist zwecklos, denn ihre Symptome sind eben nicht irrational, sondern sie weisen meist einen konkreten Hintergrund auf. Viele der folgenden Fallbeispiele, insbesondere das von Mustafa, zeigen anschaulich, dass selbst die »verrücktesten« Ängste alles andere als verrückt sind: Sie sind oft im buchstäblichen Sinne wahr, allerdings um eine oder mehrere Generationen verschoben. Aufstellungen können sehr schnell aufdecken, mit welchem Familienmitglied, das Schlimmes erlitten oder solches getan hat, man verbunden ist.

Panische Zustände bzw. Panikattacken tauchen in Familien auf, in denen Ängste ein extremes Ausmaß angenommen haben. Nicht selten findet sich hier Gewaltanwendung mit Todesfolge oder etwas vergleichbar Extremes. Eine Frau, die unter Panikattacken litt, war in der Seele verbunden mit einem ihrer Großväter, der im KZ ermordet worden war. Eine andere Frau, die ebenfalls unter Panikattacken litt, war identifiziert mit ihrem Onkel, der als Kind in einem Flüchtlingstreck verhungerte.

Eine Besonderheit ist es, wenn Angst oder Panik nicht aus der eigenen Herkunftsfamilie übernommen werden, sondern aus der des Partners. Solche Beispielgeschichten sind die von Alexandra und Valerie, die von Sprechangst und Panikzuständen handeln. Sie finden sich allerdings nicht an dieser Stelle, sondern im 15. Kapitel (»Stellvertretendes Leiden in der Paarbeziehung«). Diese Dynamik ist nicht so selten zu beobachten, wie man vielleicht vermuten könnte.
Obwohl die Grenzen bei der Einordnung von Ängsten und panischen Zuständen oft fließend sind, handelt es sich bei den letzten drei der nun folgenden Fallgeschichten dieses Kapitels – Mustafa, Carola und Jean – eindeutig um Panikattacken bzw. Phobien.
Phobien sind Zwangsängste, die an bestimmte Lebenssituationen oder Vorstellungen geknüpft sind. Bei der Agoraphobie beispielsweise traut sich jemand nicht, einen freien Platz zu überqueren. Bei Klaustrophobie handelt es sich dagegen um die Angst vor dem Alleinsein, insbesondere um das Alleinsein in einem Raum.
Im Hintergrund spielen hier, wie auch bei Panikzuständen, oft schwere Unglücksfälle oder Verbrechen in der Familie eine Rolle. Bei einer Frau mit einer Phobie vor Rolltreppen wurde deutlich, wessen Angst sie in der Familie übernommen hatte: Ihre Großmutter hatte als Mädchen ihre neugeborene Schwester zu Tode gebracht. Sie schob das Kind mit dem Kinderwagen und passte bei einer Treppe nicht auf. Der Wagen mit dem Baby stürzte die Treppe hinunter, wobei das Kind so schwere Verletzungen erlitt, dass es bald verstarb.

Jolanda: Ängste und Übelkeit

Die Art und Weise, wie jemand seine Symptome beschreibt, hilft oft, die richtige Spur zu finden. Allerdings liegen die Dinge nicht immer so deutlich auf der Hand wie im folgenden Fall.
Jolanda erzählt vor der Gruppe, dass sie seit zwölf Jahren

unter Ängsten und begleitender Übelkeit leidet, was ihr das Alltagsleben zunehmend erschwert. »Die Art der Übelkeit ist so ähnlich wie in Schwangerschaften«, ergänzt sie. Auf die Frage, wie oft sie schwanger gewesen sei, sagt Jolanda, sie habe ein Kind, dreimal habe sie allerdings abgetrieben.
Es werden nun Stellvertreter für Jolanda, die mit Übelkeit verbundene Angst und die drei abgetriebenen Kinder ausgesucht. Für die Übelkeit wählt Jolanda eine Frau.

Im ersten Bild der Aufstellung sieht man, wie sich Jolandas Stellvertreterin hinter der Übelkeit/Angst versteckt, sodass sie nicht auf die vor ihr stehenden drei Abtreibungen schauen muss. Der Therapeut zupft die Stellvertreterin für die Übelkeit/Angst – die so wirkt, als wäre sie mit Jolanda verwachsen –, damit sie ein wenig beiseite tritt und den Weg zu den Kindern freigibt. Als nun kein »Schutz« mehr vor den Kindern möglich ist, rinnen ihr die Tränen herunter. Sie schluchzt; und auch Jolanda, die noch auf ihrem Stuhl sitzt, weint mit ihrer Stellvertreterin. Zu diesem Zeitpunkt kommt sie für sich selbst in die Aufstellung.
In einem sehr langen Prozess nimmt sie ihre abgetriebenen Kinder. Sie steht nun zu der Schuld, die sie ihnen gegenüber trägt, und sagt ihnen auch, sie wolle ihnen zum Andenken etwas Wertvolles im Leben machen. Am Ende geht es allen gut. Die Stellvertreterin der Übelkeit/Angst hat sich während dieses Prozesses nach und nach entfernt. »Mich brauchst du jetzt nicht mehr, ich wollte dich nur an die Kinder erinnern«, sagt sie am Schluss zu Jolanda.
Angesichts so vieler Abtreibungen wird eine gewisse Schwere im Leben aber immer bleiben.

Stefan: Angst und ständig wechselnde Leiden

Stefans Mutter hatte ihren achtzehnjährigen Sohn auf einen Vortrag über Familienaufstellungen mitgenommen. Sie empfahl ihm, an einer solchen Aufstellungsgruppe teilzu-

nehmen. Stefan fasste sich ein Herz und meldete sich tatsächlich an.
Vor den anderen Teilnehmern erzählt Stefan über seine schon sehr lange bestehenden Probleme. Am meisten leidet er unter Angstzuständen.
In der Aufstellung, die er im Laufe des Seminars macht, stehen Vater, Mutter, zwei jüngere Schwestern und Stefan als ältestes der Kinder. Die Kinder schauen alle auf den Boden. Wie schon mehrmals erwähnt wurde, blicken die Stellvertreter in solch einem Fall meist auf ein Grab.
Auf die Frage, um wen es sich hier handeln könnte, berichtet Stefan von einem tot geborenen Kind der Mutter im fünften Monat. Als die Fehlgeburt in die Aufstellung hineingenommen wird, heben sich sogleich die Augen der Kinder. Alle schauen auf das tote Kind. Den stärksten Bezug zu dem toten Bruder[24] hat jedoch Stefan.
Endlich kommt auch Bewegung in die bislang wie gelähmt erscheinenden Eltern. Ergriffen nehmen sie nun ihr totes Kind als Kind. Den lebenden Kindern versichern sie, dass sie zu viert und nicht zu dritt sind. Auch Stefan geht zu dem Toten hin, der das zweite Kind in der Reihe ist. Er weint und bekennt: »Endlich sehe ich dich. Ich hätte dich gern kennen gelernt. – Du gehörst jetzt dazu. Wir sind zwei Brüder.«
Etwas zu klären gibt es auch noch zwischen Stefan und seinem Vater. Er sagt ihm: »Es tut mir Leid, dass ich dich so verachtet habe.«

Einige Monate nach der Aufstellung meldet sich Stefans Mutter wegen eines ganz anderen Anliegens für eine Aufstellung an. Sie berichtet, dass Stefan seit der damaligen Familienaufstellung wie verwandelt ist. Die Angst und auch die anderen Symptome sind völlig verschwunden.[25]

---

24 Stefan wählte für die Totgeburt einen Mann aus.

25 In überarbeiteter Form entnommen aus Thomas Schäfer, *Wenn Liebe allein den Kindern nicht hilft*, a. a. O., S. 146 f.

Helga: Angst vor Schwangerschaft

Helgas Anliegen für eine Aufstellungsgruppe ist das Verhältnis zur Mutter: »Immer ist irgendeine Art von Misstrauen zwischen uns. Ich leide sehr darunter. Ich kann mich ihr gegenüber nicht so öffnen, wie ich das gern möchte.«
Helga wählt aus der Gruppe eine Frau für sich und eine für die Mutter. Sehr schnell fängt die Mutter an, zu zittern, und blickt auf den Boden. Der Therapeut hat den Eindruck, dass sie auf ein Kind schaut, und fragt bei Helga nach. Helga erzählt, die Mutter sei vor ihr schon einmal mit einem anderen Kind schwanger gewesen. Das Kind starb, und die Mutter wäre auch beinahe ums Leben gekommen.
Helga wählt eine Frau aus der Gruppe, die sich nach Aufforderung des Therapeuten vor der Mutter auf den Boden legt. Die Mutter ist irritiert: Einerseits zieht es sie zu dem Kind, andererseits will sie weg von ihm. Jetzt geht ein Ruck durch Helga. Sie blickt liebevoll auf ihr Geschwister und kniet sich daneben. Dann legt sie sich dazu. Auch die Mutter legt sich nun neben das tote Kind. Endlich traut sie sich, dem Kind in die Augen zu schauen. Nach und nach lässt sie ihren Schmerz zu und hält ihr Kind.
Helga, die an dieser Stelle ihre eigene Rolle einnimmt, wendet sich ebenfalls dem toten Kind zu. Als sie der Schwester in die Augen schaut, beginnt sie zu weinen: »Jetzt habe ich endlich eine Schwester. Ich bin gar nicht allein.« Die beiden Schwestern halten sich lange.
Der Therapeut bittet die drei am Boden Liegenden, wieder aufzustehen. Er fordert eine Frau aus der Gruppe auf, in die Rolle des Schicksals zu gehen. Diese Frau will sich der Mutter nähern, doch die Mutter flüchtet vor dem Schicksal, als sei es ihr Feind. Nachdem er diesem Verfolgungsspiel eine Weile zugesehen hat, bittet der therapeutische Begleiter die Mutter, einfach stehen zu bleiben und den Blick des Schicksals auszuhalten. Nach kurzer Zeit treten der Mutter Tränen in die Augen. Der Kopf senkt sich unmerklich. Und der The-

rapeut macht durch eine Handbewegung deutlich, dass sie sich vor dem Schicksal verbeugen soll. Nach der Verbeugung strahlt das Schicksal die Mutter an. Die Mutter sagt bewegt zum Schicksal: »Danke!«
An dieser Stelle fragt der Therapeut Helga, ob sie in einer Partnerschaft lebe und ob sie Angst davor habe, schwanger zu werden. Helga erzählt, dass sie in einer Freundschaft lebt und schon immer panische Angst davor hat, schwanger zu werden: »Der Gedanke, schwanger zu werden, ist so, als müsste ich dann sofort sterben. Ich habe panische Angst davor.«
Helga wird gebeten, der Mutter in die Augen zu schauen. Sie sagt der Mutter: »Ich habe panische Angst davor, Mutter zu werden und dann zu sterben.« Helga weint und lässt sich von der Mutter halten.
Dann spricht die Mutter zu ihr: »Ich bin nicht gestorben. Ich lebe!«
Helgas Gesichtszüge entspannen sich. Auf Vorschlag des Therapeuten sagt sie der Mutter: »Mit deiner Unterstützung verliere ich die Angst vor Schwangerschaften.« Doch Helga merkt selbst, dass hinter dem Satz nicht genügend Kraft war. Im zweiten Anlauf sagt sie: »Ich werde mich an den Gedanken gewöhnen, dass es auch gut gehen kann!« Helga lächelt. Dieser Satz war stimmiger als der vorherige.
Zum Schluss geht der Therapeut auf Helgas eigentliches Anliegen ein. Er fragt die Mutter, ob es irgendein Problem zwischen ihr und der Tochter gebe. Die Mutter schüttelt den Kopf. Dann fragt er Helga, wie sie sich denn jetzt mit der Mutter fühle und ob es noch etwas zu tun gebe. Helga strahlt: »Es ist alles in Ordnung mit Mama!«

Rebekka: Furcht, jemanden im Straßenverkehr zu töten

In jedem Seminar gibt es Teilnehmer, die sofort durch ihre Ausstrahlung auffallen, so wie beispielsweise Rebekka. Sie hat lange schwarze Haare und eine sehr harte, männliche

Ausstrahlung. In ihren Augen spiegelt sich etwas Verzweifeltes. Ihre Aufstellung ist die letzte des Kurses. Dem Therapeuten war aufgefallen, dass Rebekka fast ausschließlich in Täterrollen gewählt wurde, so zum Beispiel als Kindsmörderinnen oder NS-Verbrecherinnen.

Als sich Rebekka neben den Therapeuten setzt, verzichtet dieser auf die sonst übliche Frage, worum es geht. In ihren Augen ist eine extrem aggressive Kraft zu spüren. Er weiß aus der Eingangsrunde des Seminars, dass Rebekka vor kurzem bei einem anderen Therapeuten die Gegenwartsfamilie aufgestellt hatte.

Es wird nun die Herkunftsfamilie aufgestellt: Rebekka, ihre Schwester, der Vater und die Mutter. Außer dem Vater schauen alle Familienmitglieder auf den Boden. Es lastet eine bleierne Schwere über allen.

Plötzlich geht ein Ruck durch die Mutter, es zieht sie nach hinten weg. Sie stützt sich an der Wand des Seminarraums ab und schaut in panischem Schrecken auf den Boden. Parallel fängt die Schwester an zu zittern, lässt sich auf den Boden gleiten und legt sich hin. Rebekkas Stellvertreterin beherrscht sich und blickt so grimmig drein wie schon die meiste Zeit während des Seminars die wirkliche Rebekka.

Der Therapeut fragt nun, was in der Familie der Mutter geschehen sei. Rebekka berichtet von einem Bruder der Mutter, der früh als Kind von einem Autofahrer totgefahren wurde. Der therapeutische Begleiter sucht einen Mann aus dem Publikum für den toten Onkel und einen anderen für den Autofahrer. Der Onkel erhält die Anweisung, sich auf den Boden zu legen, während sich der Autofahrer mit einiger Distanz neben ihn stellt. Bald schon schüttelt er den Kopf.

»Was ist?«, fragt der Therapeut.

»Mich trifft keine Schuld, ich kann mit dem Kind nichts anfangen«, entgegnet der Autofahrer. Nicht selten reagieren die Stellvertreter von Tätern so, als gingen sie die Folgen ihrer Taten nichts an.

Der Therapeut wendet sich an Rebekka und fragt, ob der Mann rechtskräftig verurteilt worden sei. Rebekka bejaht: »Ja, er ist verurteilt worden. Er war sehr betrunken!«

Der Therapeut gibt dem Autofahrer die Anweisung, dem Kind zu sagen: »Ich war total betrunken und habe dich mit meinem Auto getötet.«

Der Autofahrer beginnt, den Satz zu sprechen, und kann ihn kaum beenden, denn er fängt an, hemmungslos zu schluchzen. Es zieht ihn zu Boden zu dem liegenden Kind. Der Therapeut ermutigt ihn, sich neben das Kind zu legen. Doch der Prozess gerät ins Stocken. Er traut sich nicht, das Kind anzuschauen.

Nun nimmt die Mutter Kontakt mit ihrem Bruder auf. Nach einer Weile halten sie sich weinend in den Armen. Dann zeigt die Mutter dem Bruder ihren Ehemann und die beiden Kinder. Im nächsten Schritt nimmt sie auf den Hinweis des Therapeuten die Kinder an der Hand, um sich mit ihnen vor dem Onkel zu verneigen. Dies geschieht in bewegender Weise. Die Mutter bittet um den Segen für ihre Kinder, und der Onkel schaut mit Anteilnahme auf Rebekka und die Schwester. Dann jedoch soll die Mutter sich mit den Kindern vor dem Autofahrer verbeugen, und es geschieht genau das, was in der Luft lag: Zwar verneigen sich die Mutter und die Schwester vor dem Autofahrer, und dieser seufzt tief auf vor Erleichterung, doch Rebekka bleibt einfach steif stehen und verweigert sich.

Der Therapeut wendet sich an Rebekka, die noch auf dem Stuhl sitzt: »Hast du manchmal Angst, dass du mit dem Auto jemanden zu Tode fahren könntest?«

Ohne eine Sekunde zu zögern, antwortet Rebekka: »Ja, immer schon! Letztens ist es sogar fast passiert. Ich lenkte meinen mit drei Personen besetzten Wagen und schlief ein. Nur durch ein Wunder ist nichts geschehen!«

»Genau!«, antwortet der Therapeut. »Und es kann jeden Tag wirklich passieren. Ohne die Verneigung vor diesem Mann bleibt das Tätersein in dir!«

Während der Therapeut sprach, seufzte der Onkel auf. Ihn belastete sehr, dass Rebekka sich nicht vor dem Autofahrer verneigen konnte.

Der Therapeut bittet nun Rebekka, in die eigene Rolle zu kommen. Als sie den Satz sagen soll, an dem die Stellvertreterin zuvor scheiterte, beginnt sie am ganzen Körper zu zittern. »Schau ihm tief in die Augen«, ermuntert sie der Therapeut. Rebekka reißt sich plötzlich herum und wendet sich brüsk ab. Der Therapeut geht kurz in sich, was nun der nächste Schritt sein könnte. Er blickt in die Gesichter des Onkels und des Täters und sieht, wie intensiv sie warten.

Der Therapeut bittet Rebekkas Stellvertreterin, nochmals für Rebekka in die Aufstellung zu kommen. »Wende den Kopf jetzt nicht ab! Schau genau hin!«, sagt er zur realen Rebekka, während diese sich setzt. Rebekka nickt.

Rebekkas Stellvertreterin wird nun ermutigt, sich nochmals schweigend auf den Autofahrer einzulassen. Einige Zeit lang passiert nichts, doch dann ist ein Zucken im Oberkörper zu sehen: der Beginn der Verbeugung. Der Therapeut legt nur unterstützend kurz die Hand auf Rebekkas Rücken, bis diese sich tief vor dem Mann verbeugt. Dieser beginnt erneut zu weinen.

Rebekka richtet sich wieder auf und sagt dem Mann: »Ich klage dich nicht an. Ich achte, dass das Schicksal dich in Dienst genommen hat.«

Damit ist der Damm gebrochen: Nun kann der Autofahrer sich vollends dem Kind zuwenden und endlich zu seiner Schuld stehen. Nach einiger Zeit fassen sie sich an den Händen, und er sagt: »Ich war betrunken. Ich stehe zu den Folgen, was immer sie sind.«

Der Onkel nickt nur. Man kann sehen, wie jetzt nicht nur er, sondern auch der Autofahrer in Frieden kommt. Beide schließen im selben Augenblick die Augen. Im Schlussbild stehen die Kinder etwas näher zum Vater als zur Mutter. Allen geht es gut. Die bleierne Schwere aus dem Anfangsbild hat sich völlig aufgelöst.

Der Therapeut erklärt der Gruppe noch, dass es manchmal besser sein kann, den Stellvertreter etwas Wichtiges vollziehen zu lassen, weil dieser neutraler ist und sich oft leichter auf das Geschehen einlässt als die wirkliche Person.
Die reale Rebekka hat nun zum ersten Mal während des Seminars einen weichen Ausdruck in den Augen. All die Aggression, das Maskuline und Harte sind verschwunden. Als die Stellvertreter sich wieder auf die Stühle setzen, sagt sie mehrmals mit bewegter Stimme zu jedem, der in einer Rolle war: »Danke!« Und sie fügt hinzu: »Endlich, endlich durfte ich dem Dunklen begegnen, das mich seit meiner Kindheit verfolgte.«

Albrecht: Angst vor der Öffentlichkeit und Wortfindungsstörung

Albrecht litt unter extremer Angst vor dem Sprechen in der Öffentlichkeit und zusätzlichen Wortfindungsstörungen. Als wir über die Familie sprachen, stellte sich heraus, dass seine Eltern ihm stets vorwarfen, sie hätten seinetwegen heiraten müssen.
Der Vater war evangelisch, die Mutter katholisch. Sie gebar das Kind schon im siebten Monat. Ihr Bauch war nicht dick geworden, und so hatte sie die Schwangerschaft vor allen geheim halten können. Doch natürlich lässt sich ein Kind auf Dauer nicht vor den eigenen Eltern verbergen. Die Eltern der Mutter waren entsetzt über die Geburt ihres Enkels und verhinderten zunächst eine Heirat. Die Mutter sah sich gezwungen, das Kind weiterhin vor der Öffentlichkeit abzuschirmen. Sie versteckte es ein ganzes Jahr! Albrechts Mutter verging vor Scham und sorgte sich immer nur darum, was wohl »die anderen« von ihr dächten.
Ist es in einem solchen Fall nicht nachvollziehbar, wenn das Kind, das sie auf die Welt bringt, als Jugendlicher und Erwachsener extreme Angst vor der Öffentlichkeit hat und nie die »richtigen Worte« findet?

Albrecht hatte seine Familie bei einem anderen Therapeuten aufgestellt und berichtet in einem Gespräch, was dort geschah. Die Mutter hatte in der Aufstellung gebetsmühlenartig immer denselben Satz gesagt: »Was denken nur die anderen von mir?«
Die Lösung in einem solchen Fall besteht – wie auch hier – darin, dass man die Ängste der Eltern und Großeltern achtet und sich dennoch traut, angstfrei zu leben. Auf diese Weise waren nämlich all die Sorgen der Angehörigen nicht umsonst!

Iris: Seit Jahren aus Angst nicht mehr Autobahn gefahren

Wie man der Angst eine Geschichte erzählen und welche Wirkungen das haben kann, zeigt das Beispiel von Iris. Der Kontakt mit ihr kam über das Telefon zustande. Sie wollte einen Termin in meiner Praxis vereinbaren. Sie erzählte, sie könne die 300 Kilometer zu mir leider nur auf der Landstraße fahren und dafür brauche sie fast einen ganzen Tag. Auf der Autobahn dagegen wären es nur drei Stunden gewesen. Aber sobald sie auf die Autobahn fahre, bekomme sie Panikattacken ...
Damals war ich erst ein Jahr psychotherapeutisch tätig und liebte es, meinen Klienten kleine Geschichten zu erzählen, wie der Hypnotherapeut Milton Erickson es getan hat. Die Geschichte, die ich Iris am Telefon erzählte, ging so:

> »Ich kann mir gut vorstellen, wie Ihnen zumute ist. Vor kurzem hatte ich eine Klientin, der ging es genauso wie Ihnen. Sie war sogar acht Jahre nicht mehr auf der Autobahn gewesen. Dann musste sie eine so weite Reise unternehmen, dass sie sich vor Schrecken ausmalte, wie lange sie da unterwegs wäre. Sie dachte sich: ›Ich mache einen kleinen Test – ich kenne hier in der Nähe eine Autobahnauffahrt, wonach dann zwei Kilometer später die nächste Abfahrtsmöglichkeit kommt. Ich fahre einfach

mal drauf, und wenn ich anfange, zu zittern, und mir der Schweiß ausbricht, fahre ich einfach im ersten oder zweiten Gang auf der Standspur die zwei Kilometer bis zur nächsten Abfahrt und dann wieder auf die Landstraße zurück ...‹
Es hat tatsächlich geklappt. Die Frau ist nach acht Jahren wieder Autobahn gefahren; und zu ihrem allergrößten Erstaunen blieb sie ganz ruhig und fuhr einfach an der Abfahrt weiter. Sie wusste, dass nach fünf Kilometern die nächste Abfahrt kam ... Und tatsächlich konnte sie relativ entspannt eine sehr weite Strecke fahren! Sie wusste ja, dass in kurzen Abständen immer neue Abfahrten kamen.«

Ich bildete mir ein, durch das Telefon hindurch den offen stehenden Mund von Iris zu sehen. »Ach ja«, sagte sie schüchtern. »Wirklich erstaunlich, aber bei mir würde das sicherlich nicht funktionieren.« Sie ließ durchblicken, dass sie von der Geschichte letztlich nicht beeindruckt war: »Ich komme zu Ihnen und nehme mir für die Fahrt ganz viel Zeit! Anschließend kann ich dann ja an dem Ort übernachten und morgens wieder nach Hause fahren. Das ist es mir wert!«
Iris kam zwei Wochen später zu dem von ihr gewünschten letztmöglichen Tagestermin: Sie strahlte mich beim Händeschütteln an: »Stellen Sie sich vor: Ich bin den ganzen Weg hierher auf der Autobahn gefahren! Ich hab's einfach ausprobiert – einfach so!«
Die therapeutische Rechnung war aufgegangen: Sinn des Ganzen war, einen Impuls zu setzen: »Was diese andere Frau nach immerhin acht Jahren so einfach an einem einzigen Tag geschafft hatte, das könnte mir doch vielleicht auch gelingen!«
In der Hypnotherapieausbildung hatte ich gelernt, dass man zum Segen für den Ratsuchenden Geschichten erzählen kann, um in seinem Unbewussten ebenjenen Impuls zu setzen, den er nicht mehr loswerden soll. Die hier erzählte Be-

gebenheit hatte sich, einige Monate bevor Iris anrief, tatsächlich bei einer meiner Klientinnen ereignet! Es drängte sich geradezu auf, diese Geschichte einzusetzen.

Mustafa (Phobie): Von den Dorfgrenzen gefangen

Der siebzehnjährige Mustafa leidet unter einer für einen Jugendlichen besonders schlimmen Phobie: Er kann die Grenzen seines Dorfes bzw. des Vorortes einer größeren Stadt nicht verlassen, ohne panikartige Anfälle zu bekommen. Außerdem kann er es nicht ertragen, wenn es in seiner Umgebung räumlich beengt ist.

»Das Schlimmste für mich ist, in einer Schlange zu stehen oder in einen Fahrstuhl zu gehen – und auch irgendwo einen Krankenwagen zu sehen«, sagt Mustafa. Dies alles gehe nun schon mehrere Jahre so. Weder der Diskobesuch in der nahe gelegenen Stadt war möglich noch der Einkauf, geschweige denn eine Fahrt in den Urlaub. Diese Erkrankung kann zur völligen sozialen Isolation führen: Wenn sich in der Schule alle auf die anstehende Klassenfahrt freuen und nur man selbst als »Spinner« zurückbleiben muss, wird man schnell ausgegrenzt.

Mustafa ist ein in Deutschland geborener Türke. Trotz der Schwere seiner Erkrankung gibt er sich jedoch bestens gelaunt. Er berichtet, dass sein Leiden vor fünf Jahren ausbrach und er zunächst ein Jahr lang Psychopharmaka nehmen musste.

Er versteht es meisterhaft, seine »Macken« (Mustafas eigener Ausdruck) durch Späße zu überdecken und als harmlos darzustellen. Über Wasser hält ihn seine große Leidenschaft, das Fußballspielen: »Hier bin ich völlig normal«, strahlt er mich an.

Ich spreche ihm zunächst einmal ein großes Lob aus: »Wie hast du es geschafft, hier in meine Praxis zu kommen, und noch dazu ohne deine Eltern? Das ist ja unglaublich!«

Mustafa kratzt sich am Ohr: »Sie wohnen ja in meiner Nähe;

aber ganz so einfach war's dann doch nicht! Ich habe immer vor mich auf den Boden geguckt, mich konzentriert und mir innerlich gesagt: ›Du gehst jetzt dorthin. Du musst jetzt dorthin gehen. Keine Widerrede!‹«

Wir sprechen noch über Mustafas Ziele in der Therapie und seine Visionen: »Ich will mich nach so vielen Jahren auf ein Moped setzen und über die Grenzen von Hermingshausen[26] fahren. Und dann will ich überhaupt überall hinfahren, wo ich hinwill – endlich!«

»Weißt du, wir könnten doch mit meinem Auto einfach mal eine kleine Spritztour machen, nur bis zu ...«

Mustafa rollt die Augäpfel und erhebt abwehrend die Hände: »Wenn Sie wollen, dass ich wiederkomme, dürfen Sie so etwas nie wieder sagen, nie wieder!« Mustafas Stimme wird ängstlich und drohend zugleich. Er wirkt völlig verstört. Der Therapeut hat schon längst bemerkt, dass sein Vorschlag ein Fehler war. »So was hat mir schon ein anderer Therapeut früher einmal vorgeschlagen! Der sah mich nie wieder! Es geht nicht ... es geht einfach nicht. Deswegen bin ich doch hier!«

Ich nicke und gelobe Besserung. Bis zur nächsten Sitzung gebe ich Mustafa eine Hausaufgabe: Er soll einen Stammbaum aufmalen und seine Eltern zu allen wichtigen Schicksalsschlägen in der Familie befragen. Kaum habe ich das ausgesprochen, sehe ich, wie Mustafa anfängt, zu zittern.

»Du zitterst ja«, sage ich zu ihm.

»Bei uns in der Familie gab es Freiheitskämpfer«, Mustafa stockt. »Ich erzähl es Ihnen nächste Stunde!«

In der nächsten Sitzung erzählt Mustafa, dass er bis zuletzt mit sich gekämpft hat, ob er kommen kann: »Ich zittere am ganzen Leib, wenn ich an die Freiheitskämpfer denke. Es war schlimm für mich, mit den Eltern darüber zu reden. Ich halt das kaum aus.«

---

26 Ortsname geändert.

Ich beruhige ihn und erkläre ihm, dass alle Menschen mit dem Leiden, das früher im Stammbaum geschehen ist, verbunden sind. Außerdem berichte ich ihm vom Familien-Stellen und wie es möglich ist, auch bei schwerem Leid Lösungen zu finden. Mustafa berichtet nun von seinem Großonkel, dem Bruder des Großvaters väterlicherseits: Er war im griechisch-türkischen Krieg in einen Brunnenschacht geworfen worden. Dort hatte man ihn bei lebendigem Leibe verbrannt.

Die Atmosphäre im Raum ist sofort wie elektrisiert. Man spürt deutlich, dass er über das Wesentliche spricht.

Ich sage zu ihm: »In einem solchen Schacht ist es extrem eng. Trotz der Angst und Panik konnte dein Großonkel nicht fliehen, denn es war wirklich furchtbar eng. Er starb. Genauso fühlst du dich in Aufzügen und in allem, was eng ist.«

Mustafa weint hemmungslos: »Warum nimmt mich das so mit? Das alles geschah vor unendlich langer Zeit. Ich kenne den doch gar nicht!«

»Spürst du nicht, wie du in Liebe mit ihm verbunden bist?«

Der Therapeut nimmt die bunten Papierscheiben für Aufstellungen in der Einzeltherapie hervor. In der nun folgenden Arbeit gelingt es Mustafa, sich in der Vorstellung mit seinem Vater und Großvater vor dem Großonkel zu verneigen. Der Therapeut bittet ihn, zu sagen: »Dir zur Freude lasse ich jetzt die Enge hinter mir, damit dein Leiden nicht umsonst war!«

Mustafa gelingt dieser letzte Satz nicht. Er zögert und spürt, dass es noch nicht geht. Dennoch verabschiedet sich Mustafa, vom Ergebnis der Stunde sichtlich bewegt.

Beim nächsten Gespräch berichtet Mustafa, dass es ihm einen ganzen Tag lang wirklich gut ging. Die Enge sei völlig weg gewesen, doch dann war alles wieder wie sonst.

Der Therapeut beschließt, nicht weiter auf die Aufstellung einzugehen, sondern arbeitet hypnotherapeutisch mit Mus-

tafa. Erst in der übernächsten Sitzung verwenden wir noch einmal die Papierscheiben. Dabei bitte ich ihn, die Augen zu schließen und sich vorzustellen, wie er seinen Vater, Großvater und den Großonkel an der Hand nimmt und ihnen sein Leben zeigt. Dabei spielt es auch eine Rolle, dass Deutschland nur seine zweite Heimat, die Heimat der Seele jedoch die Türkei ist.
Zum Schluss der Therapie verrate ich Mustafa ein Geheimnis: »Wenn du deinen Großonkel im Herzen mitnimmst, kannst du überall hingehen und -fahren, wohin du willst!« Ungläubig schaut Mustafa mich zum Abschied an. Der Therapeut fragt sich irritiert, ob er etwas falsch gemacht hat und wie es mit Mustafa nach dem Therapieende wohl weitergehen würde.
Nach ungefähr drei Monaten fuhr Mustafa zum ersten Mal mit dem Moped weit über die Grenzen seines Bezirks hinaus. Wie er mir am Telefon stolz berichtet, bemerkte er zunächst gar nicht, dass er seine Umgebung verlassen hatte. Danach normalisierte sich sein Leben dann schnell. Offensichtlich hatten die Aufstellungsbilder ihre Zeit gebraucht, um sich in Mustafa entfalten zu können.

Es sei hier noch ergänzt, dass die Arbeit mit Mustafa vor neun Jahren stattfand. Aus der heutigen Sicht des Familien-Stellens wäre es notwendig gewesen, nicht nur auf das türkische Opfer, den Großonkel, zu schauen, sondern auch auf die griechischen Täter einzugehen und sie in den Heilungsprozess mit einzubeziehen. Die Bedeutung der türkischen Heimat wäre ebenfalls stärker zu berücksichtigen gewesen.

Carola: Bus- und Straßenbahnphobie

Carola war wegen verschiedener Anliegen zu mir gekommen, doch eines stand momentan im Vordergrund. Sie war knapp dreißig Jahre alt und studierte noch. Mit einer studentischen Gruppe war eine Busexkursion über vierzehn

Tage geplant. Carola brach beim Gedanken an diese Reise der Schweiß aus, und sie begann jedes Mal zu zittern.
Nicht nur vor Bussen, sondern auch vor Straßenbahnen hatte sie einen panischen Schrecken. In den letzten Jahren war die Furcht so groß geworden, dass sie Vermeidungsstrategien entwickelte. Entweder wurde sie vor einer anstehenden Busreise krank, oder sie erfand irgendwelche Ausreden, um sich davor drücken zu können. Tatsache war jedenfalls, dass sie es geschafft hatte, acht Jahre lang Fahrten mit dem Bus oder der Straßenbahn zu vermeiden.
Die jetzt anstehende Reise war für Carola jedoch aus verschiedenen Gründen sehr bedeutsam. Es blieben noch zehn Tage Zeit bis dahin. Ich fragte, was denn genau in ihrem Körper geschehe, wenn sie an Busse denke. Sie berichtete von extremer Nervosität, Druck auf dem Bauch, Verkrampfungen der Arme und einer gespannten Oberschenkelmuskulatur, weil sie dann immer schnell flüchten möchte.
Diese Erscheinungen sind typisch für eine Traumatisierung. Meine Fragen nach Unfällen verneint Carola jedoch. Sie hatte nie einen Unfall gehabt. »Und wie sieht es in der Familie aus?«, fragte der Therapeut. Carola wird sehr traurig. Sie erzählt von der Großmutter mütterlicherseits, die von einer Straßenbahn überfahren wurde. Die Verletzungen waren so schlimm gewesen, dass sie noch am Unfallort starb.
In der Auseinandersetzung mit einem Trauma sollte man sich als Therapeut nie nur am Lebenslauf des Hilfesuchenden orientieren. Es können körperliche traumatische Reaktionen vorhanden sein, die ursächlich weit über das Leben des Einzelnen hinausgehen. Nie werde ich vergessen, wie eine achtzehnjährige junge Frau in meine Praxis kam. Ihre Augen waren weit aufgerissen, und sie wirkte auf mich wie jemand, der gerade einen schweren Unfall erlebt hatte. Ich fragte sie sofort danach, doch sie verneinte. Sie hatte nie einen Unfall gehabt. Aber sie war in dieser Stunde extrem schreckhaft und wies alle Zeichen einer schweren Traumatisierung auf. Es zeigte sich dann, dass ihre Eltern sieben

Jahre zuvor einen schweren Autounfall hatten, bei dem zwei Menschen ums Leben kamen. Über ihre Eltern war die junge Frau aufs Tiefste mit dem Unfallgeschehen verbunden.

Ähnlich war es bei Carola. Mit ihrer Angst vor Bussen und Straßenbahnen erinnerte sie an die Großmutter. Sie ist diejenige, die am Beginn des Traumas steht. Mit dem Tod der Person ist das Trauma jedoch nicht einfach verschwunden. Ähnlich wie in dem bereits geschilderten Fall von Mustafa übernimmt nicht nur die Psyche, sondern auch der Körper die Traumafolgen, denn Körper und Psyche sind nicht zu trennen.

Der Therapeut fragt Carola, ob sie Lust auf eine kleine meditative Übung habe, bei der sie ihrer Großmutter begegnen könne.

»Ich habe etwas Angst«, sagt Carola, doch dann gibt sie sich einen Ruck.

Nach der Einleitung einer tiefen Entspannung fragt der Therapeut, ob sie wisse, wie denn die Großmutter ausgesehen habe. Carola hatte die Großmutter nicht persönlich kennen gelernt, doch sie weiß von einigen Fotos, wie sie aussah. Carola konnte die Großmutter schon bald sehen: »Ich sehe, wie sie zerstückelt und verunstaltet auf der Straße liegt«, sagt Carola und beginnt zu weinen.

»Verlass dieses Bild«, schlägt der Therapeut vor, »und sieh die Oma zu glücklicheren Zeiten. Wie sah sie denn auf den Fotos aus, die du kennst?«

»Da hat sie gelacht«, erzählt Carola. Es war ein Bild aus guten Tagen.

»Genau!«, bestärkt sie der Therapeut. Carola atmet tief durch.

»Schau der Oma ins Gesicht und erzähl ihr von der bevorstehenden Busreise«, fordert der therapeutische Begleiter sie auf.

Wieder wird Carola sehr traurig. »Das trau ich mich fast nicht.«

»Dann sag ihr: ›Mit meiner Angst vor Bussen und Straßenbahnen habe ich sehr lange an dich erinnert.‹«
Carola schluchzt und weint heftiger.
»Jetzt schau ihr direkt in die Augen«, beharrt der Therapeut, »wie guckt sie dich an, fröhlich oder traurig?«
»Sie lacht mich so an – wie auf dem Foto«, sagt Carola etwas erstaunt.
»Gut!«, bestärkt sie der Therapeut. »Schau ihr direkt in die Augen und sag ihr: ›Jetzt erinnere ich mich auf andere Weise an dich! Du hast nun einen Platz in meinem Herzen. Wenn ich die Exkursion mache, fährst du in meinem Herzen mit. Dir zur Freude werde ich diese Busfahrt sogar ein ganz klein wenig genießen!‹«
Carola hat Satz für Satz alles nachgesprochen. Sie beginnt zu strahlen.
Nach Beendigung dieser Übung sagt der Therapeut augenzwinkernd: »Ich glaube, mich zu erinnern, dass demnächst eine wichtige Busfahrt bei Ihnen ansteht. Was spüren Sie in Ihrem Körper, wenn Sie daran denken?«
»Ich bin völlig ruhig und gelassen!«, sagt Carola.

Drei Wochen später hat der Therapeut eine Ansichtskarte von Carola im Briefkasten. Sie schreibt, dass sie das Busfahren sehr genieße und nicht das geringste Angstgefühl sie begleitet habe.

Jean (Höhenangst und Panik): Euthanasie im Dritten Reich

Panikzustände sind nicht selten die Folge eines Mordes oder Verbrechens, so wie auch in der folgenden Geschichte von Jean.
Jean leidet seit seiner Jugend unter Höhenangst. Außerdem sind seine letzten zwanzig Lebensjahre dadurch geprägt, dass er in kurzen Abständen immer wieder sein Leben in panischer Angst »neu organisiert«, wie er es nennt. Ein gleich bleibender Zustand im Privat- oder Berufsleben ist

für ihn nicht auszuhalten, sodass er stets den Wechsel sucht: »Ich wechsle von Zeit zu Zeit meinen Arbeitsplatz und die Partnerin.« Jetzt, um sein vierzigstes Lebensjahr, bereitet ihm das mehr Sorgen als früher. Dieser stete Veränderungswille, so Jean, wird von einer massiven Nervosität begleitet, zuweilen von Panikzuständen und hemmungslosen Aggressionen.

Jean ist der jüngste von vier Brüdern. Das erste Bild der Aufstellung zeigt, wie alle Familienmitglieder in dieselbe Richtung schauen, einige blicken dabei auf den Boden. Wie Jean auf Nachfrage berichtet, wurde der Bruder des Vaters im Dritten Reich Opfer der Euthanasie. Der Onkel war psychisch krank und wurde von den Nazis in eine Anstalt gebracht. Dort tötete man ihn.
Nach dieser Information werden ein Stellvertreter für den Onkel und einer für einen der Täter hinzugenommen, die sich auf den Boden legen. Nach einiger Zeit der Stille kann der Täter den Blick nicht vom Opfer lassen. Die Mutter beginnt, zu schluchzen.
Unvermittelt sagt der Täter zum Opfer: »Du bist sehr stark!« Als Jeans Stellvertreter sich dem Onkel nähern will, sagt dieser zu ihm und den anderen Verwandten: »Bleibt! Bitte!«
Nach sehr langer Zeit des Schweigens, in dem sich Opfer und Täter in einem stummen Dialog befinden, streckt der Täter dem ermordeten Onkel ganz vorsichtig die Hand hin. Doch dieser ergreift sie nicht. Erst nach einer weiteren längeren Zeitspanne hat er sich der Hand seines Mörders so weit angenähert, dass er sie schließlich ergreift und sie sich beide vereint von der Familie abwenden und die Augen schließen.
Nach der Aufstellung berichten die Stellvertreter der Kinder, dass sie das Gefühl hatten, etwas Verbotenes sei endlich gezeigt und ausgesprochen worden: »Dieser Mord war immer tabuisiert worden ...«

Bei einem Treffen anderthalb Jahre nach der Aufstellung erzählt Jean, seine Höhenangst sei verschwunden. Auch die Aggressionen, die Flucht vor dem Leben und die panischen Zustände seien nach der Aufstellung nicht mehr aufgetreten, ebenso wie er auf die häufigen Partnerwechsel verzichtete. Stattdessen fühlt er sich ruhig und ausgeglichen. An den Ermordeten denkt er noch von Zeit zu Zeit.

13. Zwänge und Zwangsbilder

Zwänge haben oft mit einer schweren Schuld zu tun. In den meisten Beispielen geht es um Mord. Es kann sich um eine persönliche Schuld, diejenige eines Familienmitglieds oder aber auch um eine kollektive Schuld des eigenen Volkes handeln, mit der die Familie verbunden ist.
Auf einer Veranstaltung mit Bert Hellinger wurde zum Beispiel der Fall eines Mädchens besprochen, das unter Waschzwängen litt. Es stammte aus einem Bürgerkriegsgebiet im ehemaligen Jugoslawien, lebte jedoch seit einiger Zeit mit ihren Eltern in Deutschland. Als kleines Kind war das Mädchen in der Heimat Zeuge davon gewesen, wie die eigenen Landsleute mehrere ihrer Feinde (Serben) ermordeten.
Auffälligerweise verschwindet der Zwang bei dem Kind immer dann, wenn es zu Besuch in der alten Heimat ist. Hellinger empfahl, dass es dorthin zurücksolle. In der Tat zeigen viele Aufstellungen, dass man sich dem Schicksal seines Volkes auf Dauer nicht entziehen kann. Zurückzugehen und beim Wiederaufbau der zerstörten Heimat zu helfen lässt die Betreffenden sich meist kraftvoller fühlen, als wenn sie sich in einem fremden Land eine neue Existenz aufbauen. So wie der Einzelne in der Seele tief mit seiner Familie verbunden ist, so ist er ebenfalls mit seinem Volk und seiner Heimat verbunden.

Manchmal schützt eine Zwangshandlung den Betreffenden davor, jemanden umzubringen. Deswegen ist es gefährlich, einfach einen Zwang »wegzutherapieren«, bevor man die genauen Umstände des Zwangs nicht gründlich geprüft hat. Bert Hellinger beschreibt den außergewöhnlichen Fall eines jungen Mannes, der seit drei Jahren von morgens bis abends überwiegend mit Zwangsgedanken im Bett liegt. Die Aufstellung zeigte, dass sein Vater sich mit dem Gedanken trug, seine erste Frau umzubringen. Jetzt war der Sohn in Gefahr, ein Mörder zu werden! Er schützte sich sozusagen davor, indem er sich ins Bett legte! All dies geschah selbstverständlich nicht bewusst.[27]

Leichtere Formen von Zwängen können nach Hellingers früheren Beobachtungen auch von Verhaltensweisen herrühren, die dem Kind verboten worden waren, zum Beispiel »Doktorspiele«. Hier handelt es sich nicht um eine tatsächliche Schuld, sondern einfach um die Missachtung eines Verbots. Meiner Erfahrung nach ist es besonders der pädagogische Missbrauch eines angeblich beobachtenden und strafenden körperfeindlichen Gottes, was Zwangsbilder begünstigen kann. Auch wenn der mittlerweile Erwachsene diese alten rigiden Moral- und Religionsvorstellungen abgelegt hat, können sie im Unbewussten immer noch wirken und sich als Zwangsbild oder Zwangshandlung zeigen.
Zwänge können aber genauso gut die Folge einer tatsächlichen Schuld auf sexuellem Gebiet sein. Beispielsweise ist es möglich, dass der Sohn eines pädophilen Vaters stellvertretend für diesen Zwänge entwickelt. Auch ein Schuldgefühl in sexueller Hinsicht muss nicht unbedingt aus der eigenen Biographie stammen.
Oft sind Zwänge auch der verzweifelte Versuch, eine zusammenbrechende Lebensordnung mit »magischen Ritualen«

27 Vgl. Bert Hellinger, *Der Friede beginnt in den Seele – Das Familien-Stellen im Dienst der Versöhnung*, Heidelberg 2003, S. 133.

wieder herzustellen; dies drückt sich dann etwa beim zwanghaften Prüfen der Türschlösser aus, beim Putz- und Waschzwang, bei Schuhbinderitualen und Ähnlichem mehr. Überwältigende Erlebnisse wie der Verlust eines geliebten Menschen oder das Zeugesein bei einem schrecklichen Unfall bzw. einer Naturkatastrophe können ähnlich wirken. Die so hervorgerufene Verunsicherung will ausgeglichen werden, damit wieder ein Sicherheitsgefühl entsteht. Eine wiederholbare kleine Handlung signalisiert dem Kranken, dass das Leben eben doch von ihm beherrschbar ist, und macht ihn glauben, dass er sich vor ähnlichem Unheil schützen kann.[28]

Juliane: Der kleine Sohn und das Messer

Juliane kommt in die Praxis und berichtet von einem schrecklichen Zwangsbild: Sie sehe, wie sich plötzlich ein Messer in ihrer Hand materialisiere und wie sie damit ihren geliebten dreieinhalbjährigen Sohn ersteche. Schon als Jugendliche habe sie stets ein Messer vor sich gesehen. Und immer wieder beschleiche sie in ihrem ganz normalen Alltag das Gefühl: »Ich könnte wirklich jemanden umbringen! Es würde mir überhaupt nichts ausmachen!« Sie stellt sich tatsächlich bildlich vor, wie sie einen Menschen tötet.
Während Juliane sprach, war deutlich zu spüren, dass es hier um systemische Zusammenhänge geht. Des Rätsels Lösung hatte Juliane erst vor wenigen Wochen durch einen entfernten Verwandten erfahren. Der Urgroßvater väterlicherseits war SS-Mann in Auschwitz gewesen! In ihr selbst sammelte sich die Täterenergie! Derjenige, dem es in der Vergangenheit nichts ausgemacht hatte, jemanden umzubringen, war aber der Urgroßvater!
Da in dieser Stunde nicht mehr viel Zeit übrig bleibt, macht der therapeutische Begleiter nur eine kleine Übung. Juliane

28 Vgl. Ruppert, *Verwirrte Seelen*, a. a. O., S. 147.

verbeugt sich stehend vor all den Opfern ihres Urgroßvaters. Anschließend verbeugt sie sich auch vor dem Urgroßvater: »Ich gebe dir die Ehre als meinem Urgroßvater. Ich urteile nicht und verneige mich vor deiner Schuld.«
Bei beiden Verneigungen muss Juliane viel weinen. Der Therapeut gibt noch den Hinweis, dass der Sohn im inneren Bild von der Familie neben ihrem Mann stehen solle und nicht neben ihr, weil er dort vor den Verbrechen aus ihrer Familie besser geschützt sei. Juliane nickt zustimmend: »Mein Mann hat das anscheinend stets instinktiv gespürt. Jedenfalls stellt er sich immer zwischen mich und unseren Sohn.«
Der Therapeut gibt Juliane den Rat, eine Familienaufstellung in der Gruppe durchzuführen, da eine Aufstellung mit Papierscheiben der Sache nicht gerecht würde.

Diese kleine Übung geschah an einem Mittwochnachmittag um 15.45 Uhr. Wie Julianes Mann später berichtet, passierte zur selben Zeit 300 Kilometer entfernt etwas Denkwürdiges. Der kleine Sohn Robert sah genau zu dieser Zeit intensiv seinen Vater an und sagte: »Jetzt ist die Mama wieder ganz da!«
Noch etwas anderes ist bemerkenswert: Durch seltsame Umstände war Juliane gebeten worden, eine Fotoausstellung für das Gedenken ermordeter Juden zu organisieren. Mit dieser Arbeit war sie zu der Zeit beschäftigt. Jetzt erst verstand sie die Hintergründe.

Anke: Kontrollzwänge und Bilder von Konzentrationslagern

Anke meldet sich bei einer meiner telefonischen Sprechzeiten. Sie berichtet, dass Ärzte ihr die Diagnose »Zwangsneurose« gestellt hatten. Schon früh entwickelte Anke eine Vielzahl von Kontrollzwängen: permanentes Türabschließen, Ordnungszwänge, kleine Ritualhandlungen und häufig in ihrem Inneren auftretende schlimme Bilder von Konzentra-

tionslagern. Immer wieder sah sie zwanghaft die schrecklichsten Bilder, die sie nicht abstellen konnte. In ihrem Kopf seien die Gräuel der KZs noch lebendig. Häufig stelle sie sich auch die Frage: »In wessen Schuld stehe ich? Wem bin ich noch etwas schuldig?« Diese Fragen ließen sie nie los. Verschiedene Klinikaufenthalte, Gruppen- und Einzeltherapien haben ihr nach eigener Aussage bisher kaum geholfen.
Der Therapeut fragt: »Hat jemand in Ihrer Familie in einem KZ gearbeitet?«
Anke bejaht. Ihr Großvater mütterlicherseits war SS-Arzt in einem KZ gewesen. Wie sie erzählt, hat sich bisher keiner ihrer Behandler danach erkundigt. Wenn man Symptome systemisch betrachtet, ist dies allerdings die nächstliegende Frage!
Ich erkläre Anke, dass ihr Leiden mit der Verbindung zu ihrem Großvater zusammenhängt: »Derjenige, der sich die Frage nach der Schuld stellen sollte, sind eigentlich nicht Sie, sondern Ihr Großvater! Wenn Ihre Zwangsbilder und Fragen nach Ihrer Schuld wiederkommen, dann machen Sie sich klar, dass all dies zu Ihrem Großvater gehört und nicht zu Ihnen. Verneigen Sie sich innerlich vor den Opfern und dem Großvater; und schauen Sie, was anschließend passiert.«
Anke seufzt: »In diese Richtung habe ich noch nie gedacht!«
Der Therapeut rät ihr noch, eine Familienaufstellung zu machen, und gibt ihr am Telefon die Adresse eines Kollegen an ihrem Wohnort.

14. Psychosen

In den ersten Jahren des Arbeitens mit Familienaufstellungen ging man davon aus, dass Psychosen die Folgen von gegengeschlechtlichen Identifizierungen sind oder dass jemand mit zwei Ahnen gleichzeitig identifiziert ist. Ein Mann, der beispielsweise mit seiner im Kindbett verstorbe-

nen Großmutter verbunden ist, kann unter Umständen psychotisch werden. Meiner Erfahrung nach kann jemand durch Solidarisierung mit einem psychotischen Familienmitglied ebenfalls psychotisch werden, so wie in der Geschichte von Raffaela, die im Folgenden erzählt wird.
Diese Erfahrungen haben sich zwar im Laufe der Jahre bestätigt, doch wurden unterdessen noch tiefere Einblicke in die Hintergründe von Psychosen möglich. Hier sind in der Familiengeschichte oft lange gehütete Tabus zu finden. Nicht selten muss man fünfzig oder sogar hundert Jahre zurückgehen, um das Geheimnis aufzuspüren. Bei diesen Tabus geht es häufig um einen Mord oder andere Verbrechen.

Bert Hellinger hat in jüngster Zeit herausgefunden, dass Schizophrene oft deswegen verwirrt sind, weil sie zugleich ein Opfer und einen Täter vertreten.[29] Wenn beispielsweise ein Onkel seinen Vater umgebracht hat, kann es vorkommen, dass der Kranke mit beiden Familienangehörigen mitfühlt: dem Großvater und dem Onkel. Die »spaltende« Wirkung eines solchen Mitfühlens ist sofort nachvollziehbar. Doch auch wenn ein Familienmitglied einen politisch motivierten Mord verübt, kann der Nachfahre sowohl mit dem Opfer als auch dem Täter verbunden sein. Es spielt keine Rolle, dass der Tote nicht zur Familie gehört – in systemischer Sichtweise ist er durch den Mord Familienmitglied.
Die Spaltung in der eigenen Seele hört auf, wenn man beide, Täter und Opfer, würdigt und achtet. Dazu gehört, dass man sich einem Täter gegenüber nicht als moralisch überlegen fühlt und ihm das Menschsein lässt. Aufstellungen zeigen, dass er erst bereit ist, zu seiner Schuld zu stehen und sich dem Opfer zuzuwenden, wenn man ihn als menschliches Wesen achtet.

29 Oft spricht man hier von einer »endogenen Psychose«.

Bei Psychotikern beobachtet man manchmal auch die »Anhaftung eines Toten«. In einer Aufstellung ging es um einen verhaltensauffälligen lebensmüden Jugendlichen, dessen Großvater Selbstmord verübt hatte. Er bewegte seine Hände so, als wolle er den Enkel festhalten. Auf Nachfrage sagte er: »Ich lasse ihn nicht los, ich brauche ihn.« Der Enkel blieb gern bei dem Großvater und wollte ihm helfen.

Bei Selbstmördern und bei allen Menschen, die eines plötzlichen Todes sterben, kann es vorkommen, dass der Betreffende nach seinem Tod immer noch glaubt, er lebe – zumindest ist dies die erstaunliche Erfahrung, die man aus Aufstellungen gewinnen kann. Der Schock des plötzlichen Todes führt zu einer psychischen Verwirrung, die auch auf Verwandte des Betreffenden übergreifen kann. In jener Aufstellung nahm der Therapeut aus der Gruppe vier Stellvertreter als verstorbene Verwandte beiderlei Geschlechts hinzu. Einer davon, ein Mann, fühlte sich mit dem Großvater liebevoll verbunden. Er sagte ihm: »Du bist wirklich bei dem Selbstmord gestorben! Wir helfen dir hier. Das da drüben ist das Reich der Lebenden, hier sind die Toten. Du gehörst zu uns!«

All das bewirkte in dem Großvater nur wenig. Er ließ den Enkel einfach nicht frei. Erst als die Eltern des Jungen ebenfalls sagten: »Ja, du bist wirklich tot. Du bist kein Lebender mehr!«, durchfuhr es ihn mächtig. Er brauchte in diesem besonderen Fall eine Bestätigung von den Lebenden, dass er nicht mehr zu ihnen gehörte, nicht von den Toten! Erst jetzt war er bereit, die Hilfe seiner ebenfalls verstorbenen Verwandten in Anspruch zu nehmen. Und genau in dem Augenblick brach es aus dem vorher antriebsarmen Jungen heraus: »Jetzt will ich aber wieder zu Mama und Papa!«

Noch etwas anderes kann hier helfen: Wenn sich Tote und Lebende gemeinsam vor dem menschlichen Schicksal des Lebens und Sterbens verneigen, kann dies ebenfalls dazu dienen, den Toten von den Lebenden zu lösen.

Die Behandlung von Psychosen und Schizophrenien ist meist langwierig. Wenn etwas Wichtiges aus der Familiengeschichte gefunden ist, geht es nach einer Weile oft noch tiefer in Familienschicksale hinein, die vorher nicht einmal zu ahnen waren. Als Therapeut tut man gut daran, ein realistisches Bild von der möglichen positiven Wirkung einer Aufstellung zu haben. Wenn man erlebt, wie schnell und tief greifend Heilung durch Aufstellungen möglich ist, erhofft man sich dies natürlich auch im Bereich der Psychosen. Doch selbst dann, wenn die Aufstellung die Verstrickung und eine Lösung zeigt, ist es dem Kranken oft unmöglich, eine dauerhafte, tiefe Heilung zu erfahren. Dennoch berichten Psychotiker davon, wie positiv Aufstellungen ihr Leben verändern.

Eine Frau, die in einer meiner Gruppen eine Aufstellung machte, litt vorher nicht nur unter ihrer Psychose, sondern auch unter erheblichen Folgen der Gabe starker Psychopharmaka: ständiges unangenehmes »Ameisenlaufen« auf den Gliedmaßen und Zittern. Außerdem hatte sie Probleme beim Zusammenspiel des Bewegungsablaufs. Der Psychiater und Neurologe sprach von »extrapyramidalen Störungen«. Der Arzt hatte auf ihre Nachfrage hinzugefügt: »Selbst wenn Sie eines Tages von Ihrer Psychose geheilt werden sollten, so kann man die neurologischen Nebenwirkungen der jahrelang eingenommenen Medikamente nie mehr rückgängig machen. So oder so werden Sie bis zu Ihrem letzten Tag darunter leiden müssen.«

Die Frau erzählte mir gegenüber nichts von den neurologischen Leiden, weil sie sich nach den Prognosen des Arztes damit abgefunden hatte. Doch kurz nach der Aufstellung waren sämtliche neurologischen Symptome verschwunden. Die Erwartung, dass es sich nur um eine vorübergehende Besserung handelte, stellte sich glücklicherweise als Täuschung heraus: Trotz weiterer Psychopharmakaeinnahme bestand auch ein Jahr nach der Aufstellung noch neurologische Beschwerdefreiheit! Die erhoffte psychische Besserung stellte sich aber nicht ein. Die Freunde dieser Frau empfanden sie zwar von ihrem Verhalten her als fast »normal«, sie selbst jedoch fühlte sich immer noch als psychisch krank. Dennoch betrachtete sie die Aufstellung als wichtigen Schritt, weil sie ihr soziales Leben positiv beeinflusst hatte.

Die Grenzen der Behandlung sind leichter zu achten, wenn man das Schicksalhafte der Psychose mehr in Augenschein nimmt, wie Bert Hellinger es getan hat:

> »Die Aufstellungen zeigen, dass wir eingebunden sind in vielerlei Schicksale, von denen wir zum Teil nichts wissen. Das greift noch viel weiter zurück, denn wir haben auch Anteil am Leid der Menschheit. Oft besteht ein Sog, sich mit diesem Leid zu verbinden. Ich stelle mir vor, dass sehr viele Psychosen auch damit zusammenhängen, dass jemand in dieses große Leid abtaucht, in diese tiefen und vielschichtigen Schicksale, und an ihnen Anteil nimmt.«[30]

Katharina: Die Toten des Großvaters

In der Aufstellung in einem Kurs Bert Hellingers geht es um eine junge Frau, die immer wieder mit psychotischen Schüben in die Klinik kommt. Sie ist zwar Deutsche, hat jedoch früh ihr Land verlassen und lebt jetzt im Ausland. Vom Vater der Mutter Katharinas ist bekannt, dass er kriegsverletzt war und die Mutter als kleines Kind weggegeben hatte. So etwas geschieht oft als Sühne für ein begangenes Unrecht. Als Bert Hellinger sieht, wie die Stellvertreterin Katharinas intensiv in die Ferne schaut, stellt er einen Mann für Deutschland hinzu. Seitlich hinter Deutschland wird noch ein Mann ohne weiteren Kommentar hinzugestellt. Katharina wendet sich erschreckt von diesem Mann ab und blickt

---

30 Bert Hellinger, *Die Quelle braucht nicht nach dem Weg zu fragen*, a. a. O., S. 244.

auf den Boden. Dort, wo sie hinschaut, wird der Stellvertreter für einen toten Mann hingelegt. Wieder flüchtet Katharina und wendet sich Deutschland zu, doch sie schaut erneut auf den Toten.
Dann blickt Katharina auf eine andere Stelle am Boden. Wieder wird ein Stellvertreter für einen toten Mann vor sie gelegt. Bert Hellinger nimmt Deutschland so an den Armen, dass es gezwungen ist, auf den ersten Toten zu sehen. Nun setzt sich Katharina auf den Boden und schaut ein wenig an dem zweiten Toten vorbei. Nach einer Weile blickt sie hin zu dem ersten. Schließlich nähert sich Deutschland dem Mann, der zu Anfang bei ihm stand. Anschließend kauert sich Katharina auf dem Boden zusammen, sodass sie zwischen beiden Toten liegt.
Deutschland schaut jetzt zusammen mit dem Mann auf die beiden Toten und Katharina. Dann steht Katharina auf und hält liebevoll den Kopf des ersten Toten. Deutschland kniet sich neben den zweiten Toten und beginnt, zu weinen. Als nun der Mann, der zu Beginn hinter Deutschland gestanden hatte, sich ebenfalls zu den Toten begibt, kann Katharina endlich aufstehen! Sie nimmt nun Abstand zu allen ein. Deutschland nähert sich jetzt dem Mann, der sich mit ihm zu den Toten hinbewegt hatte.
Bert Hellinger fragt Katharina, wie es ihr gehe.
Sie antwortet: »Besser!«
Nach dieser Aufstellung erläutert Bert Hellinger, dass der zu Beginn hinter Deutschland aufgestellte Mann Russland darstellte oder ein russisches Opfer, da der deutsche Großvater in Russland im Krieg war. Hellinger erläutert, dass Katharina erst aufstehen konnte, als Deutschland, das hier auch für den deutschen Großvater stand, im Angesicht des zweiten Toten zu weinen begann.

Auch in dieser Aufstellung zeigte sich wieder, wie tief Spätergeborene mit früheren Tätern und Opfern mitleiden. Immer wieder betonte Hellinger während dieses Seminars, dass gerade die Täter unseres Mitgefühls bedürfen. Erst wenn der Täter Mensch sein darf, ist er bereit, sich den Folgen seiner Taten zu stellen und sich den Opfern zuzuwenden. Wenn wir die Täter jedoch verurteilen und uns ihnen moralisch überlegen fühlen, bleibt das Herz des Täters kalt, und andere – Unschuldige! – geraten in einen Sog zu den Opfern. Der Preis der moralischen Überhöhung ist hoch![31]

In einer weiteren von Bert Hellinger geleiteten Aufstellung ging es um ein Pflegekind, ein jugendliches Mädchen, das psychotisch und selbstmordgefährdet war. Es wurden das Mädchen und ihre leibliche Mutter aufgestellt. Die Tochter schaute bald auf den Boden. Vor sie wurde ein Mann gelegt, der den Toten darstellte, auf den sie blickte. Es handelte sich um ein Opfer. Anschließend kam noch ein Mann hinzu, der diesen Mann umgebracht hatte, also den Täter darstellte. Die Mutter war voller Leid zwischen dem auf dem Boden liegenden Opfer und dem noch stehenden Täter hin und her gerissen. Das ist buchstäblich zu verstehen: Sie hielt sowohl die Hand des einen als auch die Hand des anderen und schwankte tatsächlich hin und her!
Dies ist genau die Spaltung, die man bei Schizophrenen und Psychotikern findet. In dieser Geschichte fühlte das Kind stellvertretend für die Mutter die Spaltung, das Hin-und-her-gerissen-Sein zwischen der Verbindung zum Opfer und zum Täter. Die Aufstellung zeigte im weiteren Verlauf, dass Friede einkehrt und die Spaltung aufhört, wenn beide, sowohl der Täter als auch das Opfer, einen Platz in unserem Herzen finden.

---

31 Dieser Bericht beruht auf persönlichen Aufzeichnungen. Ich bin mir bewusst, dass solche skizzierten »Bewegungen der Seele« für den Leser nicht leicht nachvollziehbar sind. All die vielen Feinheiten der kleinsten Bewegungen, der Mimik und Gestik sind kaum mitteilbar. Es sei deshalb auf die Videoliste Bert Hellingers im Literaturverzeichnis hingewiesen.

Wenn es mehrere früh Verstorbene in einer Familie gibt, kann jemand von den später Geborenen dadurch verrückt werden. Hellinger erzählte als Beispiel den Fall eines schizophrenen Mädchens. Als in der Aufstellung die früh verstorbene Schwester der Mutter und ein älteres früh verstorbenes Geschwister der Kranken hineingenommen wurden, fühlte sich die Stellvertreterin schlagartig wieder normal. Ähnlich ist es, wenn viele Familienmitglieder sich umgebracht haben und psychotisch waren, so wie im Fall von Björn.

Als Björn erwachsen wurde, brach bei ihm eine Psychose aus. Tief im Innern hörte er eine Stimme, die ihm sagte: »Bring dich um!« Schon als Kind und Jugendlicher wollte er nur tot sein. Die Familiengeschichte lässt Björns Lebensgefühl nachvollziehen: Seine Mutter hatte sieben Selbstmordversuche hinter sich und litt ebenfalls unter einer Psychose. Wie Björn berichtete, sind die psychischen Symptome der Mutter mit den seinen identisch.
Stets hatte Björn als Kind Angst, er käme von der Schule nach Hause und würde seine Mutter als Leiche finden müssen. Psychisch krank war auch die Großmutter mütterlicherseits gewesen: Sie litt an Depressionen und kam ebenfalls in die Psychiatrie. Dort brachte sie sich um.
»In meinem mütterlichen Stammbaum bringt sich in bestimmten Abständen immer jemand um«, sagt Björn, als ich ihn nach weiteren Suiziden befrage. Selbstmörder waren ebenfalls eine Schwester der Großmutter, ihr Vater und daneben noch zahlreiche Cousins, Cousinen und andere Verwandte im mütterlichen Stammbaum. In der Geschwisterreihe der Mutter gibt es einen Bruder, der wie die besagte Großmutter an Depressionen litt und häufiger in der Psychiatrie war. Eine Schwester der Mutter war als Säugling verstorben. Die Großeltern hatten Björns Mutter bewusst gezeugt, damit sie das tote Kind »ersetzt«. Björns Eltern starben

beide im mittleren bis fortgeschrittenen Alter an Krebs. Als der Krebs ihr Ende ankündigte, hatte die Mutter Björn und seine Schwester immer dazu aufgefordert, sich umzubringen und gemeinsam mit ihr zu sterben.
Auf des Vaters Seite sind noch zwei junge Brüder zu nennen, die im Krieg geblieben sind. Ein weiterer Bruder des Vaters starb als Jugendlicher an einer Krankheit. Bei einem solchen Familienhintergrund kann man nachvollziehen, wenn jemand sich als »nicht psychisch normal« fühlt und sterben will.

Bei der Familienaufstellung in der Gruppe hat Björns Stellvertreter das Gefühl, er müsse beide Eltern retten. Nach einigen Interventionen wird deutlich, dass eine Lösung unter Einbeziehung der toten Verwandten nicht möglich ist. Björn fühlt sich insbesondere mit der als Säugling verstorbenen Tante, als deren »Ersatz« die Mutter gezeugt worden war, und der psychisch schwer kranken Großmutter verbunden. Björn und seine Geschwister müssen beide Eltern mit ihren Verwandten in Liebe gehen lassen und sich gegenseitig Halt geben. Für Björn lautet der kräftigende Satz zu Großmutter und Mutter: »Bitte schau freundlich auf mich, wenn ich bei meinen Geschwistern bleibe.«

Wer eine solch schwierige Situation in der Herkunftsfamilie aufweist, für den stellt sich häufig auch die Lage in der Gegenwartsfamilie als sehr schwer dar. Als Björn eine Frau hatte, kam es ihm vor, als sei er eigentlich gar nicht mit ihr verheiratet: »Die Ehe ist für mich ein Ersatzleben gewesen. Von Kind an war mein Gegenüber der Tod. Mir kommt es so vor, als sei ich von Toten geboren. Bislang habe ich überhaupt noch nicht angefangen, wirklich zu leben«, bekannte er. Von der Frau hat sich Björn schon lange wieder getrennt. Aus dieser Ehe gibt es eine Tochter. Die Frau war Witwe. Ihr erster Mann kam während eines Urlaubs in den Alpen mit den vier gemeinsamen Kindern in einem Gletschergebiet vom Weg ab, wobei alle fünf auf tragische Weise ihr Leben lassen mussten.

In einer Aufstellung mit Papierscheiben werden zunächst nur Björns Frau, die gemeinsame Tochter und er selbst aufgestellt. Auf allen drei Scheiben ist es körperlich kaum auszuhalten. Ruhiger wird es erst, als der frühere Mann und die vier toten Kinder aus dieser Ehe dazukommen. Björn kann nur noch auf diese Gruppe schauen: Dem Tod jenes Mannes und der Kinder verdankt er die Frau und die Tochter. Er geht zu jedem Einzelnen, verbeugt sich unter Tränen und bittet sie, freundlich auf die Tochter zu schauen. Er stellt sich außerdem vor, dass seine Tochter sich ebenfalls vor den fünf Toten verbeugt.
Zu dem früheren Mann der Frau sagt Björn noch: »Ich habe sie jetzt auch verloren. Ich bin wieder allein.«
Björns Frau, von der er schon lange getrennt lebt, hat in der Aufstellung nur ein einziges Ziel: Sie will den fünf Toten folgen. Neben einigen anderen wichtigen Dingen sagt Björn ihr: »Ich achte deine tiefe Liebe zu ihnen. Ich halte dich nicht mehr auf, wenn du zu ihnen gehst.«

Dieser letzte Satz hat eine Vorgeschichte: Nach der Trennung von der Frau verlegte Björn seinen Wohnsitz in die Alpen. Es zog ihn magisch in die Berge, und oft hatte er die Phantasie, sich in eine Gletscherspalte zu stürzen. Erst viel später wurde ihm bewusst, dass die Anziehung dieses Gebiets kein Zufall war. Eigentlich nämlich war es seine Frau, die diese Phantasie in sich trug, doch er hatte das für sie übernommen! Vor kurzem gab er den Wohnsitz in den Bergen auf und ist wieder in die Ebene gezogen, wo es ihm besser geht.

Als Raffaela 31 Jahre alt war, brach bei ihr eine Psychose aus. Heute ist sie über fünfzig. Sie ist das älteste von drei lebenden Kindern, das jüngste war eine Fehlgeburt. In der väterlichen Familie ist bedeutsam, dass ein Bruder des Vaters jung im Krieg fiel und eine seiner Schwestern manisch-depressiv war. Diese kranke Tante verbrachte einen großen Teil ihres Lebens in psychiatrischen Kliniken. Die Krankheit der Tante wurde im Familienkreis totgeschwiegen. Auf Nachfrage erzählt Raffaela, dass diese Tante als Kind möglicherweise weggegeben worden sei. Geklärt werden konnte dies jedoch nie.
Raffaela hatte später ihren Sohn zeitweise fortgeben müssen. Da sie von ihrem Mann geschieden war und sich psychisch zu krank für Erziehungsaufgaben fühlte, brachte sie ihn schweren Herzens in einem Kinderheim unter. Trotz all des Schlimmen, das man oft in der Psychiatrie erleben kann, hatte Raffaela dort auch gute Erfahrungen gemacht. Bei ihren Aufenthalten entdeckte sie ihr kreatives Potenzial. Sie dichtete und komponierte Lieder. Außerdem entwickelte sie bis ins Detail einen Plan für Kinderhorte in der Dritten Welt. Vom Bau bis zur Finanzierung entwarf sie ein ausgeklügeltes Konzept, das sogar die Anerkennung von Experten fand. Stolz brachte sie einmal einen Zeitungsausschnitt mit, in dem ihr Projekt vorgestellt worden war.

Aus einer Reihe von Gründen war für Raffaela eine Familienaufstellung in der Gruppe nicht möglich. In behutsamer Papierscheibenarbeit ergab sich Folgendes: Raffaela fühlte sich mit dem im Krieg gefallenen Onkel verbunden, doch insbesondere stand sie der tabuisierten manisch-depressiven Tante nahe. Ob im Hintergrund der Familie noch schwerwiegendere Dinge geschehen waren, wusste sie nicht. Raffaela hatte noch Fotos von den beiden Verwandten und stellte sie stets auf ihr Nachttischchen. Sie kam insbesonde-

re mit der Tante in einen tieferen Kontakt. Wie sie später einmal erzählte, konnte sie es auch genau spüren, dass ein Teil ihrer Krankheit ein Erinnern an das Schicksal der Tante war. Als sie auf der Papierscheibe der Tante stand, hörte sie in der betreffenden Sitzung innerlich, wie die Tante zu ihr sagte: »Ja, du hast mit deinem Leiden an mich erinnert.« Während der weiteren Scheibenarbeit war sie besonders berührt, als sie der Tante ihren Sohn zeigte, der krankheitsbedingt lange Zeit auf sie als Mutter verzichten musste.
Für Raffaela trug diese Einzelarbeit gute Folgen. Trotz eines kurzen Rückfalls nach einigen Monaten war sie anschließend zum ersten Mal seit vielen Jahren wieder in der Lage, allein eine Wohnung zu beziehen und ihr Leben selbst in die Hand zu nehmen. Bis dahin wurde sie von Verwandten versorgt, da ihre psychische Krankheit ein selbstständiges Leben verhindert hatte und sie nicht in der Lage gewesen war, sich selbst zu versorgen.[32]

15. Stellvertretendes Leiden in Paarbeziehungen

Symptome und Krankheiten werden manchmal vom Partner übernommen. Wenn ein Mann oder eine Frau es psychisch nicht aushält, dass der andere sich seinem verdrängten Schmerz nicht zuwendet – beispielsweise aus seiner Herkunftsfamilie –, dann passiert es zuweilen, dass er oder sie versucht, es dem Partner abzunehmen. In den folgenden Beispielen wird diese Dynamik deutlich.
Nun könnte man annehmen, derjenige, dem man etwas Schweres abzunehmen versucht, müsste dankbar dafür sein. Doch die Seele spürt deutlich, dass hier eine Grenze überschritten wird und dass es zur Würde jedes Menschen gehört, ihm das Eigene zu lassen. Der Beobachtung nach wird derjenige, dem man etwas abnehmen möchte, oft – mit

32 Vgl. Schäfer, *Dornröschen*, a. a. O., S. 223 ff.

Recht! – böse auf den vermeintlichen »Altruisten«: Solche »Übernahmeversuche« machen es ihm nämlich nicht leichter, sich dem eigenen Schweren zuzuwenden.

Alexandra (Panik): Drei Frauen aus der Familie des Mannes

Alexandra führten jahrelange panische Ängste, ein immer wiederkehrender Druck auf der Lunge und Lebensmüdigkeit in meine Praxis. Auf die Frage, wann die Symptome sich einstellten, berichtet sie von ihrer Ehe. Besonders nach der Geburt ihrer zwei Töchter habe sich der Mann von allem zurückgezogen. Auch schien er eine panische Angst vor einer möglichen Schwangerschaft seiner Frau zu haben. Er lehnte es stets ab, darüber zu reden, und ging dann oft, ohne etwas zu sagen, für längere Zeit aus dem Haus.
Alexandra ist traurig: »Ich trage die ganze Last, und seit der Geburt der Kinder wollte er nicht mehr viel mit mir zu tun haben. Er ging oft fremd und erzählte mir dann, dass er mich nicht mehr liebe.« Zu einer Trennung sei es aber bislang nicht gekommen.

Mit Papierscheiben stellen wir auf dem Boden die Familie auf: Alexandra, ihr Mann und die beiden Kinder. Es zeigt sich ein Bild, bei dem die Kinder und die Frau dem Mann im Wege stehen: Der Therapeut behält diese Information für sich und bittet Alexandra, nacheinander mit dem Therapeuten auf die einzelnen Platzhalter zu gehen und ihre körperlichen Empfindungen mitzuteilen. Es zeigt sich, dass es Alexandra am schlechtesten von allen geht.
Nun bitte ich sie, die Scheibe für sich selbst so umzudrehen, dass sie den Mann direkt anschauen kann. Sie begibt sich auf ihre Papierscheibe und stellt verblüfft fest, dass es ihr nun schlagartig besser geht. Auf der Scheibe des Mannes spüren sowohl der Therapeut als auch Alexandra, wie es ihm immer schlechter geht, wenn er auf seine Frau schaut.
Nun bittet der Therapeut darum, noch eine Scheibe für die

Symptome hinzuzunehmen. Alexandra wählt eine schwarze, runde »weibliche Scheibe« für ihre Symptome. Sie platziert sie nicht in ihrer Nähe, wie man vielleicht annehmen könnte, sondern direkt hinter den Mann. Der Therapeut fragt Alexandra, ob sie weiß, warum sie sie ausgerechnet dorthin gelegt hat.
Sie antwortet: »Das ist mir auch nicht klar. Aber da gehören sie einfach hin!«
Anschließend gehen wir wieder auf die Scheibe des Ehemanns und spüren, wie es ihn intensiv nach hinten zu der schwarzen Scheibe wegzieht.
Der Therapeut weiß, dass es bei Alexandra und dem Mann keine früheren Partner und auch keine verstorbenen Kinder in der gegenwärtigen Familie gibt. So fragt er, ob es im Herkunftssystem des Mannes Schwerwiegendes zu verzeichnen gebe. Alexandra berichtet von drei Frauen, die auf tragische Weise ums Leben kamen: Die Mutter des Mannes verlor ihr Leben bei einem Autounfall, als er vier Jahre alt war. Die Mutter dieser Frau starb im Kindbett, und die andere Großmutter hatte sich in der Psychiatrie erhängt.
Alexandra wählt drei zusätzliche Papierscheiben für diese Toten und legt sie in ähnlicher Anordnung um ihren Mann herum, wie sie eingangs noch ihre Töchter und sich selbst vor den Mann gelegt hat! Der Therapeut erklärt, dass es ihm nicht erlaubt ist, hier nach Lösungen zu suchen. Dies dürfe er nur gemeinsam mit ihrem Mann, und er könne gern kommen. Doch es sei erlaubt, eine Lösung für Alexandra zu finden.
Der Therapeut spürt, dass Alexandra bereit für eine Lösung ist. Alexandra stellt sich vor den Mann und sagt ihm: »Ich habe es dir abnehmen wollen! Ich habe es aus Liebe getan. Ich achte deine tiefe Verbindung zu diesen drei toten Frauen.«
Alexandra seufzt befreit auf und weint: »Ich hatte all die Jahre das dumpfe Gefühl, dass diese Panik und die Symptome gar nicht zu mir gehören!«

Der Therapeut gibt Alexandra noch einige Hinweise, wie sie nun ihrem Mann von der Sitzung berichten kann. Hier muss man einfühlsam vorgehen, um den Partner nicht abzuschrecken.

Nachfolgend wird auch klar, warum Alexandras Mann stets flüchtete, wenn sie in anderen Umständen war: Es erinnerte ihn an den Tod seiner Großmutter im Kindbett! Bei dieser Familiengeschichte war eine Schwangere für ihn kaum auszuhalten. Da schien ihm nur die Flucht vor der eigenen Frau zu bleiben!

Vier Monate später kommt Alexandra erneut zum Gespräch. Sie erzählt, dass ihre Symptome zu fünfzig Prozent besser geworden sind.
Der Therapeut fragt herausfordernd: »Und was ist mit den anderen fünfzig Prozent?«
Wir stellen noch einmal mit Papierscheiben auf. Es zeigt sich, dass Alexandra Angst hat, ihr Mann verkrafte all das Schwere nicht. Außerdem fürchtet sie, es gehe einiges in der Beziehung verloren, wenn sie Grenzen aufzeige. Doch es ist notwendig, die eigenen Grenzen und die des Partners zu achten.
Alexandra sagt ihrem Mann kraftvoll: »Wenn ich dir dein Schweres in Achtung lasse, stimme ich dem zu, was anschließend geschieht.« Nach einer Pause fügt sie auf Vorschlag des Therapeuten hinzu: »Ich stimme dem zu, was dich und mich führt.«
Der Therapeut macht noch einmal deutlich, dass es wichtig wäre, den Mann für eine Aufstellung zu gewinnen.

Victor (Rheuma): Der Schmerz des Schwiegervaters und der Ehefrau

Victor leidet seit seiner Heirat vor fast fünfzehn Jahren an schwerem Rheuma (Polyarthritis). Der Schwiegervater lebt mit im Haus; und die Art und Weise, wie Victor über ihn spricht, zeigt, dass er sehr bedeutsam ist. Also wird er mit aufgestellt. Auch eine Stellvertreterin für das Rheuma wird hinzugenommen, die Victor direkt neben sich stellt.
Schon nach kurzer Zeit sagt der Stellvertreter des Schwiegervaters energisch: »Die da [das Rheuma] gehört zu mir!«
Das Rheuma wechselt von Victor zur Frau und zum Schwiegervater und stimmt zu: »Hier ist mein Platz, mit dem Mann [Victor] habe ich gar nichts zu tun!«
Auf weitere Fragen erzählt Victor nun, dass die Mutter seiner Frau früh an einer Lungenentzündung starb, als seine Frau zwei Jahre alt war. Der Witwer, Victors Schwiegervater, war nicht über den Verlust seiner Frau hinweggekommen. Er heiratete nie mehr. Er klammerte sich an das Einzige, was ihm geblieben war, seine Tochter. Eifersüchtig auf den Schwiegersohn, bestand er darauf, mit in das Haus des Paares zu ziehen.
Bei den nun folgenden Lösungsschritten wird die Trauer des Schwiegervaters um seine Frau und auch die Trauer von Victors Frau um die Mutter deutlich. Als die Eltern der Frau bewegt Abschied voneinander nehmen, sagte der Stellvertreter des Rheumas: »Jetzt bin ich überflüssig!«
Bei dieser Dynamik ist es häufig wichtig, dass der Partner, der das Schwere für den anderen trägt, ihm in die Augen schaut und sagt: »Ich achte dein Schweres, und ich lasse es jetzt bei dir«, statt es für den anderen zu tragen und beispielsweise krank zu werden.
Wer dies nicht vollzieht, braucht sich nicht zu wundern, wenn der Partner wütend wird. Einem Partner das Schwere abnehmen zu wollen ist eine Anmaßung, auch wenn sie aus Liebe geschieht.

In der hier geschilderten Aufstellung antwortet die Frau Victor spontan auf das »... und ich lasse es jetzt bei dir«: »Es wird endlich Zeit! Es geht dich nichts an. Es ist mein Schmerz, meine Mutter, nicht deine!« Dann schauen sie sich freudig an.

Längere Zeit nach der Aufstellung kommt Victor mit seiner Frau in meine Praxis. Auf die Frage, was mit dem Rheuma geschehen sei, sagt Victor: »Es ist zu fünfzig Prozent weg.« Der Therapeut antwortet: »Nur fünfzig Prozent? Wo sind die anderen fünfzig Prozent?«
Victor schaut verlegen auf seine Frau, die neben ihm sitzt: »Ich habe Angst, was passiert, wenn ich es ihr zumute ... Ich bin dann zwar gesund, aber sie könnte ja krank werden!«
Die Frau kratzt sich die Nase, ihr ist es sichtlich unbehaglich. Man sieht ihr an, dass es ihr schwer fällt, den Mann in die Praxis zu begleiten. Wie sie sagt, hat sie Probleme »mit alldem«.
Meiner Erfahrung nach ist es völlig offen, was passiert, wenn man als Partner aufhört, sich in die Dinge des anderen einzumischen. Gerade dadurch, dass man dem Partner in Würde und Achtung sein Problem lässt, hat er erst die Möglichkeit, sich diesem zuzuwenden!
Nachdem Victor und auch seine Frau Zustimmung zu einer Aufstellung mit Papierscheiben gegeben haben, zeigt sich, dass beide noch nicht bereit sind, tief in eine Lösung zu gehen: Weder ist Victor fähig, das Problem dauerhaft bei seiner Frau zu lassen, noch will diese sich eingestehen, dass es im Zusammenhang mit ihrer Mutter »etwas Besonderes« gebe: »Ich habe sie doch kaum kennen gelernt. Wieso sollte das wichtig für mich sein ...?«
Bei solchen Konstellationen hat die Lösung oft erst dann eine dauerhafte Chance, wenn der, der zu Unrecht trägt, ganz loslässt. Dann besteht die Möglichkeit, sich dem Problem zu stellen, denn es ist jetzt beim »Richtigen«. Genau dies scheint bei Victor geschehen zu sein, denn kürzlich meldete

sich unerwartet seine Frau zu einer Aufstellungsgruppe an. In der Gruppe konnte sie nun tatsächlich all die lange verborgenen schmerzlichen Gefühle gegenüber ihrer früh verstorbenen Mutter zulassen, wozu sie in der Einzelstunde noch nicht in der Lage gewesen war.[33]

Albert (Rheuma): Die Spenderniere der Ehefrau

Albert ist seit einigen Jahren an chronischer Polyarthritis erkrankt. Auf die Frage, ob etwas Besonderes in seiner Familiengeschichte passiert sei, berichtet Albert von seiner Frau, die seit neun Jahren mit einer Spenderniere lebe.
Aufgestellt werden Albert, seine Frau und die tote Frau, von der die Niere stammt. Als die Frau auf die am Boden liegende Nierenspenderin schaut, schluchzt sie laut auf, wendet sich dann aber sogleich ab und nimmt eine immer größer werdende Distanz zu ihr ein. Schließlich wendet sich die Frau von der Verstorbenen ab. Die Stellvertreterin der Toten blickt nur auf ihren Rücken.
Da fällt der Blick der Organspenderin auf Albert. Dieser fühlt sich sofort elektrisiert. Er geht auf die Tote zu, kniet sich neben sie und hält ihre Hand. Damit die Ehefrau mitbekommt, was geschieht, lässt der Therapeut Albert zu ihr sagen: »Für dich ist es zu schwer! Ich achte sie für dich, aus Liebe zu dir!«
Nun dreht sich die Ehefrau wieder um. Sie wird unruhig. Sie macht einen Schritt nach vorn und bleibt wieder stehen. Es ist deutlich, wie sie mit sich kämpft. Auf einen Impuls hin stellt der Therapeut Albert seinen Vater in den Rücken. Albert weint, und auch der Vater weint. »Ach!«, seufzt der Vater, während er mit dem Sohn auf die Tote schaut.
In dieses Bild scheint einige Minuten keine Bewegung zu kommen, doch plötzlich geht ein Ruck durch Albert. Mit

33 Vgl. ebenda, S. 26f. Die geschilderte Sitzung wurde hier neu dazugenommen.

dem Vater im Rücken kann er plötzlich aufstehen und entfernt sich langsam von der Toten. Diese schaut fordernd auf die Ehefrau. Sie kämpft immer noch mit sich, doch nach einer Weile bewegt sie sich langsam auf die Nierenspenderin zu. Schließlich bricht sie kniend bei ihr zusammen und weint. Sie umklammern sich.
Der therapeutische Begleiter geht zu Albert und seinem Vater und dreht sie so, dass sich das Geschehen in ihrem Rücken abspielt. Sie blicken nun in die entgegengesetzte Richtung. Albert atmet jetzt tief durch, während der Vater den Arm um seinen Sohn legt. An dieser Stelle wird die Aufstellung beendet.
Als alle wieder sitzen, meldet sich die Stellvertreterin der Ehefrau, da sie etwas sagen möchte. Der Therapeut bittet sie, zunächst innerlich zu prüfen, ob das, was sie sagen möchte, Albert eher nutzt oder ihm möglicherweise schadet. Ohne zu zögern, antwortet sie: »Ich bin sicher, es nutzt ihm.« Sie erzählt: »Ab dem Moment, wo Albert endlich von mir weggegangen ist, ging es mir endlich besser. Ich war unglaublich zittrig, solange er bei mir war. Erst als er mit seinem Vater weit von mir weg stand und ich bei der Nierenspenderin lag, wurde ich ganz ruhig.« Der Therapeut dankt der Stellvertreterin.

Der Therapeut hatte sich hier bewusst dafür entschieden, keinen Stellvertreter für das Rheuma hinzuzunehmen wie noch in der Aufstellung von Victor.

Ramona (Schlafprobleme und Depression): Die Liebe des Mannes

Ramona ist mir noch dadurch in Erinnerung, dass alles an ihr schwarz war: der Pullover, die Strümpfe, die Hose, die Schuhe ... alles an ihr wies auf Depression und Tod, auch ein düsterer Gesichtsausdruck.
In einer Gruppenaufstellung zeigte sich, dass sie bis heute

den Schmerz über ihre früh verlorene Mutter nicht zulassen konnte. Die Mutter hatte Selbstmord verübt, als Ramona fünf Jahre alt war. Ähnlich wie in der vorangegangenen Geschichte nahm ihr der Ehemann diese Dingc teilweise ab: Er wurde depressiv und entwickelte Selbstmordabsichten. Er war es, der permanent von Selbstmord sprach, nicht Ramona! Auch die gemeinsamen Kinder waren gefährdet.
In einem Brief schreibt Ramona vier Monate nach der Aufstellung, die hier nicht wiedergegeben wird:

> »Nach der Aufstellung konnte ich es zunächst gar nicht glauben, wie wichtig mir meine Mutter gewesen ist. Ich hatte es komplett von mir abgespalten. Doch jetzt erinnere mich an immer wiederkehrende Träume, in denen es hieß, dass sie gar nicht gestorben sei, sie lebe noch.
> Als im letzten Jahr noch mein Vater starb, wurde die Vorstellung, dass meine Mutter noch lebt, ganz real. Ich wartete darauf, dass sie mit mir in Kontakt trete, denn für mich waren die Träume Wirklichkeit. Sie war für mich noch nicht tot! Genau zu jener Zeit ging es bei meinem Mann mit der Todessehnsucht los. Offensichtlich hat er es mir abnehmen wollen!
> Nach der Familienaufstellung konnte ich tatsächlich eine tiefe Traurigkeit über meine toten Eltern spüren. Zunächst jedoch habe ich es nicht geschafft, die schwarzen Kleider abzulegen, die mich so viele Jahre begleiteten. Dann jedoch habe ich die Wohnung meines Vaters aufgeräumt, den Grabstein setzen lassen. Und danach konnte ich dann kein Schwarz mehr tragen, im Gegenteil habe ich ein Bedürfnis nach leuchtenden, hellen Farben entwickelt. Zu dieser Zeit machten die Kinder mir gegenüber auch einmal folgende Bemerkung: ›Mama, bleibst du jetzt bei uns?‹
> Ich bin zwar noch nicht ganz über den Berg, aber ich merke, dass das Schlimmste überstanden ist. Meinem Mann geht es auch gut!«

Der Brief verdeutlicht, dass für Ramona die Mutter noch nicht gestorben war. Die Aufstellung half ihr, die Trauer endlich zuzulassen. Nachdem sie wieder auf das Leben und nicht auf den Tod schaute, konnte sie kein Schwarz mehr tragen, und auch die Kinder und der Ehemann spürten Ramonas Veränderung.

Verena (Trennungsschmerz und Schwindel): »Mein Schwesterherz«

Verena kam nicht über den Schmerz nach einer Trennung vom Partner hinweg. Zwölf Jahre war sie mit ihrem Freund zusammen gewesen. In einer Selbsthilfegruppe hatte sie für sich herausgefunden, dass immer sie diejenige war, die die Verantwortung in der Partnerschaft übernahm. Auch die Schuld für die Trennung schrieb sie ganz allein sich selbst zu. Immer hatte sie Angst gehabt, der Mann verlasse sie. Mit allen Mitteln versuchte sie deshalb, ihn zu halten, am Ende aber war er doch gegangen.

Wer »klammert« und verkrampft »festhält«, muss oft einen Verlust erleiden. Man kann sich einen Partner nicht symbiotisch einverleiben, denn er ist ein Individuum, das ein Recht auf seine eigene Entwicklung hat. Verenas anmaßendes Verhalten war auch in der Familienaufstellung sichtbar: Dem Mann ging es gut, er lachte. Sie dagegen hatte Schwindel, Druck im Kopf, und ihr wurde übel.

Zunächst fragt der Therapeut nach Schwerem in der Familie der Frau, doch es findet sich nichts. Beim Mann allerdings war sehr früh die Schwester gestorben, an der er sehr hing. Kaum ist sie aufgestellt, ändert sich das Bild: Der Mann wird sofort ernst, und er nickt zustimmend, als der Therapeut Verena zu ihm sagen lässt: »Ich achte die Liebe zu deiner toten Schwester. Ich habe den Schmerz gern für dich gefühlt.«

Nach der Aufstellung berichtet Verena, der Mann habe sie

fast ausschließlich mit »Mein Schwesterherz« angesprochen. Erst jetzt machte das für sie Sinn. Des Weiteren ergab sich, dass Verena fast die ganzen zwölf Jahre der Partnerschaft unter Schwindel litt. Die Schwester des Freundes hatte in der Zeit vor ihrem Tod ebenfalls chronischen Schwindel. Sie starb schließlich an einer Hirnblutung. So wurde deutlich, wie Verena von Anfang an für den Mann die tote Schwester darstellte.

Eine neue Perspektive für die Partnerschaft hatte sich nicht ergeben, denn der Mann war nicht bereit, mit Verena ein Kind zu haben. Wenn sich in dieser Hinsicht ein Partner dem anderen verweigert, geht die Partnerschaft über kurz oder lang daran zugrunde. Dem Mann wäre eine Schwängerung der Frau wie ein Inzest (mit der Schwester) vorgekommen! Solange er sich nicht der Toten zuwendet, wird er immer wieder in Frauen nur eine Schwester finden, nie jedoch eine wirkliche Partnerin.
In einer späteren psychotherapeutischen Arbeit mit Papierscheiben wurde noch deutlich, wie Verena mit ihrer Herkunftsfamilie verbunden war. Auch hier spielte eine tote Schwester die Hauptrolle: die Schwester der Mutter. Verena verachtete ihre Mutter. Sie war verbunden mit ihrer verstorbenen Tante, wollte für die Mutter den Verlustschmerz tragen und deren Schwester folgen. Auch als ihr das bewusst wurde, verachtete sie die Mutter weiter. Verena hatte sich entschieden, weiter zu leiden.[34]

---

34 In überarbeiteter Form entnommen aus: Thomas Schäfer, *Der Mann, der tausend Jahre alt werden wollte – Märchen über Leben und Tod aus Sicht der systemischen Psychotherapie Bert Hellingers*, München 1999 und 2002, S. 89 ff.

Valerie (Sprechangst und Depression): Selbstmord der Schwiegermutter

Valerie kam mit ihrem Ehemann in ein Seminar. Ihr Anliegen waren eine jahrelange Sprechangst in der Öffentlichkeit und Depressionen. Durch das, was die Aufstellung zeigte, und auch durch die Art und Weise, wie das Ehepaar miteinander umging, wurde deutlich, dass Valerie ihrem Mann eine Last abnehmen wollte.
Die Mutter des Mannes hatte sich umgebracht, und drei ihrer Brüder waren im Krieg gefallen. Da ihr Mann diesen Schmerz stets von sich abspaltete, trug Valerie ihn. Durch eine Paarübung hatte Valerie die Gelegenheit, sich in Achtung vor dem Geschehen in der Familie des Mannes zurückzuziehen. Auch wenn es Valerie schwer fiel, so konnte sie es ihm lassen. Der Mann allerdings war nicht in der Lage, das Seminar als Ganzes und auch seine eigene Aufstellung an sich heranzulassen.

Eine Rückmeldung Valeries vier Monate später ergab, dass die Sprechangst in der Öffentlichkeit völlig verschwunden war. Die Depressionen gingen erheblich zurück, allerdings blieb noch ein kleiner Rest davon.

16. Verschiedenes

In diesem Kapitel kommen die unterschiedlichsten Themen zur Sprache: ohnmachtsähnliche Anfälle, eine rasant zunehmende Unfallneigung, extreme Aggression gegen Neonazismus, ein seit Jahrzehnten schmerzendes Bein und schließlich nicht enden wollende Trauer um einen geliebten Hund.

Wolfgang hat seit ungefähr fünfzehn Jahren Ohnmachtsanfälle. Genauer gesagt, handele es sich nicht um vollständige Ohnmachten, bei denen das Bewusstsein verloren gehe, sondern es ziehe ihm vielmehr etwas massiv den Boden unter den Füßen weg. Häufig sei dies so stark, dass er dann buchstäblich zu Boden gehen müsse. Jedoch verliere er nie ganz das Bewusstsein.
Auf die Nachfrage im Seminar, in welchen Situationen ihm dies passiert, kann Wolfgang sich an nichts Besonderes erinnern: »Es kann überall und jederzeit geschehen«, sagt er.
Die Aufstellung zeigt Wolfgangs Eltern Rücken an Rücken: Sie haben sich nichts zu sagen und nehmen sich nicht wahr. Wolfgang als ihr einziger Sohn schaut intensiv auf den Boden. Auf die Frage, welchen Toten er denn anschaue, erwähnt Wolfgang drei Abtreibungen der Mutter. Die Mutter führte die Abtreibungen jeweils ohne Wissen des Vaters durch. Erst kurz vor seinem Tod habe sie es dem Vater gesagt.
Die drei abgetriebenen Kinder werden in die Aufstellung hineingenommen. Wolfgangs Stellvertreter gliedert sich spontan in die Reihe der toten Kinder ein, wo es ihm gut geht.
Der Therapeut fragt Wolfgang, ob er für die Ohnmacht eher eine Frau oder einen Mann auswählen würde. Wolfgang entscheidet sich für eine Frau, die sich sofort an den toten Kindern orientiert. Die Kinder immer im Blick, zieht es sie neben den Vater. Seitdem die drei toten Kinder da sind und sich die Ohnmacht neben ihn gestellt hat, bekommt der bisher etwas müde wirkende Vater plötzlich Kraft: »Ich muss etwas mit meiner Frau klären!«, sagt er bestimmt.
Der Therapeut dreht nun die Eltern um, sodass sie sich anschauen können. Der Vater schüttelt immer wieder den Kopf. Er schaut die Frau mit viel Liebe an, während diese ihn nur kalt anblickt.

Auf Vorschlag des Therapeuten sagt der Vater: »Du hast es mir verschwiegen!«
Dem Vater rinnen langsam Tränen die Wange herunter, und er beginnt zu schwanken: »Ich werde gleich ohnmächtig. Es zieht mir den Boden unter den Füßen weg«, sagt der Vater und verwendet damit genau Wolfgangs Beschreibung seiner Ohnmachtsanfälle. Die Frau nickt nur und schweigt. Sie ist nicht bereit, irgendetwas zu äußern.
Wolfgang will zu seinen Eltern hinübergehen, was er auch tut.
Auf Vorschlag des Therapeuten sagt er ihnen: »Es geht mich nichts an! Ich bin nur das Kind.« Wolfgang atmet tief durch. Auch der »richtige« Wolfgang auf dem Stuhl weint. Nach dem Hinweis des Therapeuten steht er auf und kommt für sich selbst in die Aufstellung.
Nun meldet sich die Ohnmacht zu Wort: »Jetzt kann ich gehen! Ich bin überflüssig geworden.« Der Therapeut bittet die Ohnmacht, aus der Rolle zu gehen und sich wieder zu setzen.
Auch bei der Mutter setzt eine Wandlung ein. Sie interessiert sich plötzlich für die abgetriebenen Kinder und will zu ihnen hin. Nach einigen Zwischenschritten ergibt sich, dass die Mutter diesen Kindern folgt, während Wolfgang seinen Platz beim Vater findet. Sie schauen sich liebevoll an.
Plötzlich wird Wolfgangs Gesicht traurig: »Papa, es muss schlimm für dich gewesen sein, dass Mama dich nicht geliebt hat!« Wolfgang schluchzt auf.
Der Vater streichelt ihm sanft den Kopf: »Lass es!«
Nun verändert sich Wolfgangs Gesicht wiederum: Es hat den Ausdruck eines Fünf- oder Achtjährigen angenommen. Er ruft weinend: »Gell, ich bin nicht schuld an alldem? Ich bin nicht schuld?« Es wird deutlich, wie stark das Kind die Verantwortung stets bei sich selbst gesucht hat.
Der Vater streichelt ihm weiter liebevoll den Kopf: »Nein, du bist mein Kind. Du bist völlig schuldlos.«
Wolfgang kniet mittlerweile vor dem Vater, und nach dem

letzten Satz lässt er seinen Kopf kraftlos an des Vaters Körper sinken. Er weint, aber diesmal weint er befreit. Es wird deutlich, dass Wolfgang noch Nachholbedarf im »Nehmen des Vaters« hat. In tiefen Atemzügen, den Vater fest umklammernd, holt er sich jetzt, was er braucht.

In dieser Geschichte stand die Ohnmacht für mehr als die abgetriebenen und nicht gesehenen Kinder. Sie hatte zusätzlich eine Beziehungsfunktion und war Ausdruck des gestörten Verhältnisses der Eltern. Die Ohnmacht gehörte zum Vater. Er war ohnmächtig gegenüber den Abtreibungsentscheidungen seiner Frau gewesen, doch körperlich ausgedrückt hatte dies für ihn der Sohn.

Johannes: Schwere Unfälle in immer kürzeren Abständen

Johannes ist ein Mann, der mit beiden Beinen auf der Erde steht, so wirkt er jedenfalls. In der Anfangsrunde des Seminars berichtet er, dass er in den letzten Jahren eine Reihe von schweren Unfällen hatte. Es passierte sowohl mit Autos als auch mit Maschinen in der Fabrik, in der er arbeitet.
Johannes streicht während des Redens über den rechten Oberschenkel: »Im Augenblick habe ich starke Schmerzen im Bein von meinem letzten Arbeitsunfall.« Bedrohlich findet Johannes, dass die Unfälle in immer kürzeren Zeiträumen stattfinden und an Schwere zunehmen: »Der nächste Unfall könnte für mich der letzte sein!«, sagt er mit Galgenhumor und lacht dabei.
Der Therapeut fühlt sich ein, nickt und sagt: »Ja, das könnte dein letzter sein.«
Sofort ist der Ernst wiederhergestellt. Johannes erzählt noch weiter. Besonders besorgt ist er darüber, dass in jüngster Zeit nun auch sein vierzehnjähriger Sohn vermehrt in Unfälle verwickelt ist: »Offensichtlich macht er es für mich. Da brauche ich gar keine Bücher über Familienaufstellungen zu lesen ... das liegt für mich auf der Hand!«

Noch am selben Tag stellt Johannes auf. Er wählt einen Stellvertreter für sich und einen weiteren Mann für die starke Unfallneigung. Über einen Zeitraum von mehreren Minuten gehen die Stellvertreter nur ihren inneren Impulsen nach. Es zeigt sich, dass bei Johannes die Angst vor den Unfällen immer mehr zunimmt. Schließlich fällt er nach hinten um und legt sich auf den Boden. Daraufhin stellt der Therapeut die Eltern von Johannes dazu.

Als der Stellvertreter für die Unfälle auf die Mutter schaut, beginnt es ihn immer stärker zu schütteln. Auf Nachfrage berichtet Johannes, dass seine Mutter ihren Vater im Ersten Weltkrieg verloren hatte. Dieser Großvater wird hinzugestellt. Er blickt düster nach unten. Auf einen inneren Impuls wählt der Therapeut zwei Männer und zwei Frauen und legt sie als verstorbene Opfer auf den Boden. Einer der toten Männer verzieht das Gesicht in Hass. Er hat nur tiefste Verachtung für den Großvater übrig. Zwei andere Opfer beginnen, zu zittern, so wie vorher der Stellvertreter der Unfallneigung gezittert hatte! Diesen zieht es nun zu den Opfern. Er legte sich zitternd zwischen sie, sodass es sich nun um fünf Tote handelt. Offensichtlich vertrat die Unfallneigung einen oder mehrere der Toten.

Auch Johannes legt sich jetzt zu den Opfern. Er schaut sie an, doch einer von ihnen schüttelt den Kopf. Der Großvater schaut alldem aufmerksam zu. An seiner Mimik kann man erkennen, dass er ein Herz für den Enkel hat. Auch die Toten, die offensichtlich seine Opfer sind, lassen ihn nicht mehr kalt. Der Großvater kommt schweren Schrittes auf die Opfer zu und legt sich vorsichtig dazu. Zwei von ihnen atmen daraufhin tief durch.

Der Großvater bekommt nun Atemprobleme. Der Therapeut schaut ihn fragend an. Der Großvater sagt spontan: »Ich kann nicht mehr atmen, und ich will auch nicht mehr, aber hier ist mein Platz.« Der Therapeut ermutigt ihn, den Opfern nach und nach in die Augen zu schauen, ohne zu sprechen. Diese werden nun ruhiger, auch der Großvater beruhigt sich.

Er atmet wieder gleichmäßig. Während Opfer und Täter weiterhin im Kontakt bleiben, streckt Johannes' Vater die Hand nach dem Sohn aus. Johannes kann aufstehen und stellt sich neben den Vater.
An dieser Stelle kommt Johannes in die eigene Rolle. Er schaut den Vater an, und Tränen rinnen ihm herunter. Der Vater hält ihn, und Johannes atmet lange an der Brust des Vaters. Im Schlussbild hält der Vater den Sohn an der Hand, und dieser wiederum hält seinen vierzehnjährigen Sohn, den der Therapeut noch dazugestellt hatte. Sie blicken in eine Richtung, wo man das Geschehen in der Familie von Johannes' Mutter nicht sehen kann. Unterdessen war bei dem Großvater und den Opfern Friede eingekehrt. Sie lagen mit geschlossenen Augen da. Johannes' Mutter, die zwischenzeitlich neben ihrem Mann gekniet hatte, war nicht ganz an die Seite ihres Mannes zurückgekehrt. Zwischen ihr und Johannes' Vater gab es einen großen Abstand. Sie befand sich zwischen den Toten und Johannes' Vater.

Der Großvater war offensichtlich an einem Verbrechen im Ersten Weltkrieg beteiligt.
Am nächsten Seminartag berichtet Johannes, über Nacht sei ein »Wunder« geschehen. Sein durch den Unfall verletztes Bein schmerze plötzlich nicht mehr. Es fühle sich völlig gesund an.

Im Laufe der nächsten beiden Jahre sah ich Johannes noch des Öfteren, da er sich mehrmals als teilnehmender Beobachter für Seminare angemeldet hatte, in denen er Erfahrungen als Stellvertreter sammelte. Dadurch erfuhr ich, dass in seinem Leben bis dahin keine Unfälle mehr vorkamen. Auch der Sohn war in keine Unfälle mehr verwickelt.
Johannes sagte: »Mein Sohn liebt mich jetzt mehr denn je. Das ist ein großes Geschenk für mich. Und wunderbar ist es auch, dass jegliche Angst vor Unfällen aufgehört hat. Die Angst davor war so groß gewesen.«

Im selben Seminar war übrigens ein weiterer Teilnehmer, in dessen Leben gehäuft Unfälle geschahen. Hier war der Hintergrund der, dass der Bruder seines Vaters im Dritten Reich als Krankenpfleger in der Psychiatrie arbeitete. Er wagte es, sich gegen die Euthanasie seiner Patienten auszusprechen. Dafür brachten ihn die Nazis um.

Wilfried: Extreme Aggression gegen Neonazismus

Wilfried ist verheiratet und seit Jahren arbeitslos. Zwar leidet er unter dieser Situation, doch es führt ihn ein anderes Anliegen in die Praxis: Wenn er fernsieht und es wird ein Bericht über die Schändung von jüdischen Gräbern gesendet, bekommt er regelrecht panikartige Zustände, die anschließend fast den ganzen Tag vorhalten. Er fühlt sowohl Angst vor den Rechtsradikalen als auch eine extreme Wut auf Neonazigruppen. Antisemitismus ist etwas, was er innerlich nicht aushält.
Es genügt auch schon, dass er in der Tageszeitung eine unscheinbare Notiz über die Zerstörung von Glasscheiben einer Synagoge liest, und sein Körper beginnt, zu zittern. Außerdem ist ihm das Thema Krieg ein Gräuel: »Bei diesen Themen fühle ich mich stets als personifizierte Schuld.« Dies geht nun schon seit fünfzehn Jahren so, und es wird eher schlimmer als besser.
Wilfried berichtet, er habe bei einem anderen Therapeuten vor zwei Jahren seine Herkunftsfamilie zu diesem Thema aufgestellt. Es sei jedoch nicht sichtbar geworden, dass es in seiner mütterlichen oder väterlichen Familie eine Verstrickung in eine Täter-Opfer-Problematik im Dritten Reich gebe. Wo aber ist das Thema Schuld in der Familie?
Der Therapeut meinte, dass eine Aufstellung mit Papierscheiben nur wenig Sinn hätte. Wenn mit viel Macht in der Familie Dinge verheimlicht werden, braucht es eine Gruppenaufstellung. Natürlich gibt es keine Gewähr, dass sich beim zweiten Mal mehr zeigt, doch ich rate Wilfried dazu.

Wilfried ist von meinem Vorschlag enttäuscht. Insgeheim hatte er sich erhofft, wir könnten das Problem in der Einzelarbeit lösen. Er berichtet mir, wie intensiv ihn die damalige Aufstellungsgruppe psychisch und körperlich erschöpft habe. Er hatte die Gruppe als sehr bereichernd erlebt, doch nahm er sich damals vor, sich das nicht noch einmal »anzutun«.
Wilfried sprang dann doch über seinen Schatten und kam in einen Kurs. Der therapeutische Begleiter entschied sich, nur das Familiengeheimnis und Wilfried aufzustellen. Für das Familiengeheimnis der Schuld wählte Wilfried eine Frau.

Wilfrieds Stellvertreter wendet sich mit auf den Bauch gepressten Händen vom Geheimnis ab. Längere Zeit geschieht nichts: Wilfried schaut aus dem Fenster, das Geheimnis steht hinter ihm. Der Therapeut bittet einen Mann und eine Frau, als Eltern in die Rollen zu gehen. Kaum hat der Therapeut diese beiden hingestellt und losgelassen, fängt die Mutter an, zu schreien. Sie tut dies in hysterischer Weise extrem laut und blickt nur auf das Geheimnis. Sie schreit panisch immer weiter, und die Stimme wird zunehmend schriller.
Der Vater wendet sich von der Ehefrau ab und macht zwei Schritte nach rechts. Er hat den Impuls, den Sohn an die Hand zu nehmen, wozu ihn der Therapeut dann auch ermutigt. Er nimmt den Sohn und führt ihn immer weiter von der Mutter weg; Vater und Sohn sind nun in einer anderen Ecke des Raumes, wo sie die Mutter nicht mehr sehen können.
Die Mutter ist sichtlich unzufrieden damit, dass ihr Sohn sie mit dem Geheimnis allein lässt, doch nach einer Weile gehen Mutter und Geheimnis aufeinander zu. Die Mutter beginnt, auf hysterische Weise zu lachen. Sie hört gar nicht mehr auf damit. Der Vater legt den Arm um den Sohn, als wolle er ihn schützen. Dem Sohn geht es jetzt sehr gut, worauf die Aufstellung beendet wird.

Wie es mit Wilfried weitergegangen ist, habe ich dadurch erfahren, dass seine Frau eines Tages als Ratsuchende zu mir kam. Seine Zwangsreaktionen auf den Rechtsradikalismus hatten völlig aufgehört. Und nur wenige Wochen nach der Aufstellung bekam er wieder eine Arbeitsstelle! Nach langer Beschäftigungslosigkeit hatte er gar nicht mehr damit gerechnet, wieder einen Job zu erhalten.
»Es geht ihm wunderbar!«, erzählte die Frau. »Er ist kaum wiederzuerkennen. Wenn er von seiner Arbeit erzählt, strahlt er über das ganze Gesicht. Durch die Anstellung hat er wieder Selbstvertrauen bekommen, was auch unserer Ehe sehr gut tut.«

Werner: Das kranke Bein und die Ahnen

Werner leidet seit über zwanzig Jahren an schweren Schmerzen im Bein. Als Kind ist ihm einmal jemand darauf gefallen, doch schulmedizinisch gibt es keine Gründe dafür, warum das nach zwanzig Jahren noch solche Schmerzen bereiten könnte. Weder Röntgenbilder noch andere Untersuchungen konnten organische Ursachen für den Schmerz zutage bringen.
Der therapeutische Begleiter fragt danach, ob Beinschmerzen eine »Tradition« in der Familie hätten. Werner treten Tränen in die Augen. Der Vater des Vaters war gehunfähig, weil eine Arthrose sein Knie massiv verändert hatte. Der Urgroßvater väterlicherseits konnte wegen Rheuma nicht gehen. Ein Bruder des Großvaters (Vater des Vaters) war durch eine Kriegsverletzung bedingt beinamputiert. Auch ein weiterer Bruder dieses Großvaters hatte durch Erfrierungen im Krieg die Beine verloren. Während Werner diese Schicksale erzählt, rinnen ihm weiter die Tränen herunter.
»Angesichts von so viel Leid um Beine und das Gehen, wie schwer muss es da sein, die eigenen Beine als gesund zu nehmen und auch zu gebrauchen?«, fragt ihn der therapeutische Begleiter. Werner schluchzt und nickt.

Der Therapeut schaut in die Gruppe und wählt Stellvertreter für die vier Angehörigen, von denen gerade die Rede war. Sie stehen in einer Reihe. Der Therapeut bittet Werner, sich vor sie zu stellen und sie anzuschauen. Werner blickt von einem zum anderen, und immer mehr Tränen kommen ihm. »Geh zu jedem Einzelnen und sag ihm: ›Ich achte dein Leiden um dein Bein. Bitte schau freundlich, wenn ich mich traue, mein Bein ganz als meines zu nehmen.‹«
Alle vier Verwandten sind tief ergriffen, und fast alle müssen weinen, als Werner zu ihnen kommt. Der Urgroßvater scheint eine besonders innige Beziehung zu ihm zu haben. Er hält ihn lange und sagt ihm: »Wir beide verstehen uns!« Der Großvater berührt liebevoll Werners krankes Bein. Auch die anderen nehmen Werner in den Arm, und einer legt spontan seine Hände auf Werners Kopf, um ihn zu segnen. Am Ende kommt in die fünf eine Bewegung: Plötzlich stehen sie im Kreis, Werner steht mittendrin, und die Verwandten halten und stützen ihn. Endlich kann Werner lachen. Er schaut sie alle an, und man sieht, wie Mut und Lebenskraft ihn erfüllen.

Ein Kontakt ein dreiviertel Jahr später ergab, dass die schlimmsten Schmerzen verschwunden sind. Zwar sei hin und wieder immer noch ein schwacher Schmerz vorhanden, doch lange nicht mehr so stark wie früher, wo er noch dauerhaft das körperliche Arbeiten beeinträchtigt hatte.
Werner erzählt, dass die Aufstellung auch sein Lebensgefühl nachhaltig zum Guten verändert habe: »Früher hatte ich mich in meiner Familie immer unverstanden gefühlt; als Fremdkörper kam ich mir vor. Es gab keine Heimat für mich. Seit der Aufstellung hat sich das völlig verändert; und nie hätte ich gedacht, dass diese vier Verwandten etwas mit meinem Beinproblem zu tun haben könnten. Der Satz meines Urgroßvaters – ›Wir beide verstehen uns‹ – ging mit unglaublicher Kraft und Intensität durch meinen Körper. Was das bei mir bewirkt hat, vermag ich gar nicht zu schildern.

Diese Aufstellung kann nie mehr ungeschehen gemacht werden. Seitdem habe ich mich in meiner Familie nie wieder unverstanden gefühlt. Ich bin kein Fremdkörper mehr, und auch all die anderen Familienangehörigen sind mir jetzt nah.«
Außerdem berichtet Werner, er habe sein Bein früher nie akzeptiert. Seit der Aufstellung »ist es wieder mein richtiges Bein! Ich habe es wieder als mein Bein angenommen und bin nicht mehr darauf böse. Das ist für mich ganz entscheidend gewesen.«

Andrea: Nicht enden wollende Trauer um einen geliebten Hund

Andrea berichtet von ihrer viel geliebten Colliehündin Stella, die sie nach neun Jahren einschläfern lassen musste. Obwohl es jetzt schon vier Monate her ist, treibt es Andrea immer noch die Tränen in die Augen, wenn sie von Stella erzählt:

> »Sie war wie ein Mensch für mich. Ich weiß, dass andere mich leicht für verrückt halten können, aber ich habe sie über alles geliebt. Als ich mal längere Zeit im Ausland war, merkte sie immer, wenn es mir schlecht ging, und umgekehrt spürte ich, wenn es ihr nicht gut ging. Wir waren seelisch so eng verbunden, als wäre sie ein Mensch gewesen. Einmal hatte ich beispielsweise ganz schlimme Menstruationsbeschwerden, und sie bekam ›aus Solidarität‹ eine Scheidenentzündung. Endlos könnte ich Ihnen solche Geschichten von Stella und mir erzählen ...«

Tiere können manchmal als »Ersatz« für einen fehlenden Partner oder ein sehnlichst gewünschtes Kind dienen. Hier war das jedoch nicht so. Viele Tierliebhaber werden sich gut in Andrea hineinversetzen können und sie keineswegs für verrückt halten. Auch Tiere haben eine Seele oder sind in einer größeren Seele aufgehoben. Ohne Zweifel dienen sich Tiere und Menschen zur gegenseitigen Entwicklung und Reifung. Wenn Andrea sagt: »Wir waren seelisch so eng verbunden, als wäre sie ein Mensch gewesen«, deutet sie mit Recht darauf hin, dass man eine solche Liebe nicht einfach als »krankhaft« abtun darf: Durch das Familien-Stellen habe ich die Beobachtung gemacht, dass eine sehr starke Bindung an Tiere häufig für die vergessene Bindung an ein Familienmitglied steht. Es handelt sich um ein Familienmitglied, das zu Unrecht unterschlagen wurde. Das geliebte Tier kann nun systemisch den in Vergessenheit geratenen Menschen vertreten.

Der Therapeut bittet Andrea, eine Papierscheibe für sich und eine für Stella auszuwählen. Andrea legt sie nahe beieinander auf den Boden. Der Therapeut stellt sich auf die Scheibe der Colliehündin und spürt, dass sie traurig ist, wenn sie auf »Frauchen« schaut: Sie leidet darunter, dass es Andrea so schlecht geht. Dann bittet der Therapeut, Andrea soll sich selbst auf Stellas Scheibe begeben. Kaum hat sie das getan, beginnt Andrea, heftig zu weinen: »Ich habe sie so lieb gehabt.«
Hier ist es wichtig, dem Hilfesuchenden klarzumachen, richtig in die fremde Rolle zu gehen. Dies funktioniert nur, wenn man bewusst in die Rolle geht und die eigenen Gefühle kurzfristig ausschaltet. Der Therapeut bittet sie, noch einmal von der Papierscheibe herunterzukommen und sich klarzumachen, dass die betreffende Scheibe den Hund darstellt und nicht sie selbst und ihre Gefühle gegenüber dem Hund! Es geht jetzt darum, zu spüren, wie Stella empfindet, nicht, wie Andrea sich fühlt.
Sie geht nochmals auf den Platzhalter für Stella und kann jetzt selbst spüren, dass es der Hündin gut geht, solange sie nicht auf Andrea schaut. Der Blick auf Andrea macht Stella sofort traurig.
Es werden nun verschiedene Papierscheiben für Familien-

mitglieder hinzugenommen; und deutlich spüren sowohl Andrea als auch der Therapeut, dass Stella intensiv auf einen Bruder von Andrea reagiert, der nach fünf Monaten im Mutterleib tot zur Welt kam: Dies ist die Rolle, die Stella für Andrea neun Jahre eingenommen hatte.
Wenn man auf der Scheibe des Bruders steht, kann man ein starkes Zittern wahrnehmen. Andrea erzählt, dass sich die Mutter die Umstände dieses Abganges nicht verziehen hatte: Aus Unachtsamkeit beim Baden hatte sie einen Stromstoß erhalten, und das Kind war dann nicht mehr zu retten.

Es folgt eine imaginative Übung, in der Andrea sich vorstellen soll, wie die Mutter ihr totes Kind in den Armen hält und ihm sagt: »Es tut mir so Leid. Es war ein Unfall. Ich hätte dich so gern gehabt.«
Anschließend nimmt Andrea unter Tränen ihren Bruder als Bruder: In ihrer Vorstellung hält sie ihn umarmt.
Auf der Scheibe des Bruders kann man spüren, dass ihn die Worte der Schwester sehr entlasten. Auch der Mutter geht es besser. Auf der Scheibe der Hündin spürt man nun ein Aufatmen, sie will sich vom Geschehen zurückziehen. Jetzt ist der Moment gekommen, sich von Stella zu verabschieden.
Andrea sagt ihr: »Lange hast du meinen toten Bruder vertreten. Ich habe ihn jetzt gefunden. Nun gebe ich dich frei! In der Erinnerung wirst du noch da sein für mich.«
Andreas Gesicht strahlt vor Freude. Nach der Würdigung dessen, was Stella für sie getan hat, und nachdem sie sich ihrem toten Bruder zugewandt hat, ist es ihr nun möglich, das geliebte Tier freizugeben.

Einige Monate später rief Andrea mich an. Sie erzählte, dass es ihr gut gehe und sie deutlich fühle, die Hündin endlich losgelassen zu haben. Außerdem sei ihr erst nach der Aufstellung klar geworden, warum sie ursprünglich unbedingt einen Rüden haben wollte. Alle ihre Versuche schlugen fehl, und so nahm sie damals zähneknirschend Stella. Dennoch zeigte sich, dass auch das weibliche Tier den toten Bruder vertreten hat.

Die Therapeutin Angelika Mahler machte in ihrer Arbeit mit Menschen und Tieren die Erfahrung, dass Tierhalter häufig selbst vermuten, ein krankes Tier wolle ihnen mit seinem Leiden »etwas abnehmen«. Umgekehrt beobachtete sie, dass auch das Schicksal des Tiers auf den Menschen zurückwirkt: Es beschleunigte nicht selten den Krankheitsprozess beim Besitzer, wenn er sein Tier weggegeben hat oder wenn es gestorben war. Jeder, der unvoreingenommen das Zusammensein von Menschen und Tieren beobachtet, wird diese Erfahrung bestätigen können.
Frau Mahlers Erfahrungen gehen in die gleiche Richtung, wie sie in der Geschichte mit Stella zutage tritt: Tiere können sich in das Familiensystem von Menschen verstricken. Noch bevor ich mich selbst mit dem Familien-Stellen auseinander setzte, war mir aufgefallen, dass nicht selten Tiere für tote und abgetriebene Kinder stehen, wie es in der Geschichte von Marion im Kapitel 5. Kapitel (»Herzbeschwerden«) beschrieben wird, oder für Kinder, die man gern gehabt hätte. Auch Angelika Mahler hat beobachtet, wie in Familien ohne Kinder Tiere in die Rolle des Nachwuchses schlüpfen. Wenn sie zum »Kindesersatz« werden, ist dies weder für das Tier gut noch für den Halter. Hier gilt es, das Dahinterliegende in den Blick zu nehmen und dem Tier eine Bürde abzunehmen, für die es nicht zuständig ist.[35]

---

35 Angelika Mahler, »Verstrickungen mit Tieren«, in: *Praxis der Systemaufstellung*, 2/02, München 2002, S. 61 ff.

Literatur und Videos

Im Text zitierte Literatur

Hellinger, Bert, *Der Friede beginnt in den Seelen – Das Familien-Stellen im Dienst der Versöhnung*, Heidelberg 2003.

Hellinger, Bert, *Der Austausch – Fortbildung für Familien-Steller*, Heidelberg 2002.

Hellinger, Bert, *Die Quelle braucht nicht nach dem Weg zu fragen – Ein Nachlesebuch*, Heidelberg 2001.

Hellinger, Bert, *Ordnungen der Liebe – ein Kursbuch*, Heidelberg, 1994.

Jahoda, Marie, et al., *Die Arbeitslosen von Marienthal*, Frankfurt 1975.

Mahler, Angelika, »Verstrickungen mit Tieren«, in: *Praxis der Systemaufstellung*, 2/02, München 2002, S. 61 ff.

Prekop, Jirina, und Hellinger, Bert, *Wenn ihr wüsstet, wie ich euch liebe – Wie schwierigen Kindern durch Familien-Stellen und Festhalten geholfen werden kann*, München 1998.

Ruppert, Franz, *Verwirrte Seelen – Der verborgene Sinn von Psychosen: Grundzüge einer systemischen Psychotraumatologie*, München 2002.

Schäfer, Thomas, *Der Mann, der tausend Jahre alt werden wollte – Märchen über Leben und Tod aus Sicht der systemischen Psychotherapie Bert Hellingers*, München 1999 und 2002.

Schäfer, Thomas, *Was die Seele krank macht und was sie heilt – Die psychotherapeutische Arbeit Bert Hellingers*, München 1998 und 2000.

Schäfer, Thomas, *Wenn Dornröschen nicht mehr aufwacht – Bekannte Märchen aus Sicht von Bert Hellingers Familienaufstellungen*, München 2001.

Schäfer, Thomas, *Wenn Liebe allein den Kindern nicht hilft – Heilende Weg ein Bert Hellingers Psychotherapie*, München 2002.

Sheldrake, Rupert, *Sieben Experimente, die die Welt verändern könnten*, München 1997.

Schützenberger, Anne A., *The Ancestor Syndrome – Transgenerational Psychotherapy and the Hidden Links in the Family Tree*, London, New York 1998.

Veröffentlichungen über Krankheit, Tod und Gesundheit

Allgemein:

Hellinger, Bert, *Ordnungen der Liebe – Ein Kursbuch*, Heidelberg 1994.

Hellinger, Bert, *Was in Familien krank macht und heilt – Ein Kurs für Betroffene*, Heidelberg 2000.

Hellinger, Bert, *Wo Schicksal wirkt und Demut heilt – Ein Kurs für Kranke*, Heidelberg 1999.

Kutschera, Ilse, *Was ist nur los mit mir? – Krankheitssymptome und Familien-Stellen*, München 2002.

Schäfer, Thomas, *Der Mann, der tausend Jahre alt werden wollte – Märchen über Leben und Tod aus Sicht der systemischen Psychotherapie Bert Hellingers*, München 1999 und 2002.

Schäfer, Thomas, *Was die Seele krank macht und was sie heilt – Die psychotherapeutische Arbeit Bert Hellingers*, München 1998 und 2000.

Schäfer, Thomas, *Wenn Dornröschen nicht mehr aufwacht – Bekannte Märchen aus Sicht von Bert Hellingers Familienaufstellungen*, München 2001.

Weber, Gunthard (Hg.), *Zweierlei Glück – Die systemische Psychotherapie Bert Hellingers*, Heidelberg 1993.

Kinder:

Dykstra, Ingrid, *Wenn Kinder Schicksal tragen – Kindliches Verhalten aus systemischer Sicht verstehen*, München 2002.

Franke-Griksch, Marianne, *Du gehörst zu uns! – Systemische Einblicke und Lösungen für Lehrer, Schüler und Eltern*, Heidelberg 2001.

Gómez Pedra, Sylvia (Hg.), *Kindliche Not und kindliche Liebe*, Heidelberg 2001.

Hellinger, Bert, *Haltet mich, dass ich am Leben bleibe – Lösungen für Adoptierte*, Heidelberg 1998.

Hellinger, Bert, *In der Seele an die Liebe rühren – Familien-Stellen mit Eltern und Pflegeeltern von behinderten Kindern*, Heidelberg 1998.

Schäfer, Thomas, *Wenn Liebe allein den Kindern nicht hilft – Heilende Wege in Bert Hellingers Psychotherapie*, München 2002 und 2004.

Krebs:

Hellinger, Bert, *Schicksalsbindungen bei Krebs – Ein Kurs für Betroffene, ihre Angehörigen und Therapeuten*, Heidelberg 1997.

Hellinger, Bert, und Kaden, Michaela, *Die größere Kraft – Bewegungen der Seele bei Krebs*, Heidelberg 2001.

Psychose:

Hellinger, Bert, *Liebe am Abgrund – Ein Kurs für Psychose-Patienten*, hg. von Michaela Kaden, Heidelberg 2001.

Langlotz, Robert (Hg.), *Familien-Stellen mit Psychose-Kranken – Beiträge zu systemischen Lösungen nach Bert Hellinger*, Heidelberg 1998.

Ruppert, Franz, *Verwirrte Seelen – Der verborgene Sinn von Psychosen*, München 2002.

Sprechstörungen:

Hellinger, Bert, *Das andere Sagen – Ein Kurs für Sprechgestörte und ihre Helfer*, Heidelberg, 2003.

Sucht:

Döring-Meijer, Heribert, *Familienaufstellungen mit Suchtkranken*, Paderborn 2000.

Videos von Bert Hellinger

Eine Auswahl aus jüngster Zeit, die insbesondere die »Bewegungen der Seele« berücksichtigt:

Zu beziehen über

Bert Hellinger Video-Verlag
Postfach 21 66
83462 Berchtesgaden

Aktuelle und ausführlichere Infos zu diesen Videos finden Sie auf der Website www.bert-hellinger.com.

Frieden – Wie Versöhnung gelingt, Athen 2002, 1,40 Std.
Arbeitstagung für soziale und pädagogische Berufe, Mainz 2002, 3 Videos, auch einzeln erhältlich:
1. *Helfen im Einklang*, 2,40 Std.
2. *Kurzsupervisionen*, 2,40 Std.
3. *Das andere Familien-Stellen*, 2,35 Std.

Die Seele schenkt – Schulung für Familien-Steller, Köln 2002, 2 Videos, 4,50 Std.
Die Versöhnung des Getrennten – Kurs für Psychose-Patienten, Mallorca 2002, 5 Videos, 8 Std.
Dimensionen der Liebe, Neuchatel 2002, 5 Videos, 11 Std.

Familien-Stellen in Istanbul, deutsch und türkisch, Istanbul 2002, 3 Videos:

1. *Familien-Stellen und Seele*, 2,35 Std.
2. *Der Friede. Was die Entzweiten wieder vereint. Kinder und Eltern – Armenier und Türken – Christen und Moslems*, 2,40 Std.
3. *Heilung von innen*, 3,16 Std.

Helfen auf den Punkt gebracht, Schulung in Madrid, 2003, 7,40 Std.

Helfen braucht Einsicht, Schulung in Zürich, 2003, 7,20 Std.

Helfen – eine Kunst, Schulung in Salzburg, 2003, 4,10 Std.

Ordnungen des Helfens, Schulung in Bad Nauheim, 2003, 2,32 Std.

Schulung für Familien-Steller, Palma de Mallorca 2002, 2,30 Std.

Carl-Auer-Verlag:

Bewegungen der Seele, 3 Videos, 9,5 Std. (die erste Videoaufnahme von den »Bewegungen der Seele«).

Die Toten – Was Opfer und Täter versöhnt, 1 Video, 1 Std.

In den Verlagen Carl Auer und Movements of the Soul sind weitere CDs und Videos zu den unterschiedlichsten Themen wie Adoption, Krebs, Psychose in verschiedenen Sprachen erschienen (zu beziehen über den Buchhandel).

Adressen

Informationen über Seminare und die Arbeit des Autors

Thomas Schäfer
Burgweg 27
78333 Stockach-Wahlwies
Tel.: 07771 919405

Internet: www.FamilienaufstellungenThoSchaefer.de
E-Mail: tho.schaefer@t-online.de

Allgemeine Informationen, Therapeutenliste des deutschsprachigen Raumes

IAG Systemische Lösungen
nach Bert Hellinger
Germaniastr. 12
80802 München
Tel.: 089 38102710

Internet: www.iag-systemische-loesungen.de,
www.bert-hellinger.com